sapientia
サピエンティア 23

境界なきフェミニズム

Feminism without Borders

C・T・モーハンティー［著］

堀田碧［監訳］

法政大学出版局

日本語版への序文

日本の読者のみなさんにご挨拶を！　拙著『境界なきフェミニズム』を手にとっていただけるのは大きな喜びであり、この日本語版によってわたしの思いが皆さんに届くよう願ってやまない。それは、闘い、連帯、希望の精神である。二〇一一年、グローバリゼーションは企業と自由市場の利益を代表し、世界中の人々の政治的・文化的・経済的支配からの解放と自己決定を求める運動に敵対している。日本では、史上最悪の原子炉のメルトダウンを体験し、原子力の利用（と濫用）に対する国と国際機関の適切な規制を求めて、女性たちが立ち上がった。フクシマの惨事を受けて、今こそフェミニズムの観点から真剣な問いかけがなされなくてはならない。闘いの最前線にいる日本の女性は、女性や子どもへのジェンダー化した放射能の影響、放射能の影響下で生きる次世代のジェンダー化した身体の具体的な経験など、多くのことをわたしたち皆に伝えてほしい。

帝国建設の指向や欧米におけるイスラム嫌悪の高まりは、企業資本主義や新自由主義の覇権とあいまって、あらゆるところで、女性たちを殺し、権利を奪い、貧困に追いやっている。軍国主義、自然破壊や環境の危機、異性愛主義的な国家施策、宗教原理主義、国や地政学的領域を越える移住の禁止、資本による女性労働者の搾取といった事態はすべて、いまフェミニストに重要な問いを投げかけているのだ。

日本では、従軍慰安婦問題や沖縄女性の軍国主義や占領との闘いに、帝国主義の遺産がはっきり見てとれる。新自由主義的な経済政策や開発・発展の言説は、植民地／帝国支配の別の姿でありながら、あたかも利便性を与えているかの如く主張して、人々の生活を権力で蹂躪していることを覆い隠す。たとえば、新自由主義的経済政策が家事労働や性労働などの領域で地域的移動をもたらした結果、安い労働力を供給するアジア諸国の女性労働者と日本の女性労働者の階級格差が、トランスナショナルなフェミニズム運動を困難にしている。社会的健忘症、グローバルな消費文化、蔓延する軍国主義、「国家の安全」なるファシスト的理念の世界的拡大を特徴とする時代にあって、反体制的な歴史を掘り起こし記憶し、新たな政治的主体性やシティズンシップを探し求めることがいまほど重要なことはない。

だが、アラブ世界で革命的な抗議運動と社会政治的な激変が起きたのに続いて、アメリカ合衆国ではオキュパイ・ウォールストリート（ＯＷＳ）運動が始まり、現時点で四カ月が経った。ＯＷＳ運動に参加した女性のひとりは、こんなプラカードを掲げた。「女性は世界人口の半分を占め、世界の労働の三分の二を担っているのに、世界の収入の一〇％しか得ておらず、世界の富の一％以下しか所有していない。わたしたちは九九％の一員だ！」。また別の女性はプラカードに「通告：いまの状況は複雑だが混乱ではない！」と書いた。日本での脱原発運動は反核運動と結びつき、二〇一一年九月には東京に「原発いらない福島の女たち」など六万人以上が集まった。この福島の女性たちの運動は、放射能高汚染地域の子どもたちの避難や、現在停止中の原子炉一〇基の恒久的な閉鎖などを求める、広範で多様な活動となっている。

この序文を書きながら、わたしは大きな可能性を感じている。貪欲な企業やそれと共謀する政府に対抗して、世界中の「九九％」が共に手を携え、かつてない規模で立ち上がる可能性である。ＯＷＳ運動や脱原発運動は、大衆にとって最大の武器が想像力であることを示した。わたしたちが、もっと「市民」として互いを思いやる生き方を想像できれば、そういうふうに行動できる。すべての人のための正義という共通の理念を育みながら、差異や相互性を尊重し、資源を共有し、ともにコミュニティで暮らす、現在進行形の社会実験。それが、アメリカのＯＷＳ運動に見られる特徴であり、この運動は、アメリカや世界のフェミニズム、公民権運動、反資本主義運動、脱植民地主義社会正義運動の遺産を継承している。日本の脱原発運動は、軍国主義と闘うフェミニズムや環境・反核運動を受け継ぐものだ。これらの運動も（フェミニストも）、新たな社会的想像力を培うという課題に向き合わなくてはならない。日本では、放射能の影響下で暮らしながら、ジェンダー化した人々のニーズに対応するよう国に求めることが日々の民主主義と正義にとって重要だろう。

本書で述べた思想の大半は、（世界中の女性とともに）闘いながら、国やコミュニティの境界を越えてきたわたしの旅に根ざしている。脱植民地化、反資本主義批評、正義を求めるフェミニズム運動は、支配の場所や空間や歴史と結びついて固有のかたちをとるとわたしは理解しているが、本書が日本の読者の役に立ってくれればうれしい。原発事故の破壊的な影響と今なお「核の安全」神話を唱えつづける政府を前に、日本ではさまざまな地域の親や家族が食物の放射能検査を要求している。これは、この数十年間、日本のフェミニズムが行ってきた街頭デモとも反本質主義のアカデミックな理論化ともまったく異なる社会運動である。原発事故後、松本麻里は、日本のフェミニストは、再生産労働やケア労働の問題を、学問的にも運動としても中心にすえるべきだと提案した。松本によれば、「母親」「親」といったアイデンティティをもつ人々が、放射能に注意するため情報や医学的知識を集め、安全な食品を求め、家父長的な政府に陳情するなど、たいへんな量の再生産やケア労働を要求されるようになった結果、怒りや不安にかられ、とても活動的になっている。[*1] 他の国でもそうだが、日本でも、世界の核や企業・政治同盟に抵抗し、軍国主義・帝国主義の実践と闘う戦略的重要性だけでなく、フェミニズム理論における提携や連帯について状況に応じて考え直す必要がある。それこそ、アメリカ合衆国でも日本でも、反人種主義・反資本主義のポストコロニアル・フェミニズムにとって、火急の課題なのである。本書でとりあげたような、植民地主義や帝国主義や資本主義とフェミニズムの関係について、アイデンティティ、ホーム、コミュニティ、正義について、シスターフッドと連帯について、公共サービスの民営化と高等教育機関の企業化やそれが女性の生活に与える影響についての議論は、国の境界を越えて活用できるし、日本の現実に則して翻訳が可能だとわたしは思う。この日本語版が、境界を越えて、思想と運動のための生産的な方法を日本のフェミニストに提供してくれると信じている。

わたしにとって、今このときアメリカ合衆国に暮らすことは、フェミニストとしてアメリカ帝国としっかり向き合い闘うことを意味する。二〇一一年は、チュニジア、エジプト、リビアで歴史に残る民衆革命が起き、他のアラブ諸国でも独裁的支配者や占領や新自由主義経済政策に抗議する社会運動の高まりが見られた。この数カ月間で、アラブ世界の民主化や社会正義を求める運動には劇的な変化が起こった。女性の姿は、わたしたちが望むほどには見えてこないが、ジェンダーの政治学は人権運動の中心にすえられている。これらの革命で、わたしたちが女性の参加や指導力を「見る」には、きっと、よりよいフェミニズム分析というレンズが必要なのだ。また、よりよいフェミニズム教育によって、社会正義を求める闘いの最前線に立つような批判的な女性主体を育む必要もあるだろう。国を越えた運動や知のネットワークの拡がりは、現在の反体制的な社会運動のなかでもよく知られ、持続可能な環境づくりの活動に多くの女性が参加していると知る人もいる。それでもまだ多くの人が、「そんな女性はどこにいるのですか？　何をしているのですか？」とたずねる。だからわたしは、革命的な反帝国主義・反資本主義のフェミニストたちの実践に勇気づけられながら、差異や権力やヒエラルヒーや正義について、発掘し（「見る」ことを学び）、歴史化し、理論化することに力を注ぐ。そして、日本の、アメリカの、さらには世界中のフェミニストと連帯の絆を築きたいと願っているのだ。

二〇一一年一二月ニューヨーク州イサカにて

チャンドラー・タルパデー・モーハンティー

注

＊1　http://www.jfissures.org/wp-content/uploads/2011/11/Matsumoto_interview_en.pdf

境界なきフェミニズム◎目次

目次

謝　辞

本書の完成までには長い時間がかかった。そのかん、フェミニズムや社会正義をめざす運動家・研究者におおいに助けられたが、こうした仲間たちがいなければ本書は刊行にこぎつけられなかっただろう。アここまでの道のりを共に歩んでくれたジャッキー・アレクサンダー、ジーラー・アイゼンステイン、アーイシャ・カガル、エリザベス・ミニック、サティヤー・モーハンティー、マーゴ・オカザワ＝レイ、スーザン・サンチェス・カサルの誠実さ、友情、寛大な心に感謝したい。何年にもわたって、数え切れないほど多くのさまざまな人たちが励まし、支え、相談にのってくれたことが、本書をまとめるのに大変役立った。アン・ルッソ、エラ・ショハット、アヴタール・ブラー、ゲイル・ルイス、リリアン・ランドドー、レスリー・ヒル、ポーラ・ローゼンバーグ、オードリ・ロード、ローダ・リントン、パプーサ・モリーナ、リンダ・カーティ、ピア・チャヤタジー、グロリア・ジョセフ、サイ・カーン、ミニー・ブルース・プラット、ノーマン・ローセンバーグ、グエン・カーク、メラニー・ケイ＝カントロウィッツ、リサ・ロウ、グロリア・ワトキンス（ベル・フックス）、ビディ・マーティン、リサ・リーバーウィッツ、レスリー・ローマン、ポーラ・モヤ、ナンシー・ラビノヴィッツ、マーガレット・ジェントリー、ウェンディ・ジョーンズ、シェリー・ヘイリー、エイミー・マクドナルド、アンジェラ・デイヴィス、アンバー・ホリボー、ベヴァリー・ガイ＝シェフタル、サラスワティ・スーニンド、ヴィヴヤン・アデア、リーラ・ファラには多くを学んだ。すばらしい草稿の読み手であるスー・キム、原稿段階でおおいに助けてくれたエイミー・ゴーワンズ、ニック・デイヴィス、マグ・メルヴィンに感謝したい。私が二〇年以上教えかつ教えられたオーバーリン大学とハミルトン大学の学生たちは、わたしにいつももっと明解であれと求めたが、この実に多くの学生たちは、いまも心の中の特別な場所を占めている。大切な友人ジーラー・アイゼンステインは、すべての章をなんども読んで多くの助言をくれた。その熱意と明晰さ、惜しみない努力に心から感謝したい。また、ウェンディ・ジョーンズとエイミー・マクドナルドも、本書について深く鋭い意見を述べてくれた。

家族は、それぞれのやり方で、さまざまな言葉や食べ物で、長年にわたってわたしを元気づけてくれた。母プラミラと父マドゥカル、きょうだいのサリルと妻のメダ、いとこのエラ、ルーパ、ソーナーリー、義理の母カマラー、オリッサ州ブヴァネーシュヴァルやカタックのモーハンティー一族、そしてラールとティルー、その子どもたちが、変わらぬ愛をもってわたしの人生に存在してくれたことにお礼を言いたい。最後に、最大の謝意をサティヤー・モーハンティーに捧げる。彼は二〇年以上にわたり、伴侶として愛情とやりがいを与えてくれ、すてきな休暇の計画も立ててくれた。もっとも真摯で貴重な読者であり、批評家である。娘のウマー・タルパデー・モーハンティーはわたしの人生に悦びと好奇心、答えに窮する質問を与えてくれた。子育てという贈り物をありがとう。それから、かぎりない元気と愛情をわが家にもたらし、彼なりのやり方でわたしを応援してくれるチョコレート・ラブラドール犬のシャクティにももちろんお礼を。

序章　脱植民地主義、反資本主義批評とフェミニズムの課題

本書は、ほぼ二〇年にわたってフェミニズム運動に関わるなかから生まれた。フェミニズムの思想が、経済的公正や社会正義を求める運動で力強く重要な役割を果たしているという深い確信が、本書の根底にある。読者の皆さんがここからなにかしら解答や洞察を得るとしたら、それがどのようなものであれ、わたしに政治思想の意味や喜びや必要性を教えてくれた闘いの姉妹や同志たちのおかげである。本書で述べるほとんどの思想はわたしの目を通して見たものだが、いずれも、わたしが幸運にも関わることのできたフェミニズムや反人種主義、反帝国主義のさまざまなコミュニティに帰属する思想である。つまり、社会正義をめざす闘いに関わる研究者・教育者・活動家との対話から考えたり、書いたりしたものだ。長年にわたって解放的な知を求めるなかでわかったのは、思想とはつねに共同作業の結果であり、個人のものではないことだ。だが、本書に誤りがあれば、すべてわたしの責任である。本書でとりあげたような知の追求にあたっては、欠陥や誤りや不明瞭さも引き受けなくてはならないからだ。その自覚

をもちつつ、そうした欠点も読者の皆さんの役に立つよう願っている。

フェミニズムの課題

なぜ『境界なきフェミニズム』か。第一に、そこから連想されるのは「国境なき医師団」だが、この活動は差し迫った要請にこたえる国際主義的な事業である。そして、国際主義《インターナショナリズム》こそ、最良のフェミニズム実践なのだ。[*1] 第二に、インドの独立後世代として育ち、国境や境界やイギリス植民地主義の傷痕をはっきり意識しながら、脱植民地後の将来に無限の希望を抱いたからである。それはまた、独立後のインドで、ナショナリズムの約束とそのさまざまな限界や誤りという矛盾のなかで生きてきたことをも意味している。国境は、制約と安全の両面を示す。領土保全、安全保障、身体と生活の安心の主張とひきかえに代償を支払わされるのは、たいてい女性である。わたしが『境界なきフェミニズム』という表題を選んだのは、すべての人々を含む広範なフェミニズムは、境界を越えようとしながらもその存在に敏感でなければならないと強調するためである。

境界なきフェミニズムは、「ボーダーレス」なフェミニズムと同じではない。境界なきフェミニズムは、境界が、断絶、衝突、差異、不安、制約を体現することを知っている。国、人種、階級、セクシュアリティ、宗教、身体的条件によって引かれた境界などに、一片の真実もないと知っている。それゆえ、境界なきフェミニズムは、こうした区分や分断の線を越えた変革や社会正義を展望しなければならない。わたしは、境界の複数性と狭隘性のあいだにある緊張や、日常生活で境界を越えることによって生まれる解放の可能性に注意を喚起するために、沈黙や排除なきフェミニズムを主張したいのだ。

わたしの人生で、境界はさまざまなかたちをとって現れた。わたしは人種化された女性のコミュニティの、ときには内部で、ときにはそれを横断しながら、境界とともに生きてきた。ムンバイ（ボンベイ）で生まれ育ったが、そこではインドとパキスタン、ヒンズー教徒とイスラム教徒、金持ちと貧乏人、イギリス人とインド人、女性と男性、ダリットとバラモン〔カースト制度における最下位と最上位〕のあいだに引かれた目に見えるはっきりした境界が、日々の現実だった。そのムンバイで、わたしはさまざまな言語を学び、友人や隣人と付き合うなかで多様な文化にふれ、ヒンズー教の寺院だけでなくキリスト教会の礼拝にも行けば、イスラム教徒やパールシー教徒の慣習についても知った。この二〇年間はアメリカ合衆国に暮らし、とくに人種とセクシュアリティに関して、新たな断絶を目にした。イリノイ州のアーバナ、ニューヨーク州のクリントンとイサカに住んだが、どこの街でも、北アメリカ文化に埋め込まれた人種的、階級的、性的、国家的な筋書きを読み取りながら暮らすことを学んだ。これまでの人生で、境界はときにわたしを排除し、ときにはわたしの可能性を広げてくれた。そしていま取り組んでいるのは、さまざまな境界を越えるトランスナショナルなフェミニズムの批判的な構想である。

わたしは反人種主義フェミニストだと自任している。では、二一世紀初頭の経済的公正と社会正義を求める闘いにおいて、なぜ反人種主義フェミニズムが重要なのか。[*2] 二〇世紀は明らかに、フェミニズムの思想や感性や運動が成熟した時代だった。また、第三世界／南が植民地支配を脱し、[*3] 共産主義の第二世界が成立して崩壊し、勝ち誇った資本主義が全世界の再植民地化をなし遂げた時代であり、民族的・愛国主義的・宗教的な原理主義の運動と国家が強化された時代でもあった。その結果、フェミニズムの思想と運動が大きく発展し成熟する一方で、フェミニズムへのバックラッシュや異議申し立ても増加した。

こうした政治的・経済的状況のもとで、経済的・社会的に公正なフェミニズムとはいかなるものなのか。必要となるのは、わたしたちが生きている世界で女性であることは政治的意味をもち、女性が被る不公正や不平等は、その人が経済的・社会的に、周縁にいるか特権的地位にいるかによって違うという明確な理解である。また、性や人種による差別、女性嫌悪や異性愛主義は、社会的・政治的な支配制度を支え促進し、女性への憎悪や（それによって正当化された）女性への暴力を引き起こすと理解することも必要だ。世界中どこであろうと、性差別、人種差別、女性嫌悪、異性愛主義は絡み合い、わたしたちの社会構造にしっかり組み込まれている。これらのイデオロギーは、民族ナショナリズムや消費資本主義といった退行的な政治とあいまって、二一世紀初頭のわたしたちの生活をそれぞれに構成しているのだ。公正で包摂的なフェミニズムは、こうした認識をふまえるだけでなく、重層的なシステムから生み出される行動や姿勢、制度や関連する政治を明確に分析・批判し、変革の理念とそのための戦略をもたなければならない。

だから、脱植民地主義、反資本主義批評、そしてフェミニストの連帯が重要なのだ。[*4] 脱植民地主義に根ざし、反資本主義批評を支持する、反人種主義のフェミニズム理論がいまこそ必要なのである。本書の各章では、反人種主義フェミニズムの理論や見方、考え方を深め、わたしたちが体験するさまざまなレベルの社会的現実とどう関連するのか明らかにしていきたい。わたしが描くフェミニストの連帯は、漠然とシスターフッドを想定したり、女性はみな同じだとイメージするのとはまったく違う。わたしにとって、フェミニズムの連帯とは政治的・倫理的な目標なのである。

フェミニストとしてわたしが思い描く世界は次のようなものだ。それは、性差別のない、女性を尊重する世界、女性も男性も自分の好きなように生きることができ、安全で身体的・精神的な健康に恵まれ、だれを愛するか、だれと家族になるか、子どもを持つかどうかを、自由に選ぶことができる世界。単なる義務や苦行ではなく喜びがわたしたちの選択の基準となり、自由で想像力にとんだ精神の発展が基本的権利となる世界、経済的安定、環境の持続可能性、人種の平等、富の再分配が、人々の幸福の物質的基盤となるような世界。そして、民主的で社会主義的な実践と制度によって、どんな経済的・社会的な地位にある人も公的参加や意思決定ができる世界である。戦略的に言えば、こうした世界のヴィジョンは、参加と関係性という反人種主義フェミニズムと民主主義の原則を内包し、抑圧的な支配体制に反対する運動を、多くの分野、さまざまなコミュニティで組織することを意味する。それはまた、ひとつの革命のために闘ったりそれを期待するだけでなく、根本的な変革に向けて、大規模な闘いやプロセスにも小さな運動にも参加するということだ。だから、フェミニズムや反人種主義や反資本主義の日常的な実践が、大規模な組織された政治運動にまさるとも劣らず重要なのである。

手元に公式や簡単な解決策があるわけではないが、わたしは連帯の政治学を強く信じている。この点については、本書でも詳しく論じたい。どんな理念も孤立して存在するものではない。わたしのヴィジョンも、世界中のあまたのフェミニスト研究者や活動家の仕事に多くを負っている。思想的に大きな影響を受けたフェミニズムの理論体系のごく一部を振り返っても、活動的で変革の意欲にあふれたトランスナショナルなフェミニズム運動から受けた恩恵は明らかである。

一九七〇年代から八〇年代にかけて、ミシェル・バレット、メアリー・マッキントッシュ、ジーラー・アイゼンステイン、ドロシー・スミス、マリア・ミースなどの社会主義フェミニストは、暗に男性優位主義をはらんだマルクス主義の理論的限界を指摘した。これらの思想家は、生産と再生産の複雑な関係や、資本主義社会の経済的・社会的関係における「家族」や「家庭」の位置づけ、資本主義と家父長制の関係（ジーラー・アイゼンステインは「資本主義的家父長制」と名づけた）を明らかにした。[*5] 同じころ、グロリア・ジョセフとジル・ルイスは、初期の著作『共通にある差異：黒人フェミニズムと白人フェミニズムの視点の対立』で、ジェンダーや階級の人種化を理論づけた。イギリスでは、クム・クム・バヴナーニとマーガレット・コールソンが、先述の社会主義フェミニストの「家族」や「家庭」の概念はヨーロッパ中心主義にもとづいているとして、その理論的限界を批判した。同様に、ヴァレリー・エイモスとプラティバ・パーマーは著書のなかで、「帝国主義フェミニズム」がいかに人種を無視しているかを雄弁に語ったが、そこには社会主義フェミニズム、ラディカル・フェミニズム、リベラル・フェミニズムが含まれた。アメリカ合衆国では、オードリ・ロード、バーバラ・スミス、チェリー・モラガ、マール・ウー、ポーラ・ガン・アレン、グローリア・アンサルドゥーアなどの有色人レズビアンが、第二波フェミニズムの女性運動やラディカル・フェミニズム、リベラル・フェミニズム理論がはらむ根強い人種差別や異性愛主義と真っ向から対決した。[*6] これら有色人フェミニストは、フェミニズム分析やコミュニティ構築の際の、ジェンダーにおける人種、肌の色、階級、性的指向を議論の中心に据えた。一九八〇年代初めのバーナード会議ではいわゆる「セックス戦争」の火蓋が切って落とされ、性、セクシュアリティ、エロチカ、ポルノグラフィーや、サドマゾヒズムのような周縁化された性行為が、フェミニストの議論の的となった。[*7]

一九八〇年代にはまた、立場認識論が、とくにナンシー・ハートソック、ドロシー・スミス、サンドラ・ハーディングの著作を通じて盛んになった。これは、社会的立ち位置や女性の経験と、認識の視点との関連を定義した議論である。その後、第三世界／南の国々出身のフェミニストが登場し、フェミニズムとナショナリズムの関係やフェミニズム思想を脱植民地化する重要性に関して、わたしの理解に大きな影響を与えた。クマーリ・ジャヤワルダネ、ナワル・エル・サダーウィ、ファティマ・メルニシ、イザベル・レテリエール、アチョラ・パラは、アジア、中東、中南米、アフリカの女性たちが、独立と解放のための闘いや、旧植民地諸国の発展と脱植民化に果たした役割を理論化した。[*8]

もっと最近では、エラ・ショハット、アンジェラ・デイヴィス、ジャッキー・アレクサンダー、リンダ・アルコフ、リサ・ロウ、アヴタール・ブラー、ベル・フックス、ジーラー・アイゼンステイン、ヒマニ・バナールジ、パトリシア・ベル・スコット、ヴァンダナ・シヴァ、クムクム・サンガリー、ルース・フランケンバーグ、インダパル・グルワル、カレン・カプラン、キンバール・クレンショー、エリザベス・ミニック、レスリー・ローマン、ラタ・マニ、ウマー・ナーラーヤン、ミニー・ブルース・プラット、ライラ・アハメドなどのフェミニスト理論家が、フェミニズム、人種差別、移民、ヨーロッパ中心主義、批判的白人研究、異性愛主義、帝国主義の理論化に新たな地歩を築いている。[*9] 以上の簡単な系譜からはまだ数多くの学者や活動家の名がもれているが、こうした思想の流れを不十分ではあれ紹介したのは、わたしのフェミニズム思想の基礎を示し、フェミニズム思想の深く集団的な性格を明らかにしたかったからだ。次に、わたし自身がフェミニズム実践の限界や落とし穴だと思うものについて概説し、さらに脱植民地主義や反資本主義フェミニズムについて論じたい。そして最後に、本書の構成を説明したいと思う。

思うに、フェミニズムの実践にはさまざまなレベルがある。わたしたちのアイデンティティやコミュニティを構築する日々の行動を通じた日常生活のレベル。フェミニズム的な社会変革をめざす組織やネットワークや運動といった集団的活動のレベル。知の創造に関わる研究や執筆といった理論や教育や著作活動のレベル、である。ここ二、三〇年間に登場した理論的に複雑なフェミニズム（本書でもその例をあげている）は一方で、「フェミニズム」の名のもとに問題あるイデオロギーや実践をもつくりだした。

わたし自身の文脈でいえば、アメリカ合衆国のフェミニズムにはとくに問題のある三つの方向が見られる。第一は、活動的な女性運動と学界のフェミニズム理論とのあいだに、主として階級格差による断絶が広がり、上昇志向のアカデミック・フェミニズムともいうべきものが一部で生まれてきていることである。そこでは学界が全世界であり、フェミニズムは根本的で集団的な社会的・経済的変革の要求ではなく、研究者の出世の手段となっている。フェミニズムを個人的な狭い専門知識として理解することと、女性や男性の日常生活の根本的変革をめざす集団的で理論的な理念と見なすこととの相違を、わたしは積極的に問題にしたい。第二に、アメリカ合衆国の文化の企業化や資本主義的価値観の当然視に拍車がかかり、企業や国家機関での「女性の昇進」を重視する新自由主義的で消費主義的な（原資本主義的な）フェミニズムが台頭したことである。このフェミニズムは、男女の経済的「平等」に焦点をあて、利益、競争、蓄積といった資本主義的価値観にもとづく。[*10] 原資本主義的・「自由市場」フェミニズムは、フェミニズムの定義の「アメリカ化」を示し、暗黙のうちに、アメリカ合衆国の企業文化こそ世界中のフェミニズムがめざすべき規範であり理想であると決めつける。また、きわめて個人主義であることも特徴だ。第三は、本質主義的なアイデンティティ・ポリティクスへの批判や、アイデンティティに懐疑的なポストモダニズムが主流となり、フェミニズムの政治学や理論が狭められてしまったことである。アイデンティティについての排他的で個人主義的な理解が幅をきかせる一方で、(人種、階級、性、国家などの) アイデンティティは不安定で単に「戦略」にすぎないとされる。アイデンティティは単純素朴だとか不適切だとされ、知の源泉や進歩的運動の基盤とは見なされない。[*11] このように、植民地主義的で欧米中心主義の特権的なフェミニズムがつくりだしているフェミニズム思想の限界については、いまこそ問題にされなくてはならない。これらの問題と、フェミニズムの可能性や先述したフェミニズムの理念を念頭におきながら、各章でわたしの考えを示していきたい。

連帯、脱植民地化、反資本主義批評について

わたしの連帯の定義は、異なるコミュニティ間の関係の基礎に相互性、説明責任、共通利害の認識があることだ。連帯が成り立つには、抑圧という共通性を強いられているからというのではなく、ともに働きともに闘うことを選択した人々のコミュニティが重要である。中心となる価値は多様性と差異で、これらは連帯を築くにあたって認識し尊重すべきであり、消し去ってはならない。ジョディ・ディーンは「内省的連帯」という概念を提起したが、これはとくに役に立つ。彼女によれば、内省的連帯とは三

人の人間の相互的な関わりから生まれる。「わたしに味方するとき、相対する三人目の人を想定してください」というのだ（Dean 1996, p.3）。これによって、「わたしたち対彼ら」という概念ではなく、第三の声を主題化し、「すべての人を含む理念としての連帯を再構築」しようとする。連帯が、特性や差異をふまえた普遍性を構築しようとする闘いによって成し遂げられるものであるなら、「わたしたち」とは話し合いや理解のプロセスだとするディーンの考えは有益である。こうした連帯の概念を具体化した実践重視の活発な政治運動こそ、わたしの思想にとって重要であり、わたしが「シスターフッド」ではなく連帯に注目しようとする理由なのだ。このように、脱植民地主義、反資本主義批評、連帯の政治学が、本書の中心テーマである。どの概念もわたしの活動の基礎であり、反人種主義的で国際主義的な、境界なきフェミニズムに不可欠の要素なのだ。とりわけ、先に定義したフェミニストの連帯こそ、境界を越え、知の脱植民地化と反資本主義批評を実践するもっとも理にかなった方法だと確信している。

植民地主義に関する古典となった著書で、フランツ・ファノンは、脱植民地化が成功するためには、「社会の見取り図の徹底的な変化」が必要だと主張している（Fanon 1963. 邦訳書三五〜三七頁）。その変化は、被植民者が「欲し、求め、要請した」ものであり、「脱植民地化に形と内容を与えるところの歴史化の運動」と理解されうるような歴史的プロセスである。また「存在に関わり、存在に根本的な変更を加えるから、絶対に人目につかずにはすまされ」ず、暴力によって表現される。そして、「脱植民地化とは文字どおり新たな人間の創造である」。言い換えるなら、脱植民地化とは自己やコミュニティや支配構造の根底からの変革なのだ。それは、行動によって同意を撤回し、心理的・社会的支配構造に抵抗することを通してのみなしとげられる。脱植民化は歴史的・集団的なプロセスであり、その文脈でのみ理解できるのだ。脱植民地化の最終目的は、新たな自治の創出だけでなく、「新しい人間《マン》」（と女性《ウーマン》）の創造である。ファノンの理論は男性中心主義的な比喩で書かれ（抵抗のかたちもおおいにジェンダー化され）ているが、[*12] 彼が主張した脱植民地化の枠組みは、フェミニズムの視点から脱植民地化とはなにかを考えるのに役立つ。わたしたちが生きる世界の社会制度の中心に性差別や異性愛主義や女性嫌悪のプロセスがあり、こうしたプロセスが実際に人種的・国家的・資本主義的な支配や搾取に組み込まれて、女性や男性、少女や少年の生活に深く影響しているなら、（ファノンが述べたような）あらゆるレベルでの脱植民地化は、フェミニズムがめざす根底からの変革にとって不可欠である。脱植民地化はつねに、第三世界フェミニズム理論の中心をなしてきた。そしてわたしの活動も、こうしたフェミニズムの発展に鼓舞されてきたのだ。

ジャッキー・アレクサンダーとわたしは共著で、反植民地主義・反資本主義のフェミニズム運動にとって脱植民地化がいかに重要かを述べた。[*13] ここでその分析を引用したい。脱植民地化は、個人の行為主体や国家統治の前提となる概念で、民主主義の実践に際しても自由市場以外での民主主義の再構想においても中心になるべきだと、わたしたちは定義した。そして、脱植民地化にとって、自己変革やアイデンティティの再概念化、政治運動での内省的で集団的な実践こそ必須で最重要だとした。[*14] 最後に、批判的で自省的なフェミニスト的自己を構築する重要な認識上の要素は、歴史、記憶、感情、親愛の絆であると主張した。対抗的な自己やアイデンティティを形成する際、「解放に向けた集団的実践をともなった脱植民地化は、フェミニズム運動にひそむ家父長制や異性愛主義、植民地主義や人種差別、資本主義の遺産を再考するよう促す。それゆえ、女性たちの日常生活に根ざした抵抗の問題から考え、運動における性の政治学の問題を根幹にすえる民主主義と民主的集団行動を再構想するためには、そうした脱植民地化が、反植民地主義フェミニズムにとって不可欠となる」と主張したのだ(Alexander and Mohanty 1997, p. xxxviii)。本書では、右記のような脱植民地化の定式化について、フェミニズム運動の文脈から注目してみたい。脱植民地化は、自治と自己決定を解放への中心的プロセスとし、「自省的な集団的実践」を通じてのみ達成されるのである。

わたしが「反資本主義批評」という言葉を使う理由は二つある。第一に、グローバル資本主義の特性に注目し、日常生活におけるその影響を明確に名づけ、脱神話化したいからだ。そうして、フェミニズム運動のなかでわたしたちが関わるべき反資本主義実践とはなにかを示したい。第二に、資本主義は、フェミニズムの社会正義や経済的公正の理念とまったく矛盾すると言いたい。反資本主義フェミニズム批評は、多くの点で、かつての社会主義フェミニズムと共通している。だが、人種の視点をもった社会主義フェミニズムであり、現在のグローバル資本主義の作用や言説に焦点をあてる。反資本主義フェミニズム批評は、国家とセクシュアリティに注目する。資本が利益や蓄積や支配を追求するなかで、グローバルな経済やイデオロギーや文化が複雑に織りなす男性性や女性性、異性愛主義に注目する社会主義フェミニズム批評なのである。

さらに言うならば、反資本主義批評は、資本主義の作用や言説、価値観を根底から批判し、新自由主義イデオロギーや企業文化を通じた資本主義の当然視を批判する。消費主義、所有権、利益、民営化の言説を脱神話化し、公共財・私的財という概念は崩壊したとか、企業文化のなかで社会的アイデンティティは消費者アイデンティティに変わったといった言説を暴こうとする。反帝国主義の立場からフェミニズムを理解し、グローバル資本主義が、欧米中心主義や排外主義、反移民感情を促進しているやり方を批判するのである。このように分析するなら、企業化した市民権の当然視を脱植民地化し、それと積極的に闘わなければならない。正義、参加、富と資源の再分配、個人的・集団的人権や公共の福祉とサービスへの関与、(ただ個人のためというのでなく)集団の利益のための義務や責任を果たすといった、民主主義的・社会主義的で反人種主義のフェミニズムの価値観を、変化する地域や国家、国家を越えた文化の中心にすえなくてはならないのだ。そうした枠組みにおいては、差異や多元論が、ヨーロッパ中心主義的な課題の商品化した変形などではなく、真に複雑でときに矛盾的なものとして現れる。この考えについては、第6章、第7章、第8章、第9章で詳しく述べたい。

境界なきフェミニズム——各章の概要

本書は互いに関連する二つのテーマをめぐって構成されている。それはフェミニズムの脱植民地化と資本主義の脱神話化で、第I部と第II部で扱う。中心となるのは、経験、アイデンティティ、連帯の問題である。第I部、第II部は、わたしがフェミニズムに関わってきた経過にそってほぼ執筆年代順に構成され、トランスナショナルなフェミニズムが直面するもっとも差し迫った問題をとりあげている。最後の第III部「新たなフェミニズムへ」では、第1章「西洋の視線の下で」で検討した問題を再考し、今世紀初頭のフェミニズムの学問や教育、政治学という文脈で、新たに方向づける。わたしの知的関心は、一九八〇年代には、「西洋」がいかにジェンダーを、とりわけ肌の色、人種、階級の面で植民地化しているかにあった。それから約二〇年たった今では、グローバリゼーションのもとで、ジェンダーが人種や階級や国家の形成にいかに関わっているかに関心がある。本書の第Ⅰ部「フェミニズムの脱植民地化」、第Ⅱ部「資本主義の脱神話化」、第Ⅲ部「新たなフェミニズムへ」は、わたしの思想の変遷を示している。各章は、人種、肌の色、国家、階級など強いられた境界を越えるフェミニズムの個人的・集団的な実践を応援するものだ。世界中の進歩的で左翼的で反帝国主義的なフェミニスト学者や知識人、活動家たちとの会話のなかから、本書は書かれた。以下、とりあげたテーマのいくつかを示そう。

・差異の政治学と連帯の課題。
・学問、教育、草の根運動、学界における権力作用の解明と抵抗の戦略。
・解放的な教育実践によって自己や共同体を再考することにもとづく、知の脱植民地化と政治化。
・文化、性、国家、階級、人種の境界を越える倫理の確立。
・教育と集団的闘いにおける反資本主義的で民主的な批判の理論化と実践。

第Ⅰ部：フェミニズムの脱植民地化

第Ⅰ部の中心テーマは、国や文化による分断を超えるフェミニズムの実践である。「西洋」すなわち第一世界／北と第三世界／南のフェミニズムのさまざまな対話を試みた五つの章からなる。そこでは、ヨーロッパ中心主義や近代西洋の開発言説を、とりわけ西洋フェミニズム理論の人種や性や階級を前提とした想定を念頭において、批判すると同時に、第三世界／南のフェミニズムの系譜に光をあて、非覇権的なフェミニズムが内包する歴史、経験、アイデンティティの政治学を考察している。第1章「西洋の視線の下で」は、第三世界女性に関する西洋フェミニズム言説をとりあげ、文化を越えたフェミニズム研究のラディカルな脱植民地化を求めている。ここには一九八六年当時に発表したままを再録し、第Ⅲ部「新たなフェミニズムへ」で再考する機会をもうけた。第2章「闘いの地図を描く」は、もともと第1章と対をなすものとして書かれ、二〇世紀末における第三世界女性のフェミニズム政治学の登場と発展を説明している。そこでは、第三世界フェミニズムが登場した文脈や定義の問題について考え、フェミニストの連帯をつくる際の「共通の利害」や「闘いの共通の文脈」という概念を考察する。第2章と第1章は構造的に関連しており、第1章でフェミニズム理論内部のヨーロッパ中心主義を批判したからこそ、第2章で第三世界フェミニズムとはなにかを特定し、闘いの共通の文脈を展望できたのである。第3章「「ホーム」っていったい何だ?」は、ビディ・マーティンとの共著で、ミニー・ブルース・プラットの自伝風の物語「アイデンティティ:肌の色、血、心」を詳細に読み解いた(Pratt 1984)。問われているのは、白人性や異性愛セクシュアリティの構築におけるホーム、アイデンティティ、コミュニティの位置づけである。人種やセクシュアリティで区別された差異の問題、越境の倫理と政治学の問題が、経験、歴史、コミュニティづくりの闘いというレンズを通してさまざまに提起される。第4章「シスターフッド、連合、経験の政治学」でも、経験、アイデンティティ、差異をめぐる議論を行うが、ここではロビン・モーガンとバーニス・ジョンソン・リーゴンの著作を対比して、女性間でどう文化や国家の違いを越えるかの問題や、シスターフッドと連帯の政治学の問題を論じる。さらに、各地のローカル・フェミニズムの挑戦をとりあげたアムリタ・バスの最近の著作を紹介し、かつての「グローバル・シスターフッド」とはまったく違う議論を示したい(Basu 1995)。第Ⅰ部最後の第5章「コミュニティ、ホーム、国家の系譜」もテーマはホーム、アイデンティティ、コミュニティの問題だが、より個人的な視点から展開される。ここでは、フェミニズムを通して、また国民国家、階級、人種、宗教の境界を越えて形成されてきた、わたし自身の個人的で政治的な系譜を述べる。このようにフェミニズムの脱植民地化とは、ヨーロッパ中心主義の倫理や政治学を注意深く批判し、同時に、正義と平等に根ざしたフェミニズム運動を求めて文化、国、人種、階級の境界を越える困難と喜びを分析することなのだ。

第II部：資本主義の脱神話化

第II部は、グローバル資本主義の支配関係や、国家を越えたフェミニズムの連帯の理念についての分析が中心である。第6章「女性労働者と連帯の政治学」では、闘いの共通の文脈という概念的枠組みにもとづき、フェミニズムの視点から、国際分業の異なる部署に配置されている女性労働者について比較分析する。グローバル資本主義のもとで、女性労働者の共通の利害、歴史的位置づけ、社会的アイデンティティを理論化し、それをふまえた反資本主義フェミニズムの連帯のヴィジョンを深化させる。第7章と第8章では、アメリカ合衆国の学界に目を向け、多文化主義、グローバリゼーション、企業主義の問題に焦点をあてる。第7章「民営化する市民権、企業化する大学とフェミニズムの課題」ではアメリカ合衆国の大学の状況に注目し、知の商品化について分析するとともに、経済と政治のグローバルな再編が北アメリカの大学に及ぼす複雑な人種的・ジェンダー的影響を分析する。ここでは経験、権力、知、民主主義の問題をとりあげ、反資本主義フェミニズムの立場から大学を批判し、知の創造の倫理や政治学について議論を深める。最後の第8章「人種、多文化主義と差異の教育」では、社会正義の価値観ではなく危機管理という企業モデルにもとづく「人種産業」が、アメリカ合衆国の高等教育にもたらした問題を検証する。また、女性学、人種研究やエスニック・スタディーズなどの学際的プログラムの系譜を分析し、多文化主義の同化の言説や実践に反対する、脱植民地化と差異の教育について考察する。さらに、知の政治学、カリキュラムや教育実践と、それが学界の周縁化されたコミュニティに与える影響をより深く探究する。

第III部：新たなフェミニズムへ

第III部は、「「西洋の視線の下で」再考」と題する章からなり、第1章「西洋の視線の下で」の考えを再検証し、深化・拡大するとともに、トランスナショナルなフェミニズム運動の多様な関連しあう動きに目を向ける。この第9章では、二〇年あまり前に検討した文化を越えたフェミニズムを再度検討している。かつては、西洋フェミニズムのヨーロッパ中心主義的な前提と、国家や文化や人種を越えたシスターフッドの安易な主張に焦点をあてたが、いまは、グローバリゼーションがもたらすさまざまな影響と反人種主義フェミニズムがいかに関わり、どのように連帯を築くかに関心がある。グローバリゼーションについてのフェミニズムの教育や研究を検証し、反グローバリゼーション運動に人種化したジェンダーの観点が欠如していることの意味を考えるなかで、わたしは、反資本主義の闘いこそトランスナショナルなフェミニズムが向かうべき新たな方向だと提案したい。第III部では、本書で提起されたさまざまな思想の糸が織りなされる。差異と連帯の政治学、越境、フェミニズムの知や学問と組織化や社会運動との関係、トランスナショナルな反資本主義フェミニズム批評の創出、知の脱植民地化、行為主体やアイデンティティ、抵抗をフェミニズムの連帯という文脈で理論化することなどである。ただし「新たなフェミニズムへ」では、結論を述べるよりも新たな可能性を開示し、出発点を築きたい。

本書はらせん的な構造をもち、同じような問いが、異なるレベルで、何度も繰り返される。二〇世紀後半のフェミニズムの思想と運動の流れや、長年にわたって刺激を与えてくれたフェミニズムの思想や政治学や系譜にたちもどる。関心事は変わらないが、わたしの立ち位置は変わり、グローバルな政治・経済状況も一九八九年以降変化した。そのため、わたしの理念、経験、コミュニティにはなんらかの変化が起こった。こうした変化を共有したいと思いつつ、この二〇年あまりわたしの（そして多くの闘うフェミニストの同志たちの）心を占めてきた問いが、本書で力強く明瞭に示されていることを願う。さまざまなフェミニズムの物語や実践や課題を経たわたしの旅が、同じく社会正義を求めて闘う人たちの役に立つよう願ってやまない。[*15]

注

＊1　国際主義は古典的な左翼的概念だが、その理念はすばらしいと思う。わたしは社会科学の言説における「国際主義」の使われ方には批判的だし、むしろ「国境を越えた」という言い方を選ぶが、それでも国際主義的な理念をもったフェミニズムの活動や闘いを熱望している。国際主義と連帯についての重要な分析は、Waterman（1998）を参照。

＊2　わたしは、単にフェミニズムと言うより反人種主義フェミニズムと表現したい。フェミニズムを人種化することは、わたしの執筆に際しての非常に重要な政治的・認識論的な行為だからである。初期の論文は、多くがフェミニズムの人種化に焦点をあてている。反人種主義フェミニズムとは、その定義の中心に人種をおき、人種差別に反対

するフェミニズムなのである。

＊3　ジーラー・アイゼンステインが *Global Obscenities*（Eisenstein 1998b）で使っている第三世界／南と第一世界／北の用法はたいへんに有益だと思う。わたしも同じような意味でこれらの用語を使っている。

＊4　わたしが考えるフェミニズムの変革は、これまで刺激を受けた多くのフェミニストの集団や組織（イギリスでは、Women Against Fundamentalism, DAWN, SEWA, WING [UK] など。アメリカ合衆国では、Women's Eyes on the Bank, Center for Third World Organizing [CTWO] など）の考えとさほど違うわけではない。だが、本書では、脱植民地主義と反資本主義批評という二つの理論的・教育的なパラダイムに焦点をあてた。興味深いことに、植民地化・脱植民地化も、資本主義・反資本主義批評も（また、その意味では連帯も）、最近の『フェミニズム理論事典』（Code 2000）の項目には見当たらない。このことは、第一世界／北において、これらの概念がフェミニズムの変革理念の中心にすえられていないことを示している。

＊5　McIntosh（1982）, Barrett（1991）, Mies（1986）, Eisenstein（1978）参照。

＊6　Joseph and Lewis（1981）, Moraga and Anzaldúa（1981）.

＊7　Vance（1984）参照。

＊8　Harding（1986）, Harding and Hintikka（1983）, Hartsock（1983）, Jayawardena（1986, 1995）, Letelier（1985）, Mernissi（1992）, Pala（1976, 1995）.

＊9　これらのフェミニズム思想家の著作については、参考文献を参照。

＊10　ここでは、アメリカのメディアにひっぱりだこのカミーラ・パーリア、ナオミ・ウルフ、ケイティ・ロイフィなどを念頭に置いている。

＊11　Moya and Hames-Garcia（2000）所収の論文は、アイデンティティの本質主義的な定式化やポストモダニズム的な理解とは一線を画しており、説得力にあふれた理論的・政治的で有益な議論である。

＊12　たとえばファノンは、解放の夢について雄弁に（明らかに男性優位主義の言葉で）書いている。「現地人が何より先に学ぶのは、自分の場所にとどまること、境界をこえてはならぬということだ。だからこそ現地人の夢は筋肉の夢、行動の夢、攻撃的な夢となる。私は跳躍し、泳ぎ、つっ走り、よじ登ることを夢見る。高らかに笑い、ひと

またぎに大河をこえ、多数の自動車に追跡されてもけっしてつかまらぬことを夢見る」（Fanon 1963. 邦訳書五二〜五三頁）。問題は、女性が「筋肉の夢」を見ないとか、できないとかいったことではなく、そうした行為が、植民地主義による現地人男性の去勢という文脈において、男らしさという特別の精神的重要性をもつことである。

＊13 Alexander and Mohanty (1997), esp. pp.xxxvi–xlii 参照。反資本主義についての刺激的で興味深い議論は *Socialist Review*（2001）を参照。

＊14 フェミニズム的な民主主義の理念の中心に脱植民地主義を据えることに関して、わたしたちは次のように主張した。「実際、フェミニズム思想は、生産と組織化を集団的な関係ととらえる社会主義の原則に立脚し、支えている。フェミニズム的な民主主義の一部として社会主義を再び展望し、その中心に脱植民地化をすえようとしているのだ。フェミニズム運動は、さまざまなレベルで覇権的な権力構造と闘うが、そうした構造によって傷つけられもする。脱植民地主義の実践は、そうした覇権的なものの痕跡を問題にするのだ」（Alexander and Mohanty 1997, p.xxxvi）。さらにわたしたちは、脱植民地主義の重要性を示すために、アフリカ系スリナム人女性の批判的な行為主体をとりあげたグロリア・ウェッカーの論文を分析した。「ウェッカーは……「西アフリカの規範にもとづく、女性の主体とセクシュアリティの別なありよう」（Wekker, 1997, p.339）をふまえて、異なるかたちで自己が構成されることを検証する。彼女は、マティ〔スリナムの労働者階級黒人女性に伝統的にみられる男女の婚姻によらない家族のありかた〕を、女性同士の別個の結びつきと考え、感情や文化、経済、社会、精神、義務が入りまじった関係であるとする。ここには、フェミニズム運動を脱植民地化する対抗的な道筋が示されている。脱植民地化は、わたしたちの生活の日常的な事柄を通じて世界を覇権的な権力との関わりで理解することを意味するとともに、自治や自己決定にもとづいた集団的な運動、すなわち民主主義の実践をも意味する。それこそ、ウェッカーがとりあげたクレオールの労働者階級女性が携わるプロセスなのだ。そこから生まれるのは、彼女が「女性の主体性の精神的秩序」と呼ぶものだ。それは「労働者階級女性を促して、男性や異性愛関係を優先し不平等と不正義を肯定する覇権的な知の体系に対抗する、個人的・集団的な行動に立ち上がらせる」のである。ここでは、自己（ウェッカーによれば「複数の自己」）への投資は、男性優位で異性愛主義的で中産階級的な現状の維持や上昇志向への投資を必ずしも意味しないのだ」（Alexander and Mohanty 1997, p.vxxxvii）。

＊15　反資本主義についての興味深く刺激的な議論については、*Socialist Review* の「反資本主義」特集号二〇〇一年第二八号三頁を参照。なお第一部の各章は、初出論文を再録または加筆訂正した。Mohanty（1984, 1987, 1991), Martin and Mohanty（1986）参照。第6章、第8章は初出論文を大幅に訂正した。初出についてはMohanty（1989–90, 1997）参照。

第Ⅰ部

フェミニズムの脱植民地化

第1章　西洋の視線の下で

フェミニズム理論と植民地主義言説

「第三世界フェミニズム」の学問的、政治的な構築を論じようとすると、次の二つの課題を同時に考えなくてはならない。それは、「西洋」フェミニズム中心の現状を批判することと、地理的、歴史的、文化的な違いに根ざしたフェミニズムの課題や戦略を定めることである。第一の方向は、脱構築的・解体的であり、第二の方向は、構築的・建設的である。一方は否定的もう一方は肯定的な働きかけであり、一見矛盾しているようだが、この二つの方向に同時に取り組まなければ、第三世界フェミニズムは、(右派、左派を問わず) 主流のフェミニズムからも西洋フェミニズムからも、取るに足りないものとして周縁化され、十把ひとからげに扱われかねない。

この論文でわたしがめざすのは、第一の方向である。とりわけ、いくつかの (西洋) フェミニズムのテキストで、「第三世界女性」が単一で均質な存在とされていることについて論じたい。この論文で植民地主義と指摘するのは主に文章に表されたものに関してである。特定の著作において特定の分析カテゴリーを使い、フェミニズムに関連した問題として欧米で成文化された学問知識のなかで、第三世界女性がいかにとりあげられ、文章化されているかに焦点をあてる。第三世界フェミニズムを理解し体系化する仕事のひとつが、「西洋フェミニズムの言説」に抵抗しながら豊かに発展するさまを詳しく述べることだとすれば、西洋フェミニズムの文献で第三世界の女性たちがどう論述されているかを分析することは、その重要な一歩となろう。

言うまでもなく、西洋フェミニズムの言説にしろ政治実践にしろ、その目的や関心や分析において、単一でもなければ均質でもない。だが、理論や実践に関係する主たる概念としての「西洋」（もちろんその複雑性と矛盾とをふまえつつ）が、暗黙のうちに意味するものを浮き彫りにすることは可能である。「西洋フェミニズム」と言うとき、わたしはけっして、それが均一であると言おうとしているわけではない。そうではなく、他者を非西洋、自らを（暗に）西洋と分類する書き手が、さまざまな書き方をしているようでいながら、結果として同じような傾向を生じていることに注意を喚起したいのだ。「西洋フェミニズム」という言葉をわたしが使うのは、この意味においてなのである。同様の議論は、アフリカやアジアの都市に暮らす中産階級の学者が、農村女性や労働者階級の女性について書くときに中産階級文化を規範とし、労働者階級の歴史や文化を他者として定式化する場合にもあてはまる。だから本章では、第三世界の女性に関する「西洋フェミニズム」の言説に焦点をあてているものの、自らの文化について書きながら同じやり方をしている第三世界の学者たちをも批判している。

「植民地主義」という言葉が、近年、フェミニズムや左翼的な著作において多様な意味合いを示すようになってきたことには、政治的な意義があるだろう。植民地主義という語は、非常にはっきりした経済的、政治的ヒエラルヒーを示すことから、いわゆる第三世界[*1]についての特定の文化的言説の形成まで、ありとあらゆるものを示すために使われている。伝統的および現代のマルクス主義では、それを搾取的な経済的交換を意味する分析用語として使い（とりわけ Amin 1977, Baran 1962, Gunder-Frank 1967 参照）、アメリカ合衆国の有色人フェミニスト女性は自らの経験や白人女性運動との闘いを表現する用語として使う（とりわけ Joseph and Lewis 1981, Moraga 1984, Moraga and Anzaldúa 1981, Smith 1983 参照）。ただし、何かを説明する際の使われ方がどのように洗練されたものであれ、また問題の多いものであれ、植民地主義という語はほとんど必ず、異質な主体に対して構造的な支配と抑圧の関係が、ときには暴力的に存在することを意味している。

わたしがこのような著作に関心をもつのは、フェミニズム理論における今日的な議論に深く関わり、階級や人種や国境を超えた共闘の戦略をつくる火急の政治的必要性を感じているからだ。この後に論じるような分析における基本原則が、西洋フェミニズムの政治的実践をゆがめ、西洋人（通常は白人）のフェミニストと、労働者階級のフェミニストや世界中の有色人のフェミニストとの共闘の可能性を制限している。そうした限界は、女性運動をどのような課題の下に組織すべきかという（暗黙の合意としての）優先課題の決定に際して明らかとなる。その他の学問でもそうだが、学問としてのフェミニズムはある特定の課題についての単なる知識の生産ではない。フェミニズムにおいては、学問と政治実践や運動との関わりは必要不可欠であり、そこから、第三世界女性に関する西洋人フェミニストの著作の意義や位置づけも重要になってくる。それはまさに政治的な言説上の実践であり、目的やイデオロギーをともなう。そのことをもっともよく示すのは、特定の覇権的な言説（たとえば、伝統的な人類学、社会学、文化批評など）への批判である。古色蒼然とした「正統的」で「科学的」な知識が全能者のようにすべてを説明することへの反対や抵抗は、政治実践なのである。かくして、フェミニズムの学問（読むこと、書くこと、批評など）には、権力との関係――権力にいかに反対し抵抗するか、あるいは暗黙のうちに支持するか――が刻印される。政治的でない学問など、もちろん存在しないのだ。

「女性 Woman」（科学的、文学的、法律的、言語的、映画的など、多様な表象的言説を通じて構築される文化的・イデオロギー的な複合体である他者）と、「女性たち women」（集団としての歴史をもった現実的・具体的な主体）との関係は、学問としてのフェミニズムが扱う中心課題のひとつである。歴史的主体としての女性 women と、覇権的な言説がつくりだす女性表象 Woman との関係は、直接的な個人を意味するものでもなければ、一対一の対応関係や単純な含意の関係でもない。[*2] それは、特定の文化が定めた恣意的な関係なのだ。わたしが指摘したいのは、ここで分析するフェミニズムの著作は、物質的・歴史的に多様な第三世界の女性たちの生き方を言説的に植民地化し、それによって、「第三世界女性」を単一のものとして生産・表象していることである。それは、恣意的に構築され、西洋人文科学の言説の権威主義的な痕跡を刻印されたイメージにほかならない。[*3]

第三世界の女性たちに関する西洋人フェミニストの発言や文章には、おしなべて、特権的で自文化中心主義的な普遍化の想定があるばかりでなく、西洋が世界システムを支配している状況下で西洋の学問文化が第三世界に与える影響の自己認識が不十分である。家父長制や男性支配を、文化を越えて単一で均質であるととらえて語られる「性的差異」は、単一で均質で還元主義的な、いわゆる「第三世界的差異」につながってゆく。それは、非歴史的で固定化され、第三世界の国々に生きる女性たちの、すべてとは言わないまでも大多数にとって明らかに抑圧的なものである。この第三世界的差異を生産しながら、西洋フェミニズムは、第三世界の女性たちの生き方の特徴である構造的複雑性を専有し植民地化する。近年の西洋フェミニズム言説において権力が行使されるのは、第三世界女性について記述する際の単一化と構造的な抑圧のプロセスでなのだ。この権力は定義づけられ、名づけられなくてはならない。

今日、西洋が覇権的な地位にあるなかで、言い換えるなら、アンワール・アブデルマレクが「科学的知識やあるべき理想の形成で先進分野を独占することを基礎としながら、世界の開発の方向性や規制や意思決定を支配すること」（Abdel-Malek 1981, p.145）への闘いを呼びかける状況下で、第三世界に関する西洋フェミニズムの学問思想は、権力と抵抗運動との関連で何を語るのかという点で見直され、検証されなくてはならない。西洋フェミニズムが反対しようとする普遍的な家父長制の構造は、世界規模での男性の共謀だとか均一で非歴史的な権力構造などを仮定しないかぎり、存在しないのは明らかだ。だが、世界的な権力構造は現に存在しており、それに対して、文化、イデオロギー、社会経済の状況分析がなされなくてはならないのである。「文化」の言説に政治が内在すると気づかせてくれるアブデルマレクの次の文章は、ここでもまた有益である。

> 現代の帝国主義は、真の意味において覇権的な帝国主義であり、かつてないほどのレベルにまで高まった合理化された暴力を、銃火と軍事力によってのみならず、感情と頭脳を支配することによっても、最大限に行使している。科学テクノロジー革命と第二の産業革命がもたらす利益に支えられ、独占資本と金融資本の高度な発展を基礎に築かれた、西洋の軍産共同体と覇権的な文化的中心都市

の一体化した動きが、そうした現代帝国主義の暴力の中身を規定している（ibid., pp. 145–46）。

西洋フェミニズム理論は、こうした世界的な政治経済構造のなかで、自らの立場を問い直しその役割を検証する作業を、避けて通ることはできない。その努力を怠れば、第一世界経済と第三世界経済の複雑な相互関係や、それが全世界の女性の生活に与える重大な影響に目をつぶることになる。わたしは、第三世界女性に関する西洋人フェミニストの著作の多くが、文章や情報として価値を持つことに疑問を差しはさむつもりはない。さらには、わたしが憂慮するような分析上の落とし穴に陥らない優れた著作があることも否定しない。実際、そうした著作の例を後でとりあげたいと思う。そのような著作は、第三世界の女性たちの体験がほとんど語られておらず、また女性の政治闘争を国際的に結びつける必要があるなかで、開拓者の役割を果たすものであり、絶対に必要である。西洋の学問理論が圧倒的な支配力を発揮している現状にあって、こうした著作が採用する分析戦略は、現実を解明できるだけでなく、政治的な重要性をもつと指摘したい。アメリカ合衆国のフェミニストの著作（有色人女性の視点から白人女性の特権に言及したものを除く）に関していえば、その影響力はいまだ大きいとはいえないが、第三世界女性に関する西洋人フェミニストの著作は、西洋の学問思想が書物や論文の生産・出版・流通、情報や思想の消費といった面で全世界的な覇権を有しているという文脈で考えられなくてはならない。大きな影響力があるかどうかにかかわらず、フェミニズムの著作は、フェミニストや学者など直接の読者を超えた政治的な影響力と意味をもつからである。西洋フェミニズムの大半の「表象」が与える、そうした重大な結果のひとつは、第三世界の女性を見る視線が帝国主義と一体化していることだ。[*4] それゆえ、分析戦略と基本原則がはらむ政治的な意味を検証することは、まさに緊急の課題なのである。

わたしは、第三世界女性をめぐる（西洋人）フェミニストの言説に存在する分析上の三つの基本原則を批判したいと思う。主としてゼッドプレス社刊行の第三世界女性シリーズをとりあげ、これらのテキストの分析に限定して、西洋フェミニズム言説を検証する。[*5] このようなかたちで、批判点をしぼる。ただし、対象は文化的、地理的に自分を西洋人と見なすフェミニストだが、わたしの批判は、同様の方法論を採用する第三世界の女性で、西洋で暮らしているにしろ第三世界でにしろ、第三世界女性の問題について書き、西洋で出版するすべての書き手にあてはまる。だからわたしは、文化原理主義的な立場から自文化中心主義を批判するわけではない。むしろ暴きたいのは、ある種の分析において、自文化中心主義的な普遍化がどのようにつくりだされるかである。事実、わたしの議論は、書き手の主観性を暗黙の前提とし、文化的他者を定義づけ表象する尺度にするような、あらゆる言説に適用しうる。言説において権力が作用するのは、まさにこうしたやり方でなのだ。

まず批判の俎上にのせたいと思う分析上の前提は、戦略的に「女性」をひとつのカテゴリーと位置づけることである。女性を、階級や民族や人種に関係なく、矛盾も抱えていなければ利害も欲求も明確な、すでに確立された一枚岩の集団と想定することは、ジェンダーや性的差異やあまつさえ家父長制の概念を、文化を越えた普遍的なものと考えることだ（そうした分析は、家族構造や労働の組織化からメディア表象まで、どんな領域でも行いうる）。第二の前提は方法論のレベルで見られ、普遍性や文化を越えた有効性の「証明」が無批判になされることである。第三は、方法論と分析戦略の下にある政治的前提、すなわち書き手が陰に陽に示している権力と闘争のモデルである。今あげた二つの分析方法――枠組みと言った方がいいかもしれないが――の結果、女性は集団として同一の抑圧を受けていると想定され、それが次には、「平均的な第三世界女性」のイメージをつくりだす。この平均的な第三世界女性なるものは、女らしさのジェンダー（「性的に制約されている」の意）と「第三世界性」（「無知、貧乏、無教育で、伝統に縛られ、家庭にいて家族第一の、あわれな犠牲者等々」の意）にもとづいて、本質的に単純化された生活を送っている。このイメージは、教育があり、現代的で、自分自身の身体とセクシュアリティを管理でき、自己決定する自由がある、という西洋女性の（暗黙の）自己表象の対極にある。

西洋人フェミニストの自己表象と第三世界女性の表象との対比は、主婦は「維持」機能を果たすだけだが賃労働者は真の「生産」を担っているとするマルクス主義者の主張や、第三世界は「原材料」という低レベルの生産に携わり第一世界は「真の」生産活動を行うといった開発主義者の主張と同様の序列化にほかならない。こうした差別化は、ある集団を規範や参照基準として特権化することに起因する。賃労働に携わる男性、第一世界の生産者、また第三世界の女性を「裸のわたしたち」（Rosaldo 1980）と見なすような西洋人フェミニストはすべて、こうした二項対立的な序列化によって自らを規範的な存在に祭り上げているのだ。

分析カテゴリーとしての女性――わたしたちは皆闘う姉妹

「分析カテゴリーとしての女性」という表現は、そもそも分析以前に、女性は階級や文化を越えて同一の自己認識を持つ社会的に単一な集団を構成している、と決めつけるような想定を意味している。この想定は、多くのフェミニズム言説に特有である。この集団としての女性の同一性は、生物学的本質にもとづくというより、派生的な、社会学的、人類学的な普遍性の上に築かれる。これから見てゆくフェミニストの分析のいずれにおいても、女性は同じ抑圧を共有する単一の集団として描かれている。女性たちを束ねているのは、社会学的な意味での抑圧の「同一性」である。この一点で、自らの歴史を背負った具体的な主体である「女性」が一括りにされ、集団としての「女性」に矮小化されてしまう。集団としての女性の同一性は合意されたものとして描き出され、歴史的に特定された女性たちの具体的現実と取り違えられる。その結果、女性は、すでにある集団とされ、フェミニストの手になる科学や経済学、法学、社会学の言説によって、無力で搾取され性的な嫌がらせを受ける等々といったレッテルを貼られてきたのである（これが、女性はか弱く感情的で数字に弱い等々と決めつける性差別主義者の言説に酷似していることに注意）。こうしたやり方は、特定の女性集団が特定の状況下で「無力」化される物質的、イデオロギー的な要因をつきとめ、明確にしようというものではない。そうではなく、無力な女性集団のさまざまなケースを見つけだしては、集団としての女性が無力だと論証するためなのだ。

本章では、第三世界女性に関する西洋人フェミニストの言説のなかで、「女性」が分析カテゴリーとして使われている六つの方法に注目したい。いずれも、単一の「無力な」集団としての「第三世界女性」が、それぞれの社会経済システムの暗黙の犠牲者としてつくりだされる例証である。女性性器切除をテーマにしているフラン・ホスケンから、第三世界における開発政策の影響について、西洋と第三世界双方の読者に向けて論じている「国際開発における女性（ＷＩＤ）」研究まで、さまざまな執筆者をとりあげた。いずれのテキストでも、第三世界女性についての想定がきわめて類似していることが、わたしの議論の主旨である。こう言ったからといって、分析したすべてのテキストが同等であるとか、その長所や欠点が等しいということではない。とりあげた執筆者は、その関心事も、文章の難易度もさまざまなのだが、にもかかわらず、第三世界女性の表象は実に似ている。女性たちは、男性暴力の犠牲者(フラン・ホスケン)であり、おしなべて従属的(ベヴァリー・リンゼイやマリア・カトルフェリ)で、植民地支配の被害者(マリア・カトルフェリ)、アラブ家族制度の犠牲者(ジュリエット・ミンス)、イスラム法の犠牲者(パトリシア・ジェフリー)であり、さらには、経済開発の犠牲者(ベヴァリー・リンゼイと[リベラル派の]WID学派)とされる。このように、女性を主に客体(特定の組織やシステムから影響を受けたり受けなかったりする)として定義づけるやり方こそ、「女性」を分析カテゴリーとして使う方法の特徴である。西洋人女性が第三世界の女性について書いたり学んだりする際のこうした客体化は(たとえそれが善意からであろうとも)、きちんと名づけられ、問題にされなくてはならない。ヴァレリー・エイモスとプラティバ・パーマーがいみじくも述べているように、「数々のフェミニズム理論が、わたしたちの文化実践を「封建制の残滓」と見なし、わたしたちに「伝統的」というレッテルを貼ったり、わたしたちが政治的に幼稚な女性で西洋フェミニズムの高邁な精神をしっかり学ぶ必要があるかのように描く。そのようなフェミニズム理論は、たえず異議申し立てを受けなくてはならない」のである(Amos and Parmar 1984, p.7)。*6

女性は男性暴力の犠牲者

フラン・ホスケンは、アフリカや中東における人権と女性性器切除との関連について述べる際に、性器切除を論じる（非難する）根拠のすべてを、ひとつの前提に置いている。その前提とは、この行為の目的が「女性の性的な喜びや満足を奪うこと」にあるとするものである（Hosken 1981, p.11）。これは、女性のセクシュアリティや出産が支配されているという主張につながってゆく。ホスケンによれば、「男性の性の政治学」は、アフリカや全世界において、「女性の依存と従属を、いかなる手段に訴えてでも手に入れるという同一の政治目的」を共有している（ibid., p.14）。こうして、女性に対する身体的な暴力（強かん、性的暴行、性器切除、陰部封鎖など）は「世界中の男性たちの驚くべき合意のもとに」行われているというのだ（ibid.）。ここでは、女性はつねに男性支配の犠牲者であり、「性的な被抑圧者」であると定義される。[*7] たしかに、女性に対する男性の暴力は女性の行動を制限し、女性の社会的地位をある程度説明するだろうが、だからといって女性を犠牲者の典型と定義するなら、女性を「自己防衛する客体」に、男性を「暴力を行使する主体」に固定し、さらには（すべての）社会を無力な者（＝女性）の集団と権力者（＝男性）の集団に二分化してしまう。だが、男性の暴力はそれぞれの社会の文脈にそって理論化され解明されなくてはならず、そうしてこそ、正しく理解し効果的に変えてゆくことができる。[*8] ジェンダーのみにもとづいたシスターフッドはありえない。シスターフッドは、具体的な歴史的、政治的な実践および分析のなかで構築されなくてはならないのである。

女性はだれもが従属的

ベヴァリー・リンゼイはその著『世界の女性の比較研究：人種、性、階級が与える影響』の結論で、「人種と性と階級にもとづいた従属関係は、社会機構や教育システムや経済組織を通じて永続化する。

第三世界女性にはこうした従属の連鎖が見られる」と述べる。また同書のさまざまな箇所で、第三世界女性を集団として認識しうるのはただ、だれもが従属的であるからだとも示唆している。もし、従属性こそが第三世界の女性を集団としてひとつに束ねるものなら、第三世界の女性は主体的な立場に立てない非政治的な集団だとつねに見なされることになる。ところが、この歴史的転換期にあって、第三世界の女性を戦略的な集団としているのは、階級や人種やジェンダーや帝国主義的なヒエラルヒーに抵抗する政治闘争という共通の文脈なのだ。リンゼイはまた、ベトナム女性とアメリカの黒人女性は、言語や文化の差異はあるものの、「どちらの集団とも、人種と性と階級の犠牲者なのだ」とも述べている(Lindsay 1983, p.306)。ここでも、黒人女性とベトナム女性は、犠牲者として特徴づけられているのだ。

同様に、「わたしの分析の出発点は、すべてのアフリカ女性が政治的、経済的に従属していることである」(Cutrufelli 1983, p.13)とか、「公然とにせよ隠然とにせよ、売春はいまなおアフリカの女性の、唯一とは言わないまでも、もっとも主要な収入源なのだ」といった記述を見てほしい(ibid., p.33)。アフリカの女性はすべて従属的で、集団としてのアフリカ女性の唯一の仕事が売春だとは。どちらの言い回しも、マリア・カトルフェリの著書『アフリカの女性：その抑圧の根源』で散見される一般化の実例にほかならない。この本の裏表紙には、彼女がイタリア人社会学者にしてマルクス主義者、フェミニストであると書かれている。今の世の中で、『ヨーロッパの女性：その抑圧の根源』などという題名の本を書くことが考えられるだろうか？　なにもわたしは、何かを記述するために集団として括ること一般に反対しているわけではない。アフリカ大陸出身の女性たちを「アフリカの女性」と記述することは可能である。問題なのは、「アフリカの女性」をすべて同じ、従属的とか無力(ときには逞しい)という特性をもった単一の社会学的集団とすることなのだ。そこにあるのは、ある点については過小に、同時にある点については過大に言う姿勢なのである。

こうしたことが起きるのは、ジェンダーによる違いを男女の二分化にすり替えているからだ。女性は、男性に対して従属的な関係にあるから集団を構成するとされ、男性は、明白にそう書かれているわけではないものの、男女関係の主導権を握っているとされる。もしも、「アフリカの女性」が集団と見なされる（それに対して「アフリカの男性」なる集団はあるのか？）のはだれもが抑圧ざれ従属的だからだとするなら、特定の歴史的差異の分析など不可能だろう。現実を形づくるのは、つねにはっきり二分され、相容れずどこまでも敵対的な、抑圧者と犠牲者という二つの集団だということになるからだ。ここでは、社会学は生物学に置き換えられ、しかもそれは、またもや女性の単一性をつくりだすためなのだ。それではジェンダーの違いを言い表すどころか、性的差異こそ抑圧の根源だとして特権的な立場を主張する余地をつくるだけだ。それこそ、わたしが疑問視するものである。カトルフェリは、「アフリカの女性」を（すでにある被抑圧者の集団として）分析カテゴリーに使うことで、女性が、社会や権力のネットワークのなかで、従属したり力を持ったり周縁にいたり中心にいたりといったさまざまな立場に位置づけられる特定の歴史的存在であることを否定している。女性は、分析の対象とされる以前に、単一の「無力な」集団と見なされる。あとはただ、この事実を追認するような特定の文脈を述べるだけである。「女性」は、家族、職場、宗教組織といった特定の文脈に置かれるだけで、そうしたシステムはまるで、女性どうしの関係や女性と男性の関係とは無縁に、その外部に存在するかのようである。

このような分析方法の問題点は、男性も女性も、社会関係のなかの存在である以前に、性の政治学を体現する主体としてすでに構築されている、という想定にある。こうした想定を受け入れてはじめて、親族構造や植民地主義や労働の組織化などが、あらかじめ集団として定義された「女性」にどのような「影響」をもたらすかを分析する、といったことが可能になるのだ。ここで無視されている決定的な点は、女性が、諸関係の形成にただ巻き込まれているのでなく、まさにこうした関係を通じて形づくられるということである。ミシェル・ロサルドが述べているように、「人間の社会生活における女性の地位は、簡単に言えばその女性がすること（つきつめれば、生物学的な機能）ではなく、その女性の行動が具体的な社会的相互関係を通して獲得する意味によって形成される」のである（Rosaldo 1980, p.400）。女性が母親業を行う意義は、さまざまな社会がそれに付与する価値と同等ではない。母親業という行為と付与される地位に差があることはたいへん重要であり、きちんと指摘し、文脈にのっとって分析しなければならない。

既婚女性は植民地支配の被害者

親族構造を女性の交換システムと捉えるクロード・レヴィ＝ストロースの理論で重要なのは、交換それ自体が女性の従属を成立させるわけではないということだ。つまり、女性が従属的なのは、交換という事実のせいではなく、制度化された交換の様式とそこに付与される価値のせいなのだ。しかし、母系制で妻方居住であるザンビアのベンバ族の婚姻儀礼を論じるにあたって、『アフリカの女性』の著者カトルフェリが注目するのは、結婚による女性の交換がヨーロッパによる植民地化の前後でどう変化したかであり、こうした状況下で交換に付与される価値については言及しない。その結果、カトルフェリの定義するベンバ族の女性は、植民地化によって均一の影響を受ける集団と見なされる。ここでもまた、ベンバ族の女性は、西洋の植民地主義の影響をただ一方的に受けるだけの犠牲者として描かれているのだ。

カトルフェリは、ベンバ族の結婚を、「若い男性が妻方の一族と住居を共にし、食料や扶養と引き換えにサービスを提供することで、一族の一員となる」、いくつもの段階をふんだ儀礼として描く(Cutrufelli 1983, p.43)。この儀礼は何年間にもわたって行われ、性的な関係は妻となる少女の身体的な成熟に応じて異なる。妻が成年し通過儀礼を受けた後に初めて性交が許可され、男性は彼女に対する法的権利を得る。成年式は、女性の生殖の力を神聖化するより重要な儀式であり、それゆえ、成年式を受ける前の女性を誘っても咎められないが、成年式後の女性を誘惑すれば重い罰が課される。カトルフェリは、ヨーロッパによる植民地化が結婚制度をそっくり変えてしまったと主張する。いまでは若い男性は、妻をその一族から取り上げる権利と引き換えにお金を払えばよい、と。つまり、ベンバ族の女性は部族法という保護を失ったというのである。この主張には次のような問題がある。確かに、ベンバ族の女性は、伝統的な婚姻契約（対極とされるのは植民地化後の婚姻契約）のもとで、結婚における性的関係をある程度管理できたように見えるが、彼女たちが部族法によって一貫して保護されていたかどうかを正確に判断するためには、成年式後の女性の方が儀式前の女性よりも重要視され、この儀式を通過すると女性の力関係が変化することの政治的な意味の分析が不可欠なのである。

ベンバ族の女性を、伝統的な婚姻構造内の均一な集団として語ることはできない。成年式の前と後を比べれば、彼女たちの社会関係における位置は異なっている。男性親族間での女性の「交換」という事実をもって女性を単一の集団と見なせば、彼女たちの個々の存在や、付与される価値が成年式の前後で異なることの歴史社会的、文化的な特性を否定してしまう。それでは、儀式としての成年式を、政治的な意味も影響力ももたないものと見なすことになる。また、女性の状況は婚姻契約のしくみについて述べさえすれば明らかになると言うようなものだ。女性は、一つの集団として既存のしくみのなかに位置づけられるだけであり、力関係のネットワークの明白な変化につれて、結婚という行為の結果どう形成されるのか、まったく追求されていない。女性は親族構造のなかに位置づけられる以前に、まず性の政治学の主体として想定されているのである。

女性と家族システム

違う文脈でだが、エリザベス・コウイーは、男性を父親や夫、女性を妻や母や姉妹等と呼ぶ親族構造の政治的特性をイデオロギー的な実践として分析すべきだと強調しながら、この種の分析が意味するものについて指摘している(Cowie 1978)。ここでコウイーが示唆しているのは、女性としての女性が家族のなかに位置づけられるのではない、ということである。そうではなく、親族構造の一部である家族のなかで、集団の内部で集団によって、女性は女性として定義され形成される。他方、たとえばジュリエット・ミンスが、アラブやイスラム社会が抱く「ほとんど同じ女性像」の基には家父長制家族があると述べるとき、ミンスはまさにこの罠にはまっている(Minces 1980, esp. p. 23)。問題なのは、アラブやイスラム社会(ということは二〇以上の異なる国々)が共有する女性像なるものを、そうしたイメージを形づくる歴史的、物質的、イデオロギー的な権力構造を顧慮せずに語ることだけではない。家父長制家族あるいは部族的親族構造が女性の社会経済的な地位の原因だと主張すれば、女性は家族の内部に位置づけられる以前に、まずもって性の政治学の主体であると想定することになる。だから、女性は家族内で価値や地位を持っているとしながらも、(アラブやイスラム社会に共通の)単一の家父長制的親族システムを想定することで、女性はそうした社会の被抑圧者集団にされてしまう! この単一で均質の親族システムが、別の独立した既存領域である「女性」に影響を与えるとされるのだ。かくして、すべての女性は、階級や文化的差異に関係なく、このシステムに左右されると見なされる。すべてのアラブやイスラムの女性が同一の被抑圧集団を構成するとされるだけでなく、女性を母、妻、姉妹等として形成する家族内の特定の実践については何の論述もなされない。まるで、アラブやイスラムの人々はまったく変化せず、彼らの家父長制家族も預言者ムハンマドの時代からとこしえに変わることなく続いているかのようだ。つまり、存在はするが歴史の外にある、というわけだ。

女性と宗教イデオロギー

「女性」を分析カテゴリーとして使う例は、経済と政治やイデオロギーといった要素との関係を述べる際に経済還元主義に与するような、比較文化分析にも見られる。ここでも、問題は「先進国と発展途上国」の経済比較のレベルに矮小化され、女性問題の特殊性は無視される。ミナ・モダレスは、イランにおける女性とシーア派の教義に関する精緻な分析のなかで、まさにこの問題に注意を喚起している(Modares 1981)。モダレスの批判は、イスラム教をその社会における経済的、社会的、権力関係的な規定を含む言説としてではなく、社会的諸関係や実践と関係のない、外的なイデオロギーと捉えるフェミニスト論文に向けられている。ピルザダ女性のパルダ〔女性を男性から隔離するイスラムやヒンズー教徒の習慣〕に関するパトリシア・ジェフリーの著作は、有益な知識を与えてはくれるが、パルダが正当化されるような女性の地位の説明をイスラム教のイデオロギーに求めてしまっている（Jeffery 1979）。ここでは、イスラム教のイデオロギーは単なる思想に矮小化され、それをピルザダ女性が内面化することがシステムの安定をもたらすとされる。他方、パルダの存在についての主たる説明としては、男性による経済資源の支配や、パルダが女性に与える個人的な安全のせいだとする。

ジェフリーは、特定の宗派をイスラム全体であるかのように考え、それを単一で均質のものと考えているのだ。モダレスは言う。「こうして「イスラム神学」があらかじめ確立された「女性」という別の領域に押しつけられることになる。いっそうの単一化が行われた結果、女性（すべての女性という意味だ）は、社会での地位の差に関わりなく、イスラムの影響を受けたり受けなかったりする存在となる。こうした考えに支えられて、女性の比較文化研究が何の配慮もなく推し進められるのである」（Modares 1981, p. 63）。

マルニア・ラズレグは、中東や北アフリカの女性をとりあげた研究に一貫して見られる還元主義を批判して、同じような論を展開している。

多くの近代化理論が論証ぬきの乱暴なやり方で宗教を低開発の原因にするのと同じように、宗教こそジェンダー的不平等の原因だと強調されるとき、中東や北アフリカの女性についてのフェミニズム言説は、まるで型どおりの儀式のように、イスラム女性に関するイスラム学者の解釈をなぞっている。このようなパラダイムは、総じて、女性を生から、個々のありようから、切り離してしまう。女性は、原理的な言語で語られる宗教に包摂され、非歴史的な時間のなかで生きる存在と見なされるしかない。女性には歴史がないも同然だ。そこでは、変化の分析などは頭から否定されてしまう(Lazreg 1988, p. 87)。

ジェフリーの分析は宗教(イスラム)をこれほど単一化してはいないが、すべてのイデオロギー的な特性を経済関係に帰結させ、その比較にもとづいて普遍化している。

女性と開発プロセス

経済還元主義にもとづく普遍化の恰好の例は、国際開発における女性(WID)に関するリベラルな書物に見られる。この学派の賛同者は、開発が第三世界の女性たちに与える影響を、時に自称フェミニストの視点から考察する。少なくともそこには、「発展途上国」の女性の生活向上への関心や関与があることは明らかである。イレーネ・ティンカーとミッシェル・ボー・ブラムセン、エスター・ボスラップ、パーディタ・ヒューストンは、開発政策が第三世界の女性に与える影響について書いている(Tinker and Bramsen 1972, Boserup 1970, Huston 1979)[*9]。四人の女性はいずれも、「開発」とは「経済開発」や「経済発展」と同義だと考えている。ミンスの家父長制家族、ホスケンの男性の性的支配、カトルフエリの西洋植民地主義と同様に、ここでは開発こそ万能の装置である。女性は、経済開発政策の肯定的あるいは否定的な影響を受けるとされ、経済開発を基準に文化間の比較がなされる。

たとえば、ヒューストンは、エジプト、ケニヤ、スーダン、チュニジア、スリランカ、メキシコの「家族と個々の構成員」に開発プロセスが与える影響を明らかにするのが研究の目的だと言う。そしてこれらの国々で、農村部と都市部の女性たちが語る「問題」や「ニーズ」はすべて、教育と訓練、労働と賃金、保健やその他のサービスへのアクセス、政治参加、法的権利の問題に帰結すると述べる(Huston 1979, pp. 119–22)。ヒューストンは、こうした「ニーズ」はすべて、女性を集団またはカテゴリーとして排除している鈍感な開発政策のせいだとする。ヒューストンにとって、解決はたやすい。女性の現地調査員の訓練に力を入れる、女性の訓練員や農村開発員を使う、女性の協同組合を奨励する等々の手段で開発政策の改善を図ることである。ここでもまた、女性は「開発プロセス」以前の、均一な集団やカテゴリーとして想定されている。ヒューストンは、第三世界女性がみな同じような問題やニーズを抱え、だから関心や目的も似通っていると決めつけているのだ。だが、ほんの一例をあげても、都市に暮らす中産階級で高学歴のエジプト人主婦の関心事は、当然ながら、この家の学歴のない貧しいメイドと同じはずがない。双方の女性集団に、開発政策が同じように影響を与えることはないのである。女性の地位や役割を物語る慣習は、階級によって異なる。女性は、階級や文化や宗教やその他のイデオロギー的な制度や枠組みの複雑な相互作用を通じて、女性として構築されるのである。彼女たちは特定の経済システムや経済政策のみにもとづいた「女性」——一枚岩の集団——なのではない。このような還元主義的な文化間比較は、異なる社会階級や文化の女性たちが表現し体現する日常的な経験の独自性や政治的利害の複雑性を、植民地化するものにほかならない。

ヒューストンにとって、自らが描く第三世界女性には「ニーズ」や「問題」はあっても、「選択」や行動の自由などほとんどないことは明らかだ。これは第三世界女性の興味深い表象であるとともに、西洋女性の潜在的な自己表象を示唆するものとして、注目に値する。ヒューストンは言う。「まったく異なる文化的環境にある女性たちから話を聞いて、いちばん驚き感動したことは、教育を受けているかいないかや、暮らしているのが都市か農村かにかかわらず、彼女たちの基本的な価値観がまったく同じだったことだ。それは、家族、品位、他人への献身がなによりも重要だという考えである」(ibid., p.115)。そのような価値観は西洋の女性にはないと、ヒューストンは考えているのだろうか?

このように「女性」を集団または確立された分析カテゴリーとして扱うことは、女性の従属性という一般概念にもとづいて、女性の非歴史的で普遍的な団結を想定する点で問題である。この分析方法は、特定の地域的な文脈でいかに女性が社会経済的、政治的な集団として形成されるかを明らかにせず、女性という主体をジェンダー・アイデンティティのみで定義し、社会階級的、民族的なアイデンティティをまったく無視してしまう。女性を集団として特徴づけるのは、何よりも(必ずしも生物学的にではなく、社会学的に定義された)ジェンダーであるとして、性差を均一な概念だとする。このように女性が均一の集団として構築されるせいで、性差は女性の従属と同義となり、権力は自動的に対極的な言葉で定義される。つまり、力を持つ者(=男性)と無力な者(=女性)、男性は搾取する側で女性は搾取される側、というように。こうした単純な定式化は歴史を無視するものである。また、抑圧と闘う戦略をたてるときにも有効性がない。ただ、男性と女性の二項対立的な分断を強化するだけなのだ。

では、そうでない分析とはどのようなものか? マリア・ミースの著書は、これまで述べてきたような落とし穴にはまっておらず、第三世界の女性に関する西洋人フェミニストの議論の力強さを示している（Mies 1982）。ミースの、インド・ナルサープルのレース編み女性の研究は、世界市場で消費されるレースのテーブル敷を製作する「主婦」たちのサブスタンシャルな家内制手工業をじっくり分析している。レース産業の構造、生産・再生産関係、性別分業、利益と搾取、そして女性を「専業主婦」、その労働を「余暇活動」と定義づけた結果を詳細に分析して、ミースは、この産業における搾取のレベルや、従事する女性たちの労働や生活環境に生産システムが与える影響を明らかにする。さらにミースがなし遂げたのは、家にいる女性という概念である「主婦イデオロギー」の分析である。それこそ、貧困女性が増加する一因ともなり、彼女たちをアトム化し労働者として未組織なままにとめおく生産システムを維持するための、主体的・社会文化的な必需品なのだ。レースを編む女性たちを、家族、地方、地域、国内・国際的なレベルで専業主婦と定義することを基礎にして、家父長制組織が、歴史的、文化的にどのような固有のかたちで構築されるかをミースの分析は示している。地域の権力ネットワークの複雑さとその影響を強調するだけでなく、これにもとづいて、特定の女性集団がいかに覇権的で搾取的な世界市場の中心に置かれているかを分析しているのだ。

ミースの研究は、政治的焦点をもった精緻な地域分析が何をなし遂げられるかの好例である。そこには、さまざまな政治的文脈が併存したり重なり合ったりするなかで、いかに女性というカテゴリーが構築されるかが明らかにされている。「インド女性」とか「第三世界女性」などという表現で安易に一般化しておらず、レース編み女性の搾取という政治的状況を、彼女らの特色とされる忍耐強さや従順さ、境遇についての文化的説明をもってこと足れりとするようなこともない。しかも、状況や文脈の分析から理論的なカテゴリーを一般化するという政治的な地域分析の方法は、レース編み女性たちの搾取に立ち向かう闘いを組織するための、的確で効果的な戦略を指し示してもいるのだ。ナルサープルの女性たちは生産プロセスの単なる犠牲者ではない。彼女たちは、さまざまな局面で抵抗し異議を申し立て、当のプロセスを崩壊させているからだ。ミースが、潜在的な抵抗の源になりうると感じとったもの、すなわち主婦イデオロギー、レース編み女性の自己意識、女性どうしの関係がどう絡み合っているかを述べた部分を次に示そう。

根強い主婦イデオロギーや、労働者ではなく些細な商品の生産者というレース編み女性の自己認識は、そうした産業の構造だけに支えられているのでなく、反動的な家父長制の規範と組織の意図的な宣伝や強化策によっても支えられている。ほとんどの女性は、村でのパルダの決まりやパルダによる隔離について同じような意見を口にするが、そうした考えはレースの輸出業者によっても増幅される。なかでもカプーの女性は、自分は家の外に出たことがなく、村の女は主婦業やレース編み以外の仕事につくことはできないと言ったが、ほとんどの女性がいまでも完全に家父長制的規範に従っているにもかかわらず、その自己認識には矛盾した要素も混在している。カプーの女性は、家の外で働くことができる不可触民マラやマディガなど低位カーストの女性を軽蔑して見下しながらも、彼女らが、尊敬すべき主婦ではなく労働者であるからこそより多くのお金を稼いでいる事実を無視できないのだ。話をするうち、自分たちも家の外に出て仕事を選ぶことができればいいと思う、と認めさえした。では家の外に出て（工場のようなところで）働く準備は整っているのかと問うと、その通りだと答えた。これらのことは、パルダと主婦イデオロギーはいまなお内面化されてはいるが、いくつかの矛盾した現実に直面して、すでにほころびを見せ始めていることを示している(ibid., p.157)。

さまざまに異なる状況に置かれた女性たちが抱える矛盾を理解してはじめて、効果的な政治行動や異議申し立てを組織することができる。ミースの研究は、そうした分析の先駆けである。いまでは、こうした方向性をもつ西洋人フェミニストの著作が増えてきているが[*10]、前述したような文化還元主義に陥った著作も、残念ながら多数存在するのだ。

方法論的普遍主義——女性の抑圧は世界的現象

第三世界女性に関する西洋人フェミニストの著作では、男性支配と女性抑圧が文化を越えて普遍的であることを示すためのさまざまな方法論がとられている。以下では三つの方法論をとりあげ、単純なものから複雑なものへ、要約しながら批判してみたい。

まず、普遍性の証明が数字を用いてなされる例である。議論はこんな具合だ。ヴェールを被っている女性の数が多ければ多いほど、女性の分断と支配が普遍的に行われている(Deardon 1975, pp.4–5)。同じように、さまざまな国から異なる断片的な例を多数集めてきて普遍的な事実とするものもある。たとえば、サウジアラビア、イラン、パキスタン、インド、エジプトのイスラム女性はみな、なにかしらヴェールを被っている、ゆえに、これらの国々で女性が支配されていることは普遍的な事実である(ibid., pp.7, 10)。フラン・ホスケンは「強かん、強制売春、一夫多妻、性器切除、ポルノグラフィー、少女や女性への殴打、パルダは、すべて基本的人権の侵害である」と述べる (Hosken 1981, p.15)。パルダを強かんやドメスティック・バイオレンスや強制売春と同列に見なすことで、どんな場合でも、パルダは主に「女性支配」のために存在すると主張しているのだ。こうして、パルダという慣行の文化的・歴史的な特性や矛盾性は無視され、パルダがなくなる可能性もまったく問題にされないのである。

これら二つの例が問題なのは、ヴェールを被る慣行がゆきわたっていると主張しているからではない。統計を基にそうした主張をすることは可能だ。それは一般的記述である。だが、ヴェールを被る慣行が即女性支配の普遍的な証拠だと主張するのは、疑わしい論理上の飛躍である。サウジアラビアとイランの女性が被るヴェールが外見上似ているとしても、この慣行に付随する固有の意味は、文化的、イデオロギー的な文脈に応じて異なる。また、一定の文脈ではパルダという慣行が占める象徴的空間は似ているかもしれないが、だからといって慣行それ自体が個々の社会で同じ意味をもつとは限らない。たとえば、よく知られているように、イランの中産階級女性は、一九七九年の革命時には、ヴェールをつけた労働者階級女性への姉妹的な連帯を示すためにヴェールを被ったが、現在のイランでは、強制的なイスラム法がすべての女性にヴェールを被るよう命じている。これらの場合、ヴェールを被る理由は似かよっているかもしれない (前者では、国王と西洋による文化的植民地化への抗議、後者ではイランの真のイスラム化) が、イラン女性がヴェールを被る具体的な意味は各々の歴史的状況に応じてはっきり異なっている。前者の場合、ヴェールを被ることは、体制に反対するイランの中産階級女性の革命的なジェスチャーだったが、後者の場合には、制度による強制的命令にほかならない (議論の詳細は Tabari 1980 を参照）。特定の文脈にそった分析にもとづいてこそ、効果的な政治戦略が生まれる。イスラム諸国で女性がヴェールを被るという慣行だけを根拠に、女性が隔離され、普遍的に抑圧されていると主張するのは、分析上の還元主義であるだけでなく、闘いの政治戦略を練り上げる際にもまったく役に立たない。

第二は、リプロダクション、性別分業、家族、結婚、家庭、家父長制などの概念が、しばしば、その地域の文化的・歴史的な文脈をふまえずに使われることである。フェミニストたちは、こうした概念が普遍的にあてはまると想定して、女性差別を説明するために使っている。たとえば性別分業について、分業の中身が環境や歴史的状況によってめまぐるしく変化するとき、どうして「普遍的な」性別分業について語れるというのか？　性別分業をもっとも抽象的なレベルで言えば、異なって示される性別に応じて異なる仕事を割り当てることだ。だが、性別分業の中身が、違う文脈でもつ意味や価値はまったく異なる。多くの場合、性別にもとづく仕事の割り当てにはイデオロギー的な要因がある。「世界中の多くの国々で女性はサービス業に集中している」というのはまちがいではない。それゆえ、さまざまな国に（女性は看護や社会福祉等のサービス業に就き、男性はその他の職種に就く、といった）よく似た性別分業が存在すると主張することもできるだろう。だが、「性別分業」の概念となると、単なる記述的カテゴリーに止まらない。それは、男性の仕事と女性の仕事に異なる価値が置かれていることを示すものである。

さまざまな社会に性別分業が存在すること自体を、女性の抑圧の証拠と見なすこともよくある。それは、性別分業について記述することと概念的説明とを混同し、同一視するためだ。たとえば、アメリカの中産階級家庭で女性が世帯主となるケースが増えているのは、シングル・マザーになることを選ぶ女性やレズビアンの母親の増加と関係があると仮定すれば、自立が進みフェミニズム運動が前進した証しと解釈できるかもしれない。だが、近年、中南米で増えている女性世帯主家庭は、一見すると女性が意思決定する力を得たように見えるものの、[*11]経済的に人生の選択肢がもっとも狭い最貧困層に集中している。同様の議論は、黒人女性やチカーナ〔メキシコ系アメリカ人女性〕が世帯主の家族が、アメリカ合衆国で増えているケースにもあてはまる。女性世帯主の増加と、アメリカ合衆国の有色人女性や白人労働者階級女性の貧困水準との否定しがたい相関関係には、いまや名前すらついている。貧困の女性化、である。このように、アメリカ合衆国と中南米で女性世帯主家庭が増加しているとは言えても、それが普遍的な女性の自立の証しだとか、あるいはまた普遍的な女性の貧困化を示すものだと論じることはできない。増加の意味も、その説明も、明らかに社会的・歴史的な文脈に応じて異なっているのだ。

同様に、性別分業がほとんどの文脈で存在するからといって、それが労働の場における女性の普遍的従属状態を説明しているということもできない。性別分業が女性労働の価値を低くみるものかどうかは、それぞれの地域的文脈の分析によって示される必要がある。加えて、女性の価値が低く見られているかどうかも、注意深い分析のうえに示されなくてはならない。つまり、「性別分業」と「女性」とは、分析上同一レベルのカテゴリーではないのだ。性別分業という概念は、地域的文脈にのっとった分析を経て一般化されるときにのみ、有効となるのである（Eldhom, Harris and Young 1977 参照）。そのような概念を普遍的に適用できると仮定し、第三世界の女性を階級や人種や宗教、日常の具体的慣行でひとくくりにしたあげくに、世界中の女性は同じ抑圧や利害、闘いを共有しているという誤った考えがつくりだされてしまう。そこにあるのは、シスターフッドというより、人種差別や植民地主義や帝国主義にほかならない。

最後に、ジェンダーを、普遍的に証明された最上位の分析カテゴリーであるかのように誤用する執筆者もいる。言い換えれば、ジェンダー差の具体的研究と、比較文化分析を混同しているのである。ベヴァリー・ブラウンは、『自然・文化・ジェンダー』(Strathern and McCormack 1980) の書評で、この点をはっきり指摘している (Brown 1983)。ブラウンによれば、同書では、自然対文化、女性対男性を上位カテゴリーとし、それらが下位のカテゴリー (野生対飼育、生物学対科学技術など) を統括し位置づける、という論理になっている。上位カテゴリーは表象システム全体を統括する普遍的なものであって、上位と下位との関係は、カテゴリーが普遍的に証明されるかどうかとはまったく無関係に成立するとされる。ブラウンが批判するのは、同書が、自然対文化、女性対男性を普遍的な上位カテゴリーとして一般化できると証明するのでなく、フィールドワークで検証できる経験的事実のレベルでその普遍性の証明がすんだと解釈している事実である。そのため、自然対文化、女性対男性というパラダイムが、ある特定の歴史社会システムの表象を統括する普遍的な様式として有効かどうかは問われない。ここでは、自然対文化、女性対男性の分析カテゴリーが成立するかどうかを、それらが異なる文化においても存在するという経験的証明の必要性にすりかえ、そのうえに方法論的な普遍主義を想定しているのである。表象の言説が物質的な現実と混同され、前述した「女性 Woman」と「女性たち women」の違いも無視されている。この違いを曖昧にした (興味深いことに、ある種の西洋人フェミニストの自己表象によく見られる) フェミニストの著作は、結局、「第三世界女性」の均質なイメージの構築に行き着くのだが、それは、第三世界の女性たちの固有の抑圧や政治選択といった歴史的な具体性と、一般的な記述上の表象との複雑で変化する関係を無視しているからなのである。

要約しよう。わたしはここまで、女性が普遍的に社会で従属的な地位にあることを解明しようとするフェミニズム（や他の学問分野）の比較文化研究に顕著な方法論の三つの傾向について論じてきた。本章の最終節では、これまで書いたこととも合わせ、第三世界女性に関する西洋人フェミニストの著作の分析戦略がどのような政治的結果をもたらすかを見てゆきたい。そこでの論議は、複雑な現実に対応し、歴史的に特定された慎重な一般化である限り、一般化そのものに反対してはいない。また、政治的なアイデンティティや共感の戦略づくりの必要性を否定する議論でもない。だから、警察による女性への暴力に抗して、異なる宗教やカーストや階級のインド人女性が政治的に団結した件でも（Kishwar and Vanita 1984参照）、文脈にそって、警察の暴力について分析しなければならない。自分とは逆の政治的アイデンティティを構築するような戦略的連合が成り立つには、問題の一般化や暫定的提携が前提となるが、こうした集団的アイデンティティを普遍主義的で非歴史的なカテゴリーにもとづいて分析することはできない。

権力の主体

この節では、これまでにも述べたフェミニズムの学問思想の本質的に政治的な性格についての議論に戻り、学問のなかに存在する第一世界と第三世界の権力関係が植民地主義であると言えるかについて、わたしの意見を述べたい。すでにふれたゼッドプレス社の第三世界女性シリーズの九つのテキスト[*12]は、多様な社会の女性たちの「地位」を検証するにあたって、以下のような共通の領域に焦点を当てている。それは、宗教、家族・親族構造、法体系、性別分業、教育、そして政治的抵抗運動である。第三世界女性について書く西洋人フェミニストの多くが、これらのテーマを取り扱っている。言うまでもないが、各テキストの強調部分は異なる。たとえば、『いつかは帰る：パレスチナの女たち』(Bendt and Downing 1982) と『この牢獄を打ち破れ：闘うインドの女たち』(Omvedt 1980) の二冊は女性の実力闘争や政治活動に焦点をあてているのに対し、『服従の家：アラブ社会の女性』(Minces 1980) はアラブ女性の法的、宗教的、家族内的な地位をとりあげている。さらに、一般化の方法論や精緻さの程度はテキストによってさまざまだ。ただし興味深いことには、ほぼすべての著作が、これまで述べたようなやり方で「女性」をひとつの分析カテゴリーとしているのである。

これがゼッドプレス社の出版物だけに見られる分析方法でもなければ、同社の書籍全般の特徴というわけでもないのは明らかである。しかし、とりあげた著作はいずれも、「女性」がそれぞれ異なる文化において、社会関係に参入する以前に、一貫した集団的アイデンティティをもつと想定している。だから、ゲイル・オムヴェートがマハラシュトラ州〔インド中西部の州〕のある女性集団について言及するのに「インド女性は……」と語ったり、カトルフェリが「アフリカ女性」について論じたり、ミンスが「アラブ女性」について語ったりできるのだ。まるでどの女性集団も、その社会の男性と異なる明確な文化的一貫性をもつかのように。女性は、すでに構築された集団として、宗教や経済や家族や法律といった構造のなかに置かれ、ゆえにその「地位」や「立場」は自明のものとされる。だが、階級や民族に関係なく、いかなる状況でも女性をひとかたまりの集団と見なすこうした議論の進め方は、究極的な二項対立の世界をつくりだす。そこではつねに、女性は男性の対極に位置し、家父長制とは必ず男性支配であり、宗教や法律や経済や家族の構造をつくるのは男性だという暗黙の想定がなされる。こうして、全住民ははっきりと男性か女性かに分けられ、あらゆる人が支配と搾取の関係に組み入れられる。全員が搾取関係に呑み込まれるのだ。このような単純な二分法は、男性と女性をまったく異なったカテゴリーや集団と見なし、あらかじめ構築された、集団として異なる経験や認識や利害をもつカテゴリーとするとき、初めて可能となるのである。

これは、権力関係の構造や機能に関して、何を意味するのか？　第三世界女性の闘いが、階級や文化を越え、一般概念としての抑圧（主に、権力をもつ集団、すなわち男性による）に抵抗する共通性をもつという設定には、ミシェル・フーコーが権力の「法律的・言説的」モデルと呼ぶような想定が必要となる（Foucault 1980, pp. 135–45）。その主な特徴は、「否定的な関係」（不在や欠如）、（二項対立のシステムをつくる）「規律の決定機関」、「禁忌のサイクル」、「検閲の論理」、および、さまざまなレベルで機能する「装置の統一性」である。女性と呼ばれる単一のカテゴリーまたは集団を想定する、第三世界に関するフェミニズム言説が機能するには、根源的な権力の二分化という設定が不可欠である。権力は不可逆的で画一的な根源をもって絶え間なく累積され、そうしたなかで権力関係が形成される。抵抗は権力に対して生ずる一般的な現象で、次にはまた別の集団が力を手にする。

権力をこのように定義する主な問題点は、どんな革命的な闘いも二極構造――権力を持つ者と無力な者――に封じ込められてしまうことである。女性は単一の無力な集団とされる。もし公正な社会を求める闘いとは集団としての女性を無力な者から権力を持つ者に変えることであり、それが、性差とは男女間の分割だとするフェミニストの言説の意味だとするなら、新しい社会は現存するものをただ逆転しただけで、構造的に現在の権力関係と同じになってしまう。支配と搾取の関係が、支配する集団とされる集団の二分化として定義されるなら、その結果、集団としての女性が権力を手にしさえすれば現存する権力関係の構造は覆ることになる。だが、集団としての女性が本質的に優れているとか無謬であるとは言えない。問題の核心は、女性を均質な集団やカテゴリー(「被抑圧者」)と見なすそもそもの想定にあるのだが、それこそ、西洋のラディカル・フェミニズムやリベラル・フェミニズムによく見られる想定なのである。[*13]

こうした「女性は抑圧される集団」という想定が、第三世界女性に関する西洋人フェミニストの著作という文脈に置かれるとなにが起きるか? それはまさに、わたしが植民地主義的傾向と呼ぶものだ。第三世界の女性たちの表象と、すでにいくつかの文脈で述べた西洋人フェミニストの自己表象を比較すれば、西洋人フェミニストだけがこの反歴史の真の「主体」となっていることがわかる。対照的に、第三世界女性は無力な者として一般化され、「客体」的立場からけっしてはい上がれない。

女性を性的階級とするラディカル・フェミニズムやリベラル・フェミニズムの想定は、西洋における特定の女性運動の自律性を(たとえ不十分にせよ)説明するかもしれないが、女性が均質なカテゴリーだという概念を第三世界の女性に適用するなら、社会階級や民族という点で女性が同時に複数の立場にあるという現実を植民地化し、領有することになる。それは結局、女性から歴史的政治的な主体性を奪ってしまう。同じように、伝統的マルクス主義の分析手法をとるゼッドプレス社の執筆者は、暗黙のうちに、「労働」のかわりに「女性運動」を主要な理論的決定要因に用いて、女性の「単一性」をつくりだす。ここでも女性は均質な集団として構築されるが、それは「生来の」資質やニーズによるのではなく、家庭内生産と賃労働での役割が社会学的に「単一」なためである（Haraway 1985, esp. p. 76 参照）。言い換えるなら、西洋フェミニズムの言説は、第三世界の女性を、親族や法律その他の構造に位置づけられた、あらかじめ構築されたひとかたまりの集団と想定し、社会関係の外にある主体と定義して、女性たちが当の構造を通していかに構築されるかを見ないのである。

法律や経済や宗教や家族の構造は、西洋の基準で判断すべき現象として扱われる。ここには、自文化中心の普遍主義が登場する。そうした構造が「低開発」とか「発展途上」と定義され、そのなかに女性たちが位置づけられるとき、「平均的第三世界女性」の暗黙のイメージがつくりだされる。これは、「抑圧された女性」（暗黙のうちに西洋の）が「抑圧された第三世界女性」に姿を変えたものにほかならない。「抑圧された女性」というカテゴリーはジェンダー差のみに着目して一般化されるが、「抑圧された第三世界女性」というカテゴリーにはつけ加えられる特性がある――「第三世界的差異」である。第三世界的差異は、第三世界の女性たちへの保護者然とした態度をはらんでいる。[*14] わたしがすでにとりあげたテーマについての議論（親族、教育、宗教など）は、第三世界の「低開発」（西洋が発展に際してたどった道のみを開発と決めつける理屈にあわない考え方であり、第一世界と第三世界の力関係を無視している）に関連した文脈で処理されるため、集団やカテゴリーとしての第三世界女性は、自動的かつ必然的に、宗教的で（＝「進歩的でない」）、家族中心的で（＝「伝統的」）、法律に疎く（＝「自分たちの権利にいまだ目覚めていない」）、無学で（＝「無知」）、家庭的で（＝「後れている」）、時として革命的である（＝「彼女たちの国は戦争状態にあって、闘うしかないのだ！」）と定義づけられる。こうして、

「第三世界的差異」が作られるのだ。

「性的に抑圧された女性」というカテゴリーが、ヨーロッパ中心主義のものさしで定義された第三世界の諸システムのなかに置かれると、第三世界の女性は、社会関係に参入する以前に一定のやり方で定義される。それればかりでなく、第一世界と第三世界の力関係を関連づけて考えていないために、第三世界はただ、西洋が到達している発展のレベルに達していないと決めつけられる。このようなフェミニズムの分析方法は、第三世界の国々の異なる集団の女性の体験をひとくくりにし、一律に体系化することで、周縁の抵抗のようすや経験を消し去ってしまう。[*15] わたしがとりあげたゼッドプレス社のシリーズに、第三世界の女性運動におけるレズビアンの政治や、民族的・宗教的な少数派の組織に注目した本がまったくなかったことの意味は重要である。こうして、抵抗とは単に量的な反対としか定義されず、権力の発動に本来的に付随する何ものかとは見なされない。ミシェル・フーコーが述べているように、権力とは抵抗の文脈においてのみ理解されうるものだとすれば、[*16] こうしたまちがった概念化は分析的にも戦略上も問題である。それでは理論的分析が限定されると同時に、西洋の文化帝国主義がいっそう強化されてしまう。というのも、第一世界と第三世界の力関係が偏っている状況下で、西洋の優越という覇権的考えを永続させるようなフェミニズム分析は、対応する第三世界女性の普遍的なイメージをつくりだすからである。それは、ヴェールを被った女性、たくましい母親、純潔な処女、従順な妻といったものだ。こうしたイメージは、普遍的、非歴史的に祭りあげられ、植民地主義的な言説に力を与えて、現存する第一世界と第三世界の関係を定義づけコード化し維持する、まさに特別な権力を行使するのである。

最後に、第三世界女性をとりあげた西洋人フェミニストのいかにも権威的な書物と、「東洋」や「女性」を他者として必要とする西洋のイデオロギー的、政治的な企てである人文学の権威主義との、驚くばかりの類似性を指摘したい。ミシェル・フーコー、ジャック・デリダ、ジュリア・クリステヴァ、ジル・ドゥルーズとフェリックス・ガタリ、エドワード・サイードをはじめとする多くの現代思想家は、〈西洋人〉男性の中心性をくりかえし確認し正当化する覇権主義的な人文学の問題性と、それを根底で支える〔女性的／男性的という〕擬人化や自文化中心主義について、多々論じている（Foucault 1978, 1980; Derrida 1974; Kristeva 1980; Deleuze and Guattari 1977; Said 1978）。また、リュース・イリガライ、サラ・コフマン、エレーヌ・シクスーといったフェミニスト思想家も、西洋人文学における女性／女性たちの不在と復権について書いている（Irigaray 1981; Berg 1982; Cixous 1981）。いずれの思想家の著作も、簡単に言えば、人文学の言説やイデオロギーの二元論的論理の根底にある政治的利害を暴くことに焦点をあてている。それは、ある有益な論文の言葉を借りれば、「第一義的な（多数派の）言葉（自我、普遍性、文化、無私、真実、健全、正義など）は、実は二義的で派生的（作り物）なのに、本当は主要で根源的なはずの第二義的な（少数派の）言葉（差異、一時性、無政府状態、誤謬、私欲、不健全、逸脱など）より特権をもち、それらを植民地化する」からである（Spanos 1984）。換言すれば、「女性／女性たち」や「東洋」が他者または周縁として定義される限りにおいて、〈西洋人〉男性や人文学は、自らを中心として表象できるのである。中心が周縁を決めるのではない。境界に接する周縁こそが、中心を決めるのだ。クリステヴァやシクスーといったフェミニストたちが西洋の言説に潜在する擬人化を脱構築したように、わたしも同じ方向の戦略を提起し、第三世界女性をとりあげた特定のフェミニストの著作に潜在する自文化中心主義をあばいてきたのである。*17

すでに述べたように、西洋人フェミニストによる自己表象と第三世界女性の表象とを比較すれば、その差は歴然としている。第三世界女性の普遍的なイメージ（ヴェールを被った女性、純潔な処女など）は「第三世界的差異」に「性的差異」を接ぎ木することで作られるが、そうしたイメージの断定には、西洋人女性は非宗教的で解放され、自分で生き方を決められるという前提がある（それゆえ、いっそう違いが際立つ）からである。こう言ったからといって、西洋人女性は実際に非宗教的で解放され自分の生き方を決められる、という意味ではない。わたしが述べているのは記述された自己表象についてであり、必ずしも具体的な現実ではない。これが具体的現実なら、西洋では政治運動など必要ないだろう。同様に、西洋の視点から見たときだけ、第三世界を低開発で経済的に依存したものと定義できるのだ。第三世界をつくりだそうという強い意志をもつ言説なしには、（唯一にして特権をもつ）第一世界は存在しない。「第三世界女性」なしには、上記のような西洋人女性の自己表象には疑問符がつくだろう。つまり、一方が他方を可能にし、支えるのだ。西洋人フェミニストの第三世界女性に関する著作は、西洋の人文学の企てとまったく同じ権威をもっているわけではない。だが、西洋アカデミズムは、書物の出版や流通において覇権を握っており、人文学や科学は否応なく正当化されている。そのような状況下で、「第三世界女性」をひとくくりにする定義は、「非西洋」世界を経済的、文化的に植民地化しながら、表面だけ取りつくろって「偏見のない」科学研究と多元主義を標榜する、より大きな経済的・イデオロギー的実践に見事に絡めとられてしまうだろう。かつてマルクスは「彼らは自分で自分を代表することができず、だれかに代表してもらわなければならない」と言ったが、いまや、それを越えて進むべきときなのである。

注

＊1　「第三世界」「第一世界」はどちらも、このように分類された国どうしを極度に単純化して同一視するとともに、こうした用語を使うことで再確認される文化的、イデオロギー的なヒエラルヒーを、暗黙のうちにさらに強化する言葉であり、大変問題のある表現である。わたしはこうした問題について十分承知したうえで「第三世界」という言葉を使うが、それは現在、他の表現がないからにすぎない。だからわたしは、本書では、この表現を批判的に用いる。

＊2　このフェミニズム理論の構築にあたっては、テレサ・デ・ラウレティスから多くを得た。とりわけ、De Lauretis (1984) の序章を参照。

＊3　この議論は、知識の構築と権力の行使を通じて被支配者を支配する場を戦略的に創造するとする、ホミ・バーバのコロニアル言説の定義と似ている。「植民地言説は、人種的／文化的／歴史的な差異を、認識すると同時に否認することで成り立つ権力の装置である。その主要な戦略的役割は、さまざまな知の生産を通して、「従属することで主体となる人々」のための空間を作り出すことだ。そうした知を用いて監視が行われ、快不快の複雑なシステムが喚起される。それ（たとえば植民地言説）は植民者と被植民者を正反対に評価するステレオタイプの知を生み、戦略を権威づけようとする」(Bhabha 1983, p.23. 邦訳書一二四頁を一部改訳)。

＊4　メキシコシティ（一九七五年）とコペンハーゲン（一九八〇年）の国連女性会議や、ウェレズリーでの女性と開発に関する国際会議（一九七六年）等の多くの文書や報告が、このことを証明している。El Saadawi, Mernissi, and Vajarathon (1978) は、メキシコシティ会議について、「アメリカが計画し、組織し」、第三世界からの参加者を受け身の聴衆と位置づけたと喝破している。なかでも、西洋人女性に帝国主義や人種差別の結果に連坐しているという自覚が欠如している点を注視し、それが「国際的なシスターフッド」の想定に露呈していると指摘する。自分たちのフェミニズムこそ唯一の正当なフェミニズムであると強弁する欧米人フェミニストは、エイモスとパーマーによって「帝国主義的」と評されている (Amos and Parmar 1984, p.3)。

＊5　ゼッドプレス社の第三世界女性シリーズは、その構想において独特である。これに着目したのは、同シリーズが、第三世界女性を、調査研究の正統にして独立したテーマであるとする、わたしが知るかぎり現在唯一のものだから

だ。わたしが本章の大半を執筆した一九八五年以来、このシリーズからは多数の本が出版された。それゆえ、ゼッドプレス社は、第三世界女性による第三世界女性についての言説の構築と普及という点で、いわば特権的ともいえる地位を占めるにいたった。このシリーズには優れた著作が多く、とくに女性の抵抗運動を扱ったものは特筆に値する。またゼッドプレス社は、一貫して、進歩的なフェミニズムや反人種主義、反帝国主義の著作を出版している。だが、フェミニストの社会学者や文化人類学者、ジャーナリストによる著作の多くは、西洋人フェミニストが第三世界女性について書く際のある種の特徴を示しており、それがわたしには気になったのだ。そうした著作を分析することで、わたしが位置づけ定義づけようとしている言説の典型的な例証をあげることができる。だから、わたしのやり方は内部批判の試みであって、このシリーズにより多くを期待し要求している、ということなのである。言うまでもないが、進歩的な出版社であろうとも、書物を出版することには権威がともなうのである。

＊6　わたしはこの点に関して、ロビン・モーガンが編著『シスターフッドはグローバル』（Morgan 1984）のはしがきで「女性の歴史」を構築すると述べていることを批判し、議論を展開している（Mohanty 1987, esp. pp.35–37参照）。

＊7　このような分析のもうひとつの例は、メアリ・デイリーの『ガイン／エコロジー』（Daly 1978）である。集団としての女性は性的な犠牲者であるとするデイリーの仮定は、西洋における魔女や治療者、中国の纏足、アフリカ女性の性器切除を比較して、それらに対する非常に問題のある指摘へと進む。デイリーによれば、ヨーロッパと中国とアフリカの女性は、男性権力の犠牲者として、同一集団を形成している。こうした（女性は性的犠牲者という）レッテル貼りは、魔女狩りや性器切除といった行為を発生させ永続化する特定の歴史的、具体的な事実や矛盾を消し去るだけでなく、たとえばアフリカのさまざまな階級や宗教、国家に属する女性たちの生活の、違いや複雑さや異質性を覆い隠してしまう。オードリ・ロードが指摘しているように、アフリカの女性たちは治療者や女神として長い伝統を共有しており（Lorde 1984）、それは犠牲者としての地位よりも彼女たちを結びつけるにふさわしいものだ。だが、デイリーもロードも同じように、「アフリカ女性」に関する普遍的な想定（否定的と肯定的な）という罠に陥っている。重要なのは、アフリカの女性のあいだに確かに存在し、アフリカの女性たちを彼女たち自身の政治学の主体として構築するような、複雑かつ歴史的な力の差や共通性、そして抵抗運動なのである。

＊8　男性の暴力について、それを普遍的とするのでなく、特定の社会構造内で理論化する必要を述べた優れた議論として、Eldhom, Harris and Young（1977）を参照のこと。

＊9　こうした視点は、程度はさまざまだが、Wellesley Editorial Committee（1977）や *Signs*（1981）にも見ることができる。ＷＩＤ問題についての優れた入門書としては、ISIS（1984）を参照のこと。フェミニズムと開発についての政治的な議論や第三世界の貧しい女性向け小口融資に関しては、Sen and Grown（1987）を参照。

＊10　Young, Walkowitz, and McCullagh（1981）所収の Vanessa Maher, Diane Elson and Ruth Pearson, and Maila Stevens の論文や、Nash and Safa（1980）所収の Vivian Mob and Michele Mattelart の論文を参照。フェミニストによる、女性の歴史的・地理的立ち位置に関する自覚的な優れた業績として、Lazreg（1988）, Spivak（1987, pp.241–68）, Mani（1987）を参照。

＊11　Harris（1983）. 少数者権利グループの報告は Deardon（1975）, Jahan and Cho（1980）にも収められている。

＊12　ゼッドプレス社は以下の書籍を刊行している。Jeffery（1979）, Latin American and Caribbean Women's Collective（1980）, Omvedt（1980）, Minces（1980）, Siu（1981）, Bendt and Dowining（1982）, Cutrufelli（1983）, Mies（1982）, Davis（1983）.

＊13　西洋のラディカル・フェミニズムとリベラル・フェミニズムの概略については Z. Eisenstein（1981）, H. Eisenstein（1983）参照。

＊14　エイモスとパーマーは、欧米人フェミニストの思想に見られる文化的ステレオタイプを次のように述べる。「アジアの家族の抑圧的な習慣の受け身の犠牲者というイメージをふりまきながら、アジア人女性を「救いたい」と強調して、フェミニストたちはリベラルなふりをする。また、カリブ海地域のアフリカ系女性は強くて支配的だが、その「強さ」にもかかわらず、現地の男女関係の強い特徴とされる「性差別」によって搾取されている」(Amos and Parmar 1984, p.9)。こうしたイメージからは、フェミニストの考え方に本質的に保護者ぶった姿勢があり、それがこのようなステレオタイプとして現れていることがわかる。保護者然とした姿勢は、欧米人フェミニストに有色人女性を定義する権利があるという考えにつながっている。

＊15　経験の理論化の問題についてはすでに論じた。Mohanty（1987）参照。

＊16　この点は、戦略や権力のネットワークの再概念化というフーコーの中心テーマのひとつである（Foucault 1978, 1980)。

＊17　第三世界の女性に関する著作で、人文学の新たな概念を求める議論については Lazreg（1988）を参照。立場は正反対だが、このラズレグの論文は、わたしが論じたいくつかの問題をさらに発展させる可能性のある刺激的なものだ。人文学を、フェミニストが「本質的に男性的」だと拒否することを批判して、ラズレグは、当のフェミニズムのなかにいわば「差異の本質主義」と呼ぶべきものがあると指摘し、こう問いかける。「異なった女性について書くとき、西洋人フェミニストはどこまで責任感を放棄するのだろうか。要は、自分の経験の下に他の女性を組み込むのでもなく、他の女性にまったく別の真実をわりふるのでもないということだ。そうではなく、他の女性たちをあるがままにし、彼女たちのありようが、わたしたちと同様に意味や価値をもち、理解できると認めなければならない。……実際、フェミニストが本質的に他の女性を否定し、彼女が求める人間性を否定するとき、フェミニストは倫理感を失っている。フェミニストは、社会的普遍性を自分と彼女、主体と客体に、分けてしまっているのだ」(ibid., pp. 99–100)。ラズレグの論文やサティヤー・P・モーハンティーの論文（S. P. Mohanty 1989b）は、自省的なあるべき方向を示している。それは、比較文化という入り組んだ領域において、脱構築主義を超えてもっと建設的な方法に向かう分析である。サティヤー・モーハンティーの論文は、「人文主義」を求めるのでなく、ポスト人文主義の文脈で「人間」の問題を再考するよう求めている。そこでは、そうした人間の再考と西洋人文学の脱構築とは矛盾しないとし、今日の政治的・批判的な言説が、相対主義的な立場の混沌や弱点を避けたいのなら、それが必要不可欠だとしている。

第2章　闘いの地図を描く
第三世界女性とフェミニズムの政治学

アメリカ合衆国とソヴィエト連邦は
世界で最強の国だが
人口では世界のわずか八分の一
アフリカの人々も
世界の八分の一で
うち四分の一はナイジェリア人
世界人口の二分の一はアジア人で
半分を中国人が占め
中東には二二の国がある
世界を見わたせば、ほとんどの人は黄色人、黒人、貧しい人、女、
非キリスト教徒で英語を話さない
二〇〇〇年ごろには、世界の二〇番目までの大都市は
ひとつの共通点をもつだろう
ヨーロッパにもアメリカ合衆国にもないという共通点を

オードリ・ロード、一九八九年一月一日

第三世界の女性の生きかたを規定し制限する制度的な権力構造に挑みつづけたオードリ・ロードの勇気を讃え、わたしはこの論考を彼女の言葉から始めたい。[*1] この詩は、個人的にもとても重要な意味がある。ロードは、一九八九年五月に、かつてわたしが教えていたオーバーリン大学の卒業式の祝辞でこれを読んだ。彼女の言葉は、第三世界の人々の歴史的、政治的な位置を詩的な地図で表し、ヨーロッパ中心主義的な世界でわたしたちが直面する差し迫った困難を記す。ロードの言葉は、わたしたちが現に生きる世界の輪郭を、鋭い洞察力で示しているのだ。それは、関係性においてのみ定義が可能な世界、権力と抵抗が幾重にも交差した世界であり、ジェンダー、肌の色、階級、セクシュアリティ、国家といった破壊的な分断の言語でのみ理解されうる世界である。確かな中心（欧米）などもはや存在しなくなり、それゆえに（ベティーナ・アプテカーの言葉を借りれば）「中心を回転」させ変えなければならない世界なのだ。だがそれはまた、日常生活のなかでも、組織された解放運動としても、抵抗と革命の力強い歴史をもつ世界でもある。そして、第三世界のフェミニズム政治学の出現と強化のための複雑な基礎を定義するのも、こうした地図なのである（わたしは、地理的な位置や社会歴史的な関係性を明らかにするために、「第三世界」という言葉を使う。だからそこには、アメリカ合衆国のいわゆる少数民族や有色人が含まれる）。

実際、現代社会の大きな特徴のひとつは、経済と労働力の国際化である。産業社会においては、経済的生産の国際化は、（主に第三世界における）原料の採取と（植民地資本の）工場生産を地理的に切り離すことで成り立ってきた。だが、現代経済システムを支配し形成する多国籍企業の台頭で、工場は安い労働力を求めて移動し、国民国家はもはや分析すべき社会経済単位ではなくなっている。加えて、安い労働力を求めるヨーロッパの工業都市へ旧植民地の人々が大量に移住し、アメリカ合衆国とよく似た多民族・多人種の社会構造が新たに形成された。このように、現代のポスト産業社会は、自らの内部構造や社会経済構造を説明するのに、国や文化を越えた分析を必要としているのだ。第三世界の定義はいまや、かつての産業社会の地理的な等高線や境界線と同じではない。社会経済的、イデオロギー的に体系化されたポスト産業社会のしくみによって、アフリカ、アジア、中南米、中東の人々も、アメリカ合衆国やヨーロッパの「少数民族」（有色人）も、似たような国家との関係性をもっているのである。

それゆえ、第三世界女性とフェミニズムの政治学を分析する基礎を明らかにするのは簡単なことではない。はじめに、定義の問題がある。第三世界とは誰であり何なのか。第三世界女性を一枚岩と見なせるのか。それは何にもとづいてか。第三世界の政治闘争は必ず「フェミニズム的」であると言えるのか。わたしたち／彼女たちは、フェミニズムをどう定義するのか。第二に、文脈の問題である。第三世界女性のフェミニズムとの関わりを地図に描くとき、わたしたちはどの歴史、誰の歴史を使うのか。ジェンダー、人種、国家の問題は、第三世界でフェミニズムを定義するとき、どのように交差するのか。植民地化された人々についての知識を、誰が、どんな空間や場所からつくるのか。そうした知の生産の政治学とは何か。第三世界女性の自己や主体を位置づけ描くのに、どんな方法を使うのか。明らかに、定義の問題と文脈の問題は重なり合っている。実際、問題がさらに複雑で微妙なかたちで掘り下げられ、植民地主義、資本主義、人種、ジェンダーの歴史が密接に関係していると関連分野の多くの学問が考え始めると、概念上の地図は書き直され、つくり変えられる。わたしたちはどのように定義や文脈を考えるのか、どんな基準で他者についての文脈を決めるのか、そして、わたしたちの概念的な地図に起こっている変化をどのように理解するのか。こうしたことはすべて、第三世界フェミニズムの地図を描くための非常に重要な問題なのである。

この地図をわたしは、自分自身の政治的、歴史的、学問的な位置から、アメリカ合衆国で教育を受け、国際的な文脈での文化や知の生産と運動の問題に関心をもつ第三世界フェミニストとして、描く。だから、わたしが描く地図は、わたしの変化しつづけてきた立ち位置にもとづいている。本章で試みるのは、前記の疑問に対する最初の、必ずしも包括的とはいえない返答である。ここで提起できる概念上の地図は部分的であり、特定の文脈をとりあげ、特別な定義や戦略を強調した地図である。わたしたちの分析的・思考的な能力や認識、歴史や意識や行為主体の問題を理解する方法が発展し変化するにつれて、必ず書き直さなければならない地図なのだ。また本章では、フェミニズム分析にとって重要な問題や方向性を示唆しているが、それを可能にしたのは、第二波の西洋白人フェミニズムに対して「人種」研究やポストコロニアル・スタディーズが、また経済のグローバリゼーションやネオリベラリズムに対して反資本主義フェミニズムが行った異議申し立てである。こうした異議申し立ては、フェミニズムの歴史研究や歴史認識に新たな問題を提起し、日常生活における抵抗、コミュニティ、行為主体の必要不可欠な再概念化をめざすものだと確信している。

定義——第三世界女性とフェミニズム

第三世界の女性がフェミニズムとどう関わってきたかという研究は、ここ二〇年間、西洋（白人・中産階級）のフェミニズムが詳細に分析されてきたのとは異なり、まだ非常に少ない。「開発途上国の女性」という大きな枠組みでの研究はあるが、これは必ずしもフェミニズムに関係しているわけではない。ほとんどの研究が、解放運動における女性とか、個々の文化での女性の役割や地位に集中しているが、こうした研究がおしなべてフェミニズム的な歴史観を体現しているとはいえない。フェミニズム的な歴史を構築するには、人種主義や帝国主義や性差別にもとづく反動的な奴隷制や植民地主義の言説、現代資本主義の言説を批判的に読むだけでなく、重なり合う進歩的（たとえば白人フェミニズム、第三世界の民族主義、社会主義などの）言説にも、ときとして疑問をもって接する必要がある。内部に対立をはらんだ第三世界フェミニズムの歴史を、ひとつの標題のもと、しかもひとつの章で、述べようとすること自体、途方もないと思うかもしれない。とくに、「フェミニズム」という言葉の意味がたえまない論争の的になっており、そのさまざまな闘いや歴史を表す唯一の方法などないと言われてもいる。「西洋フェミニズム」を単数形で語るのがむずかしいように、「第三世界フェミニズム」を一般化するのは困難だ。だがわたしの研究では、分析や政治のカテゴリーとしての「第三世界女性」に注目している。人種差別、性差別、植民地主義、帝国主義、独占資本に反対する第三世界の女性の闘いと歴史の関連を理解し、分析的に探究したいと考えているのだ。そこでわたしが提案したいのは、第三世界の抵抗運動の「想像の共同体」である。「想像」というのは、「現実」でないということではなく、分断の境界線を越えた潜在的な同盟や協同を意味し、「共同体」とは、第三世界内部にもヒエラルヒーはあるものの、ベネディクト・アンダーソンが国家の概念に言及するなかで「水平的な深い同胞愛」と呼ぶものとの深いつながりを意味している。[*2]

想像の共同体という概念は有効である。生物学や文化ではなく政治にもとづく同盟を提起して、第三世界フェミニズムの闘いを本質論的にとらえることから引き離してくれるからだ。そうした闘いの基礎をつくるのは肌の色でも性でもない。そうではなく、人種、階級、ジェンダーについての考え方である。つまり、闘いの中で選択し培われる政治的連帯なのだ。だから、このような想像の共同体には、あらゆる肌の色の女性たち（白人女性も）が、連合し参加できる可能性がある。だが、わたしたちの立ち位置や歴史はそれぞれ違い、ときには対立するため、闘いへの関わりや中心課題は異なる。このことが、第三世界女性とフェミニズムの政治学を結びつける議論のはっきりした特徴である。異なる歴史や社会的位置をもつ女性たちの想像の共同体であり、体系的にはりめぐらされた支配の形態に抵抗する政治的糸で織りあげられた共同体なのだ。似たような例が「抵抗の共同体」の概念である。イギリス国内の難民や移民や黒人が、国家連合構想（一九九二年の欧州連合条約の調印）に反対した広範な運動のことだ。「想像の共同体」と同じく、「抵抗の共同体」は本質主義的ではなく政治的な定義である。第三世界の人々には本来的に抵抗や回復力が備わっているという、歴史を無視した概念を基盤とするものではない。欧州連合条約がイギリス国内の第三世界コミュニティからどう具体的に権利を剝奪しようとしているかを歴史的、現実的に分析し、それと闘う「抵抗・反抗の」共同体をつくる必要性にもとづいているのだ。しかし、そのような想像の共同体は歴史的にも地理的にも具体的なものなのに、その境界はきまって流動的である。境界が流動的なのは、力関係がつねに動き変化するからだ。だからわたしは、共同体を形成する第三世界女性が「ジェンダー」「人種」「国家」を共有するから同質であるといった想定はしない。歴史（と近年のフェミニズム研究）が教えているように、「人種」や「国家」は生来の特性にもとづいて定義されるのではない。「ジェンダー」もまた、歴史を無視した一元的な方法で定義することはできない。[*3]では、このことは何を意味するのか。

地理的には、中南米、カリブ海諸国、サハラ以南のアフリカ、南・東南アジア、中国、南アフリカ、オセアニア諸国が非ヨーロッパ第三世界を形づくる。また、欧米やオーストラリアの黒人、ラティーノ、アジア人、先住民なども第三世界の人間を自任しており、そのなかには地理的に第三世界と定義される国と歴史的なつながりをもつ人もいる。このような広い俯瞰図において、人種、性、国家、経済、文化の境界線をはっきり示すことはむずかしい。境界線は、個人や集団の実践を通して、政治的につくられるのである。

社会的カテゴリーとしての第三世界

第1章で述べたように、研究者たちは、低開発、抑圧的伝統、高い文盲率、地方と都市の貧困、宗教的原理主義といった言葉で「第三世界女性」を位置づけ、アジア、アフリカ、中東、中南米諸国の女性には「人口過剰」という言葉をあてはめる。アメリカ合衆国の研究では、生活保護を受けている黒人の「女家長」や「文盲の」チカーナ農場労働者、「従順な」アジア人家事労働者についての分析もよく目にする。このような分析は、西洋の白人（「先進的で近代的」）と非西洋（「後進的で伝統的」）のヒエラルヒーを規範化するだけでなく、第三世界の女性を時空間や歴史のなかに閉じ込めてしまう。たとえば、モムゼンとタウンゼントは、寿命、性別、栄養、出生率、収入源、教育、新たな国際分業といった分析カテゴリーを、第三世界女性の地位や役割に関する指標だと言い、このうち、出生率と多国籍企業の工場労働参入の二つが、第三世界諸国の「女性問題」の最重要課題だとする（Momsen and Townsend 1987）。説明的な情報は有効であり必要でもあるが、これらの「客観的」とされる指標が女性たちの日々の生活の意味を正しく伝えているとはまったく言えない。第三世界の女性の生活は、日常的、流動的であり、基本的に歴史的でダイナミックなものだが、こうした特性は固定化されたいくつかの「指標」でひとくくりにされてしまう。実際、モムゼンとタウンゼントは、第三世界女性の生活でもっとも研究された分野は出生率だと述べている（ibid., p.36）。社会科学の知的生産において第三世界女性がどう表象されているかを、この事実はよく示している。第三世界女性の表象のしかたで、フェミニズムの理解や分析も、女性たちの日常的な闘いについての理解や分析も、制限されてしまうのだ。

たとえば、モムゼンとタウンゼントが女性の地位を示す社会的指標とした出生率の分析と、バロッソとブルスキーニの貧しいブラジル人女性のセクシュアリティに関する人口政策や議論の分析を比較してみよう（Barroso and Bruschini 1991）。バロッソとブルスキーニは、ブラジルの女性運動に関連させて家族計画の政治学を分析し、貧しい女性たちが性教育やセクシュアリティについての集団的知識をいかに得るかを調査し、国の政策や社会運動と日常生活の政治学を結びつける。こうして、都市郊外に暮らすブラジル人女性の闘いを生き生きと歴史的にとらえる見方を教えてくれるのだ。このような方法論については後で詳述したい。ただここでは、第三世界女性がフェミニズムといかに関わっているかの定義や説明、解釈は、時をこえて特定のかたちで固定されるのでなく、歴史的に固有でダイナミックなものでなければならないとだけ言っておきたい。

先に述べたような「社会的指標」が定義や解釈として不適切だとしたら、第三世界女性はどのような要素にもとづいて構成されるのか。まず、西洋人女性や白人女性を一枚岩の利益集団と定義できないように、第三世界女性も自動的にひとつの集団にはできないと確認すべきだ。たとえば、階級、宗教、セクシュアリティや歴史などにもとづく連帯や分断が、内部に必ず存在する。第二に、社会を理解する際にイデオロギー的な違いがあり、女性は生来ひとつだなどとは考えられない。つまり、女性であることとフェミニストになることとは、理論的にも必然性という点からもつながってはいないのだ。[*4] 最後に、第三世界女性を、想像上の白人の自由でリベラルな民主主義との関係で「問題」とか「達成」といった言葉で定義するなら、第三世界女性（とリベラル民主主義）を時間的にも空間的にも制約し、事実上歴史から排除することになる。

アメリカ合衆国では、多くの研究者が「有色人女性」という言葉（わたしが本章で行っているように、「第三世界女性」と言い換えることも多い）の政治的定義について書いている。[*5] この言葉は、生物学的・社会学的な要素ではなく、政治的な要素を意味している。アフリカ、カリブ海諸国、アジア、中南米系の人々にとっては、社会政治的な呼び方である。また、アラブ人、韓国人、タイ人、ラオス人など、この三〇年間にアメリカ合衆国にやってきた「新移民」も含まれる。「有色人女性」や「第三世界女性」が抵抗の同盟を育むのは、肌の色や人種などのアイデンティティというよりは、闘いの文脈が共通だからだろう。それは、わたしたちの共通性を潜在的につくりだす性差別的、人種差別的で帝国主義的な構造に対抗する、第三世界女性の政治的関係でもある。特定の搾取構造や制度と闘い、政治的に同盟しようと決意させる文脈が同じなのだ。次節では、この闘いの共通の文脈について、歴史的にも現在的にも定義してみたい。

なぜフェミニズムなのか？

第三世界女性が固有の政治学をもつ構造的、歴史的な要素とは何かを考える前に、さまざまな社会文化や歴史的位置をもった女性たちがそれぞれどのようにフェミニズムと関わるかを理解すべきだろう。「フェミニズム」という言葉は、それ自体、多くの第三世界の女性から疑問をもたれている。フェミニズムは、中産階級や白人の経験にもとづき、運動に内在する人種差別や階級差別、同性愛嫌悪の言葉でジェンダーの意味を定義するとして、近視眼的であり文化帝国主義だと批判されてきた。こうしたさまざまな要因が、運動を単一的な表象と誤ってとらえたメディアの影響と相まって、闘いの生産的な基盤としての「フェミニズム」に疑念を与えてしまった。だが、「フェミニズム」というレッテルを貼られることは拒絶したものの、第三世界の女性はつねにフェミニズムと関わってきた。イギリス在住の黒人や第三世界の女性の論文集の序文で、編者は、すべての執筆者が「自分たちと植民地主義、帝国主義との歴史的なつながり」を出発点にしていると強調しつつ、黒人女性内の矛盾や対立や差異に注意深く焦点をあてている（Grewal et al. 1988, p.6）。そしてこの本が、現代のイギリスで、「黒人性《ブラックネス》という観念」をはじめてテーマにすえたものだと述べる。

この観念は未成熟できちんと定義もされていないが、「現実の」社会生活でも、さまざまな事柄をめぐる集団的意識としても、次第に形成されつつある。もちろん、その観念にも形成のされ方にも矛盾がある。概念化における矛盾は、肌の色で定義され表現されているが、観念は肌の色を越えていることだ。矛盾は具体的な運動のなかにもある。国家がエスニシティを分断し、わたしたちを文化的に孤立させ打ち砕こうとしているのに、アジアや中南米、中東、カリブ海諸国、アフリカの人々の団結行動は、意識的・無意識的に、同じ「肌の色」を政治的表現としているからだ（ibid., p.1)。

イギリスにおける「黒人性」という観念の定義、「団結」こそ黒人や第三世界の女性がフェミニズムに関わる際の基本であるという定義は、闘いの共通の文脈をうかびあがらせる。イギリスの植民地主義や被植民者の「宗主国」への移住は、イギリスに暮らす第三世界女性にとって共通の歴史的文脈であり、彼女たちはたとえば、現在も人種差別的な移民法や帰化法と闘っている。[*6]

アメリカ合衆国では、これと似た本が、数年早い一九八一年に出版された。『わたしの背中と呼ばれるこの橋：ラディカルな有色人女性の論文集』である。[*7] この草分け的な本の序文で、シェリ・モラガとグローリア・アンサルドゥーアは、合衆国に暮らす第三世界女性が幅広い政治運動を展開するときに注目すべき主な点を、以下のように指摘する。

・有色人女性の可視性・不可視性は、いかにわたしたちをラディカルにするか。
・第三世界女性が、とくに自らの人種的・文化的な背景や経験から、フェミニズムの政治理論を引き出すやり方。

・女性運動内部の人種差別による、破壊的でやる気をなくさせる影響。
・有色人女性を分裂させる、文化的、階級的、性的差異。
・自らの生存と革命の道具としての第三世界女性の著作。
・第三世界フェミニズムの未来のための方法や手段（Moraga and Anzaldúa 1983, p.xxiv）。

ここからは、第三世界フェミニズムの中心をなす多くの考えがみてとれる。アイダ・ウルタードはさらに議論を深める（Hurtado 1989）。「個人的なことは政治的である」という考えの重要性を、アメリカ合衆国の白人女性と有色人女性の共同体に即して論じる際に、アメリカの中・上流階級の白人女性にとっての公私の区別と、国家からたえまなく家庭生活に介入される労働者階級の有色人女性にとっての公私の区別とを、分けて考えているのである。

> 有色人女性は、公私の区別の基礎である経済状態の恩恵を受けていない。むしろ有色人女性は、公的なことは個人的に政治的であると気づいて、政治意識をもつのだ。社会福祉の施策や政策は家族の生活を崩壊させ、〔有色人女性の出産を制限する〕不妊化の推進はリプロダクティブ・ライツを制限し、政府は外国の戦争で戦わせるため人口比率から見ると不釣り合いに多い数の有色人を募集して戦場へ送りこむ。そして国内では、警察や司法が、有色人を集中的に逮捕し収監する。敵意に満ちた状況にあって、有色人にとっては、自ら創りだし守らないかぎり、私的領域など存在しないのだ（ibid., p.849）。

ウルタードは、現代の自由資本主義国家こそ、アメリカ合衆国の有色人女性の活動の重要な対象であるとする。彼女の議論は、中産階級の白人と有色人とで「私的な生活」の政治学の定義が異なることを示唆している。[*8] さらにクマーリ・ジャヤワルダネは、一九世紀後半から二〇世紀前半にかけてのアジアの女性運動に言及し、フェミニズムを「現行制度の枠内での平等を求めた運動と、制度そのものの変革をめざした重要な闘いの両方を含む」と定義している（Jayawardena 1986, p.2）。こうしたフェミニズム運動は、反帝国主義運動を鼓舞するナショナル・アイデンティティの形成と強化という状況下で、独立闘争や、前資本主義的な宗教や封建制を改革し第三世界社会の「近代化」をめざす運動の過程で生まれたと、彼女は主張する。たとえば、インド、インドネシア、韓国の女性たちの政治闘争は、人種差別的な植民地宗主国に抵抗し民族独立を求める闘いであるという点で、共通している。

要約するなら、フェミニズムに関する第三世界女性の著作は一貫して、社会的・政治的な周縁の経験に根ざした抑圧の多重性と、人種差別や帝国主義の歴史のなかでのフェミニズム政治学に焦点をあてている。さらに、彼女たち／わたしたちの日常生活や生きるための闘いを規定する覇権国家の決定的な役割について、抵抗する行為主体をつくる際の記憶や文章の重要性について、第三世界女性の組織や共同体内部の違いや衝突や矛盾について、とりあげている。また、フェミニスト、反人種主義者、ナショナリストの複雑な関係性についても強調する。西洋白人フェミニズムに対する第三世界女性の異議申し立てはまさに、フェミニズムと政治的解放運動との分かちがたい結びつきを問題にしてきたのだ。実際、黒人、白人、第三世界女性は、一五世紀から連綿とつづく欧米の覇権に対してまったく異なる歴史をもつ。たとえば、奴隷制の歴史、強制移住、プランテーションと年季奉公、植民地主義、帝国の支配、大量虐殺である。それゆえ、第三世界フェミニストは、有色人や旧植民地住民の固有の位置や闘いの歴史、日々の生きるための闘いにもとづいて、歴史を書き直すべきだと論じてきた。

A・シヴァナンダンは、一九八〇年代のイギリス社会運動におけるアイデンティティ・ポリティクスについて、階級を見えなくすると鋭く批判し、歴史や闘いの書き直しと再考にただちにとりかかるべきだと言う。

［貧しい人、黒人、仕事のない人にとっては］恫喝か甘い誘いなのかは、言葉の上での抽象的な区別にすぎない。同意と強制の境界線など中産階級のでっちあげなのだ。都心に住む黒人の若者が知っているのは剥き出しの国家の強制力だけであり、生活保護の受給者ともなれば、常日頃からそうした力をあからさまに受ける。覇権の政治学を認識して市民社会の自由を拡げなければならないとしたら、同意と強制の交差点に立っている人々こそ最初の支持者・指導者であり、わたしたちの政治学を測る尺度となるべきだ。どのようにして、飢えた人に「食べ物の政治」を、ホームレスの人に「身体の政治」を、収入のない人に「家族の政治」を拡げるのか。こうした政治学のどれが、どのように第三世界と結びついているのか。……階級とはアイデンティティの問題にとどまらず、コミットメントの問題でなければならないのだ（Sivanandan 1990, pp. 18–19）。

シヴァナンダンは、世界でもっとも搾取されている人々の闘いを中心にわたしたちの政治学を確立する必要性を強調する。そして、アイデンティティにもとづく社会運動や言説と対立する唯物論的な階級の定義の重要性に注目し、覇権主義的でない歴史の書き直しは困難であっても必要だと主張する。彼の分析は、アイデンティティにもとづいた近年の社会運動が「言説」こそ闘いの場だと考えることに疑問を投げかける。言説的カテゴリーが政治闘争の中心課題であるのはたしかだが、そうした課題は日常生活の物質的な政治、とりわけ貧しい人々、歴史から抹殺された人々が生きるために営む日々の闘いに根ざし、それを反映したものでなければならない。

だが、限られた知をもとにしながら、どうすればそのような歴史に到達できるのだろうか。ただ、第三世界の歴史家が抵抗という位置から奴隷制や植民地主義の歴史を再検討し、書き直しを始めたのは、せいぜいここ二、三〇年のことだ。次節では、人種、植民地主義、資本主義の歴史が交差する枠組みのなかで、フェミニズム分析の前提となる文脈とは何かを述べたい。そこで論じるのはフェミニズム分析の方法論であり、第三世界女性の闘いがなぜ起こったかの理由や包括的な要因を見つけ出そうというのではない。また、第三世界フェミニストにとっての著作の重要性、すなわちわたしたち自身のための知識をつくる意義に焦点をあてながら、経験、アイデンティティ、行為主体の問題に簡単にふれたいと思う。

歴史、国家と支配関係

第三世界フェミニズムには共通の歴史があるのだろうか。インド独立後の女性運動の台頭はたしかに、イギリスやアメリカ合衆国で興ったフェミニズムとは歴史的に異なっている。西洋の白人・中産階級のリベラル・フェミニズムと、アメリカ合衆国の有色人女性のフェミニズムの著作を比べると、両者の分析でいちばん大きな違いは、一方は性的権利の基礎としてのジェンダーだけに焦点をあてるのに対して、もう一方はより広範な解放闘争の一環として人種や階級との関係でのジェンダーに焦点をあてていることだ。前者は、男性（とくに特権階級の白人男性）との関わりで女性性やセクシュアリティを定義する。このようにジェンダーだけに焦点をあてるとどうなるかを考えるうえで、特権的な白人男性との関係が、白人の中・上流階級女性と労働者階級や有色人の女性とでどう違うかというウルタードの分析は参考になる（Hurtado 1989）。ウルタードによれば、（異性愛の）白人女性は白人男性と（家族的な）親密さがあるのに対して、有色人女性は白人男性と社会的距離があり、こうしたことから、白人のフェミニズム運動は歴史的に特定の課題しかとりあげなかった。有色人女性と白人男性との関係は国の制度の影響を受けるため、有色人女性はこの問題をぬきにしてフェミニズム政治学を定義することはできない。たとえばリプロダクティブ・ライツに関して言えば、人種や階級にもとづいた産児制限や不妊手術の歴史があるために、有色人女性は、中絶の権利の要求に対して複雑な思いを抱いている。貧しい有色人女性にとって、子どもを生むかどうかを「選ぶ女性の権利」はつねに、強圧的で人種差別的な国家によって左右されてきた。それゆえ、女性の権利対男性の家族支配として定義される中絶の権利だけが、人種や階級を超えたフェミニストの連帯の基盤だということにはならない。多くの有色人女性にとって、フェミニストの連帯の基盤となるべきリプロダクティブ・ライツは、家族内の男女の関係だけでなく、より重要な制度や国の政策を含めた広範な課題である。この意味で、有色人フェミニストは、家族内の男女関係として定義されるジェンダーだけに焦点をあてることはできないのである。ウルタードの指摘は、

（異性愛の）白人女性運動がジェンダーだけに焦点をあてている理由をある程度説明してはいるが、だから中・上流階級の白人フェミニスト運動はジェンダーのみの概念化を基盤に行われるべきだとは言えない。

実は、白人フェミニズムの歴史と第三世界女性のフェミニズムの歴史は、それほど違った文脈にあるわけではない。それぞれの歴史を見れば、他の運動との関わりのなかから起こっているのだ。アメリカ合衆国の第二波白人フェミニズムは豊かな重層的歴史をもっているが、その起源をたどれば公民権運動や新左翼運動にゆきつく。だが、フェミニスト歴史家が運動の起源を論じる際、闘いの基礎として「ジェンダー」（フェミニズムの部分）のみに焦点をあて、運動の人種的な偏り（白人の部分）については論じようとしないことが多い。アメリカ合衆国の第二波白人フェミニズムの歴史や分析のなかで最良のものは、政治的なジェンダー意識の構築との関わりで白人性の構築を論じている。[*9] このように、人種について考えるべきであり、また現に考えているのは、第三世界女性に限らない。それはフェミニズムが女性だけでなく男女を視野に入れているのと同じである。

つまり、ジェンダーと人種とは関係しているのだ。見えてくるのは、多様な人種と多様なジェンダーのあいだの関係性（ときには序列）である。フェミニズムをジェンダーの点からだけ定義するなら、「女である」という意識は、人種や階級や国家やセクシュアリティとは無関係で、ジェンダーのみと関係すると決めつけることになる。だが誰であろうと、ただ生物学的に女だから（シモーヌ・ド・ボーボワールのいう意味で）「女になる」わけではない。女性性のイデオロギーは、性別とも関係があるが、階級や人種とも深い関係がある。アメリカ合衆国の奴隷制時代に、貞淑で家庭的で道徳的という白人の女性性がつくられたのは、黒人女性奴隷をふしだらな農園労働者と見なしたことと対応している。わたしたちが「女」として位置づけられるのは、階級、人種、（異性愛）セクシュアリティ、国家などのさまざまな回路が体系的に交差する場なのだ。もし第三世界女性の位置や闘いを真剣に受けとめれば、そこにはフェミニズム分析のための基本的な異議申し立てがあることがわかるだろう。この異議申し立ては、有色人の歴史だけでなく、あらゆる支配者側の歴史の書き直しを意味するものなのだ。

理論、歴史、闘いは互いに依存関係にあるという考えは目新しいものではない。だが、わたしが強調したいのは、社会的・政治的な生活を形づくる複雑な関係を認識し理解しなくてはならないことだ。なかでも重要なのは権力関係である。さまざまに異なった女性や男性のフェミニズム政治学には相互に「共通にある差異」が存在するが、その基には権力関係がある。ここで言う権力関係とは、二項対立や抑圧者と被抑圧者の関係に還元されてしまうようなものではない。多様で流動的な支配構造が個々の歴史的局面でさまざまに女性を位置づけ、個人や集団が活動的な抵抗主体として存在しながら「日常生活」を営んでいると想定することは可能である。活動的な抵抗主体を焦点化すれば、体系的な関係と権力の指向性の複雑な結びつきが明らかになる。言い換えれば、人種と階級とジェンダーの支配システムは、第三世界の女性にまったく同じ影響を与えるわけではないが、支配システムは、（ドロシー・スミスの言葉を借りれば）固有の歴史的局面で特定の「支配関係」を設立して、機能するのだ（Smith 1987, p.2）。第三世界のフェミニズム運動が位置づけられるのは、こうしたいくつもの支配関係が交わるところである。こうした支配関係の重層性を理解することで、個々の人間や構造を当然視せずに、意識や行為主体の問題を深く考えることもできるのだ。

「問題は日常世界にこそある」として男性の立場と権力の立場を一致させる想定に対して、フェミニズム社会学を主張するドロシー・スミスは異議を申し立て、次のように「支配関係」の概念について述べる。

「支配関係」とは、これまでのような伝統的な権力の言説をふまえたものではなく、権力や組織や命令や規制を、もっと広く構造的にとらえる概念である。現代の資本主義社会を組織し支配する体制がますます強化されていることと、いま現在経験している家父長制との固有の関係性に、わたしは注目している。この文脈で「支配」について書くとき、わたしは、政府、法律、ビジネスと金融マネージメント、専門家組織、教育機関などとともに、権力の諸作用に浸透しているテキストの言説についても、その組織化された複雑な実践に着目している（ibid., p.3）。

スミスの分析は西洋（白人）資本主義の家父長制に関するものだが、彼女の「支配関係」の概念は重要な理論的・方法論的展開であり、性の政治学の体系や経験と、植民地主義や帝国主義、人種差別や資本主義の歴史的・政治的な具体的形態との関係を明らかにするのに役立つだろう。スミスの支配関係の概念は、知識のあり方、組織的実践や制度とならんで、意識や行為主体の問題を前面に押しだす。フェミニズム分析にあたり、植民者と被植民者、資本家と労働者といった単純な関係を想定したり、権力構造を固定的にとらえる（たとえば、女性の地位は「社会の指標」だと考える）のでなく重層的に交差したものととらえて、支配のプロセスや現れ方に焦点をあてるのだ。実際、この概念を使えば、ジェンダー、人種、セクシュアリティ、階級の計数分析や幾何解析（不適当だとずっと言われている）などしなくても、第三世界女性が現在も過去も搾取されている問題をきちんと分析できるのではないだろうか。支配（や統治）の実際のありように光をあてることで、植民地主義や人種主義を一元的に定義するのでなく、その諸形態を分析できる。この概念は、ジェンダー、人種、階級を歴史とは無関係に二元論でとらえる分析から、わたしたちを自由にしてくれるだろう。

ここでわたしは、ドロシー・スミスの支配関係の概念を使って、現在の第三世界フェミニズムの多様な文脈を説明しようと思う。論じるのは、以下の社会経済的、政治的、言説的な状況についてである。①植民地主義、階級、ジェンダー、②国家、市民権、人種編成、③多国籍生産と社会的行為主体、④人類学と「ネイティブ」としての第三世界女性、⑤意識、アイデンティティ、書くこと。最初の三つの項目では、次の点に焦点を当てたい。脱植民地化や民族解放運動の始まりなど、ある歴史上の政治的、経済的転換点を特定した、歴史的転機における国家支配。リベラルなジェンダー政策と人種差別的な移民法・帰化法を通じた、白人の資本主義国家の形成。連続・不連続な植民地の領有のなかでの多国籍経済の強化。こうした変化によって、第三世界女性がフェミニズムに関わる可能性が、部分的にではあれつくられていると指摘したい。第四の項目では、人類学が第三世界女性を言説的に植民地化する支配的な様式のひとつであることを明らかにし、第三世界フェミニストが理解し批判しようとしてきた、支配形態としての学問的な知について概説する。最後に、第三世界フェミニストの自己認識にとって重要な、抵抗の運動、記憶、執筆の問題をとりあげる。最初の二つの項目については後の三つより詳しく述べてあるが、どの項目も暫定的である。わたしの目的は、第三世界女性とフェミニズムの関係の歴史や理論を示すことではなく、問題提起である。

植民地主義、階級、ジェンダー

> 帝国文化の権力行使に際して、物理的強制は脅威としてはつねにあったが比較的最小限にとどめられ、意識の次元が重視された。つまり、包括的で象徴的な秩序によって、許容できる思想や行動だけを存在させ、それ以外は現れないようにしたのである。
>
> Callaway (1987)

> インドのフェミニズムの歴史は……反フェミニズムの歴史と切り離せない。
>
> Sangari and Vaid (1989)

一九世紀の植民地主義国家と帝国文化は、知の体系と、性や人種やカースト／階級による規制を含む支配関係を通して強化されたが、性・人種・カースト／階級の規制はまた、個人や集団の抵抗をも生んだ。以下、次のような点で、帝国支配の特徴を簡単に述べたい。①白人の男性性を規範とし、対照的に被植民者を人種差別的、性差別的に扱うようなイデオロギーの構築と強化、②都市部や植民地で、土着の家父長制を変え、支配的な中産階級文化を強化するにあたり、植民地制度と政策が与えた影響、③民族解放運動という枠組みの内部やそれと対立するような歴史的文脈で現れたフェミニズム政治や意識。わたしが念頭に置くのはイギリスの植民地支配である。それは、あらゆる帝国文化を一般化できないからでもあるが、主要には、フェミニズムの登場のしかたは一つだけではなく、それぞれ固有の歴史があることを示したいからだ（以下では、インドに関する資料に多くを負っている）。だがこの分析は、イギリスとインドの場合に限定されないフェミニズム分析の方法論を示すだろう。

ドロシー・スミスは、支配構造について次のように述べる。

> 支配構造とは、経営者、政府、行政、専門職、知識階級などの複合体であるとともに、それらを結びつけ相互浸透させる言説である。その特徴は、個々の場所や人や出来事を一般的で抽象的な様式に組み込み、絶対的なシステム、支配、法律、概念的実践に帰属させることだ。その結果、個々の場所や人や出来事は、言説が媒介する抽象的で普遍的な支配のシステムに従属することになる(Smith 1987, p. 108)。

スミスが述べているのは資本主義の支配構造だが、個々の場所や人や出来事を一般的なカテゴリーや法律や政策に抽象化する考えは、あらゆる支配形態の基礎である。植民地国家が人種、性、カースト／階級のイデオロギーを法制化するのは、まさにこの抽象化のプロセスにおいてなのだ。たとえば、社会的、空間的、象徴的な距離という意味で、人種や性や階級の境界線を引き、植民地支配を維持するのに不可欠なものとして公式化する際、イギリス人が権威と合法性を定める基にしたのは、支配者と「先住民」の共通性ではなく差異だった。それはまた、女性や道徳を守る自制心ある白人男性保護者という、帝国の支配者の歴史的概念をつくりあげた。

近年、フェミニスト研究者は、西洋植民地主義における帝国の（白人の）男性性の形成について考察している。軍隊、司法、とりわけ重要な行政機構といった帝国の直接的支配制度は、つねに圧倒的に男性優位である。植民地に勤務する白人男性は、実際にも象徴としても帝国の権力を表し、支配を体現する。植民地の官吏には仕事と余暇の区別はない。つねに制服姿であり「任務中」なのだ。植民地ナイジェリアのヨーロッパ人女性について研究したヘレン・キャラウェイが述べるように、白人女性はかなり後になるまで植民地に足を踏み入れることができず、支配者でなく「不必要な付属品」と見なされていた（Callaway 1987, p.6）。イギリス植民地国家は、とりわけ植民地の行政制度の面で、ジェンダーと人種の官僚化による固有の支配形態をつくりあげた。この支配制度は、特定の関係や態度をはっきり目に見えるものにした。たとえば、植民地の官吏である白人男性と「先住民」の男性や女性との境界線や、「権力を実力行使せず支配する」ような帝国の支配者の態度である。[*10] このような植民地官吏による帝国の権力の行使は、支配と知の体系の固有の関係をもたらした。背後には、生まれながらにして正統な支配者である「英国紳士」なるものの創造があり、それは、社会ダーウィン主義、進化人類学、騎士道物語、キリスト教、薬学や「科学」の専門書、帝国の文学的伝統にもとづいた思想体系から生まれた。

植民地支配は、制度的に、植民者と被植民者のあいだに目に見える強固な序列を設けることで遂行された。身体や象徴で人種を分けることは、被植民者に対する社会的距離や権威を保つのに必要と考えられた。その結果、植民地において、身体的特徴（たとえば人種や性で）の分離は道徳面の問題に姿を変え、権威、規律、忠誠心、献身性、忍耐力、自己犠牲の精神をそなえた理想的な帝国の行為主体を生んだのである。白人男性を「生まれながらの」支配者とする定義は、被植民者を、男性にしろ女性にしろ、自治能力のない者と決めつける、人種とセクシュアリティの言説にもとづいている。性や人種の境界を強固に保つことは、「正統な支配者」と「子どものような臣民」を区別するために重要なのだ。この境界は、人種混交に関する植民地国家の公式・非公式の規定を見れば明らかである。それはたとえば、アメリカのプランテーション奴隷制での異人種間結婚禁止法という、まったく異なる植民地的文脈でも同じだ。南アフリカのアパルトヘイトも、この種の境界にもとづいている。

一九〇九年、アフリカで、クルー卿は植民者に対して通達を出した。「内縁関係に関する書状」として知られるこの通達は、官吏が現地女性と付き合うことに道徳的反対を表明し、こうした行為が現地人から見た植民者の権威をおとしめ、ひいては管理能力を弱めることになると主張した（Callaway 1987）。この通達の写しは一九四五年に最終的に破棄されたが、その趣旨は、民間伝承、不文律として生きつづけている。これなどは、植民地支配という特別な形態をとおしてジェンダーと人種が官僚化された格好の例だろう。通達は、支配者の男性性を構築し管理している。男性性は、「現地女性」（禁じられたセクシュアリティ）との関係や、「現地男性」（イギリス支配の真の対象）との関係で定義される。さらには、植民地官僚が本来付き合うべき相手である白人女性との関係でも定義される。白人女性は、管理者（支配者）である官吏の権威をそこなうことなく正統性を与え、ヴィクトリア期の道徳観の基礎を形づくるのである。

この官僚的な男性性の強化は、もちろん、自制心をもたらしたわけではなかった。白人男性と現地女性の性的接触は、レイプというかたちをとることが多かった。この人種差別的で暴力的な男性性は、実のところ、植民地支配下の処罰対象としては下位にあった。人種差別的な性暴力が植民地支配の重要なパラダイムや比喩として扱われるようになったのは、ここ二〇年のことにすぎない。この点について、ジャッキー・アレクサンダーは、別の旧植民地トリニダードトバコをとりあげて分析している。彼女は、性犯罪法案という法的規制に着目し、人種によって異なる男性性の構築を分析し、（異）性愛や婚姻関係の比喩が、独立の前後で歴史的に連続していることを実証した（Alexander 1991）。また、アンジェラ・ギリアムの中南米における性差別や人種差別の問題とレイプに関する論文も、人種化された暴力的な男性性と階級やジェンダーのシステムとの関係に焦点を当てている（Gilliam 1991）。

このように植民地国家は、人種や性で異なる階級をつくりだし、基本的には経済的余剰人口の搾取にもとづく支配のプロセスに組み込んだ。そして、そうした支配を正当化するイデオロギーや知識の制度化を行ったのだった。アジア、アフリカ、中南米での植民地支配の基盤となった知の形態は、明らかに、昔も今も人種と人種差別の言説である。[*11] 植民地主義や帝国主義において、人種差別は同化と抽象化のかたちをとる。それは、経済的、政治的、歴史的文脈を消し去ることで機能するが、その際、帝国主義を正当化するなによりの方法である人種の本質主義的な言説を必要とする。本質主義的な人種言説、とくに植民地支配の威圧的な制度（警察や法制度など）を通じた強制力の影響については、フランツ・ファノン、アルベール・メンミ、W・E・B・デュボイス、ゾラ・ニール・ハーストンなど多くの第三世界知識人が書いている。だが植民地支配は、単に言説のレベルで行われるわけではない。あらゆる支配は、既存の社会的不平等を再構築し、強化し、変化させることで遂行される。植民地国家は、国家支配の一形態として覇権的な男性性を構築するとともに、既存の家父長制やカースト／階級のヒエラルヒーを変質させもしたのである。

歴史家や批評家は、制度や政策、法律のレベルで植民地支配がどう遂行されるかを考察してきた。植民地政策が、既存の性別分業や男女の性的平等に与えた影響については、多くの研究がある。[*12] なかでも、クムクム・サンガリーとスデーシュ・ヴァイドがイギリス植民地主義下のカースト／階級のヒエラルヒーと家父長制の関係を分析した研究は優れており、植民地時代および独立後のインドの歴史に関する論文集の序文である（Sangari and Vaid 1989, pp. 1–26）。[*13] 冒頭、二人は、家父長制について、階級／カーストに付け加えられたのでなく、階級／カーストの形成や変容に内在していると述べる。言い換えるなら、イギリス支配下の階級／カーストと家父長制の理解には、切っても切れない強いつながりがあることを示したのである。その成果は、植民地における農地規制の分析によく表れている。

農地規制の分析はふつう、階級／カーストの構築、変容と管理に焦点をあてる。だがサンガリーとヴァイドは、イギリスが、入植や現地の家父長的な慣行にどう介入したか（規制や法律）を考察することによって、農地規制が、階級／カーストのヒエラルヒー全体を貫く家父長制の再編・再構築過程に与えた影響を分析できた。たとえば、植民地の政策や規制は、土地所有者に再び権限を与えたり、男性だけに所有権を認めて女性には認めなかったり、結婚や相続、養子縁組などの家父長的慣行を立法化して「温存」した。こうした個々の制度の蓄積は、ある程度、既存の不平等を深刻化させただけでなく、「新たな」不平等をもつくりだした。

プレム・チョウドリーは、インドの地方社会における植民地国家の経済的利益とジェンダーの複雑な関係について研究した（Sangari and Vaid 1989）。チョウドリーは、植民地下のハリヤナ州（当時はパンジャブ州の一部）をとりあげ、小作農の女性の「地位が高いとも低いともいえる矛盾」が、農地の政治経済という面から説明可能だと示す。小作農の女性は農業労働を共に担う者として重宝がられ、妻には身体的に強い女性が求められた。その結果、法律で禁じられた寡婦の再婚の規定はたいてい無視され、実際には慣習や言い伝えによって再婚が奨励された。だが、寡婦は夫の財産を相続するため、再婚にはかなり厳しい制限があった。最大の利害は一族が土地を保持することにあったから、一族の長は、法律をかいくぐり、寡婦を部族内で再婚させた（カレワと呼ばれる慣習）。

（財源確保のための）安定した土地所有に経済的利益があった植民地国家は、再婚しない寡婦が土地の所有権を分割することをよしとしなかった。こうして、表向きは「村の共同体を守る」とか「部族の結束を固める」といった公の政策の名のもとに、カレワは奨励された。ときには寡婦たちが法的に異議を申し立てたが、植民地国家は「部族の慣例」だといってカレワを認めた。イギリスの公的な論調は、「これは一妻多夫制であるが……野蛮人が獣のような乱交状態から成長の第一段階に進んだといえ」、ハリヤナの人々はヒンズー教もイスラム教も信じていないのだから、自分たちの慣習を保持させてやってもよいだろう、というものだった（ロータック地区新聞。Chowdhry 1989, p.317より引用）。だが問題は、チョウドリーが指摘するように、「その地区で土地を所有している部族の長、つまり村でもっとも有力な一族の男たちが協議して」これが成文化されたことだ（ibid.）。このように、家父長的な慣習は、地主階級と植民地国家に経済的利益をもたらすために作られたのである。寡婦の再婚という一見進歩的な慣習でさえ、ジェンダー化された政治経済内での制約を受けていたのである。[*14]

イギリスによるインド支配のもうひとつの影響は、一九世紀、インド人中産階級にはっきりした公私の別を持ち込んだことだったが、それは性による区別を意味していた。サンガリーとヴァイドは「序文」で、パルタ・チャタジーとスマンタ・バネルジーの研究をもとに、バドゥラロク〔郷紳層〕の「私的」領域の創出について述べている（Sangari and Vaid 1989, pp. 1–26）。バドゥラロクの考えでは、インドの中産階級女性はヴィクトリア朝の理想にならって純潔で家庭にいるべきで、西洋の物質主義や低位のカースト／階級の性的規範にそまってはならなかった。また、一九世紀初頭に土着語が「純化」された際には、サンスクリット化と英語化が同時に進行した。同じように、一九世紀のインドの女性解放運動は、中産階級的な女性性の構築を通じて起こり、民族の復興と密接に結びついている。サンガリーとヴァイドは、（カースト／階級に関わる）精神性の理想と（ジェンダーに関わる）女性性の理想の構築は、ほかならぬ中産階級形成の一部であると述べている。

インドにおいて中産階級のフェミニズム運動が起こった歴史的文脈とは次のようなものだった。すなわち、植民地国家に抵抗する民族主義運動、宗教改革と民族ブルジョワジーの「近代化」、そして支配者になるべく強化された中産階級、である。実際、インド民族主義運動で「女性問題」が浮上したときも、鍵を握ったのは中産階級の男たちだった。男性主導の社会改革運動は、監視の体制をつくって中産階級女性のセクシュアリティを法的に禁止・規制し、女性の就業や政治参加を抑えようと躍起になり、公的な領域への参加も特定のものしか認めなかった。こうした状況は、インド中産階級の女性性の構築に関して、植民地主義者と民族主義者の言説の共謀という問題を投げかける。

このように、インドの女性運動の黎明期には、進歩的な思想や行動と保守的なそれとの緊張が存在する。フェミニズムの歴史とは、支配と抑圧の歴史でもあるのだ。矛盾のない「純粋な」フェミニズムなどありえない。インドにおける中産階級女性の運動は、古い家父長的なきまりを近代化し、中産階級女性が専門職に就いたり政治運動に参加できる道を開こうとした。サンガリーとヴァイド言うところの「民主的な」女性運動は、家庭や職場での男女平等に焦点をあて、封建制や植民地構造に疑問を呈したが、それにもかかわらず、封建的、家父長的な規範にも、中産階級の家族イデオロギーや義務にも、しばられていた面があった。以上述べたことはもちろん、人種差別的、父権的、帝国主義的な国家（イギリス）や父権的、中産階級的、民族主義的な解放運動と闘うインドの女性運動の始まりを、植民地主義、階級、人種差別との関係でとらえるひとつの見方である。

この時代の支配関係を描くにあたって、わたしが提案しようとしているのは、特定の歴史的瞬間におけるジェンダー、人種、階級、セクシュアリティの関係にもとづいた理解のしかたであり、フェミニズム的な問いかけである。フェミニズム運動は、相互に関連した、少なくとも二つのレベルで起こる。ひとつは表象（女らしさ／女性性）の問題にかかわるイデオロギーや言説のレベルであり、もうひとつは、仕事、家庭、家族、セクシュアリティなどミクロな政治学に焦点をあてた物質的、経験的、日常生活のレベルである。いずれのレベルのフェミニズム運動においても、考慮すべきは植民地主義的な支配関係である。支配の概念は、第三世界女性が、性や人種や階級やカーストといった点でいかに国家と矛盾的に関係しているかを理解する役に立つだけでなく、第三世界女性のフェミニズム運動の歴史的な位置づけを考えるヒントにもなるだろう。

国家、市民権、人種編成

植民地国家と違って、現代の自由資本主義国の性差別的で人種差別的な体制は、市民権や個人の権利の、表向きは「それと気づかない」言説を通して機能する。一九世紀から二〇世紀初頭の領土拡張型帝国主義では人種化した男性優位主義が明白だったが、それとは対照的に、白人の資本主義的な家父長制は、知の体系と非個人的な官僚政治をともなう自由主義的市民権をモデルにした支配関係をつくりあげた。R・W・コンネルによれば、現代の欧米国家は「ジェンダー秩序」を設けることで機能している。そこでは国家は、ジェンダーの権力関係の主たる組織者である。[*15] つまり国家は、個人の暴力やドメスティック・バイオレンスの境界を定め、財産を守り、「逸脱した」「非難すべき」セクシュアリティを犯罪とし、男性優位のヒエラルヒー（たとえばジェンダー化された国家公務員制度）を体系化し、警察、刑務所、戦争といった集団的な暴力を構造化し、ときには権力に対抗する勢力を黙認したり奨励しさえする。

帝国の支配ははっきりした性別分業の上に築かれた。（白人の）男性性は社会的権威と不可分であり、男らしい冒険のあとには男性的な支配が登場した。それに対して、ブルジョワの自由資本主義がつくりだした市民権の概念は、合理性、打算、規律を旨とする非個人的な官僚政治と覇権的な男性性を前提としている。コンネルによれば、自由な市民権という現代の概念は、本質的に家父長的な家族観に依拠し支えられており、「合理的」で覇権的な男性性（植民地支配や軍隊の暴力的な男性性とは対照的）の概念に沿って形づくられる。この合理的な男性性を表すのが、国に雇われた国家公務員の性別分業である。政治エリート、（鉄道、海上保安、エネルギー、建設などの）公務員、裁判官、軍人の八割から九割が男性であり、女性は（教育、看護、社会事業など）福祉サービスや事務に従事している。国は、こうしたジェンダー秩序を設ける一方で、家族、人口、労働力と労務管理、住宅、性行動や性表現、育児や教育、課税と所得再分配、軍隊の設立と行使などに関する政策を実施し、ジェンダー関係や性的関係を規制する。

だが、コンネルに話を戻すと、国のジェンダー化された性的な秩序の複雑な分析のどこにも、人種の考察は見当たらない。ということは、コンネルが提示するのは市民権の一部分でしかない。フェミニズムはずっと、白人の自由資本主義的な家父長制に抵抗してきた。だが、国家の抑圧的な支配を正しく認識し、それと闘うには、ジェンダー、階級、セクシュアリティという点だけでなく、人種の編成についても理解し分析しなくてはならない。このことは、きわめて人種差別的な文化のただなかで、フェミニズム運動の参加者に国家というしくみの重要性を説明する際、絶対不可欠といえる。

人種と人種主義の概念化は、現在、たとえばアメリカ合衆国やイギリスなど、いずれのフェミニズム政治学の議論にとっても重要である。アメリカ合衆国ではエリザベス・ヒギンボザムが、人種主義を、この国の非白人が生きなければならないイデオロギーと定義している（Higginbotham 1983）。それは社会的・経済的生活の特定領域からの非白人の排除を正当化すると同時に、支配階級を利する不平等を是認するイデオロギーである。実際、経済レベルで言えば、労働の定義（「自由」労働か「奴隷」労働か）、労働者の異なった配置、「下層階級」や「生活保護受給者」の構成は、組織化原理としての人種によるところが大きい。人種はまた、「市民権」の定義や、移民法・帰化法による規制にとっても、第一要件である。アメリカ合衆国、イギリス、南アフリカという三カ国の事例を挙げながら、ヒギンボザムは、移民法や帰化法を通じた国家の支配関係や人種編成を概説する。これらの国々でのジェンダー化され人種化された市民権のイデオロギーについての彼女の分析は、現代の（白人）資本主義国の支配形態を説明し、国家を家父長制の全権機関と見なすコンネルの議論につながるとともに、第三世界フェミニズム運動にとっての重要な文脈を規定している。ヒギンボザムの議論は、国家のジェンダー秩序に関するコンネルの議論をさらに広げるものである。

これまで西洋の（白人）フェミニズム運動は、移民や国籍の問題にほとんど取り組んでこなかった（例外はイギリスで、黒人フェミニストによる運動の長い歴史がある）。いずれにせよ、移民や国籍の問題をめぐる闘いは、植民地支配に抵抗する第三世界女性の闘いに都市から呼応するものだと指摘したい。実際、移民法や国籍法、人種や性で差別する市民権は、植民地主義と白人・男性優位の資本主義国家の支配とが連綿とつながっていることを示しているのだ。

アメリカ合衆国の人種研究の重要な著作で、マイケル・オミとハワード・ウィナントは「人種編成」という概念を紹介している。[*16]「人種編成」とは、「それによって、社会的、経済的、政治的な力が人種の内容と重要性とを決定するプロセスであり、さらには翻って、人種の意味がそうした力を形づくるプロセス」である（Omi and Winant 1986, p.61）。オミとウィナントは、現代のアメリカ合衆国で人種は世界を理解する中心軸のひとつだと言う。人種の神話やステレオタイプは変わっても、その底にある人種の意味体系はアメリカ文化を規定しているように見える。人種編成は、個人的なアイデンティティと集団的な社会構造のダイナミックな関係性を意味しており、アメリカ合衆国の人種的な要素には、ときとして反対運動への対応である市民権や帰化法、社会福祉政策や実践なども含まれる。市民権や移民法、社会政策は、経済目標や低賃金労働の追求とつねに密接に関係している。こうした国の施策は、奴隷制、資本主義の新植民地主義、もっと最近では独占的多国籍資本主義の体制に支えられている。このように、必ずとは言えないまでも、人種主義はたいてい植民地的状況の産物である。アメリカ合衆国の黒人やラテン系の人々、イギリスのアジア人や西インド諸島の人々、フランスの北アフリカ人はいずれも、似たような抑圧下で二級市民の地位にある。

アメリカ合衆国における白人移民の歴史と有色人の奴隷制や年季奉公の歴史を比較すると、国家のイデオロギーや経済の事情と結びついた人種主義のすがたがはっきり見えてくる。白人男性は「自由な労働者」と見なされ、さまざまな仕事に就くことができた。だが黒人は、男も女も南部の農業発展のための奴隷労働に使役され、メキシコ系アメリカ人は炭坑、鉄道、木材の伐採、石油採掘、南西部の農業で、白人より安い賃金で働かされた（今でも働かされている）。有色人女性がアメリカ合衆国の労働市場に組み込まれる文脈も、こうした不平等な関係で、仕事はたいてい家事や洗濯、農場労働である。歴史的に、アメリカ合衆国の第三世界女性に与えられてきたのはこれら低賃金で搾取的な仕事であり、それが一因となって、人種差別的な決めつけが横行することになった。白人中産階級の専門職文化とは対照的である。

市民権と移民法は、事実上、仲間とよそ者の境界を定めるものだった。一七九〇年のアメリカ合衆国の帰化法は市民権を定義した最初の法律だったが、適用されたのは自由な「白人」移民だけだった。日本人がアメリカ合衆国の市民権を得たのは一九五二年、ウォルター゠マッカラン法による。人種カテゴリーは非常に流動的で、一九世紀、二〇世紀を通じて労働需要に左右されてきた。たとえば一九世紀には、人種カテゴリーは白人、黒人、アメリカ先住民の三つだった。メキシコ人は、一八四八年にグアダルーペ・イダルゴ条約が調印されて以降、法的には「自由白人」と同じ地位となったが、西海岸の低賃金労働の中心だった中国人は、一八五四年、カリフォルニア州最高裁から「アメリカ先住民」と見なされた(Omi and Winant 1986, p.75)。

フェミニズムと人種編成に関するアメリカ合衆国の研究には、黒人と白人の関係とその歴史をとりあげたものがある。実際、奴隷制に関する歴史研究と現代黒人フェミニズム思想は、フェミニズムや反人種差別研究のなかでももっとも興味深く、洞察力にとみ、文献も豊富な分野である。ユージーン・ジェノベーゼ、エリザベス・フォックス゠ジェノベーゼ、ジョン・ブラシンゲイム、ポーラ・ギディングス、ジャクリーン・ジョーンズのような歴史家やベル・フックス、ホーステンス・スピラーズ、ジュディス・ローリンズ、オードリ・ロードのような批評家たちは、人種編成と性や階級や経済構造の接点を分析し、基礎を築いた(Genovese 1979; Fox-Genovese 1988; Blassingame 1979; Giddings 1984; Jones 1985; hooks 1984, 1988; Spillers 1987; Rollins 1987; Lorde 1984. さらに Okihiro 1986 も参照されたい)。ここでは、こうした人たちの研究を要約するかわりに、アメリカ合衆国の人種主義に関する異なる文脈を見てみたい。それは移民と帰化の歴史で、奴隷制と公民権(黒人と白人の関係)の歴史を通じた人種差別の過程と並行している。アメリカ合衆国の奴隷制の歴史と現代の人種差別については、バーバラ・スミスがまとめている(Smith 1983)。スミスは、アリス・ウォーカー、グローリア・ネイラー、オードリ・ロードの作品に登場する黒人レズビアンの表象を分析し、人種主義的で家父長的な作品も黒人フェミニストの作品も批判的に読んで、黒人女性性がいかに歴史的に構築されたかを、とくに人種差別的で異性愛主義的な黒人女性の描写をとりあげて、論じている。

アメリカ合衆国の移民排斥法の歴史をみると、アジア人を「黄禍」と見なす際に、人種、階級、ジェンダー、セクシュアリティが、道徳と交差していたことがわかる。[*17] 一八七〇年の中国人売買春に関する公聴会は、のちに「犯罪および不道徳目的のためのモンゴル人、中国人、日本人女性の誘拐・入国禁止法」となった。この法案は、入国審査官に、移民を選んだ女性が「品行方正」かどうかを判定する権利を与えている。また、移民希望の「東洋女性」がみな「犯罪や不道徳な行為」をすると決めつけてもいる。一般的に、排斥法にアジア人を（できれば他の非ヨーロッパ系外国人も）締めだす目的があったのは明らかだが、アジア人女性の入国基準に道徳観をもちだしたことは、アメリカ合衆国の移民法や帰化法に内在する性差別（異性愛主義）と人種差別を示している。たしかに、売春防止法と排斥法とでは目的が違うかもしれない。だがどちらの法律も、基礎にあるのはジェンダー、人種、セクシュアリティの定義である。このようにして、女性の道徳についてのイデオロギー的な定義が、重要な具体的結果をもたらしたのである。

明確に民族にもとづく最初の法律は一八八二年の中国人排斥法である。この法律に続いて、日本人や朝鮮人の移民を抑制する一九〇七年の紳士協定、アジア系インド人移民を制限する一九一七年の法律、アジアからの労働移民を全面禁止する一九二四年の東洋人排斥法、フィリピン人移民を制限する一九三四年のフィリピン独立法が制定された。一九二四〜四三年まで、アジア人が帰化して市民権を得ることは許されなかった。一九四三年から一九六〇年代半ばまでに移民法は緩和され、アメリカ合衆国はアジア移民に「定員」を設けた。受け入れを認められるのは、高等教育を受け、技術訓練経験や特殊技能をもった専門職の人だけとされた。このように、「黄禍」から「モデル・マイノリティ」へと表現は歴史的に変わったが、移民法の基礎にはアメリカの経済状態と制度的不平等がある。

現代のアメリカ合衆国では、黒人と白人の境界はきわめて厳密である。一九八〇年代のアファーマティブ・アクションに関する訴訟がよい証拠だ。アファーマティブ・アクションの論拠となっているのは集団への賠償であるが、これを集団ではなく個人の要求ととらえ、「逆差別」だと異議が唱えられたのである。アメリカ合衆国はうわべは自由で多元主義だとされているが、こうした主張はつねに存在し、支持される。[*18] 一方、ブラジルの人種カテゴリーをみると、黒人か白人かといった肌の色による区別は曖昧で、地位や特権の差によるところが大きい。同様に、アパルトヘイト下の南アフリカでは、中国人はアジア人（もしくは「カラード」）の地位にあったが、日本人は「名誉白人」と呼ばれた。人種編成に関するオミとウィナントの考え方は、こうした人種のイデオロギー的な定義が歴史的に決定されたことを説明してくれる（Omi and Winant 1986）。

移民法や帰化法を通して国家が第三世界の人々を規制することに関して、もっとも深く議論されているのはイギリスである。イギリスの第三世界フェミニストは、闘いの主要な相手として人種差別国家をあげる。イギリスの国籍法や移民法は、「正当な」市民権を定義し構築しているが、それは本質的に人種とジェンダーにもとづく概念である。一九五〇年にできたイギリスの移民法は、黒人（アフリカ、アジア、極東、キプロス、カリブ海諸島出身の英連邦民）の入国制限を目的とし、そこでは市民権の概念は無視された。これらの法律は、人種差別的・階級差別的な家父長的核家族のイデオロギーでつくられ、女性は主体的な地位を与えられず、男性の法的従属物と見なされている。[*19] たとえば一八六八年の英連邦移民法は、出自がはっきりしていることを条件に、労働目的の黒人男性だけに入国を許可し、「家長」の男性は「妻」を呼び寄せてもよいとしたが、その逆は許さなかった。家族構成への言及は、暗黙のうちに異性愛主義が前提されていることを示している。女性は、男性との関係や異性愛の核家族モデルでしか定義されない。同様に、一九八一年の英国籍法も移民法をなぞっており、人種やジェンダーを特定した三つの市民権、すなわち本国市民、属領の市民、海外在住市民がつくられた。

一九八一年国籍法は、女性の市民権に重大な影響を与えた。イギリス人男性と結婚した女性が自動的に市民登録できる権利は、奪われた。かつては、イギリスで生まれた子どもすべてに自動的に市民権が与えられていたが、そうではなくなった（両親のうちどちらかがイギリスで生まれたか定住者であるときにかぎり、子どもに自動的に市民権が与えられる）。一方、歴史上初めて、イギリス人女性が海外で生んだ子どもに市民権を与えた。「女性、移民、国籍を考えるグループ（ＷＩＮＧ）」が言うように、イギリスの移民法と国籍法は、（白人）女性を国民の再生装置と見なすイデオロギーを反映しており、フェミニズムがとりくむべき課題である。そのような法律の確定は国家支配の主要な形態であり、黒人女性運動にとって決定的に重要な闘いの場である。ＷＩＮＧはその重要性を次のように述べる。

イギリス移民法の複雑に絡み合う人種差別と性差別は、黒人女性や移民女性の生活のあらゆる面に影響を与えている。妻は、夫が住むところに住み、夫に依存するのが当然とされる。母親、とくにシングルマザーが、自分の子どもを連れて移民するのはむずかしい。労働者は、家族を故国に残して働かなくてはならない。（中略）この入国管理体制こそ、今日のイギリスの制度的人種差別を正当化するものだ。それはイギリスに入国しようとする黒人や第三世界の人々だけでなく、すでにイギリスに住んでいて、ますます国内の移民管理の迫害を受けている人々にも、計り知れないほどの影響を与えているのだ（WING 1985, p.148）。

人種編成がもっとも暴力的で抑圧的なかたちをとっていたのが、アパルトヘイト下の南アフリカである。南アフリカでは、まさに分離《アパルトヘイト》を示す（そしてもちろん、黒人の「市民権」を否定する）言葉が使われた。すなわち、「分離すれども平等な発展」、「白人地域」や「バントゥースタン」（黒人居住区で国土の一三％以下）、黒人女性労働者は男性の付属品といった言葉が、イデオロギー的な人種の定義の具体的な力を表していた。シヴァナンダンが言うように、人種の違いを超えた労働者の団結は、アパルトヘイトという人種主義の下では不可能だった。「南アフリカの人種主義イデオロギーは、人種の優越性を示す、公然とした体系的で全体論的なイデオロギーである。それは、白人の労働者階級が生活水準を維持できるのは黒人の最下層階級の上にいるからだと確認できるほどに公然としており、白人労働者階級が将来とも自分のために人種を維持しようと誓うほど体系的で、肌の色の境界は権力や貧困の境界だと確信できるほどに全体論的である」と、シヴァナンダンは述べる（Sivanandan 1981, p.300）。肌の色の境界は権力や貧困の境界と等しいとするシヴァナンダンの分析は、アパルトヘイト下の人種編成のありようを示している。南アフリカの女性運動は、こうした文脈で、人種的・政治的・経済的な解放闘争、仕事や家庭生活、住居、食べ物、土地の権利をめぐって起こったのである。[*20] 人種主義イデオロギーには、人々が自分自身や世界を理解する言葉を定義する力がある。だから、脱植民地化とは、人種を政治的、経済的、イデオロギー的な言葉でどう定めるかを含むものだ。人種の意味は、国家（植民地国家や現代資本主義国家）によってつくられるだけでなく、必ず集団や個人の実践（アイデンティティの政治学）のなかで形づくられるからである。

これまでわたしは、移民法、帰化法、国籍法を議論しながら、自由資本主義国家と人種差別や人種編成について述べてきた。移民法や国籍法を通して構築された市民権の言説や概念を分析し、現代の欧米の自由民主主義国家におけるジェンダーや人種の秩序とそれがどう支配と関係するかを、具体的に述べてきたのである。これらの法律に、セクシュアリティ（女性の道徳観）、ジェンダー（家族構成）、人種（「オリエンタル」）の概念が暗に記されている事実は、現代国家のこうした側面がなぜ第三世界フェミニズムにとって重要なのかを説明するとともに、自由主義国家が規定するジェンダー、人種、階級、セクシュアリティの体系的な交差に焦点をあてたフェミニズム分析の方法を提示している。わたしの分析はまた、国家の経済的事情（移民や移住の基にある理由）とジェンダーや人種の秩序がどう関係するかも明らかにする。

多国籍生産と社会的行為主体

ジェンダーと人種に関する問題は、今世紀になって新たな重要局面を迎えている。大勢の第三世界女性が多国籍企業での労働や国内の労働に組み込まれた結果、フェミニズム理論家は女性の抑圧を説明する際に、公私の区別のような基本的概念を考え直さなくてはならなくなった。実際、国内にも世界にも存在するもっとも搾取された「第三世界」女性の問題は、ポスト工業社会のジェンダーと人種を社会的・政治的に分析する際のさしせまった課題である。いま、第三世界女性とフェミニズムの関係を議論しようとすれば、第三世界女性が大量に多国籍企業の工場に組み込まれプロレタリア化している問題をはずすわけにはいかない。このことは即第三世界女性の経済的・社会的地位の指標というわけではないが（Momsen and Townsend 1987）、工場で働く第三世界女性の日常生活というミクロ政治学や自己構築の重要な決定要素である。実際、一九六〇年代に、多国籍企業は第三世界やアメリカ合衆国・メキシコ国境地域へ輸出加工の労働集約的な工場を拡大したが、これは経済的・イデオロギー的支配の最悪の形にほかならなかった。

多国籍企業は安い労働力をもとめて移動し、労働組合加入率が低く、失業率が高い、不安定だったり従属的な政権の国に拠点を置こうとする。こうした際、労働力を構成するのが圧倒的に第三世界の若い女性であることは重要だ。彼女たちこそ、セクシュアリティと階級と人種のイデオロギーの交差を自ら体現しているのである。

多国籍企業における第三世界女性の搾取をとりあげたフェミニスト研究者の著作は多い。[*21] だがその多くが、第三世界女性がこうした労働に組み込まれる際にはたらく人種差別的で性差別的（異性愛主義的）なステレオタイプについて述べたものであり、さまざまなレベルで資本主義の抑制下におかれた女性たちの社会的行為主体の問題に言及したものは少ない。言い換えるなら、女性労働者が、選択し、状況への批判的視点をもって抑圧者に対峙し、集団的に考えて運動を組織する主体であることに注目した研究は、ほとんどない。多国籍企業の第三世界女性は、多くの研究で、多国籍資本の犠牲者だとか、自分たちの性差別的な「伝統」文化の犠牲者とされているのだ。

アイワ・オングは、第三世界の女性労働者を単なる犠牲者ととらえることに異議を唱えている（Ong 1987）。オングは、①マレーシアの女性工場労働者の生活は国際的な規模での経済的、イデオロギー的な状況によっていかに決定されるか、②女性労働者の社会的空間を構築するうえで、宗主国（イギリス）と旧植民地の過去の結びつきはどんな影響を与えているか、③暮らしが物質的、構造的に大きく変化するなかで、第三世界女性の抵抗と主体性はいかに構築されるのか、を分析する。

イギリスによる植民地統治以降の生産や交易の新たな関係を調べて、オングは、自給自足農業や土地その他の社会構造との関係で、マレー人のアイデンティティがいかに構築されるかを分析している。また、さまざまな権力構造の監督者としての現代マレーシア国家の役割についても言及する。多国籍企業は、新たに生まれた労働者階級のマレー人女性を監視する国家のイデオロギー体系に投資したのである。

［この研究では］マレー人女性のジェンダーやセクシュアリティの意味を再構築する家族、工場、村落《カンポン》、国家といった新しい権力支配構造を検討した。日本工場でのマレー人女性労働者の経験からは、彼女らが「労働の道具」として使われるとともに、性的な主体として再構築されていることがわかるだろう。規律は、労働関係だけでなく、村の長老たちが少女たちとその道徳観を管理するために監視・協力することによっても維持される。村の工場で働く女性たちは、周囲から貞操を疑われることを恐れて、これらの本質的に異なる規律を内面化し、仕事場や村落やより広い社会で自分や他人を監視するのである（Ong 1987, p. 220）。

オングは、村の若いマレー人女性が工場に雇われる際、性差別的で人種差別的なステレオタイプがいかに身体化されるかを明らかにし、彼女たちの主体性に関わる要素について述べる。マレー人女性は、労働者として、経済的搾取、セクシュアル・ハラスメント、さまざまな規律や監視に直面する。彼女たちのセクシュアリティや道徳観に関するオングの議論は、先に述べたアメリカ合衆国の移民女性の道徳観の議論と通じるものがある。第三世界女性を対象としたこのような道徳観の構築は、自己認識や自己形成、日々の生活にも影響を与える。

第三世界諸国にある多国籍企業の工場と似ているのは、アメリカ合衆国都市部の搾取的な縫製工場やカリフォルニア州シリコンバレーの電子機器工場である。それらの工場は、失業保険もなければ児童労働法などの規制も無視した違法なものだ。たとえば、縫製工場では労働者の九〇%が女性で、多くがカリブ海諸島、中南米、アジアからの移民である。彼女たちに他の選択肢はほとんどない。世帯主で、託児所に子どもを預けることができない母親で、福祉受給者の女性、つまり貧しい第三世界女性なのだ。マレーシアの工場労働者のように、こうした女性たちは「縫製は女の仕事」「第三世界女性は素直で従順」といった性差別的ステレオタイプの対象である。アメリカ合衆国における第三世界女性のプロレタリア化については多くの研究者が詳述している。ここでは、そうした文脈における自己や行為主体の構築もまた、多国籍企業資本主義と結託した国家による当該地域の社会的・イデオロギー的な変容にもとづいて行われるとだけつけ加えておきたい。多国籍企業の雇用に際して、「第三世界女性労働者」（多国籍企業の工場に雇われる労働者の「理想的な」ステレオタイプ）がいかにイデオロギー的に構築されるかを分析すると、性や人種や階級の差別構造の国際的なつながりがわかる。それは、第三世界の女性労働者どうしの連帯を可能にする文脈であり、結びつきでもあるのだ。[*22]

多国籍企業資本による第三世界女性労働者の雇用が、人種とジェンダーとセクシュアリティのイデオロギー的な構築を通して、まさに「女性の仕事」を定義づけているという分析は、文化を越えたフェミニズム分析に重要な影響を与えるものだ。実際、第三世界女性労働者の社会的行為主体をめぐる問題は、今日フェミニズムが直面するもっともむずかしい課題かもしれない。多国籍企業の工場で女性の仕事がいかに性差別化され人種差別化されているかを分析し、それを仕事や日常生活についての女性たち自身の考えと結びつければ、「女性の仕事」を自然視するのでない、自己や集団の主体性の定義を考えられる。「母親業」や「家事」といった概念は、「自然な」構成要素ではなく、歴史的、イデオロギー的な構成要素なのだ。それと同じように、「第三世界女性労働者」という概念も、性やジェンダー、人種、階級の社会的ヒエラルヒーにもとづいている。大量の第三世界女性が、多国籍企業の工場や搾取工場で働いたり、内職をしている現在、このような概念の構築を、国家や国際経済と関連づけて理解することは決定的である。ここから、貧しい第三世界女性の構造的搾取を認識する重要な文脈が形づくられるし、文化を越えたフェミニズムの連帯と闘いの可能性も生まれる。この点については、第6章で詳しく述べたい。

人類学と「ネイティブ」としての第三世界女性

植民地主義がつくりだした（実際は生みだした）もっとも重要な知の形態のひとつは、人類学という学問である。植民地支配の人種的、性的な諸関係に起源をもつこの学問についてここで包括的な分析をしようとは思わないが、そうした諸関係の例をあげながらわたしの考えを示したい。人類学は、本章で試みる地図づくりにとって重要な言説的文脈であり、自己と他者を名づけ定義づける規範となっている学問知識のひとつである。トリン・T・ミンハは、「人類学のテーマ」は人種や性にもとづいていると言う。*23

人類学は、あらゆる人ではなく、特殊な人を対象にした研究を好むのは明らかである。つまり「原始人」であり、今では人間には格上げされたものの何かが欠落しているというランクでしかない「先住民《ネイティブ》」である。今日、人類学は「二つの方法、純粋な状態と希釈された状態の二つで研究されている」と言われている。……したがって、「人と人との会話」もほぼ、「かれら」についての「わたしたち」どうしの会話であり、原始人・先住民の男についての白人の男どうしの会話にすぎなくなる。文法的には、この三人の「男」は「人」を意味する。このロジックは、現代の人類学者が、自分の同僚と同じような一般的な「人《マン》」を求めながら、この場合は人《マン》の心性を人々の心性《メン》として考えるべきだと強く示唆することによって補強されている(Minh-ha 1989, pp. 64–65. 邦訳書一〇五～一〇七頁、一部改訳)。

この引用文が示すのは、植民地統治下の人類学が基本的にジェンダー化し人種化したものであり、人類学者も西洋の白人男性が中心だったことである。近年、多くの人類学者が古典的人類学の表象の問題に取り組んでいる。実際、フェミニズム人類学はこのかん、(男性優位の学問実践の矯正として)人類学の著作における第三世界女性の表象の問題をとりあげるとともに、第三世界女性を代弁することを問題視しなければならなかった。[*24] わたしたちは第三世界女性の問題に関心をもたなければならないと、トリンは次のように述べる。

「なぜ第三世界の女の問題に私たちが係わらなくてはいけないのか。結局、それは数ある問題の一つにすぎないのではないか」。「第三世界」という言葉を消してみれば、この文章はすぐさま、既成の価値観にまみれた月並みな文句となる。一般的に言って、人種差別の語を性差別の語に置き換えても、あるいはそれを逆にしても、結果は似たようなものだ。(贋《にせ》)フェミニズムの文脈での第三世界の女というお馴染みのイメージは、(ネオ・コロニアリズムの)人類学の文脈でのネイティブのイメージとたやすく混ざり合う。この二つの問題は、相互に関連しあっている(Minh-ha 1989, p. 85. 邦訳書一三八頁)。

トリンが提起するのは、「ネイティブ」(男性)と「第三世界女性」の定義の関連性である。どちらも、特定の支配関係を強化するために、性差別的で人種差別的なステレオタイプをつくりだす。優劣の定義の中心となるのは、ジェンダーと人種(白人男性と白人女性)である。これは、植民地支配に寄与する知の生産において、人種差別と性差別が相互に結びついていることを示す例である。人類学と人類学による第三世界女性の「ネイティブ化」は、第三世界女性「について」の知の生産を理解するうえで重要な文脈なのだ。明らかに、文学や社会科学における知の生産は、重大な言説上の闘いの場である。学問の実践も支配や抵抗のひとつの形であり、第三世界フェミニズムにとってますます重要な場となっている。知の生産は、制度の末端（法律、政治、教育制度など）にも、自己や主体性の形成にも具体的な影響を与える。レイ・チョウは、中国人女性が中国に関する一般的言説からも学問的言説からも「消え去り」、「事例研究」や「文化論」にしか登場しないという例をあげている（Chow 1991）。わたしも第1章で、国際開発学の言説における「第三世界女性」の構築について論じた。どんな文脈でも、定義と自己定義の問題は政治的意識の中心をなしている。歴史的に第三世界女性の客体化を権威づけてきた人類学という言説を考察することは、第三世界女性を闘いの主体にすえるために、今なお重要なのである。

意識、アイデンティティ、記述

第三世界女性の政治的な闘いに関する文献の多くは、民族主義や反人種主義の解放運動、農民・労働者の運動、女性の法的・政治的・経済的権利をめざす中産階級の運動、ドメスティック・バイオレンスをめぐる闘いなど、いずれにしろ、組織的な運動への参加に焦点をあてている。実際、歴史的・状況的な問題を述べた先の三つの項（①植民地主義、階級、ジェンダー、②市民権、国家、人種編成、③多国籍生産と社会的行為主体）でも、マクロ構造の現象と組織化された運動に注目した。だが、フェミニズムの闘いは、「組織化」された運動の枠組みですべて理解できるわけではない。第三世界女性のフェミニズムへの参与を定義するうえで、政治的意識やアイデンティティの問題はきわめて重要である。こうした問題は、変革の激動期でも「平時」にあっても、組織化された運動のレベルだけでなく、日常生活のレベルでも考えられなくてはならない。

本項では、意識、アイデンティティ、記述の相互関係をとりあげ、主体性の問題が人種、階級／カースト、セクシュアリティ、ジェンダーを通してつねに多様な変化をみせるものだと指摘したい。アイデンティティ・ポリティクス批判ではなく、「我在り、故に抵抗する」という考えに異議を唱えたいと思う。つまり、単に女であるとか、貧困層であるとか、黒人であるとか、ラティーノであるというだけで、政治的な対抗的アイデンティティをもつという想定に疑問を呈したいのだ。言い換えれば、アイデンティティの問題は非常に重要だが、自分とは何かといった個人主義的な考えから即政治的（あるいはフェミニスト的）主体が生まれると短絡してはならないのである。

ここでとりあげるのは、ライフストーリーを中心とした記述である。ただこれは重要ではあるが、政治的意識の成長を考えるひとつの例にすぎない。書くことは、階級や民族の位置が大きく関係する活動である。そして、証言やライフストーリー、オーラルヒストリーは、経験や闘いを思い出したり記録したりする重要な手法である。書かれたテキストは真空状態でつくりだされるわけではない。実際、第三世界女性のライフストーリーの記録は、個々の執筆者の知識や技術、動機や立ち位置から書かれるだけでなく、政治的、商業的な理由から生まれる。

一例をあげよう。第三世界女性の経験にもとづいて書かれた著作が数多く出回っていることは、アメリカ合衆国のフェミニズムが「多様な」証拠だと言う批評家もいる。それらの著作は現在、女性学カリキュラムでは、黒人や第三世界の女性が書いた「小説」の項に分類されている。たしかに、出版社は文化的に多様なライフストーリーをますます求めており、それは多様な現実や経験が認識されヨーロッパ中心主義の基準が変化している証しだと言える。他方、第三世界の女性が真相や正真正銘の「自分たちの抑圧」を語るもっと「エキゾティック」で「異なる」ストーリーが、昔ながらの欧米女性の自叙伝より望まれているだけだということもある。言い換えれば、少なくとも西洋で第三世界女性の著作が増えているのは、「証人」や「目撃者」になろうとする思いだけでなく、市場があるせいでもある。第三世界女性の物語があるからといって、覇権的な歴史や支配的な主体が中心であることに変わりはない。重要なのは、こういった著作がどのように読まれ、理解され、どこに位置づけられるかなのだ。闘いの歴史や意識が記録されるだけでなく、いかに記録されるかが、大切なのである。そしてわたしたちが、そうした想像力豊かな記録を、いかに読み、受け取り、広めるかが重要なのだ。以下の例では、彼女たちの著作を読み、理論化し、位置づける問題について、とりあげたい。

ラテンアメリカのオーラルヒストリーは証言として確立され正当視されているが、その背景にはキューバ革命などの事件の政治的要請とともに、発言者としての知識人や革命家たちの熱意や要求がある。証言というジャンルは「人民」を闘いの主体として表象することを含み、伝統的な自叙伝とは違い、大衆的で集団的な（人民による、人民のための）ものである。*25

ここ二〇年、さまざまな国の出版社が第三世界女性の自伝やライフストーリーを出版している。これは、出版社や大学や業界誌が、フェミニズムの本をつくり受け入れ普及させている証左であるとともに、第三世界女性による第三世界女性のための知を生みだす言説的な場が創造されていることを示している。フェミニズム分析はつねに、歴史の書き直しや記憶を中心にすえてきた。そのプロセスが重要なのは、支配的な男性優位の歴史によってできた欠落や抹消や誤解を正すだけでなく、記憶し書き直す実践じたいが政治的意識やアイデンティティをつくるからだ。記述を通して、新しい政治的アイデンティティが生まれることも多い。書くことは、現実と闘ったり異議を唱えたりする場となるのだ。もし日常の世界が不透明で、組織や制度的枠組みといった支配関係のせいで権力のヒエラルヒーがわかりにくく、目に見えないものになっているとしたら（Smith 1987）、わたしたちの生きた関係性を知の基盤として考え直し、思い出し、役立てなくてはならない。書くこと（言説の生産）は、こうした知と意識を生み出す場なのだ。

書かれたテキストは、権力行使と支配を支えもする。バーバラ・ハーロウは、パレスチナ人の抵抗運動のなかで文学が生まれていること（抵抗の物語）の重要性を述べた論文でそれを明らかにする（Harlow 1989）。ハーロウは、イスラエル国家の公的な言説では「子ども」という言葉は二〇年間も使われておらず、イスラエル国家はパレスチナから土地も子ども時代も取りあげてしまったと言う。こうした国家の言語は、パレスチナ人に「子ども時代」という概念を許さず、パレスチナの子どもたちを巨大な軍事力や法律の力で抑圧している。この文脈で、パレスチナ人の子ども時代の物語は抵抗の物語となりうる。そこに記されるのは、日常生活から見た子ども時代や自分自身、意識、アイデンティティである。ハーロウはまた、書かれたり記録された歴史は記憶を形づくるうえで重要だと指摘する。パレスチナ人の場合、イスラエル国家によってすべての公的な歴史が破壊され、土地は没収され、歴史的記憶が書き換えられてしまったため、抵抗の物語は、支配的な歴史を取り消すだけでなく、抵抗や記憶を記述する新しい方法を創出しなくてはならない。オーナー・フォード＝スミスは、「ジャマイカ人女性のライフストーリー」についての本の序文で、書くことの重要性を述べる。[*26]

物語を語る伝統には、わたしたちの闘いに関するもっとも純粋な真実が潜んでいる。物語は、わたしたちの歴史のもっとも反体制的な要素が安全にいられる場のひとつだ。語り手たちは長いこと、事実を滑稽にしたり低俗にしたり、あるいは驚くほど現実的な姿に変えたりしたからだ。こうした物語は、権力者にとってのあからさまな脅威を、抵抗のイメージに変えて発信する。だから、表立って闘えないときや勇気が必要なときに生き永らえたのだ。物語をつくることは、特定の歴史的目的で結ばれたコミュニティ内で進行する集団的なプロセスなのである。……物語は、歴史的過程や行動の要因を変えたり再定義するよううながす。別なやり方では消えてしまったり、少なくとも潜行してしまうかもしれない要素を表に引きだすのだ (Sistren with Ford-Smith 1987, pp.3-4)。

フォード＝スミスの文章を引用したのは、書くことと記憶、意識、政治的抵抗の関係について多くの重要な要素を示しているからだ。それはたとえば、激動期ではないときにひそかな抵抗のイメージを文字にしたり、物語を通して（フェミニズムの）共同体の政治的意識をつくったり、書くという行為によって政治的意識や行動の可能性を再定義したりすることなどとして現れる。パレスチナでもジャマイカでも、体制の意に反して書くもっとも大切な意義は、抵抗の歴史を発信する場所や文書やイメージをつくりだすことだ。それゆえ本項の重要な目的のひとつは、体制に脅威を与える物語の解読である。歴史や記憶は、さまざまなかたちで織りなされる。すなわち、学術的な（「事実」？を記した）歴史書といったものだけでなく、小説、オーラルヒストリー、詩、証言の物語などである。闘いの歴史を取り戻し書き直したすぐれた例は一九七〇年代のアメリカ合衆国の黒人女性文学で、奴隷制の歴史と抵抗主体としての女性奴隷について集団で書き直した。たとえば、トニ・モリスンの『ビラヴド』やゲイル・ジョーンズの『コレヒドーラ』が思い浮かぶ。

フォード＝スミスはまた、リベラル・フェミニズムによく見られる個人主義的な主体を暗に批判している。それは、別の文脈でノーマ・アラルコンが「英国系アメリカ人フェミニズムでいちばん人気の主体とは……自らを意識的な主体と見なして前進する、自立した、独立独歩の、自己決定できる主体で、通常は男性のものと見なされているが、今は女性にも求められる概念」と述べたものだ（Alarcon 1989, p.3）。アラルコンはさらに、英国系アメリカ人フェミニズムのフェミニスト的主体と関連づけながら、『わたしの背中と呼ばれるこの橋』（Moraga and Anzaldúa 1981）の主体である有色人女性の「自己の複数性」を定義する。フォード＝スミスもアラルコンも、有色人女性や第三世界女性による歴史的記憶や記述という政治的実践としての、集合的な自己や集合的な意識という考えを概念化する可能性、いや必要性を示している。このように、人種主義と植民地主義とセクシュアリティと階級の意味が矛盾的に交差するところに位置する意識の複数性を書いたり話したりすることは、第三世界女性とフェミニズムの関係を示すうえで重要な文脈なのだ。これこそ、グローリア・アンサルドゥーアが「メスティーサの意識」と呼ぶものにほかならない（Anzaldúa 1987）。[*27] メスティーサの意識とは境界上の意識であり、白人とメキシコ人の文化や関係性の歴史的相剋のなかから生まれた意識である。それはただ単に対立するのではなく、多様でときには反対の考えや知識を理解し、折り合いをつけるよう求める複合的な意識である。

新しい意識に向かう途中のどこかで、わたしたちは対立する岸辺を去らなければならないだろう。

宿敵どうしの深い亀裂は癒され、どちらも両岸に立って、ヘビとワシの目で物を見る。……メスティーサの意識は、彼女がとらわれている主体と客体の二元論を打ち壊し、それを乗り越える方法を実体的にもイメージでも示してみせる。白人と有色人、男性と女性のあいだの問題を解決するには、わたしたちの生活、文化、言語、思想の根本から生まれる亀裂を癒すことだ。それは個人的にも集団的にも、意識のなかの二項対立的な考えを根こそぎにすることから始まる長い闘いだが、いつかきっとレイプや暴力や戦争を終わらせてくれると期待したい（ibid., pp. 78–80）。

二項対立的な考えを根絶するためには意識や権力や権威をとらえ返さなくてはならないが、それらは基本的に、ときに矛盾的である知にもとづいている。アンサルドゥーアによれば、境界上の意識とはこうした知の中心をずらすことで生まれるとともに、道徳的信念をもって、曖昧なものや矛盾するものを見定め、集合的に行動する能力から生まれる。メスティーサの意識は単一でも複数でもあり、「境界上にいる」ことの理論化である。ただし境界一般ではなく、歴史的に特定の境界、たとえばアメリカ・メキシコの境界を意味する。それは、主体を細分化して観念的な多数性を重視する西洋のポストモダンな行為主体や意識の概念とは違い、歴史や地理から生まれた行為主体の概念であり、チカーナの日常的な闘いの具体性と政治学の理論化なのだ。

同じような問いは、ルールデス・トーレスも発している。彼女は一九九一年の論文で、アメリカ合衆国に暮らすラティーナの自伝に見られる自己の形成をとりあげた。トーレスは、ラティーナには複数のアイデンティティがあると言い、自伝的物語が、言語とセクシュアリティの交差を理論化したり、白人社会のなかで生き抜いた者たちの歴史的・文化的なルーツを考察し定義する空間を創造していると述べている。

　意識が複数だったり集合的であるという考えは、ラテンアメリカ女性が、共同体のためというよりも共同体のなかから語った革命的な証言に見られる。アラルコンが指摘したような英国系アメリカ人フェミニズムにおける自伝の主体とは違い、証言は英雄伝でもなければ個人的なものでもない。その主たる目的は、抑圧的な国家の支配を変えるために、民衆の闘いの歴史を記録し、覇権的でエリート中心の帝国主義的な歴史のなかで消されたり書き換えられてしまった「真実」を描き、目撃者になることなのだ。だから証言は、一人の女性の意識の目覚め（覇権的なヨーロッパ近代の自伝の伝統）に焦点をあてるものではない。革命的な闘いの参加者として、集団のなかから、社会的・政治的な変革というはっきりした目的をもって語るのである。ドリス・ゾンマーが言うように、証言は読者との共犯関係をつくるために書かれる。証言は基本的に、変化（革命）をもたらし促すために、書き手と読者のあいだに関係を築こうとする。ゾンマーは、ラテンアメリカ女性の証言に見られる「複数の」「集合的な」自己には、「公私の分離を超え、資本主義の登場以降、西洋において男性以上に女性を苦しめている孤立を解決する可能性」があるとしている（Sommer 1988, p.110）。

　このように、アラルコン、フォード＝スミス、アンサルドゥーア、ゾンマーは、リベラルな人文主義者が唱える主体性や行為主体の概念に異議を申し立て、それぞれ異なる方法で、（集合的な）自己の語りをつくりだす際の記憶、経験、知、歴史、意識、行為主体の問題を分析している。彼女たちが示唆するのは、多様でときに矛盾しながら、闘いの歴史のなかにつねに存在する行為主体の概念化である。それはアイデンティティの論理ではなく、抵抗の論理によって動く行為主体だ。ここではその複雑な議論について全面的に論じるのではなく、紹介するにとどめたい。

抵抗する行為主体の限界について、ロザリンド・オハンロンは、小作農、農業労働者、工場労働者、部族の歴史に注目した南アジアのサバルタン研究を分析するなかで述べている。サバルタン研究の「下からの歴史」を検証して、オハンロンは、リベラルな人文主義者の視野の外にあるサバルタンの主体性を定義し理解する困難性を指摘する。

サバルタンの存在を語るとは、当然、まずなにかしら抵抗する存在に言及するということだ。そうすることで、支配者側への同化を拒んだり避けたりすることができ、社会に存在するのは支配だけだといったエリート主義の歴史観を退ける根拠を獲得できる。それゆえわたしたちは、抵抗者と呼びうるのはどのような存在であり、どのような実践なのか問わなければならない。それにもっとも当てはまるのは、基本的に異質であり、少なくとも外部にあって、つかの間であっても支配的言説の構築からはずれているような存在である（O'Hanlon 1988, p.219）。

オハンロンの指摘は、わたしがここで論じたい問題をとりあげている。第三世界女性の記述、すなわち自意識や政治的意識を形成し、生き残るための新たな空間を記憶し創造するような記述や語りにおいて、歴史、意識、アイデンティティ、経験の関係をどう理論化し位置づけるのか、という問題である。先にも述べたが、第三世界女性の語りが、アイデンティティの論理ではなく抵抗の論理を通して行われるなら、支配や抵抗はいかに理論化されるのか。何よりもまず、抵抗はどんな支配形態であれ必ず生まれる。だが、それはつねに組織された運動とは限らない。抵抗は、支配的な物語の裂け目や不一致や沈黙のなかに存在し、記憶や記述のなかに密かに埋め込まれる。だから行為主体が形づくられるのは、第三世界女性のささやかな日常の実践と闘いのなかでなのだ。政治や運動は一貫したもので社会生活から生まれるとされるが、必要なのは社会生活そのものの再考である。そして社会生活を再考するには、「正史」や支配的な歴史に反して記憶したり、支配の外にある知を肯定する沈黙や闘いを位置づけなければならない。

おそらくは、ドロシー・スミスによる支配関係の概念が、闘いと行為主体の形成を基礎とした日常生活の政治学を、組織や制度と結びつけるのに役立つ。たとえば、語りが提示する集合的な行為主体を真剣に考えるなら、「個人的なことは政治的である」という概念を考え直さなければならない。同じように、フェミニズム理論のなかで形成された公的生活と私的生活という定義も、根本から再検討すべきだろう。こうした問題を提起するのは、自己意識・集団的な意識と行為主体の関係、とりわけそれと歴史や制度の問題がどう結びつくか、認識のしかたを考え直す必要があると言いたいからだ。このように、語りは、意識の政治化や日常的な生存と抵抗の実践を通してうかび上がる認識の問題を理解する手助けとなるため、第三世界女性とフェミニズムの関わりを分析する基本的文脈なのである。

最後に本章をまとめてみたい。冒頭では、フェミニズムの実践と理論を文化を越えた国際的な枠組みで再考する重要性と必要性について述べるとともに、フェミニズムのなかで第三世界女性が社会カテゴリーとしてどう想定されているかや、第三世界女性はフェミニズムをどう定義し議論しているかを論じた。次に、第三世界女性とフェミニズムの関わりを理解するための五つの文脈を示した。最初の三つは政治的・歴史的関係についてであり、第三世界の脱植民地化と解放運動、欧米における白人の自由資本主義的な家父長制の強化、グローバル経済のなかでの多国籍資本の動き、をとりあげた。残り二つでは、第三世界女性のフェミニズム運動への関わりを理解するために、言説上の文脈に注目した。ひとつは支配と自己省察の例としての人類学であり、もうひとつは対抗的な意識と行為主体の言説である物語や自伝(書くことの実践)である。前にも述べたが、これらは包括的理解というより何らかのヒントになることをめざした部分的な文脈であり、現代の闘いのひとつの地図を描いたものにすぎない。しかもその地図は、いくつもの疑問を浮上させ、そこにある亀裂や不一致を示してもいる。それでもわたしが地図を描くのは、フェミニズム分析の中心を「回転」させるためであり、新たな出発点や到達点を示し、歴史や文脈を特定したフェミニズム分析のより洗練された方法を主張するためである。そして、人種や階級やポスト植民地主義の現状に真剣に異議を唱えるために、フェミニズム政治学に関わり、理論を深めなくてはならないと確信するからなのだ。

注

＊1　本章の題辞は、オードリ・ロードの未刊行の詩である。一九八九年五月二九日、オーバーリン大学卒業式での演説より引用。

＊2　Anderson (1983, esp. pp. 11-16). 邦訳二六頁。

＊3　Scott (1986) と *Signs* (1989) の論文を参照。

＊4　この点については第4章で詳述する。

＊5　たとえば、キーラ・サンドヴァルが、アメリカ合衆国における「有色人女性」のカテゴリー構築や対抗的な意識の理論化について述べた論文を参照（Sandoval 1983, 1991, 2000）。ノーマ・アラルコンは、「『わたしの背中と呼ばれるこの橋』の理論的主体性と英国系アメリカ人のフェミニズム」という論文で、主体としての第三世界女性の概念化を論じている（Calderon and Saldivar 1990 所収）。同様の概念については、Moraga and Anzaldúa（1981）, Minh-ha（1989）, hooks（(1984）, Anzaldúa（1987）を参照。

＊6　Grewal, Kay, Landor, Lewis and Parmar（1988, p. 1）, Bryan et al.（1985）, Bhabha et al.（1985）, *Feminist Review*（1984）を参照。現代イギリスのブラック・フェミニズムの議論は、Mirza（1997）に詳しい。

＊7　Moraga and Anzaldúa（1981）.

＊8　わたしがウルタードの分析を引用したのは、白人の中・上流階級の「私的」な領域に国家は干渉しないと言いたいからではない。有色人と白人とでは、国家支配との関係が異なる（そこにはヒエラルヒーがある）と主張したいのだ。

＊9　フェミニズム研究において、多くの白人フェミニストが、ジェンダー、階級、セクシュアリティの問題と関連した「白人性」の構築について、重要な分析をしている。とりわけ、ビディ・マーティンのレズビアンである自分史（Martin 1988）や、白人性の社会的構築に関する Spelman（1989）, King（1990）, Frankenberg（1993, 1997）を参照。フェミニズムの歴史については Freedman（2002）を参照。

＊10　これに関しては S. P. Mohanty（1989a, pp. 21–40）を参照。

＊11　ここで、組織的・社会的な構築物である「人種」の歴史を概説しておくことは有益だろう。人種や人種差別の意識はすぐれて近代の現象で、一五世紀以降の植民地支配とともに起こった。人種的差異の解釈や分類は、ヨーロッパ植民地主義の前提条件であった。奴隷制、年季奉公、政治的諸権利の否定、財産の没収、被植民者の公然の抹殺などが許されるためには、人類（ヨーロッパ人）と「野蛮人」とは異なるものでなくてはならなかったし、人種差別が十全に機能するために、「人種」は社会的・経済的・政治的に決定されるものでなく、自然な概念でなくてはならなかった。人種は、生まれながらの特徴、肌の色、外見、気候や環境による変化として、形づくられなくてはならなかったのである。リチャード・ポプキンは、近代人種主義の哲学的起源として二つの理論の展開があったと

する。それらは、スペインとポルトガルによるアメリカ大陸征服や、一六世紀のインドの植民地化、さらにイギリスとイギリス系アメリカ人による北アメリカでの奴隷制度の組織化の際に、非白人や非キリスト教徒に対するキリスト教的ヨーロッパの優位性を正当化するためにつくられた（Popkin 1974）。ひとつめの理論は、インド人やアフリカ人が「生まれながらにして劣っている」のは、気候や環境による退化、「文明化」したキリスト教世界や聖書の「神聖な行為」から隔絶された結果であるとする。二つめの理論は多元発生論で、非白人はアダム以前の人々であり、人類と同等ではない別個の生き物なので劣るとする。このように、退化理論は「共通の起源」を認め、有色人も白人の「文明」を獲得することでヨーロッパ人のレベルに「上がる」ことができるとされ、現代の文化リベラリズムの昔版といえる。またアダム以前の多元発生理論は、人種差別やアメリカ合衆国の奴隷制、南アフリカのアパルトヘイトをすでに一九世紀に「科学的に」正当化しており、いわば先駆けである。

*12 Reiter（1975）, Etienne and Leacock（1980）の論文を参照。

*13 植民者・被植民者とジェンダーの関係を分析したSangari and Vaid（1989）についての拙論を参照されたい（サティヤー・モーハンティーとの共著。Mohanty and Mohanty 1990, pp. 19–21）。インド独立運動で女性がどう闘うようになったかについては、Liddle and Joshi（1986）, Omvedt（1980）, Kishwar and Vanita（1984）を参照。最近、ストリー・シャクティ・サンガタナのメンバーが刊行したすぐれた著作は、「民主化」運動、とりわけテランガナの小作人闘争への女性の参加を生き生きと伝えている（Kannabiran 1990）。第三世界諸国での女性の抵抗運動については、Davis（1983, 1987）, Jayawardena（1986）, Latina American and Carribbean Women's Collective（1977）, Basu（1995）を参照。こうしたフェミニズム運動に関しては、さらにMohanty, Russo and Torres（1991）所収のGilliam, Tohidi, and Johnson-Odim の論文も参照。

*14 この二つのパラグラフは、Mohanty and Mohanty（1990）から引用した。

*15 Connell（1987, esp. pp. 125–32, 1989）. ラディカル・フェミニズムによる国家の分析は Catharine MacKinnon（1989）, Walby（1985）, Burton（1985）, Ferguson（1984）, Charlton, Everett, and Staudt（1989）を参照。国家と市民権の議論については第7章、第9章も参照。

*16 Omi and Winant（1986）. Winant（1990）も参照。イギリスの人種編成に関する同様の議論は Gilroy（1987）を

参照。

＊17　アメリカ合衆国へのアジア人移民についての議論は、一部 Asian Women United of California（1989）に準拠した。

＊18　アメリカ合衆国の多元主義の議論は、Eisenstein（1988, esp. ch.4）を参照。

＊19　Women, Immigration and Nationality Group（1985）. イギリスの「黒人」には、アフリカやアジア、カリブ海諸国など第三世界の出身者を含むことが多い。

＊20　Sivanandan（1981, 1990）.

＊21　とくに Nash and Fernandez-Kelly（1983）所収の論文参照。Fernandez-Kelly（1983）, Leacock and Safa（1986）, Sasen（1988）, Beneria and Stimpson（1987）, Marchand and Runyan（2000）も参照。

＊22　この点に関しては第6章に詳しい。

＊23　スピヴァクも同様の問題をとりあげている。とりわけ Spivak（1987）参照。

＊24　これらの問題の包括的な分析は Moore（1988）を参照。人類学を原理として構築するうえで解釈と表象の政治学という概念を展開した（自己批判的で）重要な文献は Marcus and Fischer（1986）, Clifford and Marcus（1986）である。両書とその前提に対するフェミニズム批判は Mascia-Less et al.（1989）を参照。

＊25　ドリス・ゾンマーは Brodzki and Schenck（1988）所収のすぐれた論文でこの点を指摘している。証言についてのわたしの議論は、ゾンマーの分析にもとづく。詳しい理論は Stone-Mediatore を参照。

＊26　Sistren with Ford-Smith（1987）. アイデンティティ、意識、歴史の問題を同様に扱っている文献としては Menchu（1984）がある。

＊27　第三世界女性の意識と政治の軌跡を記録した文献としては、Firebrand Press, Crossing Press, Spinsters/Aunt Lute, Zed Press, South End Press, Women's Press, Sheba Feminist Publishers などのフェミニスト出版社による近年の刊行物も参照されたい。

第3章　「ホーム」っていったい何だ？

（ビディ・マーティンと共著）

一九四八年秋、ビディ・マーティンとわたしは、バージニア州リンチバーグとインドのムンバイに互いの「故郷《ホーム》」を訪ねてから、この企画に着手した。その訪問は、葛藤や喪失や記憶や期待に満ちたもので、わたしたちとフェミニズムの関係を考えるうえでとても重要だとの思いを共にした。個人史や専門分野、それぞれの移住体験には大きな違いがあるものの、二人が共有する政治的・知的立場ゆえに、共同で作業をし、実際にこの論考を書くことができた。わたしたちはそれぞれ、ミニー・ブルース・プラットの自伝風論文「アイデンティティ：肌の色、血、心」(Pratt 1984) を読み、二人が関わるフェミニズム理論と政治について深く考えぬき、さらに発展させるきっかけとすることができた。わたしたちの関心は、ホームとアイデンティティとコミュニティの位置づけにある。より具体的にいうと、概念や欲求としての「ホーム」の力と魅力、フェミニズムの著作での比喩としての使われ方、さらには、ニューライトがその語りを意図的に強調していることについてである。

左翼もフェミニストも、ホームやコミュニティという概念を右翼の専売特許にしないことが重要だと気づいてはいる。だが、左翼男性にしろフェミニストにしろ、著作では、ごくありきたりな形でホームや家族といった用語をレトリックとして使っている。ジーラー・アイゼンステインは、リベラル・フェミニズム、ラディカル・フェミニズム、社会主義フェミニズムの著作に、彼女が言うところの「修正主義」の例を見つけだす（Eisenstein 1984）。たとえば、ベティ・フリーダン、アンドレア・ドウォーキン、ベスキー・アルシュテインといった女性たちの著作は、安全な場所や狭義のコミュニティ概念を求める際に、きちんとした検証なしにホームや家族、国家といった概念に依拠し、フェミニズムの探究や闘いの展望をひどく限定したものにしてしまった。それゆえ、ここではぜひとも、コミュニティという言葉を、魅力や重要性を損なわずに新たに概念化する方法を見つけなければならないのである。

「ホーム」という概念は、フェミニスト共同体に必ずしも「安住」できない有色人の女性たちによっていろいろな形でとりあげられている。[*1] バーニス・ジョンソン・リーゴンは、白人フェミニストが「他者」を「ホーム」に取り込むことを批判して「わたしたちは鍵のかかった小さな部屋を出なければならない」とすべてのフェミニストに警告を発している。そして、「来るべき世紀になにかしら引き継ごうとするならば」わたしたち自身がつくった目に見えない、ただ単にうわべだけの境界線にしがみつくのをやめなければならないと言うのだ（Reagon 1983）。リーゴンは、「ホーム」の魅力や重要性を否定しないが、それを政治的な連合と混同してはならないと言い、いつ関わり、いつ手を引き、いつ分かれていつ共闘するかを熟知した、いわば「手練の」視点をもつべきだと忠告するのである。[*2]

「ホーム」の問題を論議するにあたって、わたしたちは、「ホーム」と「アイデンティティ」と政治的変化の関係を再概念化するために、物語と歴史的固有性をどちらも重視するテキストを選んだ。プラットの論文が収められた『闘うあなた：反ユダヤ主義と人種差別に関する三人のフェミニストの視点』は、エリー・バルキン、ミニー・ブルース・プラット、バーバラ・スミスによって書かれた。それぞれが異なる体験とアイデンティティを表明し、その結果、人種差別と反ユダヤ主義に対して（フェミニストではあるが）異なる視点を提示している。この本の特色は、題名から連想するのとは逆に、よくありがちな、経験とアイデンティティと政治的視点との混同に疑問を投げかけていることである。

このテキストからわたしたちが見て取るのは、全員を包摂するホームとしてのフェミニズムという概念への疑問ばかりでなく、性や人種や民族といったアイデンティティの絶対的な区分にもとづく、まったく別個のアイデンティティ——いわばフェミニズムのなかのいくつもの「ホーム」——があるという想定をも揺るがす考え方である。境界やアイデンティティの不安定性を明らかにし、経験のありきたりな形での概念化に疑問を呈することは、三人の書き手が自らに課した課題である。ある特定の問いと向かい合い、自らをフェミニズムと人種差別と反ユダヤ主義の緊張関係のなかに置いたのだ。個人の主体の「統一性」は、フェミニズムの統一性と同じく、個人史の解釈の結果だとされる。そして個人史自体も、フェミニズムのなかで、特定の問いと批評の展開と関連して位置づけられているのである。

プラットの自叙伝は、自分を白人で中産階級で、キリスト教徒として育ち、南部出身でレズビアンだとする女性の物語である。彼女は、取り込むことで作られる統一が、「ホーム」の快適さを捨てずに差異だけをつけ加える、白人中産階級フェミニストの常套手段であることを白日のもとに暴いてみせる。プラットは、見た目には均質で安定した自明の「白人アイデンティティ」を支えている排斥と抑圧の正体を探ろうとする。その「白人アイデンティティ」は、「外部」だけでなく内部の差異の周縁化にももとづき、依拠している。

わたしたちがプラットの物語をとりあげようと決めたのは、いわゆる「白人」フェミニズムや「西洋」フェミニズムの批判が、西洋／東洋や白人／非白人といった対比をはからずもそのまま見過ごしていることに、ともに関心があるからだ。そうした批判は、皮肉にも、西洋フェミニズムの言説は有色人女性や第三世界の女性には無関係で当てはまらないという前提から出発している。この前提は、西洋の白人女性の状況を明らかにするためにフェミニズム言説をひとくくりにするのは妥当だと暗黙のうちに想定しているが、それこそわたしたちが異議を唱えたいものだ。そうした想定に疑問を投げかけ、二極化を再生産してもただ「フェミニズム」を再び三たび「西洋」に譲り渡すだけだと言いたいのである。その結果は、架空でしかない西洋の均質性や、言説上も政治的にも安定しているかに見える西洋と東洋の階層的な分断を、覆せないだけである。

プラットの論文は、肌の色と血と心とアイデンティティの矛盾した関係、経験とアイデンティティとコミュニティの矛盾した関係を扱い、規定しているが、それがどのように行われているかを、これから詳しく分析し論じたいと思う。スミスやバルキンもそうだが、プラットの論文は、多様な読者を想定し結びつけるだけでなく、語り手を読み手の位置に置く。視点は多様で、移動する。そして、視点の移動を可能にするのは、プラットの作品の核心をなす自己とホームとコミュニティを定義する試みである。移動や変化の歴史が語られ、境界が無限に混乱することの悦びや恐れが強調されると同時に、境界を引き直しつながりを再生するのがわたしたちの責任だと主張される。だがそうした行為は、少なくとも二つの意味で部分的でしかない。政治的にも部分的なら、最終的に完成されたものというわけでもないのである。

この主張こそまさに、リーゴンやプラットの著作が、より抽象的な「フェミニズム」批判や、反人文主義の知識人たちの全体主義批判と一線を画している点である。というのも、そうした批判が人文主義者の「人間《マン》」への信頼やあらゆる絶対知の存在に警鐘を鳴らしている重要性を否定せず、同時に、ただ「不確実性」を主張する政治的限界をも指摘しなければならないからである。そのような批判は、はっきりとでなくとも暗に、批判者もまた社会的存在であることを否定し、事実上、批判者自身の制度的なホームの認識を拒絶してしまう。

プラットはそれとは逆に、社会関係のなかに繰り返し自分を置き直し、その立場の物質性に何度も言及することで、特権の基盤になっているものから慎重に距離をとっている。個人史を語るという形をとったため、語りの場を変えるたびに、彼女は自分の立ち位置を確認し直さなければならない。あたかも、一貫した位置など幻想だと暴き出そうとするように。このような語りの主体にとっては、抽象的な不確実性の位置から語ることも、そのために語ることもできない。たしかにプラットの論文は、現代の脱構築の方法論からすれば、「従来の」(ゆえに疑わしい)語りと見なされるかもしれない。著者とテキストが一体不可分で、書き手の思いが内省的にとらえかえされることもないし、個人的なことは政治的だという確信も揺るがない。

脱構築主義の批評家が、従来のリアリズムや自伝を(少なくとも暗に)否定するのは、書き手の内省的な言葉、すなわちテキストに存在したり表現されるある種特別な様式を通してしか違いが現れないと思いこんでいるからだ。だがわたしたちがプラットの物語を読んで主張したいのは、彼女の論文のようないわゆる従来ふうの語りこそ、アイデンティティ・ポリティクスをめぐる政治的、理論的にさし迫った課題に取り組む際に、役に立つばかりでなく不可欠だということである。プラットが、実際の自伝の主人公であることとその語り手であることを区別すべきだという方法論的な要請を拒否するのにならって、わたしたちも時に応じて、自分自身に引き寄せてテキストを読むことにした。

脱構築主義からの批判にさらされているのが、画一化をめざす植民地主義だと「アメリカの」フェミニズム内部から批判されてきたアメリカ人フェミニストのテキストや議論であることは、注目に値する。そうしたテキストや議論を批判してきたのは、ある種のラディカル・フェミニストやカルチュラル・フェミニストが排除によって一般化を行う際に、もっとも直接的に影響を受ける人たちである。反人文主義者の「フェミニズム」批判はつねに、「アメリカのフェミニズム」を「エセ男性」と見なすが、そうすることで、「西洋フェミニズム」は帝国主義的にふるまう概念的、政治的に均質な一枚岩だというイメージを生産——少なくとも再生産——しているのだ。

わたしたちは、時間や文化を越えた女性の経験や状況を画一化する分析戦略によって、あまりに多くの「西洋人」フェミニストの概念的、政治的な研究が妨げられていることを否定しようとは思わない。また、「西洋人」フェミニストが自分たちの立場を基準にし、伝統的な人文主義の特徴である植民地主義に加担していることも、否定しない。だが、反人文主義者のフェミニズム批判は文化主義の論理に陥る危険があり、特定の分析的、政治的見解のヘゲモニーに異議を唱えるかわりに、フェミニズムと西洋の同一視をさらに強めるという望ましくない結果をもたらしかねない。「不確実性」を主張する批評家の特権を「まちがったフェミニズム」が引き立てる構図を許さないためには、より多様で精緻に分節化され、ポスト構造主義理論が提起した問題に注目するフェミニズム分析に関与しなければならない。わたしたちは、政治的なことへの関わりを拒否する反人文主義者の限界に注意を払いながら、「西洋フェミニズム言説」のなかから語り、政治的、個人的な連携を追求しつつも特権の根拠や支えを暴露しようとするテキストを、あえて選んだのである。*3

「アイデンティティ：肌の色、血、心」の大きな特徴は、タイトルが暗示するようなアイデンティティに関わる純粋に個人的、感情的な経験から始まって、ホームとアイデンティティとコミュニティの複雑な関係の考察へ進んでいくことである。歴史的に連続し一貫した安定的なアイデンティティという概念に疑問を投げかけ、そこに隠された政治的意図を明らかにしようとするのだ。ホーム、アイデンティティ、コミュニティの複雑な関係を概念化しようとして、プラットは「ホーム」である共同体を地理学や人口統計学や建築学をもとに語るが、こうした方法に注目した分析は役に立つ。

同様に、語りは地域の搾取や闘いの歴史を発見し、プラットの人生の節々でホームとなる共同体の地理学や人口統計学や建築学を政治化する。地域の搾取と闘いの歴史は、彼女自身が慣れ親しみ、ともに育った歴史とはまったく異なる。プラットは、地理学的に同じ地域を故郷とする他の集団の何世代にもわたる搾取や闘いの歴史と、他者の歴史を不可視化することで成り立つ自分の家族の歴史や子ども時代の記憶を突き合わせ、自己認識を問題視する。

幼少期と学生時代を過ごしたアラバマ、結婚し、レズビアンだとカミングアウトしたノースカロライナ、そして人種差別、反ユダヤ主義、階級、グローバル政治への意識に真に目覚めたワシントンDCという三つの主要な地理的場所で、二つの緊張関係が生じる。ホームであることと、ホームでないことである。「ホームである」とは、慣れ親しみ安全で守られた境界内にいることを意味し、「ホームでない」とは、そのホームが抑圧や抵抗の歴史をことさらに排除し、自分自身の差異すら抑制して成り立つ安定と安全という幻想であると気づくことだ。いずれの場所も、個人史における闘いの場としての意味や機能をもち、プラットの語りのなかで、ホームとは何の問題もない地理的な場所にすぎないという概念に相対立する。同じように、人口統計も、人種と階級とジェンダーの葛藤の土台となるとともに、それを具体化する。ホームの幻想は、たえず特定の場所の隠された人口統計を発見することで崩される。人口統計学は闘いの歴史の重みをも背負っているからである。

プラットは、自分が暮らした町の建物や通りによって「形づくられた」と語る。それぞれの町の建築物や町並みは、建物のなかや通りで見たり見なかったりした人や物を具体的、物理的に思い起こす拠所となる。だが、当の建物や通りが、特定の人種や階級やジェンダーの闘いを目撃したり覆い隠したりすることがわかると、その物理的構造物の安定性やなつかしさや安全性は損なわれる。「育った場所」である故郷で、自分は「見るべきだと教えられたことしか見なかった」と悟り、プラットは、ホームやアイデンティティとは一貫した揺るぎないものだという概念をつくりだす物理的な拠り所を政治化し、その足元を掘り崩すのである。

わたしたちは皆、育った場所、制度、背景や舞台装置のようなものを背負っている。だから、旧来の見方によって歪められ、制限され、狭められていると気づきながらも変化を恐れ、慣れ親しんだ安全な理解の枠内で、過去の背景に寄り掛かって現在を演じる。

過去の痕跡は彼女につきまとうが、それは問いなおされ、再解釈されなくてはならない。プラットの個人史はたえまなく変化する。「旧来の見方」に沿ってまっすぐ進みもしないし、アイデンティティや自我の発展というわけでもない。そのかわり彼女は、「狭められた視野」をつねに広げながら、現在に向かって進むために過去への回帰と再評価を必要とする。特定の人々（父、恋人、会社の同僚）との関係や、地理学・人口統計学・建築学が示すのは、アイデンティティとは根本的に相対的であること、単一で固定した本質的な自己という前提は否定のうえに成り立つことだ。語り手にとって、そうした否定とは、たとえば父親の硬直したアイデンティティである。黒人でない、女性でない、ユダヤ人でない、カトリックでない、貧乏人でない、等々、自分は違うと定義することで、父親のアイデンティティは見せかけの安定を維持する。この物語における「自己」は、家父長制の度重なる虚偽や嘘に覆い隠されながら暴かれ発見され産まれ出るのを待っている本質や真実、などではないのである。[*4]

そのような自己の概念を、プラットは罠や圧力や要塞にたとえている。それは乗り越えられ、打ち砕かれ、安全なホームによって見えない危険なものとされてきた世界に向けて開かれなくてはならない。固定した自己やアイデンティティという概念が排除にもとづき、恐怖に裏打ちされていると知りながらも、ホームの壁を打ち破るには危険や恐怖がともなうことに彼女は気づいている。こうした矛盾の自覚が、彼女の語りの特徴である。

プラットの語りが解釈や説明を基本にしていると示すために、わたしたちは、彼女の論文を以下の三つのシナリオで構成された物語として分析することにした。シナリオは時系列ではなく、その時々の自覚を描いている。そこに描かれるのはその時点でのプラットの人生だが、彼女は、根本的な不安定や元々ある矛盾を通して新たな方向へ進んでゆく。

シナリオ1

わたしはワシントンDCの一画に住んでいる。六〇年代に暴動が起きたとき、白人の郊外居住者が「ジャングル」と呼んだ地域だ――今もそう呼んでいるのだろう、たぶん。銀行に寄ったり靴の修理屋にブーツを預けに二・五ブロック先のHストリートNEまで歩くとき、目にする白人はたいていわたしだけだ。ここで暮らすあいだ、他の白人を見たのは二人、どちらも女性だった［車で通りすぎる白人は数に入れていない。公式表示によれば、HストリートNEは「Hストリート回廊」、たまたま通りかかったら、どこへ行くにしろ急いで通過すべき場所というわけだ］（Pratt 1984, p. 11）。

テキストのこの一節は、ワシントンDCの、白人の地図では正当なホームではありえない場所に、ミニー・ブルース・プラットを置く。HストリートNE、「ジャングル」、「たまたま通りかかったら、どこへ行くにしろ急いで通過すべき場所であるHストリート回廊」に、である（ibid.）。

そこはプラットが生活するコミュニティであり、ホームとなりうる場所だ。だが、この「ジャングル」、回廊は、白人居住地区からはずれている。白人の経験のおよばない場所であり、そこでは白人のプラットはよそ者にちがいない。この「はずれている」ことが、「あるがままの世界にいる」彼女の状況を表している。それは、受け入れられる幻想をともなった安全な領域にとどまるのとは逆だ。プラットは書く。「わたしは恐れと外部の境目に、わたしの肌の色の境目にいようと思う。恐れを超えて、どんな新しいことを見聞きし感じるか、耳をすまし、問いながら」。境目にいるという彼女の状況こそ、「肌の色をとびこえ」たり、過去を否定できるとか、すべきだとか言いつのらずに、ホームと呼ばれる狭い世界を打ち破りたい思いとその可能性とを表現している。

人口統計からは、黒人居住区に、黒人と親しく近所づきあいなどしてはいけない白人女性が一人いるのがわかる。プラットは黒人の声の響きにいやされている。「ホームにいる」気がするし、父親の南部なまりを思い出させるから。だがそれも、ブーン氏に出会うまでの話だ。彼は守衛で、首をうなだれて「はい、奥様」と言い、プラットは「白人女性のとても陽気なアクセント」で応じる。痛みは、この黒人男性に拒絶されたからというだけではない。他の集団の人々に対する抑圧と分断の歴史を認めた痛み。そのとき、彼女の回りにめぐらされた囲いは打ち砕かれ、他者と話したいという願いには疑問符がつく。この個人的なふれあいの文脈は、ただちに、地理学的、政治的な歴史のなかに置かれる。ブーン氏の出自（ホームタウン）が、出身地の抵抗運動の歴史を通して呼び覚まされる。彼はサウスカロライナ州のヤマシー出身で、浅黒い肌と赤褐色の髪をしている。そこは、インディアンの抵抗と逃亡奴隷の武装コミュニティがあった沼沢地だ。コムビー川源流の湿地で、かつて巨大な米のプランテーションがあり、ハリエット・タブマンが軍事行動を起こして多くの奴隷の解放に成功した場所だ。

この抵抗の歴史は、なじみのある安全な南部という故郷の記憶を永久に打ち砕く。ブーン氏を知ったおかげで、今ではプラットが覚えている故郷とは、あらゆる責任の放棄のうえに成り立つ抑圧的な場である。差異を自覚したプラットの内省は、他者の歴史とそれに対する自分の責任や関わりについて考えることで、豊かに発展してゆく。プラットが語り手として（また人として）すばらしいのは、単一の

「白人」アイデンティティという枠にとどまって罪の意識を持つのを拒絶している点だ。拒絶するからこそ、彼女は自分や他者の歴史を学ぼうと努力できる。そうした歴史に自分がどれほど関わっているか、学ぶのである。プラットのアプローチの重要性は、女性運動内の人種差別に対する非難に、他の白人フェミニストがどう応答するかを見れば、よくわかる。よくある反応は、ただひたすら罪悪感に陥ったり、自己保身に汲々とすること。もうひとつは、有色人女性に教えてほしいと要求することだ。問題を悪化させるのは、一部の有色人女性が、個人的な抑圧体験の正統性を根拠に、絶対的な批判者や裁判官の立場にたつような風潮があることだ。有色人女性は教育者か批判者、白人女性は罪深い無口な聞き手という、固定した立場を割り当てた興味深い例が、エリザベス・スペルマンとマリア・ルゴーネスの論文である（Spelman and Lugones 1983）。そのような設定は、どちらの側にとっても、支配や抑圧の構造の内部や相互間にある複雑な歴史的関係からもたらされる責任を免除するものだ。

このシナリオで、通りの場面は、空間的にも比喩的にも効果を生む。通りは、持続的な動きや変化、時間的広がりを呼び起こす。たとえばプラットは、若い黒人の女性がなぜ自分とは話をしないのか、白人の専門職女性になぜ朝は話しかけられないのに夜なら話せるのか、その女性はなぜ返事をしないのか、自問できる。どれもある日の夕方、三ブロック歩いている間の出来事である。そうした通りでの出会いによって、地域の人種や性や階級間の緊張がどのようなものかを示す、コミュニティの人種・民族統計も焦点化される。（白人のための場はないので）どこにも所属していない彼女は、通りで出会う人々との関係によってたえず自分を問題化し、新しく定義し直さなければならない。白人で女性でレズビアンで、キリスト教徒として育てられたというはっきりした自覚があり、それは別の「会話」でも明らかとなる。「隣近所を歩くとき、他の人との会話は不安だ。そこには人種や性や階級の歴史がつきまとうから。歩きながら、わたしはたえず自分に問いかける。他の人の存在をどう認めるのか、彼らについて何を知り何を知らないのか、そして彼らが私を見る目が意味するものは何か、と」(Pratt 1984, p.12)。こうして、通りを歩いて話したさまざまな人々——若い白人男性、若い黒人女性、若い白人専門職女性、若い黒人男性、年配の白人女性——は、現実および想像上の会話、現実と想像上の動機、応答、示唆のいずれにおいても、非常に複雑で矛盾したありようを示す。さまざまな「会話の相手」に連続性をもって応える一貫した自己などありえない。歴史が介入する。たとえば、若い黒人男性の礼儀正しい返事は、「歴史によって暴力的に強要された反応」かもしれない。それぞれのふれあいにおける声、音、見たこと、聞いたこと、「会話の相手」が背負う各自の歴史。この語りの様式は、保護された多数派というプラットの経験の囲いを打ち破るのだ。

シナリオ2

しかしわたしは、そうした建物やその中にいる人々との関係によって形づくられた。教育委員会に入るべきなのは誰か、銀行でお金を扱うべきなのは誰か、誰が銃を携帯し、監獄の鍵をもつべきか、誰が牢屋に入るべきなのかといった考えによって。通りでは見なかったもの、気づかなかったものによってつくられたのだ(ibid., p.17)。

二つめのシナリオは、プラットが幼少期を過ごしたアラバマ州の家に関連し、父親との関係を中心に扱っている。ここでも彼女は、ホームタウンの地理学、人口統計学、建築学にもとづいて父親との関係を追求し、再構築するために知識を掘り起こそうとする。子どものころには見えなくさせられていた人々についての知識のみならず、自分の家族の隠された出自の知識も、である。父親との関係を空間的な関係や時系列の知識を通してつくり上げることは、父と娘の関係を文脈化する際に、またその関係を純粋に心理学で説明してしまうのを避けるために、重要となる。そうすることによって、自明だった血と肌の色と心の関係は、ぐらつき始める。ここでもまた、血、肌の色、心、ホーム、アイデンティティの本質的な関係に、その結びつきがもつ力と魅力を損なうことなく、疑問が投げかけられるのだ。

プラットは子ども時代のホームや父親を描くが、それは、自分が生まれた世界を変える必要性の根拠を説明し、彼女にしろ、階級や人種の特権で利益を得ている誰かにしろ、変化から何を得るべきかを明らかにするためだ。この種の自省は、語り全体の特徴であり、自分が受け継いだ文化の継承者と見なす役割を演じまいとする試みである。継承者と見なしているのは、判事や殉教者、説教者、調停者、典型的な白人でキリスト教徒で中産階級、他人の身を案じ正義を求める抽象的な道徳心や倫理観をもったふりをするリベラル、などだ。自分が変わる必要性を明らかにするために、彼女は、強くて示唆的な建築や空間の比喩に満ちた子ども時代の情景の記憶を、別の可能性を示すイメージと重ね合わせながら詳述する。変化を求める動機を説明しようとして、プラットは父親を思い出す。「そのことを考えようとすると、わたしは父親のことを思う」(ibid., p.16)。〈父親が、街の中心部にある裁判所の大理石の階段に彼女を立たせた様子を、プラットは思い起こす。そこは、かつて祖父が四〇年間判事を務めていた場所だ。それから父親は、街を中心部の頂上から見せるために、彼女を時計台に連れていく。だが、自分の見た景色を娘にも見せてやりたい、自分と同じ場所から街や世界を感じさせたい、という父親の望みはかなわなかった。幼い彼女は時計台の頂上までたどり着くことができず、父親だったら、あるいは父親の場所に立ったら見たであろうものを、見ることができなかった。

大人になった今、彼女には、街の中心部の頂上から見えたり見えなかったりしたであろうものを再構築し、分析することができる。見ることができたのは、たとえばメソジスト教会や保健所であり、見えなかったのは、白人労働者が暮らすフォー・ポイントの製材所や黒人の住宅があるヴェニア・ミル地区だ。父親とは違うし、彼のようにはなれなかったから、同じ高さからは見られない。彼女は白人の少女で、少年ではなかった。だが、こうして父親との違いを強調しつつも、論文の中では繰り返し逆の揺り戻しが行われ、新しい段落は次のような確認で始まっている。「しかしわたしは、そうした建物やその中にいる人々との関係によって形づくられた」。

父親の地位と見方を拒否し、父親との違いを認めることで彼女が得たのは、世界を幾重にも重なり合う輪ととらえる視点である。「それは魚がとび込んだ後の貯水池の水面の動きのようであり、土の上でわたしが中心に立つ裁判所の広場とは違う」。父親が彼女に教えたかった見方と、彼女自身の視点や違いや「必要性」の対比は、裁判所の屋上へつづく狭い階段、四方を壁で囲まれた時計台といった、締めつける罠、あるいはとらわれた自分を中心に狭まりつづける輪のイメージと、たえまなく中心が移動する貯水池のイメージとの対比として、現れる。安定した中心であるかに見えた父親の地位は、じつはまったく不安定で、排除にもとづき恐怖に彩られたものだと明かされるのだ。

だが変化は、ただ束縛から自由に向けた逃走ではない。父親の、文字通りの意味での恐れや比喩的な意味での法律を捨てなければ、最終的な自由にはたどり着けない。新しい場所がなければ、新しいホームもない。歴史にしろ、それを通じた自己形成にしろ、彼女の見方は直線的ではないので、過去やホームや父親は、たえまなく揺れ動く視点のなかに呑み込まれてしまう痕跡でしかない。結局、彼女ははずれて生きているのだ。実際、父親からの分離と違いというかつての体験は、変化の可能性ばかりでなく喪失の痛みや変化の孤独との関連で、ホームやなつかしさ、親しみと違いが共存することへの断ち切りがたい思いとともに、心に浮かぶのである。塔のてっぺんにたどり着けなかった日は「わたしたちが二人だけで一緒に何かをした最後だった。それ以後、わたしはあるレベルで、自分の居場所は女性と共にあると悟った。父や男性とではなく」。

この発言は、父親との分離を単純化しようとしたともとれるし、変化を求めて人種差別や反ユダヤ主義に関わる理由を説明し、白人の父親にとって他者である一集団の一員となることを示したようでもある。だが、この分離も安定したものではなく、アイデンティティの決定要因というわけでもない。

物語の終わり近く、プラットは夢の話をする。夢の中で、父親は重たそうな箱を抱えて部屋に入ってきて、彼女の机の上に置く。父親が出ていった後、気づくと、部屋の床は泥だらけで、芽吹いたばかりの小さな緑が一列に並んでいる。父親に対する相反する気持ちとその解釈の箇所を、論文から引用する。

彼はとても疲れていた。わたしは怒りにかられて手で振り払い、出てって、母さんのところへ行ってよと言った。泣きながらだったのは、心が痛んだから。彼はわたしの父親で、とても疲れていた。……箱はまだそこにあった。恐れとともに。わたしの文化の男たちがやったことの責任はとったはずなのに。……腹が立った。どうしてこれを押しつけられるのか。望んでなんかいないのに。もう何年も一生懸命拒否してきたのに。箱の中身の一部になろうなどとは思わない。特権のおこぼれ、制約、不正義、痛み、張り裂けそうな心、見知らぬ恐怖。でも、それはわたしのものだ。わたしは父の娘で、彼やその仲間がつくり上げた世界に住んでいる。この夢からひと月後に、父は死んだ。父が信じた多くのものを変えようとすることで、わたしは父の人生の悲しみに敬意を表した。そして、父が人種や性や文化を恐れたこと、そうした恐怖がまだ自分のなかにもあることを知っている、わたし自身の悲しみにも（ibid., p.53）。

テキストのなかで、ひとつの体験だけが根源的で統一感があるとされている。レズビアンであることと、他の女性たちへの愛である。それが彼女の自己とホームを再概念化し、再形成する動機でありつづけている。物語を注意深く読むと、彼女の政治的な立場や家族内での位置の原因でもあり結果でもあるレズビアニズムの複雑さがわかるはずだ。その重要性は他の経験との関連で示され、本質的な決定要因とはされていない。

物語の中で、レズビアニズムは、特権的な人種や階級の一線を越えない女性に与えられる保護をとりあげ、「ホーム」を不可能にするだけでなく、彼女を傷つきやすく、不安定にする。他の女性と深い関係になることで、語り手は、夫のみならず子どもからも文字通り引き離される。母親とは断絶しそうになり、父親とのあいだには沈黙だけが残る。この沈黙は重要である。プラット自身が指摘するように、白人で中産階級でキリスト教徒という特権の恩恵に十分あずかるために、彼女はレズビアンであることを否定できるし、また否定しなければならない。このことは決定的に重要である。否定はできる。だが、それでは自分を殺すことになる。彼女に特権と快適さをもたらす家族や文化や人種や階級による制限ゆえに、レズビアンであることには文字通りの代償がともなう。特権や快適さ、ホーム、確実な自己の概念を得るためにどれだけの代償を支払っているかを学ぶとき、彼女自身の、ひいては他者が払う代償は、レズビアニズムを個人的な体験だけでなく政治的な動機にするのだ。

レズビアニズムが周縁化されたり本質化されたりするのでなく、さまざまなレベルの経験や抽象概念で構築されている点は重要である。レズビアニズムは、少なくとも二つの方法でフェミニズム言説のなかで隔離されてきた。同性愛を嫌悪するフェミニストはレズビアニズムを無視し周縁に追いやった。一方、レズビアン・フェミニストはレズビアニズムこそ中心だとしたが、それは往々にして、レズビアニズムやセクシュアリティが社会関係のなかに位置づけられないという逆説的な結果をもたらした。プラットによれば、レズビアニズムが明らかにするのは、ただ普遍的な人間でありアイデンティティにはとらわれないなどというときの、すなわち白人中産階級の立場の大いなる限界である。レズビアニズムはまた、連帯や共同体や変化の積極的な源泉ともなる。変化は境界を越えることと関わる。その境界は、白人のアイデンティティの周りに、慎重で頑強に、まったく目に見えないようにはりめぐらされている。*5 変化とは、こうした境界を踏み越えることなのだ。

白人でキリスト教徒で中産階級のアイデンティティが、快適さやホームと同じく、高い代価を支払って手に入れたものだという洞察は、彼女の父親との関係にはっきり示されている。父親から距離を置いたと言い、父親との関係にとても注目している点は重要で、わたしたちがこの物語を重視する理由でもある。[*6] ここで分節化されるのは、父娘関係の矛盾である。父親との違いや彼の立場の否定と同時に、父親との結びつきや愛情、彼の娘であることが語られる。父娘関係の複雑さやプラットがその関係のなかで認識した違い——単に父親と自分の違いでなく——は、文字通りにしろ比喩的にしろ、父と娘とは異なるという概念にただ安住することを許さない。（多くのフェミニズム文献で主張されるように）父と娘が違うなら、娘は特権や抑圧の構造から免責されるだろうが、この構造の作用の仕方は男女の区分よりもはるかに複雑である。この複雑さにともなう困惑を、語り手は痛みと表現する。

物語は、ホームやアイデンティティ、コミュニティ、特権を強固にするのに脅しと保護が使われると語り、父親の保護の負の役割を明らかにする。プラットはある晩のことを思い出す。アラバマ州で公民権運動が高まっていたころ、父親は彼女を呼ぶと、マーティン・ルーサー・キング・ジュニアが一〇代の若い少女を性的に虐待したと非難する記事を読んで聞かせた。「他人を束縛から解放すれば、その結果、自分の身に肉体的、性的な危険が及ぶのだと、父はわたしに悟らせたかったのだろう。わたしは怯え、キング牧師と父親に恐怖を感じた。わたしは何も答えなかった。父に何も言えなかったのは初めてで、後にも先にもそのときだけだった。性について、父がわたしに語ったのもそれが最初で最後だった」(ibid., pp. 36–37)。

外部からの脅威に応じて白人のホームは強化される。白人女性は性的な被害にあいやすいと誇張することで、白人の結束が作られ強められ、黒人強かん犯神話が創りあげられる。[*7] 彼女の家庭の体験は、ここでもまた、家族が関わる「外部」の人種的な関係の歴史との絡みで再解釈されている。そうした意味でプラットはこの論文に、彼女の「ホーム」を越えたイデオロギー的、社会的・政治的なできごとの歴史的事実と分析を豊富にちりばめている。そうした歴史的事実のほかにも、クー・クラックス・クランや白人社会全体が保護の名のもとに行った残虐行為と、抑圧に対する抵抗が語られる。そして、レーガンやニューライトが推し進めたホームや保護の強調とその背後にある他者への威嚇を指摘する。「アメリカ合衆国の白人キリスト教徒の男性がいま提供しようとしているのは、まさにこの威嚇的な保護なのだ」(ibid., p.38)。

権力を違う角度から、能動的で、地域的・制度的・言説的なもの、力を抑えるのではなく生みだすものととらえるなら、均一性などは抑圧的な虚構だと明らかになるだろう。[*8] 集団や個人が、行為主体、社会的行為者、欲求をもつ主体として理解されれば、一枚岩の集団的アイデンティティや共通性や共同の体験という意味での均一性は困難となる。個人が、一次元の自己同一的カテゴリーにぴったり納まることはない。だからこそ、差異を抑圧することで家族アイデンティティが成り立つような類のホームへの欲求を捨てる、新しい政治的コミュニティが必要なのだ。プラットの物語は、抽象的な政治的利益以外のレベルで結びつきを創らなくてはならないと述べる。そして、政治的コミュニティという概念に親密さや心の結びつきを組み入れるためには、よくありがちな感情の軽視や、政治的美化をしないことだということ。

シナリオ3

毎日、わたしは二人の息子を家と学校とデイケアに送迎するのに、市場の周りを回って車を走らせた。市場の建物はわたしにとって、交通の妨げであり、不格好で時代錯誤な代物だった。早春の陽をあびた姿は異様ですらあった。人々の人生のどんな血と汗がその石造りの壁に塗り込められているのか、そのころのわたしには何の知識も感慨もなかった。彼らが壁から出たときの解放の喜びも、知らなかったのだ（ibid., p.21）。

三番めのシナリオは、プラットが一九七四年に夫や子どもたちと移り住んだノースカロライナ州東部の田舎町での暮らしに関連している。ここでもまたプラットは、夫や子どもたちとの関係だけでなく街との関係で自分を描写する。人口統計学や建築学の指標や比喩を用い、「まるでホームのような場所」の外縁に自らを位置づける。そこでは、すべてが安定した中心の周りを回っているように見える。この場合は市場だ。「わたしは日に四度も市場の建物の周りを車で走った。うわべだけの人生を旅しているかのように。カントリー・フェアの競技みたいに、ぐるぐると何度も」（ibid., p.22）。またしても、彼女はホームタウンを頂上と中心から、とりわけ白人の「裕福な方々」の視点から眺めるよう誘われる。そういう人たちにとって、市場の歴史は果物や野菜やタバコの売買で成り立ち、「奴隷の売買はなかった、と言う」（ibid., p.21）。だが、町の中心を見下ろす高台にある会員制クラブで当の裕福な人々に給仕する黒人のウエイターは、町の奴隷売買の事実や日付をあげて、この説に異議を唱える。この矛盾はそのまま放置され、幼少期の風景とよく似たその町での彼女の人生観にさしたる影響は与えない。それが変わるのは、ホームと家族の規制に対する彼女自身の抵抗が、しだいに深まる他者の抵抗についての知識と重ね合わされたときだ。ただし、彼女の抵抗と他者の闘いとは、重ね合わされても一体化はしない。プラットが発見した町の歴史は重層的で複雑だ。彼女は、町のさまざまな集団とその抵抗の歴史を語る。

ラムビー・インディアンがクー・クラックス・クランの集会を解散させたこと、黒人の文化と抵抗の長い歴史、ユダヤ人の抵抗の伝統、ベトナム反戦運動、軍隊の規律に対するレズビアンの抵抗などについて語り、そうした多様な闘いを抑圧の大きな議論で一括りにしない。いろいろな歴史の共存が、物語を複雑で深みのあるものにする。こうして闘いの歴史が語られるにつれ、町も、町と彼女の関係も変化する。実際、かつてのホームを失う恐怖と、闘いの重要性や意味の認識とは、はっきり構造的につながっている。わたしたちから見ると、語りと自我の合体は、単純な分離の拒絶であるとともに、自分自身の政治的行動のなかに、ホームや安全や保護を求める気持ちがあるのではないか、気持ちだけでなく権利をも当然視しているのではないかという、厳しい自問のように思える。政治的な行動に関わり始めたのは、一九七〇年代に夫と二人の息子と暮らすノースカロライナ州の町に、フェミニズムの嵐が吹き荒れたときだとプラットは言う。そのころの彼女は、女ゆえに脅かされていると感じ、自分をある階級の一員として見るよう強いられてもいた。レッテルやアイデンティティや集団に束縛されていない「理想的」な存在という、中産階級の白人の自己認識のやりきれなさについて、彼女は語る。それは、自分の存在と社会的な立場が自明で自然で人間らしいものなんかではないという事実を無視している、と。

プラットの成長物語は不安定でためらいがちであり、明確な目標に向かって一直線に進まないという点で、他のフェミニストによる政治的な目覚めの話と異なる。[*9] 語り手が問い続けるのは、自分がいかに、そしてどこまで、身の回りにある白人中産階級のホームの概念に染まっているか、その概念が自分の政治に対する関わりをいかに形成するかである。語ったり行動を起こしたりするのに安全な場所を探すことと、安全な場所に支払う代価を自覚し、その根拠となる排除や拒絶や無知に気づくことは、鋭く対立する。

フェミニズム言説ではごく当たり前の「場所」や「空間」といった言葉をあえて曖昧に使うことで、安全な場所の探究とは両義的で複雑なものだと明示される。「ホームシックになっても帰るところがなく」、居場所がないという事実に直面した恐怖、一族が人種差別し奴隷を所有していた過去を知って「ある種のめまい」を感じ、体がどこにも固定されていない感覚をもった恐怖の瞬間は、「わたし自身の場所をもちはじめているのだと思う」希望の瞬間としても思い出される。

彼女がフェミニストになり、男性と対立する立場を自覚した女性としてやり直そうとしたことは、幼稚だったと批判される。

行きたいところに行け、欲しいものを持てると信じて育った大人の女性であるわたしは、自分の望むままを主張できると思っていた。それが女どうしで暮らす新たな場をつくりたいということでも、だ。自分がどんな制約の中で生きているか、わかっていなかった。安全な空間の記憶や経験が、除外や排除や暴力で守られた場所を土台につくられ、その場所の制約をわたしが受け入れているからこそあるのだと、わかっていなかったのだ（ibid., pp.25–26）。

物語を特徴づけている内省は、ノースカロライナ州の自分の町での活動で白人フェミニストがどんな努力をしたか議論するとき、とりわけ明確になる。彼女とNOW（全米女性協会）の仲間は「新たな場所」へと歩を進めた。「わたしたちは、溺れている人を引き上げようとするかのように、他の女性たちに救助の手をさしのべた。女性たちはわたしの場所に加わるだろうと心の底から信じていたし、それがわたしの望みだった。わたしを止めるものは何もなかった」(ibid., p.30)。

だが、彼女が考え直すようになったのは、その場所から他者が締めだされていると知ったせいだけではない。NOWでの活動は自分の一部、とくにレズビアニズムを排除して成り立っていた、という彼女の言葉には説得力がある。[*10] 彼女が他の女性たちとの同一性を確かめ、その同一性が新たな場所をもつくれると信じた瞬間は、特権やキリスト教の教義における愛の前提が拒絶や排除や暴力だと知って、損なわれる。彼女がユダヤ人の恋人に捧げた愛の詩には、他者を盗用し乗り移ることと愛との関係がはからずも表れている。詩には、ユダヤの伝統から借用したイメージがちりばめられているが、それは他者の文化を盗用することで二人の類似性を想定し、強引に主張しようとするやり方である。

植民地式の盗用や借用は、白人フェミニストの政治的立場として再生産されているが、プラットはそれを「文化の人格化」と呼ぶ。その言葉が示すのは、人種差別や反ユダヤ主義を知って罪悪感や自己否定の念をもった白人女性が、罪の意識や心の痛み、自己嫌悪を抱かなくていいように、他者のアイデンティティを借りたり盗んだりする傾向である。[*11] プラットは、画一的で(過度に理論的な)アイデンティティ批判がいかに破壊的なものになるか、という重要な争点を提示して、文化の人格化が政治的にも個人的にも負の影響を与えると論じる。アイデンティティや立場をもたないと主張すること自体が特権であり、現実の歴史的、社会的関係のなかでその人が果たすべき責任を拒否することだ。それぞれの立場の存在やその重要性を否定し、個人の歴史を認めず、それと無縁でいられると主張することなのだ。他の人々と自分の状況の安易な同一視を、ミニー・ブルース・プラットは、幾度となく否定する。

グリーンズバラでの体験の後、わたしは他者に対する不正義を理解しようと模索しはじめた。わたしのいる狭い世界の外で、わたしとは異なる人々に対して行われた不正義がどういうものか、体験を通じてしだいに理解するようになった。だが、理解したからといって、他の人々とともに共通の不正義と闘う場所に近づいたとは思えなかった。わたしも、わたしたちも、こうした不正義に加担しているし、責任を負っていると考えたからである（ibid., p.35）。

物語は注意深く行きつ戻りつしながら、単一性や同一性を求める気持ちを否定するかわりに、変化させたり壊したりしてみせる。そのなかから、ホームや同時性、同一性への欲求と、ホームや調和や同一性を思い描き強制する抑圧と暴力の認識との対立が、明確に浮かびあがる。論文で繰り返し描かれるこの対立は、テレサ・デ・ラウレティスが理論の否定性と政治の肯定性と呼んだ関係である。[*12] ミニー・ブルース・プラットにとって、自らの再生も「ホーム」によらない共同体の新たな創造も、他者の伝統や文化を理解するだけでなく、自分自身の内なる闘いを知り実行することにかかっている。それは、自分の無知や偏見とともに恐怖を、とりわけ変化にともなう喪失の恐怖を認めることにほかならない。

集団が設定した限度や自己定義を越えたとき、所属する集団や家族から拒絶される危険は、生やさしいものではない。ここでも、彼女と父親との両義的な関係が強調されているのは重要だ。かわりの場所がホームの内部や周辺や境界内にしかないとき、あるいはどこにも行くところがないとき、危険はとても大きい。「ホーム」のように安全な別の場所を想定して求めることは、「統一性」の定義を知れば、困難になる。政治的にも個々人のあいだでも、「統一性」は、断片から成り立ち、闘って選びとるもので、ゆえに不安定だからである。統一性は「同一性」にもとづくのではないし、完全な一致などもない。ただ、受け身ではない行為主体があるのみなのだ。

所属する集団に拒絶される恐怖は、本来の家族だけでなく、第二の家族を失う可能性にもあてはまる。第二の家族とは女性のコミュニティで、しばしば暗黙のうちに、自覚のないままホームを模倣している。[*13] コミュニティやホームの必要性にもとづいて女性のコミュニティの同質性を正当化するならば、「家族やコミュニティや保護」を求めてクー・クラックス・クランに加わる女性たちの正当性と女性コミュニティとをどう区別できるのか、とプラットは問う。コミュニティの喪失と自己の喪失には重大な関係がある。アイデンティティが、ホームやコミュニティと一体化し、同質性と快適さ、肌の色と血と心にもとづくかぎり、ホームの放棄は必然的に自己の放棄を意味し、またその逆も成り立つからだ。

そして、どこにも行くあてがないという恐怖におそわれる。家族と暮らした古いホームもなければ、自分のような女性と過ごす新しいホームもない。わたしたちの組織が排除した人々と一緒にいられそうな場所もない。不安とともに疑念が頭をもたげる。自分と似た人々の愛や存在を求める気持ちに反してまで、わたしは信念を守れるだろうか。不正義ゆえに他の人たちに距離を置かれるのも孤独だが、不正義に反対して身近な人たちと関係を絶つのも孤独だ (ibid., p.50)。

プラットの論文は、政治状況と変化の可能性への絶望と楽観主義が拮抗するなかで、終わっている。彼女は、現在の「ホームタウン」であるワシントンDCのメリーランド・アベニューを、アメリカ合衆国のグラナダ侵攻に反対し、アメリカ海兵隊のレバノン駐留、中米の戦争、ノースカロライナでのクー・クラックス・クランとナチスの犯罪者の無罪放免に抗議しながら、歩く。物語は振り出しに戻り、首都であるこの街に自分の「場所」があるという意識には、ローカルな政治とグローバルな政治、プラットのそれへの関わりが含まれる。結びの言葉はこうだ。「わたしは闘いつづける。自分自身と、そしてわたしが生まれてきたこの世界と」(ibid., p.57)。

フェミニズム、人種差別、反ユダヤ主義に関するプラットの論文は、抑圧についてのお題目の繰り返しではなく、ただ被害者と加害者を対置するような安易な反論を拒絶して、細かな差異を慎重かつ堅実に記述した作品であり、実践である。抑圧のシステムにおける立場は恣意的で不安定であることを暴き、それによって完全無欠ではない権力の概念と、それゆえの抵抗の可能性を説明する。「抑圧のシステム」は、単一ではなく複合的で、重なり合い交差したシステムや関係だと明かされるが、それは日常的な実践と相互作用により構築され再生産され、相矛盾するかたちで個々人に影響を与えるのである。彼女の作業は、実際の権力格差の影響を、ときとして誇大に見積もることはあるものの、否定はせず、また権力を持つ可能性を拒絶しないで、権力を再概念化する。

このように、コミュニティとは活動や闘いの産物だ。そもそも不安定で文脈によって変化し、局面や政治的優先順位に応じてたえず再評価されるべきものであり、解釈の産物なのだ。解釈の土台となると思われるのは、歴史や具体性、そしてフーコーが従属化された知識と呼んだものである(Foucault 1980)。もっとも、コミュニティは経験や歴史とつながりをもつという強い主張もある。アイデンティティやコミュニティは、本質的な結びつきの成果ではないが、単なる政治的必要性や緊急性の産物でもないからだ。プラットにとっては、個人や集団の歴史と政治的優先順位との関係をたえずとらえ返すものが、アイデンティティでありコミュニティなのである。

そのため、個人と集団の歴史を、経験主義だけ、理論だけから見る落とし穴にはまらないことが重要なのだ。プラットの物語では、人間関係や政治的文脈の変化と関連してたえず自分自身を書き直しながら、個人の歴史を実体化している。この書き直しは、社会的、政治的な実践における解釈の行為にほかならない。

この街では、肌の色にしろ文化にしろ、わたしはもう多数派ではないのだと、毎日自分に言い聞かせる。そう思うよう育てられたとしても、この世界でおまえは上等な人種でも文化でもないし、かつてそうだったこともない。そんな世界で暮らす覚悟はできているのか、と。

わたしは答えて言う。わたしはいま、学んでいるのだ。どう生きるのか、どうすればその場限りでなく持続する言葉を持てるのか、お互いに語り合えないような不当な状況を変えるためにいかに行動するか、を。待ち望んでいるが実現してはいない世界に少しだけ近づこうとしているのだ。わたしたちの下に誰かを置いたり、他の人の血や痛みによったりせずに、みんなが生きることのできる世界に（Pratt 1984, p. 13）。

わたしたちはこのテキストを読んで、政治的共同体を、フェミニズムの実践のなかでいかに再概念化するかという問題に取り組んできた。プラットの物語だろうと、誰かの自伝風物語だろうと、その答えを出してくれるとは思わない。むしろ、この論文がくれるのは問題提起のきっかけである。わたしたちも生徒たちも、個人であり語り手でありテキストの主体であるプラットに、たずねてみたくなる。たとえば、そういう個人の内省と重大な実践が、どのようにして政治的な運動に姿を変えるのか。より具体的には、HストリートNEに移り住むと決めた一人の中産階級の白人女性の「選択」が、どのような政治的意味と影響力をもつのか、考えてみたくなるのだ。その際にもしっかり心に刻んでおくべきことがある。それは、プラットが、人種やジェンダーや階級や民族やセクシュアリティで二分された社会のなかで複雑な位置にあり、論文でのアイデンティティや統一性や政治的連帯への追求もその位置からなされていることである。

注

＊1　たとえばSmith（1983）所収のスミスの序章とリーゴンの論文や、Moraga（1984）を参照。

＊2　もちろん、フェミニスト知識人のなかには、二〇世紀末からの反人文主義の諸戦略を同じように読みといてきた者もいる。*Yale French Studies* のフレンチ・フェミニズム特集号に寄せて、アリス・ジャーディンは、「アメリカの」フェミニズムには、同化にもとづいた見せかけの統合を遂行し維持しようという傾向が見られると論じ、そうした統合や中心志向は、差異を周縁や視野の外に追いやろうとするものだと批判した。「フェミニズムは近代に扉を開いたあと、そのすぐ後ろで閉めるようなことをすべきでない」と。ペギー・カムフは、アメリカ人フェミニストや人文主義者の経験主義をフーコーに依拠しながら批判し、「知識、とりわけ女性に関する知識の蓄積という経験主義的な手法を通して、ついには絶対的な真実に到達するという揺るぎない確信」が多くのフェミニズム思想の前提になっているとして、警告を発する（Kamuf 1982, p. 45）。続けて彼女は、見かけ上は新しい人文主義の問題をこう指摘する。「そこには、これまで女性に関する知識を支援してこなかった権力構造の内部でさえも、そうし

た知識が生まれうるとする暗黙の前提がある。だが、「わたしたち」と言ってしまうことが、最終的には明確にして完全無欠なものが生みだされることへの確信と同じでないなら、女性に関する知識を排除する構造が今にいたるまで続いてきたのはどういうことだろうか」(ibid.)。

＊3　フェミニズムの知的・政治的課題に関して、脱構築主義あるいはポスト構造主義の分析戦略を用いる限界を鋭く指摘したものとしては、とりわけ De Lauretis (1984), Jardine (1985) を参照。

＊4　女性の「真の自己」は男性に押し付けられた「間違った自意識」の下にひそんでいる、という考えは、Daly (1978), Brownmiller (1978, 1981) などカルチュラル・フェミニズムの著作に顕著である。

＊5　レズビアニズムを美化する傾向を分析・批判したものとしては、グリフィン、リッチ、デイリー、ギアハートらの「カルチュラル・フェミニズム」をとりあげた Vance (1984) 所収のキャロル・ヴァンス、エリス・エコルス、ゲイル・ルービンの論文を参照。

＊6　Chodorow (1978), Glligan (1983), Rich (1976) といったフェミニスト理論家は、母娘関係の心理社会的な形態のみに注目してきた。Benjamin (1986) は、フェミニズムの心理分析が「父親」を扱わない問題を指摘し、家族内でのセクシュアリティ構築における父親の重要性を強調している。

＊7　Davis (1983), hooks (1981), Hall (1984) による Brownmiller (1978) の批判を参照。

＊8　フーコーによる権力の再概念化がフェミニズム理論とどう関連するかについては、Martin (1982) 参照。

＊9　フェミニストの作品には政治的目覚めを扱った物語が数多くあるが、ひとつ挙げるならば、映画 *Not a Love Story* の登場人物で、搾取される性労働者から賢明なフェミニストに変身するストリッパーの例がある（ボニー・クライン監督、一九八二年）。このように個人が何のためらいもなく一直線に変化を遂げることが、ポルノグラフィーの問題性やそのフェミニスト的解決策の象徴とされると、問題の複雑さは見過ごされ、階級差は消し去られてしまう。

＊10　レズビアンをめぐる状況の歴史的説明とレズビアニズムに対するＮＯＷ内部の姿勢については Abbot and Love (1972) 参照。

＊11　植民地言説の構築に触れたものとしては、Bhabha (1983, pp. 18–26), Fanon (1970), Memmi (1965), C. T. Mohanty

(1984), Said (1979), Spivak (1982) 参照。

＊12 とりわけ De Lauretis (1984) の序章を参照。

＊13 意識的・無意識的に安全性を求めることに関する優れた議論は、Vance (1984) の序章を参照。このなかで彼女は、安全性の追求にひそむものを理論化する際の障害について論じている。

第4章　シスターフッド、連合、経験の政治学

フェミニズムや反人種差別の闘いはいま、一九七〇年代と同じ差し迫った問題に直面している。この数十年間、フェミニストはさまざまな社会的・政治的・地理的な立場から政治活動と学問を展開してきたが、(性、人種、階級、国家をめぐる) 差異と経験と歴史の問題はいまなおフェミニズム分析の中心である。ただ、少なくともアメリカ合衆国の学界では、フェミニストはもはや一九七〇年代のように、ジェンダーを分析概念とする正当性を拒む男性優位主義と争う必要はない。かわりに重要な問題となっているのは、フェミニズム言説内でいかに差異が構築され検証され、とりわけ制度化されるかである。本章では、この差異の制度化についてとりあげる。とくに、次のような問いを発したい。二〇世紀後半と二一世紀初頭のアメリカ合衆国の「文化を越えた」フェミニズムの著作において、位置の政治学はどのように、経験と差異を分析的、政治的なカテゴリーとして提示しているのか。「位置の政治学」という言葉を使って、わたしは、現代アメリカ合衆国のフェミニストが政治的定義や自己定義の基礎として

いる歴史的、地理的、文化的、精神的な、そして想像上の境界について言及したい。[*1]

一九七〇年代以降、西洋フェミニズム理論には重大なパラダイム転換が起こった。その背景には、権力や闘争や社会変革を理解する政治や歴史、方法論、哲学の発展がある。フェミニストは、自分の思想を位置づけるために、世界中の脱植民地運動、人種平等運動、農民闘争、ゲイ・レズビアン運動から、またマルクス主義や精神分析、脱構築主義やポスト構造主義の方法論から、学んできた。こうした運動や思想の発展はたしかに、性差についての進歩的で根本的な分析をもたらしたものの、現代フェミニズム理論の特徴でもある主体性やアイデンティティへの注目は、人種や第三世界、ポストコロニアル研究の領域に困った影響も与えた。ポストモダニズムによる本質主義的なアイデンティティ概念批判の負の影響のひとつは、人種カテゴリーの解体であり、往々にして人種差別の認識を犠牲にしてしまう。もうひとつの影響は、非政治的で個人的なアイデンティティ・ポリティクスにもとづいて、多様性や多元論の言説が生みだされたことである。[*2] そこでは、歴史的な関係性の問題は、不連続で分断された個人の歴史（たとえ女性の歴史であろうとも）の問題や、アイデンティティ・ポリティクス（アイデンティティの政治学を重要と認めることとは別）の問題にすりかえられる。[*3] 本章では、そうした影響のいくつかを考察し、文化を越えたフェミニズムの文脈で差異を分析し理論化する重要性を示したい。また、経験の理論化を通して、ジェンダーの抑圧やそれとの闘いを「普遍化」するのでなく、政治的主体を歴史化し位置づける必要を提起したい。ジェンダーの抑圧を普遍化するのは問題である。ジェンダーを可視化するためには人種や階級というカテゴリーは不可視であるべきだ、と前提するからだ。ジェンダー抑圧の普遍性の主張と、個人の経験を基に女性の普遍的権利を主張することとは同じではない。黒人フェミニストや第三世界フェミニストの異議申し立ては、固有の歴史的・文化的な位置と闘いという共通の文脈にもとづいて、変革へのよりたしかなフェミニズム政治学の道すじを示していると、わたしは主張したい。このように、フェミニズムと反人種差別研究や第三世界・ポストコロニアル研究の結合には、具体的にも方法論的にも重大な意義があるのだ。[*4]

国や人種や民族の境界を越えようとするフェミニズム分析は、独特のやり方で差異を生産・再生産してきた。そうした差異の体系化は、分析カテゴリーが文化を越えて有効だと想定し、当然視することから起こる。ここでは、世紀の転換点にあたって書かれた二人のフェミニストの論文、ロビン・モーガンの「地球のフェミニズム：二一世紀の政治学」とバーニス・ジョンソン・リーゴンの「連合の政治学：世紀を越えて」を分析してみたいと思う。どちらのテキストも、文化や国を越えた女性の差異を扱う分析カテゴリーにもとづいている。また、多様な読者を対象とした運動のための論文でもある。モーガンの論文は、一九八四年の著書『シスターフッドはグローバル：国際女性運動論文集』の序章である。リーゴンの論文は一九八一年のウエスト・コースト女性音楽フェスティバルでの講演で、バーバラ・スミスの論文集『ホーム・ガールズ：黒人フェミニスト撰集』（一九八三年刊）に再録された。[*5]二つのテキストは、文化的境界線の内部と境界を越えた経験、差異、闘争に関して、対立する概念をつくりだしている。わたしは、この二つのテキストの出会いを演出してみたい。というのも、それぞれの内容は異なっているものの、自分自身の位置や立場を「歴史」と関連させて見定めるのに役立つ思想や考え、活動や闘争の記録を提供してくれるからだ。こうした著作のおかげで、臆せず新たな世紀に歩を進めることができるのである。

「女性」や「女／女たち」の経験は、つねにフェミニズム言説の中心テーマでありつづけてきた。政治信条の異なるフェミニストが、女性の連帯やアイデンティティを論じてきたのも、とどのつまりは、共通の経験を土台にしているからだ。テレサ・デ・ラウレティスは、これこそ基本的な問題であるとして、「経験をいかに言説化するかが、フェミニズムの定義における争点なのだ」と述べている（De Lauretis 1986, p.5）。フェミニズム言説が批判的で解放的だとしても、だからといって権力関係の内部で語られないとはいえない。それゆえ、経験主義的な「女性」（いくつかの分析においては「レズビアン」と同義）の概念にもとづく定義や分類や同化によって政治的統一を成しとげようとする傾向には、目を配り注意深く分析する必要がある。フェミニズム言説のなかで、ジェンダーは解明されるとともに生産されるが、この生産の土台こそ、統一と差異の概念をともなう、経験の定義なのである。たとえば、男性／女性という枠組みでしか語られないジェンダーは、モニック・ウィティッグが異性愛契約と呼ぶものを強化する（Wittig 1980, pp.103–10）。差異はここでは男性／女性という線引きにそって構築され、（男性に対して）女性であることが分析の中心となる。アイデンティティは、男性か女性のどちらかだ。同じような経験の定義は、レズビアン・アイデンティティの形成にも使われ、ケイティー・キングはこう示唆する。

> レズビアニズムをまるで魔法の印のように使って政治的アイデンティティを構築する方法は、フェミニズムが近年、フェミニスト・アイデンティティにレズビアンを同化しようとするやり口と同じだ。……レズビアニズムとの一体化は、アイデンティティや親密関係をもちさえすれば、異性愛主

義や同性愛嫌悪について、まるで魔法のように何でもわかるという間違った考えを意味する。レズビアンという「経験」さえあれば、その個人は異性愛主義や同性愛嫌悪を実行しておらず、直観的に制度的・構造的な理解を得られるというのだ。特権化したレズビアニズムの権力のおかげで、イデオロギーに対して直観によらない異議申し立てをする必要が覆い隠され、異性愛主義や同性愛嫌悪の分析は困難になる（King 1986, p.85）。

キングの分析は、レズビアン・アイデンティティを構築する際の「経験」の存在と権威に疑問をつきつける。差異が同性愛／異性愛の枠組みのなかだけで語られ、「経験」が検証の必要のない万能のカテゴリーとして機能するようなフェミニズム分析を批判しているのである。キングの分析は、男性／女性の枠組みに注意を呼びかけるウィティッグの主張に似ている。枠組み自体は違うが、「経験」の位置づけと定義は同じだからである。「女性」や「レズビアン」の政治学が、女性やレズビアンである経験から導きだされる。こうして、女性であるという経験がじわじわと浸透してわたしたちをフェミニストに変身させるとされ、女性であることとフェミニストであることとは自然に関連づけられる。フェミニズムは激しい論争の渦巻く政治的領域とは定義されず、女性であることの単なる結果となる。[*6] これをフェミニズム浸透理論と呼んでもいいかもしれない。つまりわたしたちは、女性になる経験とともに、親密関係やアイデンティティによって、フェミニストになるというのだ。

だが問題は、経験を理論化するという難題を避けて通れないことである。女性にとって無視できないフェミニズムの政治的課題や目的を、ラウレティスはきわめて簡潔にこう表現する。「フェミニズムとは政治的要請であり、単なる性の政治学ではなく日常生活の政治学を要求するものとして自らを定義し……やがては表現や創造的実践という公共圏に入りこんで、美の観念や一般的分類を変え、……こうして、異なる見解や意味を生産する記号論の基礎を築くのである」(De Lauretis 1986, p. 10)。この認識をもってわたしは、経験と差異の位置づけを分析し、モーガンやリーゴンがテキストで示した政治的実践との関係を考えてみたい。

「地図上の位置は歴史上の位置でもある」

この三〇年間、いわゆる国際的な女性運動について、フェミニストの著作が大量に出版された。『シスターフッドはグローバル』はその具体例であり、「国際女性運動論文集」と銘打っている。[*7] 多国籍企業による女性労働の搾取や買春観光などの問題をとりあげるフェミニストの国際的なネットワークは、それぞれにかなりの違いがある。また、後で明らかにするが、グローバルな、あるいは普遍的なシスターフッドを暗に想定している国際女性運動の概念にも違いがある。だが、まずはこういった論文集が出版されることの意義や価値を認識しよう。女性たちの闘いの固有の歴史を活字にした意義は疑うべくもない。モーガンは、この本の構想と構成に一二年、実際の編集作業に五年を要し、ネットワークづくりと資金調達に費やした時間ははかりしれないと述べている。モーガンの理念や忍耐強さなしには、この論文集が出版されなかったのは明らかだ。収録された論文の幅の広さには感銘を受ける。地球上のほとんどが原理主義や大企業に牛耳られ、生存への関心より空間の植民地化が優先される時代にあって、女性たちの組織的な抵抗の記録を集めた論文集は、よりよい未来を思い描くために大いに価値がある。実際、文化を越えた比較のためにモーガンが使う枠組みの政治的意味にわたしが関心をもつのは、同書の価値と重要性を認めればこそなのだ。だから、わたしのコメントや批判は、フェミニズムの政治や著作の内部でお互いに自覚を高めるためであって、非難したり罪の意識をうえつけるためではない。

モーガンのテキストは、女性は文化を越えて単一で均質な集団で、同じ利害や視点や目的、似通った経験をもつと想定し、普遍的なシスターフッドを生産している。モーガンの定義する「女性の経験」や歴史は、西洋人女性の自己表象と女性間の差異の体系化につながり、ついには政治戦略にとって問題ある想定にゆきつく。[*8] フェミニズム言説は分析カテゴリーや戦略を決定し、具体的な影響を与えるので、広く読まれるテキストで普遍的なシスターフッド概念が構築されることには注意を払わなくてはならない。しかも、『シスターフッドはグローバル』は今のところ国際的な女性運動に関する唯一の論文集で、世界中で読まれており、モーガンはどこでもフェミニストたちの尊敬を集めている。権威にはつねに責任がともなう。普遍的なシスターフッドという概念がつくられ広がっていること自体が、分析を必要とする重要な政治的出来事なのである。

モーガンの意図が「あらゆる地域の女性たちとの対話と連帯を進める」ことにあるのはまちがいない(Morgan 1984, p.8)。これは、善意の共有にもとづく普遍的なシスターフッドの、現実とは言えないまでも少なくとも可能性を信じるかぎり、正当で立派な試みである。だが、グローバル・シスターフッドにもとづく国際的な女性運動という概念から、現代帝国主義の動向を詳細に分析しようとすると、モーガンの試みがはらむ政治的意味の問題点が明らかになる。モーガンの普遍的なシスターフッドの概念は、現代帝国主義の歴史と影響を消し去るかに見える。ロビン・モーガンは、（自分も含め）すべての女性を現代の世界史の外に置き、究極的には、関与ではなく超越こそが将来の社会変革モデルだと提案しているように思えるのだ。これは、白人、西洋人、中産階級といった特権的な位置から語ることができなかったり、語ろうとしなかったりする女性たちにとって、危険なモデルだろう。（ニューヨーク市という）地図上の位置は、つまるところ、歴史上に位置づけられる場所でもあるからだ。

モーガンのテキストにおける経験と政治学の関係とは何だろうか。序章の「地球のフェミニズム」によれば、「女性の経験」という概念を構築するのは、女性は被害者、女性は真実の語り手、という二つの要素である。文化や歴史を越えて女性を特徴づけるのは、神秘的で生物学的な共通性より、共通の状況と世界観であると、モーガンは言う。

（いかなる形式であれ）優れたフェミニズムの政治哲学は、国際政治を新たな視点で見ることを可能にする。外交姿勢や抽象論ではなく、生きるものの生存と向上を最優先する統一的な具体的現実に焦点を当てるのだ。たとえば、歴史や文化を越えた反戦の叫びや、ある種の科学技術の進歩に対する健全な懐疑心（男性はだいたい、初めは大いに感心して最後には幻滅する）は、共通の世界観にもとづいた、女性に共通の態度である。だが、こうした共通性は、神秘や生物学的な要因のせいではない。程度の差こそあれ、それは女性に生まれたすべての人間が経験する共通の状況の結果なのである（ibid., p.4）。

この主張はある程度納得できるかもしれないが、モーガンのいう女性の共通性を裏づける政治的分析となると、かなり危なっかしい。論文の随所で言及される女性に「共通の状況」とは、普遍的な「家父長制的態度」が与える苦痛、男性権力や男性中心主義への抗議、レイプや殴打や労働や出産といった経験である（ibid., p.1）。モーガンによれば、世界中のほとんどの女性が経験する大きな苦痛は潜在的な力となり、やがては世界の政治を動かし、アメリカ合衆国、西欧や東欧、中国、アフリカ、中東、中南米の権力者に反対する力になるという。女性は世界的な政治勢力になりうるという主張には心うたれる。だが、権力者は、たとえばアメリカ合衆国と中南米をみても、まったく同じではない。権力の利害や立場は似通っていても、その表れ方には大きな違いがあるために、闘い方も違ってくる。モーガンは各国の帝国主義の歴史や独占資本の役割を考慮せず、「彼」は男性の利害を代表しているのだから権力者は世界中同じだと信じているようであり、その点でわたしとは意見を異にする。

モーガンの分析では、女性は、共通の視点（たとえば反戦）や共通の目的（人類の向上）、共通の抑圧体験をもつがゆえに一体である。集団としての女性の均質性は、生物学的本質にもとづいているのではなく（モーガンは生物学的物質主義をさまざまな観点からきびしく批判している）、複雑で矛盾した歴史的・文化的な現実を内面化してつくりだされるとされる。ここから、女性は二次的な社会学的普遍性にもとづく均質な集団だとの想定が導かれる。女性の抑圧は皆同じであり、その帰結である女性の闘いも皆同じだとする、歴史を無視した考え方によって、女性をひとくくりにするのである[*9]。つまり、モーガンのテキストでは、集団としての女性の単一性と均質性の想定を基に、比較文化研究を行うのだ。この場合の女性の均質性は、差異を男女差としてのみ理解するような抑圧経験の定義にもとづく。モーガンは、男性中心主義に対する女性の共通の抵抗を根拠に普遍的なシスターフッドを想定し、それは同じ被害者としての女性の位置から直接生ずるという。抑圧の経験と（経験をどう解釈するかにもとづくはずの）それへの抵抗との関係の分析が省略されている点は、わたしが先にフェミニズムの浸透理論と呼んだものにほかならない。女性であることとフェミニストであることはまったく同じで、わたしたちは皆抑圧されており、だから皆抵抗する。政治学もイデオロギーも自覚するかどうかにかかっている。こんな分析からは必然的に、選択は消し去られてしまう。[*10]

経験と歴史の関係は、女性の経験についてのモーガンの二つめの論点「女性は真実を語る」に、その前提がよく示されている。モーガンによれば、女性は「レトリック」「外交や抽象論」に汚されていない「現実」を語る。女性は、男性（この分析システムでは、男性もまた一枚岩の単一集団である）とは異なり、正しい人間だが、「選択の自由」を奪われている。「わたしたちが強調したいのは、国の公的な代表ではなく、レトリックなどには目もくれず現実に重きを置き、真実を語る個々の女性の声なのだ」(ibid., p.xvi)。またモーガンは、女性の社会科学者は「男性中心主義の偏見がなく」「研究にあたって女性の回答者から、より信頼性のある……より正直な答えを引きだしやすい」とも主張する (ibid., p.xvii)。女性による女性の聞き取り調査をめぐっては議論があるが、わたしはモーガンの言うとおりだとは思わない。これらの主張をみるかぎり、モーガンは、女性は「現実」や「真実」に迫る何らかの特権を持っていて、男性ではないという理由だけで他の女性の「信頼」を得られると考えているようだ。困ったことに、ここには言説的・イデオロギー的なものと、生物学的・心理学的なものとが渾然一体となっている。「女性」はおしなべて「沈黙を強いられた女性」とされ、男性は支配的イデオロギーとされる。真実（や「現実」）はつねに、どのような解釈の枠組みを使うかに左右されるという事実は、無視されている。同様に、フェミニズムの枠組みとは自覚的な政治選択や世界観を意味するという考え方や、女性であることがどういう場合になぜ影響してくるのかについても、ふれられない。

モーガンは暗黙のうちに、女性は行動してきたし単なる被害者ではないという可能性を、脳裏から消し去っている。彼女にとって、歴史とは男性がつくるものである。女性に必要なのは、男の歴史（history）の外にある女の歴史（herstory）である。書かれた歴史（言説であれ表象であれ）も、歴史的アクターとしての女性と混同されている。男の歴史の記述に女性が出てこないのは事実だとしても、女性が歴史において過去も現在も重要な社会的アクターでないわけではない。だがモーガンは、男の歴史の外にある女の歴史に焦点を当てることで、世界をそっくり男性の手に渡すだけでなく、女性は例外なくだまされ、「真実を語る」ことを許されず、あらゆる主体性を奪われてきたと言っているに等しい。集団としての女性は、こうしてあらゆる物質的な拠りどころを奪われてきたとされるのである。

こうした分析から、モーガンはテキストで経験をどう位置づけていると言えるだろうか。モーガンによれば、女性には男性と違って文化を越えた一貫性があり、その地位や立場は自明である。だが、階級や民族に関係なくどんな文脈でも女性を均質な集団と見なすと、結局、世界を二元論の用語で構築することになる。つまり、女性はつねに男性の対局にあり、家父長制は本質的に変わらぬ男性支配の現象で、宗教や法律や経済や家族のシステムは暗黙のうちに男性がつくるものとされる。ここでは男性も女性も、すでに集団としての経験をもった一枚岩の集団と見なされ、歴史も闘いも差異も、集団ならではの知識から生みだされるのである。

モーガンが、現代帝国主義を単に集団としての男性が押しつける「家父長制的態度」という観点からだけ見ていることは問題である。女性たちは、階級や人種や国籍にかかわりなく、「自分たちがつくったのではない政治的なしくみの中にとらわれ、それを打ち破る力はない」という(ibid., p.25)。モーガンによれば、単一の集団である女性は、歴史や現代帝国主義のプロセスに組み込まれていないのだから、そこから引き出される論理的で戦略的な結論は「政治的超越」である。「現実に政治的な力として団結して闘うには、女性は、階級や人種といった家父長制の障壁を超え、さらには、権力者が自分で問題をつくりだしておきながら提示する解決策なるものをも、乗りこえなくてはならない」(ibid., p.18)。モーガンが女性の超越性を強調しているのは、女性は家父長制社会のナショナリズムに強く反対し、世界中で平和運動や軍縮運動に参加しているという論調からも明らかだ。彼女によれば、女性は(戦争を引き起こす男性とは違い)平和を望んでいる。こうして、女性の平和運動への参加という具体的事実が、人種や階級や国家間紛争を超越する女性の抽象的な平和の「欲求」に置き換えられる。平和運動を組織する責任は、本質主義的で心理学的に一体化した欲求にすりかわってしまうのだ。この場合、女性は政治的行為主体とは見なされず、ただ善良であるとされているにすぎない。モーガンは「既存のシステム」に抵抗するための政治戦略をいくつか提案しているが、基本的には女性に、左翼や右翼や中道を乗りこえ、父の掟や神や社会構造を超越するよう求めている。女性は分析上、現実の政治や歴史の外でつくられるのだから、進歩を示すものはただ超越の度合いなのである。

このように、闘いの経験は歴史に関係ない個人的なものと定義づけられる。言い換えるなら、政治的なことは個人的なことに限定され、女性どうしや女性内部での争いはないものとされる。シスターフッドが個人の意図や態度や欲求にもとづいて定義されるなら、争いも必然的に心理的なレベルでだけ起こることになる。こうして、経験は（女性の個々の身体と精神に属する）個人的なものであると同時に、（すでにできあがっている集団としての女性に属する）普遍的なものとされてしまう。この定義には問題が二つある。第一に、経験を、すぐに手にでき、理解し、名づけられると考えていることである。行為とその表象の複雑な関係は、無視または否定されている。経験は言説に呑み込まれ、言説もまた経験に呑み込まれる。第二に、基本的に経験を心理的なものとするため、歴史や集団性は態度や意図のレベルでしか問題にされない。その結果、集団の闘いの社会的意味は、個々の集団の関係がどう変わったかという程度にしか理解されず、常識的に歴史とは無関係と見なされる。もし、女性の経験は階級や人種や国家やセクシュアリティに関係なく同じだという想定が、（個々の）女性を束ねて（集団としての）女性にするなら、経験の概念の基には、まぎれもなくヨーロッパ近代に特有の自立した個人の概念がある。だが、わたしたちがフェミニストとして、個人主義というブルジョワ・イデオロギーの限界を乗りこえたいと願うなら、この個人の概念を自覚的に歴史化しなければならない。文化を越えたシスターフッドの意味を真に理解したいなら、なおさらである。

「地球のフェミニズム」の末尾で、モーガンはフェミニストの国を越えた交流についてこう述べる。

フェミニストどうしの交流は、「個人的なことは政治的である」というフェミニズムの警句の単なる言い換えにすぎないのだろうか。本書で、ダンダはフェミニストとしての目覚めを、アマンダは絶望の瞬間を、ラ・シレンシアダは目撃した革命の理想の死を、書き記している。ティンは不安を打ち明け、ナワルは獄中からの声を届け、ヒルクラは家族や幼少期について話す。アマ・アタは女性芸術家の苦悩を語り、ステラは共に嘆き、マフナズは悲しみと希望を伝える。ネルが語るのは大胆に釣り合いのとれた皮肉と感傷であり、パオラは出自と少女時代の思い出を語る。マンジュラは臆さずに痛みを口にし、コリーンは自らの活動と政治的進化をたどる。マリア・デ・ルールデスは、個人的なことと政治的なことは切り離せないと宣言する。モトラレプラは茶色のドレスが燃えたのをいまも覚えている。イングリッドとレナーテはふたりだけのやり取りの場に誘い、マネルイーズは詩で思いを語り、エレナは支援を訴える。グェンドリンは公人として私生活について話す。……それでも、わたしたちはお互いを認め合わないのだろうか？（ibid., p. 35-36）

この箇所は、モーガンの普遍的なシスターフッドの概念が個人的で本質的に平等であることやその政治的意味を、他のどこよりもよく表している。感情に訴えかけ、ファーストネームを（この本のなかで最初にして最後に）用い、わたしたちは「お互いを認め合う」べきだと主張することで、語っていないものが見えてくる。わたしたちはすべての女性と一体感をもつべきだ、と。だが、現実にある階級や民族の境界線を越え、女性の利害や目的は同じだという想定にもとづく普遍的な一体感を想像するのはむずかしい。第三世界の女性たちが、欧米や日本の企業資本によって貧しい賃労働者とされている状況ではなおさらだ。[*11]

「男性」世界を超越すると定義される普遍的なシスターフッドは、結局のところ、女性集団内部や相互の、とりわけ第一世界と第三世界の女性間の物質的、イデオロギー的な力の差をきれいに消し去る中産階級的で心理学的な概念になってしまう（そして，逆説的なことに，歴史や政治を決する主体であるわたしたち全員をそれらから切り離すのだ）。この不平等や依存関係といった差異を消し去るところに，モーガンの政治的「位置」の特権性が表れている。結局，このユートピア的理念にあっては，男性は政治に参加するが，女性にできるのはただ乗りこえようと願うことだけである。モーガンの普遍的なシスターフッドの概念は，まさに統一をつくりだす。だがわたしにとっての真の挑戦は，盗用や組み込みの論理によらず，行為主体も否定せずに，政治的な統一の概念を創りあげることである。わたしの考えでは，女性の統一は，自然的・心理学的な共通性にもとづいて最初からあるわけではない。それは，歴史のなかで，努力し勝ち取るべきものなのだ。わたしたちがしなくてはならないのは，歴史上の抑圧の形態と「女性」という概念とがどう関係しているかを明らかにすることであり，前者を後者に還元してしまうことではない。ここにこそ，（普遍的なシスターフッド概念とは対照的に）フェミニストの連帯や連携を形成する意味がある。言い換えれば，通時的で支配的な歴史の物語（大文字の歴史）に対して，モーガンが同時的な別の歴史（女の歴史）をつくろうとすることに問題があるのだ。

フェミニスト分析には，覇権主義的な歴史の，時間的・空間的な位置に異議を唱え揺さぶるような，異なった別の歴史を明るみに出す務めもある。だが，別の歴史を明らかにし，位置づけようとするとき，まったく支配的な語りに依拠し規定されたり，あるいは支配的な表現とは無縁の独立した自律的な語りだと考えてしまうことがある。このような歴史の書き直しでは，小文字の歴史が大文字の歴史と絡み合っているという認識が失われてしまうが，そうした認識こそ，対抗する行為主体の位置づけや理解に役立つのだ。[*12] モーガンのテキストは，別の歴史を，大文字の男の歴史とは無縁の異なるものと描き，結果的にフェミニストの主体性を否定している。対抗する歴史や空間を支配的な歴史の物語と関連させて位置づけ直すという点で有効だと思われるのが、リーゴンの連合の政治学の議論である。

「そこはもうホームではない」——統一を再考する

モーガンが、文化を越えた女性の統一を構築するのにシスターフッドの概念を使い、「二一世紀の政治学としての地球のフェミニズム」を語るのに対して、バーニス・ジョンソン・リーゴンは連合を持ちだし、文化を越えた闘いの共有を語る。連合の土台は、共通の抑圧ではなく共存の確認である。[*13] リーゴンは最初に、こう重要な警句を述べる。「連合に参加するのは好き好んでではない。自分を殺すかもしれない誰かと手を組もうとするのは、それが生き残る唯一の道だからだ」(Reagon 1983, p.357)。

リーゴンは、連合や差異や闘いについて語るとき、「閉ざされた部屋」という比喩を使う。だが、モーガンの閉ざされた部屋を所有し管理するのが各国の男性支配者であるのに対して、リーゴンの内部批判は同時代の左翼に向けられ、フェミニズム、公民権運動、ゲイやレズビアン、チカーノやチカーナなどの反対運動がつくる閉ざされた部屋に注目する。リーゴンによれば、これらの閉ざされた部屋は、しばらくは「慰めの空間」であり得るが、最終的には、孤立と差異を固定する共同体の幻想でしかない。経験や抑圧や文化などの同一性は、この部屋をつくるには十分かもしれないが、「さあ部屋の大掃除をしよう」となったとたん、差異というもろい骨組みのうえに築かれていることが露呈してしまう。

リーゴンが関心を抱くのは政治運動内の差異であり、慰めや「ナショナリスト」的視点が、やがては負の側面を露呈することである。「自らの利益のために集団として影響力を行使しようとするとき、ナショナリズムは、ある段階では欠かせないものだ。だが別の観点からすると、ナショナリズムは反動的となる。多くの人が暮らす世界で生存するには、不適切きわまりないからだ」(ibid., p.358)。グラムシは、一九七一年の反体制運動の分析で、(分離か統合かという)作戦をめぐる対立と、(反対意見を言うために主流派に再合流するかどうかという)立場の対立に関して、これと似たことを述べている。閉ざされた部屋から出て連合して闘おうというリーゴンの主張は、立場をめぐる対立の重要性、実際には不可欠性を認めるものである。この考えは、アメリカ合衆国の拡張主義的で帝国主義的な歴史の流れに抵抗しなければならないという認識にもとづいているのだろう。だが同時に、狭量なアイデンティティ・ポリティクスの限界の認識でもある。ひとたび扉を開けて他者を招き入れれば、「そこはもう元の部屋ではない。もはやホームではない」からである(ibid., p.359)。

リーゴンは、連合とホームを比喩的に対比させる。彼女の言う連合は、その定義からして、ホームの対極にある。[*14] 実際リーゴンは、ホームと連合の混同に警鐘を鳴らす。彼女のテキストでの、経験の位置づけが明らかになるのもここである。女性を「一つの集団」と定義して、「女性だけ」とか「女性どうしの」空間を強く主張する考えを、リーゴンは批判する。彼女は、女性を一体と見なすような同一性ではなく、「女性」という規範的な定義が強いる排除に注目する。アイデンティティの名のもとに、正当な内部と正当でない外部をつくりだす暴力の行使こそ重大と考えるのである。そうした暴力は、統一や連合がホームと混同され、未熟なシスターフッドや連帯を押しつけるときにも使われる。リーゴンによれば、こうしたことが起きるのは「「女性」という単語を持ちだして、それを規範として使う」からだ

(ibid., p.360)。女性であるという経験は、幻想の統一しか生まない。戦略的に重要なのは、女性である経験ではなく、さまざまな歴史的瞬間にジェンダーや人種や階級や年齢に付与される意味だからだ。言い換えるなら、ジェンダーや人種や階級や性的な抑圧にともなう経験を分析するために、どのような解釈の枠組みを使うかが重要なのである。

このようにリーゴンは、「女性」という言葉が自動的に統一の根拠となるのか疑問を投げかけ、モーガンが提唱する経験の概念を打ち砕こうとしている。ナショナリストあるいはカルチュラリストの立場が、結合に必要な最初の時期を過ぎると、排除的で有害なものとなるというリーゴンの批判は、経験を理解するための政治分析の場を与えてくれる。別の共同体を作るとき、権力の行使やその影響を分析すべきだと強く主張することで、リーゴンは、わたしたちの戦略的な位置や立場をはっきりさせる。政治学と経験を分けて考え、政治学は経験にもとづくとするかわりに、経験(とりわけ、左翼や反人種差別組織やフェミニズム運動での経験)を定義し意味づける政治学を強調するのである。彼女は、集団だけでなく個々の政治的主体のなかの差異や潜在的区分を検証し、歴史や社会変化をひとくくりにする理論を暗に批判する。強調するのは伝統的な政治闘争の重要性である。リーゴンはそれを「年を重ねた視点」と呼ぶのだが、あえてつけ加えるなら、国や文化を越える視点でもある。重要なのは、歴史を無視した普遍主義ではなく、記憶や対抗的な物語にもとづいてこそ国や文化を越えられることだ。リーゴンにとって、文化を越え年を重ねた視点とは、自民族中心の自己・他者の定義と距離をおく謙虚さのうえに成り立つものである。

このようにリーゴンは、独自の位置と政治的優先順位から、関与の政治学(立場をめぐる対立)を強調し、差異をひとくくりにしたり、排他的な空間を「ホーム」と同一視するような考え方に疑問を投げかける。モーガンが文化的多様性の面から差異を表現するのに対して、リーゴンはおそらく政治運動の緊急性や困難性を強調する意味で、人種差別という点で差異を語る。これが、リーゴンが「次の世紀のために身を投じる」やり方なのだ。

わたしたちの多くは自分が住む場所がいちばん重要だと思っている。自分たちの環境こそ変えなければならない、と考えている。そんな例は枚挙にいとまがない。だからよく考えれば、変化を実現するために、個人的な利害や興味からできることはかなりあるとわかるはずだ。だが、あなたがすることはほとんど、正しく行ったとしても、あなたが忘れ去られたはるか後の世代のためなのだ。あなたが他人のためにやれば、何かが変わる。……自分を大切にする唯一の方法は、自分のささやかな体や言い分を超えてその先へ、次の時代のために身を投じることができるかどうかなのだ(Reagon 1983, p.365)。

自分を大切にするには、自分自身を「超え」なくてはならないし、わたしたちの間のさまざまな差異だけでなく、近年世界の歴史に現れた大きな差異にも注目しなくてはならない。この「大きな差異」は、現在の瞬間、現在の闘いのレンズを通して見えてきたものだ。歴史の現時点において、グローバル資本主義の登場とともに生み出されたのである。

本章では、二人のフェミニストのテキストを読んで、フェミニズム言説は経験と差異という概念の生産に自覚的であるべきだと主張してきた。白人と黒人の活動家が書いた二つのテキストの出会いを設けたのは、それぞれのテキストに「良い」「悪い」のレッテルを貼るためではない。(研究書だけでなく)「運動」や一般向けのフェミニストの著作に潜む比較文化分析の問題点に注意を喚起し、二〇世紀末のアメリカ合衆国における位置の政治学の重要性を示したかったのである。何を基礎にフェミニズムの政治戦略を定め、批判的分析を行うかを決めるには、特定のアイデンティティ・ポリティクスの見解に肩入れするのでなく、現在の反人種主義運動や反帝国主義闘争、ゲイ・レズビアン運動を交差させなくてはならないのである。[*15]

フェミニズム言説において、一九八〇年代の『シスターフッドはグローバル』と同じように位置づけられる一九九〇年代の本が、アムリタ・バス編『ローカル・フェミニズムの挑戦：女性運動のグローバルな視点』である。[*16] 二冊の題名のローカルとグローバルの対比は、視点の重要な変化を示す。『ローカル・フェミニズムの挑戦』の分析の基礎にあるのは、普遍的な目的をめざす固有のローカルなネットワークであり、文化を越えた普遍的なシスターフッドや女性の経験の「統一」といった想定ではない。バスをはじめとする執筆者は、アジア、アフリカ、中東、中南米、ロシア、ヨーロッパ、アメリカ合衆国の女性運動について書いているが、モーガンの論文で示される類の「普遍的なフェミニズム」には批判的である。それよりも、地域や政治学や問題を越えて、共通の基盤を見つけることに焦点を当て、「ローカル」は優先されてはいるが、つねに「グローバル」と関連づけられている。

モーガンとリーゴンのテキストを読んで気づくのは、闘いとはあくまで現時点のものであることだ。そうした闘いの現在性によって、ヨーロッパ近代の特徴である直線性、開発、進歩という考え方は揺さぶられ、異議を申し立てられる。だが、闘いの現在性に注目するのはなぜか? そして、地図上のわたしの位置をどう決めるのか? 闘いを現時点のものと考えるなら、ヨーロッパ近代の論理と「時間の同一性の法則」は覆されるだろう。つまり、アドリエンヌ・リッチが「時間をその場で止めてしまうやり方」(Rich 1986, p.227) と呼んだ起源や結論の追求ではなく、多様な立ち位置を特徴とする同時多発的なプロセスを考えるようになるのだ。二〇〇〇年はキリスト教の千年紀の終わりだったが、キリスト教はまちがいなく、ポストコロニアルの歴史の消し去りがたい一部である。だが、対抗的な歴史や記憶が支配する抵抗の空間が他にあることを忘れるわけにはいかない。たとえば、二〇〇〇年はユダヤ暦では五七六〇年であり、イスラム暦では一四二〇年である。エジプト暦では六二四〇年、中国暦では四六七七年だ。また、ニューヨークでオノンダガ国を信奉する先住民のオーレン・リアンズにとっては「ただの別の一日」でしかない。歴史や地理学にとらわれず、闘いの現在性に注目すれば、わたしは歴史の土台を創り、そこから自分自身を二一世紀のアメリカ合衆国に位置づけることができる。そこがわたしが未来を、時代の終わりではなく人々の希望を、語る場所なのだ。

アメリカ合衆国は、一見、無限の影響力を有する地政学的大国であり、土地や法的権利を求めて闘う「先住民」と、独自の歴史や記憶をもつ「移民」が住んでいる。アリシア・ドゥジョブヌ・オルティスは、ブエノス・アイレスの「まさに果てしない印象」を記している (Ortiz 1986–87, p.76)。これは、アメリカ合衆国がわたしにどう見えるかでもある。ブエノス・アイレスについて、オルティスは言う。

ドアのない街。というよりは、決して閉じない門のある港町。どこが終わりかはっきり言えるような境界のある世界の大都市をみると、わたしはいつも驚いてしまう。ブエノス・アイレスには果てがない。人は環状道路で囲いたいと思うだろう。そうすればそこを人指し指で指して、不確かさに震えながらも、こう言える。「ここで終わりだ。ここまでは確かだが、そこを越えたら知るものか！」。……目で見極めようとしても心で決めようとしても、限りのない街。だとしたら、ブレノス・アイレス生まれだと言うことに何の意味があろう？ ブエノス・アイレスの人間だとか、ポルテーニョ〔ブエノス・アイレスっ子〕だとか、この港から来たとか言うことに。それにどんな意味がある？ 何が、誰が決めるのか？ ふつうは歴史だとか地理学に頼る。この場合はどうしたらいいのか。ここでは、地理学は地と空の境界を示す抽象的な線にすぎないのだ（ibid.）。

帝国主義の論理と近代の論理が時間の概念を共有しているなら、領土という空間の概念をも共有している。二一世紀の北アメリカでは、地理学はますます「地と空の境界を示す抽象的な線」になっているようだ。「自由と民主主義」の名のもとに、サウジアラビアの石油を支配しようとする争いを見るがいい。とりわけ、二〇〇一年九月一一日の後の「対テロ戦争」を。国民国家の境界や自治も、地図に明記された国家の存在も、この戦争では無視され、アメリカ合衆国「本土の安全」という名のもとに帝国主義的侵略が正当化される。地球空間と宇宙空間の境界さえ、もはや分けられない。拡張主義的に膨脹しつづけるこの大陸で、わたし自身をどう位置づければいいのだろう？ そして、わたしが受け継いだ位置は、今選択する自覚的で戦略的な位置とどう関係するのだろう？

ナショナル・パブリック・ラジオのニュースは、合衆国への移民には全員エイズ検査が義務づけられると伝えている。それを聞いて、わたしがこの国で二〇数年間の移民生活を送り、アメリカ合衆国での正統な位置を証明するプラスチック製のＩＤカードを持っていることを思い出す。わたしの位置は劇的に変わり、今ではアメリカ合衆国の市民だ。一九九八年にインドからウマーを養女に迎えたため、変更が必要になった。だが、フェミニストにとっての位置とは、集団だけでなく自己の定義をも意味するべきだ。自己の意味は、社会的行為主体としての集団の理解と密接な関係があるからだ。運動のために書かれたモーガンとリーゴンの論文を比較して読み、わたしは、ときに不連続で断片的な自己の経験の認識を、集団的な視点に一般化するまえに歴史化しなくてはならないといっそう強く思った。言い換えるなら、フェミニストの連帯と闘いの基礎とするためには、経験を歴史的に解釈し理論化しなくてはならない。ここで、位置の政治学の理解が不可欠になるのだ。

たとえば、わたしはこの国で、多くの法的・政治的定義の対象である。「ポストコロニアル」「移民」「第三世界」、そしていまでは「有色人市民」。これらの定義は包括的なものではないが、わたしが闘いの現在性を主張すべき分析的・政治的な場を明らかにする。文化にしろ言語にしろ、権力と意味の複雑な関係にしろ、さまざまな動きはつねに被植民者の領域で起こる。それは、カレン・カプランが故郷と異郷についての議論で「人の移動にともなう持続的な再領域化」と呼んだプロセスであり（Kaplan 1986–87, p.98）、わたしが闘いの現在性と呼んでいるものである。この闘いを通じた再領域化のプロセスがあればこそ、わたしは自分の政治的位置を定め、変化させながら、矛盾しつつも連続する自己を保つことができる。そうするとき、独自の政治的行為主体の概念が示される。わたしの位置は、支配についての特別な解釈や知識を強制もすれば可能にもするからだ。こうしたことをもっと知る闘いにわたしは参加したいし、さまざまに異なる知識に関わりたい。ひと言でいえば、現在のアメリカ合衆国には超越した位置などないのだ。

現在と未来のために、わたしは超越的な政治学ではなく関与の政治学を論じてきた。現時点では、過去五年間の反グローバリゼーション運動が、今後さらに盛り上がるだろうと断言できる。何年か後には、ナバホ族とホピ族の居留地を、合衆国政府と多国籍の採掘複合企業がアリゾナ州ビッグマウンテンから移動させようとしたことへの抵抗と勝利が小学校の教科書に載るだろうし、パレスチナ人の故国はもはや「中東問題」と呼ばれないだろう。そして、それが真実になるのだ。わたしが選ぶのはそういう歴史である。自ら望んで闘い取る歴史であり、知識として蓄積し、知の出発点として創造する歴史だ。そういうやり方で、未来や社会変革の闘いへの信念を持ちつづけ、その基礎であるフェミニズムや反帝国主義や反人種主義の組織や運動を理解し定義づけ、それに関与してゆきたい。

注

＊1　位置の政治学という概念は、Rich（1986, pp. 210–31）の論文「位置の政治学のための覚え書」による。リッチは同書のさまざまな論文で、北アメリカの白人で、ユダヤ人で、レズビアン・フェミニストである自らの位置の政治学について雄弁に語り、問題を提起している。同書のとくに「北アメリカの視野狭窄」「血、パン、詩。詩人の位置」を参照。わたしはリッチの概念を修正・拡大しようとしているが、北アメリカでの位置の政治学についてフェミニストの再考を促すことが火急の課題だという考えは同じである。「いかに私たちが北アメリカ主流文化のショーヴィニズムを共有しているかです。それはときには無意識のうちに北アメリカの白人は他文化を判定し、選別し、掠奪する権利がある、私たちはこの半球の他の国民よりも「進歩」していると思い込んでいます。……「女として私は国をもたない。女としての私の国は世界全体だ」と言うだけでは十分でなかったのです。このヴィジョンがい

かに壮大だろうと、アメリカ合衆国にいるという私たちのいまここの位置の、特定かつ具体的な意味を意識的につかんでいなければ、その壮大さのなかにとびこんでいくことはできません」(ibid., p.162. 邦訳書二四一頁)。

＊2　アメリカ合衆国の学界における人種と文化多元論の扱いに関しては、第8章でふれる。

＊3　ここで提起しようとした点について、二つの論文が詳しく論じている。ジェニー・ボーンは、現代のアイデンティティ・ポリティクスに関して、抑圧の概念がどれも同じため、構造的な搾取や支配の分析を看過していると指摘する(Bourne 1987)。同様に、サティヤー・P・モーハンティーは、「大文字の歴史」と「小文字の歴史」を対比しながら、多元主義は従属関係やより大きな歴史的構図の政治分析を十分代替できるという現代文化理論の暗黙の想定を批判する。サティヤー・モーハンティーは最後に文化的・歴史的な相対主義を批判し、それは検証ぬきの哲学的「教義」であり、純粋な差異を政治的に強調する根拠になっていると看破する(Mohanty S.P.1989a)。彼は次のように主要な問題点を指摘する。「多元主義は政治的理想であり方法論的スローガンなのだ。だが……やっかいな問題がある。どうやって、わたしの歴史とあなたの歴史の折り合いをつけるのか? 動物と違って人間性があるといった人類愛の神話ではなく、より重要な、さまざまな過去や現在が重なりあい、意味や価値感や物質的資源の共有と争奪が不可避な関係であるわたしたちの共通性を、どうしたら回復できるのか? わたしたちのはっきりした独自性を主張し、現実の差異と空想上の差異を示さなくてはならない。だが、差異がどのように関連し合っているか、実際にはどう序列化されているかといった問題を、手つかずのまま放置できるだろうか? 言い換えるなら、わたしたちはまったく異なる歴史をもち、まったく異質な別々の場所で生きる――または生きた――と見なすことができるのだろうか」(Mohanty S.P.1989b, p.13)。

＊4　たとえば、フェミニズム分析やフェミニズム政治学で提起され、人種や植民地主義や第三世界の政治経済学の交差点に位置づけられる疑問のなかには、制度的な権力がどう組織的に生産、構成、操作され、再生産されるかに関係するものがある。権力は、ジェンダー化され人種化された主体の構築にどんな役割を果たすのか? 現代の政治的実践や集団の意識形成や運動について、権力の分析という文脈でどう語るのか? その他の疑問としては、性の政治学の言説の定式化と、その定式化がもたらすフェミニズムの政治戦略がある。性の政治学はなぜ、特定の問題をめぐって定義されるのだろう? ある人は、戦時下にセクシュアリティが構築されるような文化的・歴史的な過

程や状況を考察しようとするかもしれない。またある人は、どんな歴史的状況下でセクシュアリティが性暴力として定義されるかを問い、ゲイやレズビアンという性的アイデンティティの登場について調べるだろう。こうした疑問を言説として組織化することは、集団的抵抗を計画し形づくるのに重要である。これらの問題は、わたしが共同編集した二つの論文集でもとりあげられている。Mohanty（1991）所収の Ann Russo と Lourdes Torres の論文、Alexander（1997）を参照。

＊5 Morgan（1984, pp. 1–37, xiii–xxiii）. Reagon（1983）も参照。

＊6 女性とフェミニストの関係については、Gordon（1986）が論じている。

＊7 この節のタイトルは、Rich（1986, pp. 212）による。

＊8 わたしは第1章で、第三世界に関する西洋人フェミニストの最近の社会科学書について詳しく分析した。ロンドンのゼッドプレス社から出版された影響力あるシリーズに焦点をあて、言説上での第三世界女性の構築と、その結果としての西洋人フェミニストの自己表象を検証したのである。

＊9 フェミニズム教育や反人種主義教育における同様の分析については、第8章と第9章を参照。

＊10 わたし自身の政治的選択とそれが潜在的にもたらす結果の分析については、第5章を参照。

＊11 何にもとづいて「同じ利害」や闘いの共通の文脈を主張するかの分析については、第6章を参照。

＊12 第9章の、グローバリゼーション教育という文脈で、この議論をもう少し深めている。

＊13 この節の見出しは Reagon（1983, p. 359）より借用した。

＊14 第3章と第6章を参照。

＊15 現代アメリカ合衆国の人種の政治学に関する貴重で詳しい議論は、Omi and Winant（1986）を参照。ただし同書は、驚いたことに、ジェンダーやゲイの政治学を完全に無視している。ジェンダーとセクシュアリティの政治学の問題にふれずにどう「人種的な国家」を語ることができるのか、わたしには疑問である。この問題を前面に押し出したすぐれた入門書が Moraga and Anzaldúa（1981）である。Anzaldúa（1990）は、同書の議論を引き継いでいる。

＊16 Basu（1995, pp. 1–21）の序章を参照。

第5章　コミュニティ、ホーム、国家の系譜

「トランスナショナルで多文化主義のフェミニズム」を語るときに、なぜ系譜をたどる必要があるのか？　グローバリゼーション（と単一文化主義）が、経済的・文化的実践の中心となり、世界中の大多数の人々から物質的資源と政治的・経済的選択をとりあげ専有している時代に、さまざまな系譜のフェミニストが共に闘うための具体的な課題とは何なのか？　アメリカ合衆国のフェミニズム運動の歴史をみると、一九八〇年代は、有色人やゲイやレズビアンのフェミニスト、反人種主義の白人フェミニストが幸福や希望を感じた時代だった。資本主義国アメリカのジェンダー、階級、人種、性の統治体制に真正面から異議を申し立て、反権力的で脱植民地化された人種や性のアイデンティティと政治戦略を形づくるために、虐げられた知識と歴史が発掘され、反人種主義・多文化主義のフェミニズムの実践を支えた。

だが、二一世紀初頭のいま、わたしが考える異議申し立てはやや異なる。二一世紀のトランスナショ

ナルなフェミニズム運動の基礎にあるのは、グローバリゼーションや無制限の資本移動と、それにともなうローカルでナショナルな政治的・経済的資源や民主的過程の消失と再編、冷戦後のアメリカ帝国の出現、一九八〇年代と九〇年代のアイデンティティにもとづいた社会運動の展開である。人種差別や異性愛主義に反対するラディカルな多文化主義のフェミニズムに必要なのは、覇権的な資本主義体制と対決し、国や地域の境界を越えることなのだ。それゆえ、「ホーム」「帰属」「国家」「コミュニティ」の問題は、実に複雑な様相を呈してくるのである。

フェミニストの教育者、芸術家、学者、活動家が直面する具体的な課題のひとつは、グローバル資本の考え方や信念や価値観が自然なものではないと明らかにして歴史化し、搾取的な社会関係や構造を可視化することである。これは、「民主主義」を掲げる資本主義の大きな物語や「神話」だけでなく、さまざまな人種、国籍、階級、セクシュアリティのフェミニストたちが受け継いできた神話の数々にも注意を払うことを意味する。自分が、異なる歴史や文化を植民地化、客体化し、覇権的な支配や統治のプロセスと共謀しているさまを認識し、やめることこそ、わたしたち（フェミニスト）の最大の異議申し立てである。差異を越えた対話は、緊張や競争や苦痛をともなう。深く植民地化された不平等な世界で、ラディカルで批判的な多文化主義が単なる異文化の共存や総和ではありえないのと同じく、多文化主義のフェミニズムも、その正義や倫理の規範を明確にしなければ、さまざまな共同体のフェミニストどうしの対話を想定できない。

フェミニスト共同体に根深く存在する人種的、性的な神話を打ち壊すには、ジャッキー・アレクサンダーが言うように、「お互いの歴史に通じる」必要がある。それには、「ありえないような連合」を追求し（Davis 1998, p.299）、さらには対話の倫理と意味を明らかにしなければならない。では、植民地主義的でない対話を可能にする条件や知識や姿勢とは何か。どうしたら、すべての人の平等や尊敬や尊厳にもとづく対話ができるのか。言い換えるなら、批判的な多文化主義フェミニズムのもっとも重要な挑戦は、アメリカ合衆国のフェミニスト共同体に編み込まれた分断や衝突や個人主義的なアイデンティティ形成を越えて、倫理的で思いやりのある対話（と革命的な闘い）に参加する方法を明らかにすることだと、わたしは提案したい。そうした対話を創りだす重要な要素のひとつが、系譜を明確にすることなのである。

差異や権力を越えた対話の意味や土台を分析し、注意深く形成しなくてはならないのと同様、系譜を明らかにする方法も問われる。批判的な多文化主義フェミニズムは、歴史的・文化的な違いを見極め解明するだけでなく、差異を越えた政治的で知的な共同作業の理念を描き実現することでつくられる。そのためにわたしは、北アメリカの南アジア人アイデンティティが構築される際のジェンダーと人種の政治学について、個人的な思い出を語ろうと思う。アメリカ合衆国でのわたしの位置を、二一世紀には世界中の多くの移民、移動民、移住者や労働者が体験するだろうが、彼らにとって、ホームやアイデンティティ、地理や歴史の概念は非常に複雑だ。（アフリカの南アジア人の状況を見ればわかるように）国家（国籍）や「帰属」の問題が、インド人ディアスポラを生みだすのである。

帰属をめぐる感情的で政治的な地理学

オランダで開かれた国際会議からトランスワールド航空でアメリカへ戻る途中、隣の席にすわった専門職の白人男性が、どこの大学の学生でいつ故郷に帰るのかと、たずねてきた。わたしは精一杯専門職らしくふるまいながら（くたびれたジーンズとTシャツという恰好ではむずかしかったが）、自分はニューヨーク州北部の小さなリベラル・アートの大学で教えていて、二〇年以上アメリカに暮らしていると答えた。職場はアメリカ合衆国にあり、インドではないとも言った（これは正確ではなく、わたしはインドのフェミニストや草の根活動家とも一緒に仕事をしている。だが、そんなことまで言う必要はないだろう）。大学院生と「まちがわれた」ことは、この国でのわたしの存在を物語っている。白髪や顔の皺から明らかに大人なのに、第三世界女性は、専門職（つまり大人）や永住者（学生ではない）とは見なされないのだ。男性はさらに、何を教えているのかと聞いてきた。「女性学です」と答えると、彼は静かになり、わたしたちはあとの八時間を礼儀正しく沈黙して過ごした。彼は、わたしが自分の分類には収まらないと思ったのだろうが、だいたいフェミニスト（しかもアジア人の）にそんなことを期待するほうがおかしいのだ。わたしは晴々として、ちょっと勝ち誇った気分だった。もちろん、男性は「身の程を知らされた」と感じたわけではないだろう。彼にはそんな必要はないのだ。彼は多くの点で優位に立っている。白い肌。男性。市民としての特権。アムステルダムの高級「エスニック・フード」がお気に入りなことや中産階級然としたJクルーの服装から考えて、（経済的、文化的な）階級差は会話に際しての問題ではなかっただろう。わたしたちは「専門職」として同じ社会階層にあったからだ。「ホーム」の質問（いつ故郷に帰るのか）を、わたしはこの二〇年間聞かれつづけてきた。質問にひそむかすかな人種差別（故国に帰れ、ここはおまえのいる場所ではない）はさておき、いまだに自分で納得のいく返事ができない。ホームとはなんだろう。生まれた場所のことだろうか。育った場所？　両親が住む場所？　わたしが大人になってから暮らし、働いている場所？　自分の共同体、仲間がいると思う場所だろうか。「仲間」とは誰か？　ホームとは、地理的な空間か、歴史的な空間か、感情的で感覚的な空間なのか。移民や移住者にとって、ホームはつねに非常に重要だ。それについて、わたしは学術論文を書いてもいる（もしかしたら、個人的な問題にしたくなかったのかもしれない）。関心があるのは、移民や移住者にとってのホームの意味だ。人がホームをいかに理解し定義するかは、深く政治的な問題なのである。

領土や共同体や地理や歴史の固定観念にあてはまらないとき、アメリカ合衆国で「南アジア人」であることの本当の意味とは何だろうか。インドにいたころ、わたしは明らかに南アジア人ではなかった。インド人だった。インド独立運動が勝利し社会民主主義国家が生まれたのに、「インド人」以外のものになれるだろうか。ここから、第三世界の脱植民地化が始まったのだ。政治的・経済的な自立をめざすポストコロニアルな独立国家では、地誌学（南アジア）は、帰属意識として市民権ほどしっくりこないようだった。だが北アメリカでは、南アジア人（わたしの場合はさらにインド人）という帰属意識には独自の論理が働く。「南アジア人」とは、インド、パキスタン、スリランカ、バングラデシュ、カシミール、ビルマ出身の人々を指す。アメリカ合衆国では、帰属をインド人とするより南アジア人としたほうが数が多く、したがって力も増す。また、南アジア諸国の地域差は、合衆国での入国審査や待遇や地位に関する経験と歴史の共通性に比べれば、小さいといえる。

わたしが自分をどう認識したか、そしてアメリカ合衆国とその諸制度がわたしをどう分類したか、少し振り返ってみたい。どんなレッテルが貼られたかを見れば、ホームとアイデンティティの問題が浮かびあがってくるだろう。一九七七年、わたしはアメリカ合衆国にF1ビザ（学生ビザ）でやってきた。そのときの自己定義はイリノイ大学の教育学の大学院生であり、「公式の」定義（F1ビザで入国を許可された学生）と一致していた。以来、わたしは「外国人留学生」と呼ばれ、博士号をとったら「故郷」（インド。当時、わたしの両親はナイジェリアにいたのだが）へ帰るものとされた。それは、アメリカの大学院に留学する多くのインド人、とりわけインド独立後の（わたしの）世代がたどるべき道だった。

だが、わたしはこの道をたどらなかった。すぐに、外国人留学生の、とくに女性は、次のいずれかの方法で扱われると思い知った。関係ないと無視されるか（物静かなアジア人女性というステレオタイプ）、人種差別的に扱われるか（教師たちは英語がわかるか尋ね、わたしがついていけるように大きな声でゆっくり話したほうがいいかと聞いてきた。わたしがクイーンズ・イングリッシュとイギリス植民地主義のただなかで生きてきたにもかかわらず、だ）、異邦人としてちやほやされるか（「とても頭がいいのね！　英語のアクセントがアメリカンでないのがいいわ」。やや英国崇拝的。だが、インド人の同僚に言わせれば、わたしたちの英語はインド式だ）。

そのころのわたしのいちばん重要な転機は、「外国人留学生」から「有色人学生」になったことだ。

ひとたび自分の経験を「人種」という観点から「読み」とき、アメリカ合衆国の社会的・政治的な構造に人種と人種差別が組み込まれているとわかると、わたしは、人種差別と性差別という政治分析のレンズを通して、自分自身の位置を見定めるようになった。もちろん、こうしたことは真空のなかで起こったわけではない。友人や同僚や同志たち、授業や書物、映画、議論や対話が、わたしをアメリカ合衆国の有色人女性として、政治的に教育してくれた。

一九七〇年代の終わりから八〇年代の初め、フェミニズムはアメリカの大学キャンパスを席巻した。教室にも街路にも空気中にも、フェミニズムがあふれていた。だがわたしは、主流メディアや白人の女性学が規定するフェミニズムには魅力を感じなかった。そのかわり心をひかれたのは、アメリカの有色人女性や第三世界女性のフェミニズムという、特別な種類のフェミニズムだった。アメリカ合衆国でのジェンダーと人種と階級の結びつきを考えるなかで、わたしは初めて、自分自身のジェンダー化、階級化されたポストコロニアルの歴史に思いをめぐらすことができた。一九八〇年代初め、オードリ・ロード、ナワル・エル・サーダウィ、アンジェラ・デイヴィス、チェリー・モラガ、ベル・フックス、グロリア・ジョセフ、ポーラ・ガン・アレン、バーバラ・スミス、マール・ウー、ミツエ・ヤマダなどを読んで、まだはっきりしてはいなかったものの、ある種の方向性をつかむことができた。当時の行動や決断や運動を通して、アメリカ合衆国の有色人女性と関わりながら、わたしはホームやコミュニティを感じた。ホームとは、安定した伝統的な空間、居心地のいい慣れ親しんだ空間ではない。それは想像の産物であり政治的な空間であって、社会的不正義の分析だけでなく根本的変革の理念を共有しながら、親近感や愛情や一体感を抱く空間なのだ。政治的連帯と家族のような意識が想像力ゆたかに融合し、「ホーム」と呼べる戦略的空間をつくりだした。有色人フェミニストたち、とりわけ長い間わたしを支えてくれた姉妹たちからは、政治や学問や感情の面で計り知れないほど多くのものをもらった。一九八四年には、バーバラ・スミス、パプサ・モリーナ、ジャッキー・アレクサンダー、グロリア・ジョセフ、ミツエ・ヤマダ、ケショ・スコットなどと出会い、「ラディカルな研究と行動のための有色人女性協会」をつくろうと話し合った。協会の設立には至らなかったが、この構想の精神とそのとき生まれた友情はいまもわたしを力づけ、いつの日かそういう組織をつくるという夢も持ちつづけている。

アメリカ合衆国の有色人フェミニストとして、わたしは、ラディカルに異議を申し立てる活動家のインド人という学問的・政治的な系譜につらなることができた。ホームとコミュニティの概念は、きわめて政治的な空間に位置づけられるようになった。その空間でわたしは、北アメリカで南アジア人である意味を、人種とジェンダーと階級の関係や歴史というプリズムを通して、部分的にではあれ理解した。興味深いことに、そう認識すると、インドでのホームとコミュニティの意味を再検証せざるを得なくなったのである。

そのときわたしが主張したいと思い、いまも主張していることは、インドの反植民地主義フェミニズムの闘いの歴史である。思い出し、何度も語るうちに自分自身のものとなった物語は、わたしの現在と未来の選択や決断を決定する。わたしは、ヒンズー教の（ブルジョワ的で）排外主義的な上昇志向の歴史に与したくはなかった（わたしの拡大家族にはそういう人たちもいたが）。人は皆、わたしのように意図的ではないかもしれないが、利害によって物語や歴史をなにかしら選んでいる。だが、意識していようがいまいが、過去についてのこうした選択がそれぞれの人の現在の論理を決定しているのだ。

アメリカ合衆国の南アジア人社会を、永住権を意味するグリーンカードを持つ者と持たない者に分けて考えるような保守的で上昇志向のインド人移民と、わたしはずっと距離をおいてきた。関わりをもってきたのは、政治的理念を共有できる南アジア人だけだった。そのためにわたしの世界はかなり限られたものになった。大学院やその後に経験した人種差別と性差別によって、わたしはアメリカ合衆国を、人種差別主義や帝国主義や家父長制の歴史、とりわけ第三世界の移民との関係で理解するようになった。何より、レーガン＝ブッシュ時代が到来し、新保守主義のバックラッシュのせいで、人種差別や反フェミニズムや同性愛嫌悪の傾向や行動が増え、制度化されるのを無視できなくなった。ただ単に文化主義的に、または懐古的感傷的に「インド人」や「南アジア人」を定義することは不適当だった。そのような定義は「モデル・マイノリティ」神話に力を貸す。その結果、わたしたちは「よそ者」「外国人」となるか、アメリカン・ドリームを求めたり獲得した利益集団となってしまう。

一九八〇年代、わたしのレッテルが変わった。「外国人留学生」から「在住外国人」になったのだ。いつも思うのは、この指定が国家の側からの攻撃だということだ。移民、とりわけ有色人移民の経験と地位を厳密に名指しするからである。「在住外国人」の裏には、もうひとつの名指しである「不法外国人」がいる。在住にしろ不法にしろ、つねに外国人だということだ。ここには何の混同もなく、人種融合のイデオロギーも、同化の物語もない。「外国人」という地位が第一なのである。合法であるためには身分証明書が必要である（「パスポート」、さらには国民国家と国境の不可侵という考えが、第一次世界大戦後に生まれたことを思い出すとよいだろう）。

移民は、移民帰化局によって合法（つまり、ゲイやレズビアンや共産主義者でない）のハンコを押してもらわねばならない。移民帰化局は、合衆国政府の中心的な矯正部門のひとつであり、国境を警備し、出入国とりわけアメリカ合衆国への入国を管理する。実際には公的領域における人種の違いを制度化する主たる権力のひとつでもあり、わたしたち移民の故国や合法性、「アメリカン・ドリーム」への経済的アクセスなどの概念を規定する。たとえば、アメリカ合衆国の在住外国人の地位を証明するグリーンカードを持つことと、市民権の証拠であるアメリカのパスポートを持つことは明らかに違う。グリーンカードなら、入国でほとんど揉めない程度だが、パスポートを持っていれば、他の国、とりわけ貿易相手国（西欧諸国や日本など）や対等の関係にない国（第三世界の非共産主義国）の国境や港をすみやかに通過できる。資本主義自由市場経済が民主主義の価値観と同じと（まちがって）考えられていたころには、アメリカのパスポートがあれば多くの国で歓迎された。しかし、だからといって、合衆国国内で人種差別や不平等の扱いを受けないという保証はない。

人種差別という点で、南アジア人移民の一世とアメリカ合衆国生まれの二世を比較すると、重要な違いが見てとれる。一世はアメリカ合衆国で人種差別を体験し、二世は人種差別の影につきまとわれながら育つ。こうした経験の違いによって、人種差別の心理的影響も、この二つの集団では違うだろう。さらに、北アメリカ生まれの南アジア人にとっては、ホームやアイデンティティや歴史の問題がもつ意味も違う。こうした比較にはより全般的な考察が必要だろうが、それは本章の範囲を越えるものだ。

わたしはインドのパスポートを放棄するのを頑固なまでに拒否し、長いこと、アメリカ合衆国の在住外国人でいることを選択してきた。[*1] このことから、アメリカ合衆国で生活しながらインドの市民権を持ち続ける複雑な意味を考えるようになった。

インドで、アメリカ合衆国の永住権やパスポートをもつ国外在住者である意味は何なのだろう。ムンバイ（ボンベイ）を二～四年ごとに訪れ、いまでもそこを故郷と呼ぶことにどんな意味があるのか。マラーティ語（わたしの母語）で話すことが、どうして故郷の指標や確認となるのか。インドでは「不在エリート」で多数派の一員であり、アメリカ合衆国では人種化された「他者」で少数派である政治学とはどんなものなのか。こうした異なる地理的、政治的な文脈において、フェミニズム政治学の実践やフェミニズムの主張は、同じ意味や緊急性をもつのだろうか。

このような疑問に目覚めたのは一九九二年一二月にインドを訪ねたときで、ちょうど一二月六日にヒンズー原理主義者がアヨーディヤーのバブリ・マシッド（モスク）を破壊した直後だった（恐ろしいことに、ヒンズー教徒とイスラム教徒の血なまぐさい衝突は、二〇〇二年の三月に新たな展開を迎えた。アヨーディヤーから帰るヒンズー教徒で一杯の列車にイスラム教徒が火をつけ、さらなる惨劇が始まったのである）。それ以前の（経済的理由でせいぜい四、五年に一度）の訪問では、わたしのグリーンカードは拡大家族のなかで羨望の的、特権と地位の証しだった。もちろん、同じ永住権が、左翼やフェミニストの友人からはうさん臭い目で見られ、（無理もないが）いまでもインドの社会主義と民主主義を支持している証拠を見せるよう言われた。一九九二年の滞在中に、親族どうしで議論が感情的になると、わたしの永住権は「イスラム問題」を理解できないよそ者の証しとなった。自分が「よそ者」だと思い知らされたのは、叔父たちがイスラム教徒への敵愾心をむきだしにし、二度ほど言い合いになったときだった。わたしは、インドは世俗国家として建国されたし、民主主義とは（多数派も少数派も）すべての集団をあらゆる点で平等に扱うものだと主張したが、聞き入れてもらえなかった。インドの民主的市民権の根幹が否定され、「ヒンズー教徒」と定義し直されているのだ。

ムンバイでは、アヨーディヤーの事件以来、激しい暴力の応酬がつづいた。二〇世紀の、とくに一九四〇年代半ば以降、ヒンズー原理主義が起こり武装集団すら組織されて、ムンバイは、イスラム教徒に対する激しい人種差別的言説が日常生活のすみずみまで浸透した場所と化した。人種差別はごく当たり前に通説となり、その結果、人種的・民族的・宗教的な差別の倫理や不正義への疑問を公然とは口にできなくなった。わたしはもはや、宗教と距離を置いた態度をとることはできない。あまりに多くの不正義が、わたしの名でなされたのだ。

わたしはヒンズー教徒の家庭に生まれたが、自分をヒンズー教徒と思ったことはない。成長するなかで、いつも宗教を抑圧的と感じていたのだ。さまざまな儀礼は楽しかったが、組織化されたヒンズー教の権威的なヒエラルヒーには反対だった。だが、ヒンズー教についてあまりよく知らないわたしでも、RSS（民族奉仕団。一九三〇年代に設立された武装組織）やシブ・セナ党（マハラーシュトラ州の排外主義的、原理主義的、ファシスト的政治組織で、ムンバイの政治と政府に大きな影響をもつ）のような原理主義者が声高に叫ぶヒンズー教は、反動的でねじ曲げられていると思っていた。だが、こうした言説は現実となった。イスラム教徒に対する憎しみに満ちた言葉が、「忠実なヒンズー教徒」の印とされたのである。故郷が戦場となり、通りが炎に包まれ、日々の死者数が他の大きな国境紛争なみに増えるのを見て、心が張り裂けるようだった。いつもわたしを慰め育んでくれた愛しい故郷ムンバイの匂いやたたずまいは、暴力的に破壊された。ダンダの漁村で魚を並べて干物を作る臭いが、バスティスと呼ばれる藁でできた粗末な集合住宅が全焼する臭いにかき消された。「故郷」を形づくる地形も言語も人の結びつきも、燃え落ちた。こんな状況のなかで、共同体とは何を意味するのか。

一九九二年一二月、インド市民のヒンズー教徒で、教育を受けたフェミニスト女性で、しかもアメリカ合衆国の永住者であることの意味は、わたしにとって明確でもあれば複雑でもあり、いまも決着がついていない。つきつめれば、危機の瞬間にこそ、人はアイデンティティの問題に深い関心を抱くのだ。激しい対立が起こると、(どちらかに与するためではなく、責任を引き受けるために)選択を迫られ、その人自身の分析的、政治的、感情的な地形学が明らかになる。

ヒンズー原理主義の台頭と闘うことこそ、すべての社会主義者、フェミニスト、良心的ヒンズー教徒が果たすべき倫理的義務だと、わたしは思うようになった。世俗主義が非宗教的であることを意味しているなら、それはもはや現実的とは言えなかった。フェミニストの視点から見れば、ヒンズー原理主義の論理と女性の社会的地位の、どちらが女性の精神と心をつかむかという戦いが起こっているのは明らかだった(こうした件に関するよい情報が、『インド政治経済ウィークリー』と『マヌシ』の二誌に載っている)。

宗教原理主義による女性の構築は、道徳とセクシュアリティと国家の結びつきを示す。この結びつきは、フェミニストにとって非常に重要だ。キリスト教やイスラム教やユダヤ教の原理主義の言説と同様、ヒンズー原理主義の論理と動員の中心は、国家観と関わる女性性・男性性の構築である。女性は国家への「奉仕」に動員されるだけでなく、道徳やナショナリズムの言説の土台にもなる。たとえばRSSは、アメリカ合衆国のキリスト教右派と同じように、家族を重視するヒンズー国家の名において、主として中産階級の女性を動員する。だが、道徳と国家の言説は、女性のセクシュアリティを規範的に取り締まりもする（現在のイランやタリバン支配下のアフガニスタンで、道徳の名のもとに女性の服装が監視され管理されている事実を見よ）。したがって、インド人フェミニストが現在直面する中心課題のひとつは、宗教的なアイデンティティの文脈で、ナショナリズムとフェミニズムの関係をいかに再考するかである。国を分裂させる原理主義の台頭に加えて、近年では国際通貨基金と世界銀行が、インド経済「引き締め」のためと称する構造調整計画を携えて介入し、インドのポスト植民地主義と民主主義の意味を再定義している。このような危機の時代にあって、ジェンダー、人種、カーストや階級のカテゴリーは大きく揺らぎ、目に見えて不安定化している。それゆえ、こうしたカテゴリーの分析は、宗教原理主義運動が幅をきかせ、IMFや世界銀行の支配が進み、欧米や日本の多国籍企業が世界を経済的・イデオロギー的に植民地化するグローバルな状況での、現代の女性性や男性性の再構築と関連して、行われるべきである。グローバルな経済や文化やイデオロギーが展開するなかで、女性は非常に重要な地位を占めているのだ。

インドでは、他の国々と違い、一九〇〇年代の初めから女性の人口比率が低下している。一九九一年の統計では、男性一〇〇〇人に対して女性は九二九人で、世界でも女性の比率がもっとも低い国のひとつである。女性は、インドの食料総生産の七〜八割を担い、環境変化や貧困の影響をつねにいちばんひどく受ける。民法と、ヒンズー教やイスラム教の属人法の矛盾の影響を、女性は受けるが、男性はほとんど受けない。性差別のせいで、女の胎児が意図的に殺されたとか、最近でも（女性が、死亡した夫の火葬に際して自ら犠牲となる）サティが起こっているといった恐ろしい話が、アメリカの主流メディアでも報じられる。このように、ジェンダーと宗教（人種）による差別は、インド女性の命を脅かす差し迫った問題である。ここ一〇年ほど、政治意識の高いインド市民は、こうした本来はフェミニズムの課題を真剣に受けとめざるを得なくなった。実際、これはまさに、アメリカ合衆国の南アジア人フェミニストが取り組むべき問題である。インドのヒンズー原理主義の台頭という反動的で暴力的な影響と闘い、運動を組織する責任は、北アメリカに暮らすわたしにも課せられている。何よりも、原理主義運動を支える資金の多くがアメリカ合衆国の組織を通じて集められ、投じられているからである。

人種、肌の色と政治学——北アメリカで南アジア人であること

本章の大半は何年も前に書かれたものだが、[*2] 読み直してみると、旅をして国境を越えるたびに、系譜についてのわたしの考えが組み立てられ固まってきたとあらためて感じる。国や地域、文化、地理上の境界を越えることで、アイデンティティやコミュニティや政治学の問題を考えられるようになった。このかんわたしは、カリフォルニア州サンディエゴ、ニューメキシコ州アルバカーキ、イギリスのロンドン、インドのカタックに旅をし、現地の人々のなかで暮らした。白髪まじりの短い黒髪をした褐色の肌の女性というわたしの外見は変わらなくても、北アメリカに住む南アジア人であることや、異なる歴史や系譜をもった褐色女性のなかで褐色の肌をした女性であることについて、少しずつ違うなにかを学ん

だように思う。

本章を終えるにあたり、北アメリカの南アジア人であることをさらに複雑にした、カリフォルニア州とニューメキシコ州への旅を手短かに振り返ってみたい。それ以前は見えていなかったのだが、アメリカ合衆国では地理的な位置によって肌の色の境界線が異なるとはっきりわかった。長いこと暮らした東部では、わたしの呼称は「褐色」「アジア人」「南アジア人」「第三世界」「移民」で、どれも（アフリカ系アメリカ人の特性である）「黒人性」の定義と関連していた。だが、メキシコと国境を接するカリフォルニア州サンディエゴでは、固有の移民や人種闘争の歴史があり、肌の色の境界線も圧倒的に褐色（チカーノとアジア系アメリカ人）で、激しい反移民文化のなか、わたしが東部で得た人種と人種化の定義は通用しなかった。わたしはまずラティーナに見られ、「インドなまりの」英語を話すと、違うと言われた。そのあと、南アジア人であることは可視性・不可視性や異質性の問題となった。サンディエゴでは、南アジア人であることはよそ者、アメリカ人でないことと同義だった。

同じように、ニューメキシコ州では、人種や肌の色の規範的な意味がアメリカ先住民とチカーノと白人系のコミュニティの関係に現れ、南アジア人であることは、褐色の肌の女性として、可視でもあり不可視でもある。褐色の肌や顔の特徴から、わたしはラティーナと思われるときもあれば、先住民に見られることもあった（通りでは何度もどちらかに間違われた）。ニューメキシコ州では、アジア人である意味さえ違った。「アジア人」とは「アジア」と呼ばれる世界の一地域の出身者だが、ここでは「東アジア人」を指していたからだ。「南アジア」はつねに抜け落ちていた。こうしてわたしは、たとえばラティーナやアメリカ先住民の女性と経験の一部を共有しながらも、南アジア人という系譜によって切り離され、「よそ者」——内なる他者、アメリカ合衆国の正規の市民権の枠外にいる女性——という経験もした。アメリカの西部と南西部の地理や歴史を越えたために変動した肌の色の境界線は、褐色の肌が黒人との関係で解釈されなかったり、アジア人といえば東アジア人と決まっている空間で、南アジア人についての問いを際立たせた。この文脈で、南アジア人とアジア系アメリカ人（つまり東アジア系アメリカ人）の関係とは何か。自分を有色人女性や第三世界女性と呼ぶほうが、経験的にも戦略的にもぴったりくると感じつづけるのはなぜなのか。人種の政治学が地理と一致したためしはない。歴史や社会的位置や経験にもとづいて人種的アイデンティティを主張することは、つねに集団的な分析と政治学の仕事である。わたしにとって、地理的な空間は歴史的・文化的な土台となるが（マラーティ語やムンバイやインドは、自意識の基礎をなしている）、社会的・経済的正義と集団的な反資本主義闘争に価値を置き、戦略的にアプローチすることが、フェミニズムを形づくる。だから、地域や国家の境界を越える旅をするといつも、ホームやアイデンティティや政治学について深く考えさせられる。わたしのような人間にとって、地理と人種と政治学がぴったり重なることはない。それゆえつねに、三者の関係を定義し再定義することを求められるのだ。「人種」「アジア人」「褐色性」がわたしのなかに埋め込まれているわけではない。そうではなく、植民地主義、人種主義、性差別、ナショナリズムの歴史と、（階級や社会的地位による）特権が、アメリカ合衆国の白人や有色人とわたしの関係に影響を与えるのである。

ここで最初の論点に戻ろう。系譜を明らかにすることは、批判的な多文化主義フェミニズムを創造し、ホーム、コミュニティ、アイデンティティの意味を探るための重要課題である。本章では、アメリカの南アジア人移民であることと在外インド人であることとの関係を考察し、北アメリカの有色人で南アジア人である特定のフェミニストにとってのホームやコミュニティの複雑さを、部分的、逸話的ではあるが、明らかにしようとした。ここで示したわたし自身の系譜は、不完全ではあるが熟慮の結果である。感情的にも政治的にも認められる系譜であり、解放の教育に携わる教育者という自負を支える。もちろん、わたしの歴史や経験は実際にはもっと紆余曲折があり、この物語が与える印象のように一直線ではない。だが自分の物語を構築する――身の上を語る――プロセスこそが、現実には存在しないある種の直線性と一貫性をもたらすのである。そうしたプロセスはとりわけ、わたしたち移民や移住者にとってはよい機会となり、ホームやコミュニティやアイデンティティが、受け継いだ歴史や経験と、連帯や友情を通じた政治選択のあいだのどこかの空間に必ず収まると、教えてくれるだろう。

そのような空間をつくることができた具体的な成果として、わたしは、インドとアメリカで二つの草の根運動に関わってきた。インドの運動はオリッサに本拠を置く「目覚め」という名称の組織で、貧しい農民をエンパワーする活動をしている。運動の中心は政治的教育（パウロ・フレイレの「意識化」の概念と似たもの）で、メンバーは農村女性の組織化にも取り組んでいる。アメリカの運動は「ノース・カロライナ州草の根リーダーシップ」といい、南部で貧しい労働者の運動を立ち上げようとする多人種（おもにアフリカ系アメリカ人と白人）の組織である。二つの運動の地理的、歴史的、政治的な文脈は異なるが、わたしの関わり方はよく似ていて、両者を結びつけたいと考えている。またどちらの運動も、社会正義を求める運動の課題や分析や戦略がよく似ていると思う。わたしが、ホームと呼ぶ二つの場所で、草の根活動家とともに働いているのは単なる偶然ではない。それはまさに、わたしが本章でたどってきた系譜の帰結なのだ。二つの場で草の根運動に関わるまでには一〇年以上を要した。そのかんわたしは、アフリカ系アメリカ人、ラティーナ、西インド諸島出身者、アフリカ人、ヨーロッパ系アメリカ人など北アメリカに暮らす人々の歴史や経験について学び、考えながら、南アジア人であることの意味を定義づけてきた。こうした定義や理解は、たしかに系譜を規定するだろうが、系譜とはぜひとも必要であるとともに、つねに関係的で流動的なものなのである。

注

＊1　一九九八年、わたしはアメリカ合衆国市民となり、ムンバイからウマー・タルパデー・モーハンティーを養女に迎えた。わたしはもうインドのパスポートを持っていないが、在外インド人（ＮＲＩ）と呼ばれることに変わりはない。

＊2　本章はもともと「系譜の定義：北アメリカで南アジア人であることについてのフェミニストの考察」と題して、Women of South Asian Descent Collective（1993）に発表したものである。本章を、母方の祖叔母ラヌバイとガウリバイ・ビジェイカルに捧げる。二人とも生涯独身で、教育があり、経済的に自立し、背が（一八〇センチ以上と）高く、そのうちの一つにでも該当すると世間から冷たい目で見られた時代に生きた。また本章をオードリ・ロードにも捧げたい。師であり、姉、友人である彼女の言葉と生き方は、いまもわたしを問いつづけている。

第 II 部

資本主義の脱神話化

第6章　女性労働者と連帯の政治学

わたしたちは夢見る。一生懸命働けば、子どもたちにちょっとはましな服を着せられ、自分の時間とお金も少しは残るだろうと。そして他の人たちと同じように働けば、対等に扱われ、違っているからといって蔑まれることもないだろうと。……それで、「どうしたらこの夢がかなうだろう」と自分に聞いてみる。今のところ、答えは二つしか思い浮かばない。宝くじを当てるか、連帯するかだ。今までくじに当たったことはない。だから、あなたの本のなかでこう言ってほしい。時間はかかるだろうけれど、とにかく連帯しなければならないと。……自分の生活を少しでも自分のものにする力を得るには、同じ困難を抱える人々と団結するしかないのだと。

シリコンバレーのフィリピン人労働者イルマの言葉（一九九三年）

子どもたちと自分に人並みの生活を、というイルマの夢、自分の仕事の質や価値にもとづく平等な処遇と尊厳を、というイルマの希望、「自分の生活を少しでも自分のものにする力を得る」には団結して闘うしかないという、彼女の信念。これらは、グローバル資本主義を舞台にした貧しい女性労働者の闘いを端的に物語る。[*1] 本章では、第三世界の貧しい女性たちの搾取に焦点をあてる。労働者という行為主体である彼女たちについて、同じ立ち位置やニーズにもとづく女性労働者の共通の利害について、そして女性労働者の日常生活を変えようという意志に支えられた変革の戦略と実践について、語りたい。

本章はとくに書くのがむずかしかった。それはおそらく、資本主義の支配がほぼ完成したなかで、貧しい女性労働者の日常生活を真に変革するフェミニズムの抵抗を展望しにくくなっているからだろう。だが、資本主義経済下の女性労働者（や賃金労働者）の活動や思いを知り、彼ら／彼女たちの分析を進めるにつれ、わたしは、圧倒的困難のなかで必死に闘う女性労働者の運動を心から尊敬するようになった。そうした運動からは、搾取と支配の実態についてだけでなく、自律と解放についても多くを学ぶことができるのだ。

サンディエゴでマキラドーラ労働者支援委員会を組織するメアリー・タンが企画したメキシコ・ティファナの視察ツアーに参加して、わたしは、（とくに北米自由貿易協定〔NAFTA〕成立後の）国境を越えた運動のラディカルな可能性に確信をもった。ヴェロニカ・バスケスは、仕事とよりよい労働条件を求め、セクハラと闘う二一歳のマキラドーラ労働者だが、彼女と意見を交わし、経験や戦略を話し合ったことは、本章を書くにあたって大きな刺激を与えてくれた〔マキラドーラとは、輸出製品の組み立て工場のこと。安い労働力のため他国の企業がメキシコに設立することが多い〕。彼女は、ティファナにある輸出加工工場「エクスポルタドーラ・マーノ・デ・オブラ」の九九人の元同僚とともに、その親会社でアメリカ合衆国にある「ナショナル・オーリング・オブ・ダウニー」を相手どり、カリフォルニア州ロサンゼルスで、前例のない訴訟を起こした。メキシコの労働法にもとづいて、一九九四年一一月のティファナ工場閉鎖から三カ月分の給与の支払いを求めたのだ。一九九五年、NAFTAの合法性を問う初めての裁判を起こすにあたって、この若いメキシコ人女性労働者たちが示した勇気と決断力、明晰な分析力は、グローバル資本主義の支配がほぼ完成したなかでも、国境を越えたフェミニストの連帯を築く可能性があることを示したのである。[*2]

長年にわたってわたしは、国や人種、性や階級などの境界を越えるフェミニストの連帯を構築する可能性と限界について考えてきた。労働者であり消費者であり市民である女性の生活は、資本主義のグローバルな勝利にともない、大きく変化してきた。そこでの資本の共通利害がなにか（たとえば、利益、蓄積、搾取などだ）は、かなりはっきりしている。だが、いわゆる民主化が進むなかで、第三世界の貧しい女性労働者の利害、主体性、その（不）可視性について、どう語ったらいいだろう。現在の資本主義経済下で、第三世界の女性労働者にとっての民主的な市民権とはどのようなものでありうるのか。こうした疑問が本章を貫いている。国境を越えた移動や運動や意識化についていかに考えるかを模索しながら、第三世界の女性労働者とその闘いの位置づけを分析し、明らかにしたい。

本章は、グローバル経済の労働者である第三世界女性の位置に関して論じた第2章を引き継ぎ、発展させるものである。[*3] 書いているわたし自身の立ち位置も一枚岩ではない。わたしは、アメリカ合衆国に暮らす南アジア出身の反資本主義フェミニストとして、文化を越えた国際的な連帯の可能性を理論化し実現する、真に解放的なフェミニズムの実践にとりくんできた。つねに「家庭」と「仕事」をめぐる精神的な矛盾や葛藤を抱えた、第三世界のフェミニスト教員、活動家でもある。そして一人の中産階級の女性として、娘、妻、母以外の自己定義と自律を求めて苦闘し、学問的にも政治的にも歩みを進め、第三世界の女性労働を分析しようとしているのである。

本章では、「女性の仕事」という分析カテゴリーをとりあげ、こうしたカテゴリーによってジェンダーと人種のヒエラルヒーが歴史的に当然視されてきたことを考察したい。現在の世界秩序の確立や維持・強化にとって、国際分業は中心的な役割を果たしている。グローバルな組立ラインは、「仕事を提供」し、利益を生むだけでなく、人間をも製造している。だから、ある仕事やそれに携わる労働者を当然視する想定は、グローバル資本主義の性の政治学を理解するうえできわめて重要だ。植民地化と搾取が、グローバルにもローカルにも相互に関連しながら進行していることや、文化やイデオロギーが国境を越えて均一化していること、こうした状況が、先進資本主義国の「市民」である消費者の創出を通じて生みだされるといった問題は、比較フェミニズム研究の不可欠のテーマである。この消費者としての市民の概念については、後で、アメリカ合衆国の学界や高等教育一般という文脈で論じたい。わたしは、消費者市民が正当性を手にできるのは生産者・労働者に支えられているからであり、消費者市民の定義は、生産者・労働者の定義や規範のうえに成り立つと主張したい。そしてとりあげたいのも、生産者・労働者の側である。消費者市民を可能にする労働者とは誰なのか。この労働者のイデオロギー的創出に、性の政治学が果たす役割とはどのようなものか。利益の増大を追い求めるグローバル資本主義は、女性の仕事をつくりだすにあたって、いかにジェンダーや人種のイデオロギーを利用するのか。そして、労働者としての女性の社会的立ち位置は、国境を越えた共通の利害と連帯の可能性を示すものとなるのだろうか。

グローバル資本主義が進展し、賃労働が生産と再生産を支配する形態となるにつれ、階級関係は、国内的にも国際的にも、より複雑でわかりづらくなった。[*4] そうしたなか、フェミニズム分析にとって基本的に重要になったのは、空間経済の問題である。[*5] 空間経済とは、資本が、さまざまに異なる生産と資本蓄積のために特定の空間を利用し、その過程で当の空間（やそこに暮らす人々）に変化をもたらすあり方である。働く権利や同一賃金を求めたフェミニズムの闘いの結果、いまや家庭・家族と仕事との境界は絶対的ではなくなった（もちろん、貧しい労働者階級の女性にとっては、この境界はつねに流動的だった）。女性たちは昔からずっと労働力だったし、今もそうだ。本章では、国民国家の境界を越えたジェンダー、資本、労働の歴史的、イデオロギー的な変化を分析するとともに、[*6] 第三世界の女性労働者の共通利害について、とりわけ行為主体や意識変革の問題を考えてみたい。

第三世界の女性が、現在の世界秩序の下、それぞれの地域で国際分業に組み込まれている事例の研究をふまえ、文化を越えたフェミニズム分析を実り多いものとするために、わたしは、歴史的につくられたカテゴリーとしての「女性の仕事」をとりあげたい。[*7] 興味があるのは、「女性がする仕事」でもなければ、たまたま女性が多い職業でもない。女らしさ、家庭生活、（異性愛的）セクシュアリティ、人種的・文化的なステレオタイプといった点でイデオロギー的に構築される仕事や役割に、関心をもっているのだ。世界各地のさまざまな場面でのこうした資本主義の展開を明らかにし、ジェンダーや人種などによって女性の仕事が構造的に定義づけられることを通じて、資本主義のプロセスやイデオロギーや価値観が当然視されるようすを追究してみたい。その際、（家庭、異性愛、家族などの点から定義される）ジェンダー・アイデンティティが、女性に許される仕事と女性を排除する仕事の性質をいかに構築するかを、研究課題のひとつとしたい。

分析にあたっては、各地の具体的な事例研究をふまえながら、それに止まらない比較研究の手法をとる。それによって、地域のヒエラルヒーやイデオロギー、搾取形態を利用して新たな(再)植民地化を進めるグローバルなプロセスを解明したいと思う。支配関係は、ときには似通いときには矛盾し、またときには一点に集中もするが、ローカルとグローバルとはそうした支配関係を通じて結ばれ、そのなかで女性たちは労働者としてさまざまな状況に置かれている。*8 フェミニストは、もはや狭義の階級闘争だけが女性労働者の連帯の基盤ではないと主張したが、わたしも同感だ。女性がどのような人種や民族や文化の背景をもち、性的・地理的な歴史を生きているかは、労働者としての定義やアイデンティティと切り離せない。生産と再生産や、公的領域・私的領域での女性性イデオロギーの構築については、多くのフェミニストが分析してきたが、わたしは以下の点に注目したい。①家父長的な女性性の定義が賃労働の場でいまも根づよいこと、②資本主義の多様な搾取のプロセスが、第三世界女性労働者の共通の利害と連帯の可能性を考える基盤となること、③従来の(男性労働者の階級利害にもとづく)労働組合形態が、エンパワーの戦略としては不適切となった状況下で、集団的組織化を実現する方法。

国境を越えた経済を特徴とする世界秩序の論理は、各地域の歴史に根ざしたジェンダーや人種の不平等を利用して、「第三世界女性労働者」「人種化された周縁の女性労働者」というイメージをつくり上げ、広めている。さらにこの労働者のアイデンティティは、男性や異性婚にもとづく家族との関係で女性を定義づける家父長的な言語で記号化されている。このようなわたしの指摘が妥当であるなら、第三世界の女性労働者の利害(やアイデンティティ)の観点から、資本家対労働者という階級闘争モデルはつくり直される必要がある。家父長制イデオロギーは、ときとして家庭の内でも外でも女性を男性と対峙させ、第三世界女性労働者の現実生活のすみずみにまで浸透している。それゆえわたしたちは、労働者階級の利益や運動の戦略について考え直さなくてはならないのだ。だからこれは、ただ第三世界の女性労働者の「共通の経験」を認識すべきだといった議論ではなく、闘いの共通の文脈、すなわち「共通利害」と国を越えた連帯の可能性を（抽象的にではなく具体的に）理解しようとする議論なのだ。さらに言えば、「第三世界の」女性労働者に焦点を当ててはいるが、似たようなやり方で人種化されている白人女性労働者にもこの議論は当てはまる。つまり、「第三世界」に限らず、ジェンダーと人種の支配がいかに行われているかということなのである。第三世界の女性労働者を、ジェンダーと人種と階級の構造のなかで可視化するには、資本主義による従属と搾取のすじ書きを明らかにしなければならない。だがそれは、犠牲者ではなく行為主体としての第三世界女性という認識にもとづいて、解放に向けた行動の可能性を考えることでもあるのだ。

それにしてもなぜ、「第三世界」という、多くの人がいまや時代遅れと見なす問題の多い用語をここで使うのか。そして、男女を問わず他にも労働者の集団はたくさんあるなかで、なぜ第三世界女性労働者の社会的立ち位置や経験、アイデンティティにことさら光をあてて議論するのか。たしかに、「第三世界」という用語には問題がある。内部に経済的、政治的、人種的、文化的な差異が存在するのに、第三世界をひとくくりに扱うのは不適切である。だが「第三世界」は、「南・北」「先進国・途上国」といった類似の用語に比べると、それらの用語に欠けている植民地主義の遺産や、現在の経済的、地政学的な新植民地化のプロセスに気づかせ、説明する側面をもっている。[*9]

また二番目の問いに関しては、第三世界の女性労働者（本章の定義では、地理的な第三世界の女性と、アメリカ合衆国や西欧の移民や先住民の有色人女性の両方を指す）は、「新」世界秩序が展開している今、国際分業において、搾取と支配という資本主義プロセスの特徴を示す特別な位置を占めている、と指摘したい。そうした特徴は、グローバル資本主義が展開すればそれに付随して「当然」起こるとされる「進歩」や「発展」の言説（たとえば、貧しい第三世界女性の雇用創出を経済的・社会的発展の指標とするなど）によって、あいまいにされたり神話化されたりしがちだ。ここでわたしは、社会に関する特徴のすべてを説明したり、資本主義による再植民地化のプロセス全体を分析しようとしているわけではない。だが、現在という歴史的瞬間において、第三世界の女性労働者には、国際分業の各部門を担う労働者の一員という、共通のアイデンティティをもつ可能性があることは指摘しておきたい。そして、地理的、文化的境界を超えてこうした共通性をもつ可能性を探求し分析すれば、世界を読み解き理解する方法がわかり、ジェンダーや人種や階級やセクシュアリティによる不平等の強まりを説明できると思うのである。それこそ、トランスナショナルなフェミニズムの連帯を構想し、実現するために欠かせないことなのだ。[*10]

多国籍企業は固有のやり方で女性労働者を位置づけ搾取している、という議論をするのはわたしが最初ではない。だが、そうした事例研究を関連させたり比較したりすれば、いまこの時代における女性労働というカテゴリーについて、とりわけ第三世界の女性労働者に関して、より広範な議論ができると思うのだ。ジェンダーと労働が交差する場では、男性性や女性性、セクシュアリティの概念を利用し、再構築しながら労働が定義づけられるが、そうした場こそ、女性の生活の具体的現実に根ざした、文化を越えた比較や分析の土台となりうる。ただしわたしは、こうした土台をもとに比較分析すれば文化を越えた女性の経験の全体像を導きだせる、と言っているのではない。似たようなイデオロギーによる「女性の仕事」の構築を比較文化的に分析することは可能だが、だからといって自動的に女性の生活は同じだとは言えない。ただ比較が可能なだけだ。そうではなく、わたしが主張したいのは、政治的連帯と共通の利害である。それは、階級や人種や国家の境界を越えて女性労働者をつなぐ共同体ないし集合体として定義されるもので、物質的利害やアイデンティティを共有し、同じ方法で世界を見ることにもとづいている。第三世界の女性がグローバル経済に組み込まれるなかで、こうした政治的連帯を想定してこそ、歴史と無関係な文化や経験ではなく、歴史や社会的位置をふまえて、文化を越えた比較分析を行うことができる。本章では、第三世界の女性という特定の労働者の経験や歴史、日々の生活の連続性に焦点をあて、分析する。だからといって、第三世界の女性労働者の経験には差異も不連続性も存在しないとか、あっても無視してよいと言っているわけではない。連続性に焦点をあてることには戦略的な意味があり、それによって資本の作用をある特定の（第三世界女性労働者の）位置から読みとくことができる。こうした資本の作用は、グローバルな搾取の基盤を形づくりながら、可視化も理論化もされていない分野なのである。

ジェンダーと労働——歴史的変容とイデオロギーの変化

「仕事は人生を楽しくしてくれたわ」と、コニー・フィールド監督の映画『リベット工ロージーの人生と時代』のなかで、労働者階級のユダヤ人女性ローラ・ワイクセルは言う。第二次大戦中に溶接工場で働いた経験を思い出しているのだ。当時アメリカ合衆国では、遠く離れた戦地で戦う男たちの代わりに、大量の女性が労働力として組み込まれた。この映画のもっとも感動的なシーンで、ワイクセルは、自分にとっても他の女性にとっても、並んで働き、技術を習得し、製品をつくり、仕事によって報酬を得ることがどれくらい意義あるものだったかを強調し、それなのに戦争が終わるや、もう君たちに用はない、恋人や主婦や母親に戻れと言われてどんな気持ちになったかを語る。一九四〇年代後半から五〇年代にかけてのアメリカ合衆国のプロパガンダ機関は、男性の仕事と女性の仕事をはっきり分けると同時に、求められる男性性や女性性、理想の家庭像を明確に示したが、いまでは状況は一変した。公と私、労働者、消費者、市民の定義が変わり、賃労働は必ずしも男の仕事とは見なされなくなった。だが一九〇〇年代初めにニューイングランドの工場地帯の衰退を引き起こしたダイナミックなプロセスは、二一世紀初めの現在にも引きつがれ、失業者の増大、損失や営利追求の激化といった状況をつくり出して、アメリカ・メキシコ国境地帯やカリフォルニアのシリコンバレーで「米国人」労働者を「移民」や「第三世界の」労働者と対峙させる事態を生んでいる。同様の連続性は、一九〇九年にニューヨークで起こった女性主導の縫製工ストライキ、一九一二年の「パンとバラ」ストライキ（マサチューセッツ州ローレンスの繊維産業ゼネスト）、第二次大戦中のローラ・ワイクセルの組合結成、そして一九八〇年代から九〇年代にかけての韓国の繊維・電子産業労働者（そのほとんどが若い独身女性）の度重なるストライキにも見られる。[*11] 国際分業のありようは一九五〇年代とは大きく異なるように見えるが、女性の仕事というイデオロギー、女性にとっての仕事の意義や価値、女性労働者の搾取との闘いは、世界中のフェミニズムにとって昔も今も中心課題なのだ。結局のところ、女性労働は、アメリカ合衆国であれどこであれ、資本主義の発展、強化、再生産の中核をなしてきたのである。

アメリカ合衆国における奴隷制、年季奉公、契約労働、自営、賃労働の歴史は、同時に、資本主義の発展という文脈（つまり階級対立や階級闘争）に組み込まれた、ジェンダー、人種、（異性愛的）セクシュアリティの歴史でもある。さまざまな人種や民族、社会階層の女性たちは、一九世紀の経済的・社会的状況（南部の奴隷制農業、北東部で台頭した産業資本主義、南東部の大規模農場、中西部辺境の家族経営農場、アメリカ先住民の狩猟採集と農業）から、二〇世紀後半の賃労働と（家族経営を含む）自営業へ経済が発展するなか、まったく異なった、しかし相互に関連した労働経験をすることになる。紡績工場が組合のない南部へ移り、マサチューセッツ州ローウェルの女工たちが職を失ってから一〇〇年後の今世紀初頭、フェミニズムは世界各地で、分析上も、運動の面でも、多くの難問に直面している。新世界秩序なるもの（Brecher 1993, pp. 3–12）を支えている支配と搾取のプロセスは、世界中の圧倒的多数の人々、とりわけ貧しい第三世界の女性労働者に、非常に深刻な物質的、文化的、政治的影響を与えている。マリア・ミースは、世界がますます消費者と生産者に分断されるなかで、第三世界の女性労働者は重大な影響を受けていると言う。彼女たちは、農業、繊維・電子・衣服・玩具等の大規模製造業や手工芸・食品加工のような小規模製造業（非正規部門）、性産業や観光業の働き手として、国際分業に組み込まれている（Mies 1986, pp. 114–15）。

消費者にしろ生産者・労働者にしろ、付随する価値や権力、意味は、この不平等な世界システムのどこにいる誰なのかによって、大きく異なってくる。多国籍企業は、少なくとも一九九〇年以降、グローバル資本主義の代表である。多国籍企業が新世界秩序に与える影響について分析したリチャード・バーネットとジョン・カバナーは、グローバルな商取引の場を互いに交差する四つの仕組み《ウェブ》と表現する。それは、①グローバルな文化バザール（映画・テレビ・ラジオ・音楽その他のメディアが創造し流布するイメージや夢）、②グローバルなショッピング・モール（広告・流通・マーケティングのネットワークを使って、飲んだり食べたり着たり楽しんだりするものを売る世界規模のスーパーマーケット）、③グローバルな職場（製品をつくり、情報を加工し、サービスを提供する工場や職場のネットワーク）、④グローバルな金融ネットワーク（通貨やグローバル証券などの国際売買）である（Barnet and Cavanagh 1994, esp. pp.25–41）。四つの仕組みのどれでも、正統な消費者、労働者、経営者を構築する役目を果たすのは、人種化された男性性、女性性、セクシュアリティのイデオロギーである。同時に、女性の精神的、社会的な権利は剥奪され、おとしめられ続ける。これまでにないやり方で、女性の身体と労働が、グローバルな夢や欲望、成功と豊かな生活のイデオロギーを強化するために使われているのだ。

フェミニストはこのかん、グローバリゼーションや資本主義的な再植民地化に対抗し、立ち向かってきた。その闘いは、国民国家の内部や国境を越えた原理主義運動の性の政治学や女性への影響を問題にすることから、構造調整政策、軍国主義と非軍事化、女性への暴力、環境汚染や土地・主権をめぐる先住民や地域住民の闘い、人口統制や健康やリプロダクティブ・ライツに関する政策や慣習などに及ぶ。[*12]どの場合でも、フェミニストは、女性が労働者として、また性的パートナー、母親や保護者、消費者、文化や伝統の伝達者・改革者として、どのような影響を受けるかを分析してきた。こうした分析や組織化を行う際の中心は、男性性と女性性、母性と（異性愛的）セクシュアリティのイデオロギーであり、行為主体や、アクセスと選択の権利の問題である。資本主義による支配と再植民地化のプロセスについてはすでにかなり強調したので、ここではさまざまな抵抗と闘いに注目したいと思う。それらも、植民地主義と資本主義の歴史のなかでつねに存在しつづけてきた。資本主義的家父長制と、人種や階級／カーストのヒエラルヒーは、女性に対する支配と搾取の長い歴史の重要な要素だが、こうした慣習との闘いや、活気と想像力にあふれた集団的な運動と組織化も、わたしたちの長い歴史の一部なのである。以下では、自由の実践というフェミニズムの目標を前進させる、解放に向けた言説や知識とは何かを明確にしたい。結論から言うと、人種主義的で資本主義的な家父長制においては、仕事や労働の概念そのものを変えると同時に、「労働者」を定義する際に異性愛的男性性が当然視されることも変えてゆかなくてはならないのだ。

テレサ・アモットとジュリー・マッセイは、アメリカ合衆国の労働市場を分析し、ジェンダーや階級や人種・民族による権力ヒエラルヒーの交差が、次のような二つの影響を及ぼしていると述べる。

第一に、権力を持たない集団は、低賃金・非正規で、労働条件の厳しい仕事に集中していること。第二に、職場がきわめて分断された場となっていること。その仕事にどんな人種や民族やジェンダーの人が就くかは会社や地域によって異なるにしても、一緒に働くのは決まって、同じ人種や民族、ジェンダー、階級の人である（Amott and Matthaei 1991, pp.316–17）。

アモットとマッセイは、性と人種による仕事の類型化に注目しているが、この類型化と、分断され、低賃金でときに危険な職種に集中する労働者の社会的アイデンティティとの関係については、理論化していない。彼女らが描く経済史は、アメリカ合衆国の資本主義的プロセスの基礎にある人種とジェンダーの理解に重要ではあるが、そうした職種の定義のされ方と、その職種に望まれる人のあいだに（有色人種の支配という共通の歴史以外に）関係があるかどうかという論点を避けている。

ここで、女性がグローバル経済に組み込まれている二つの事例（インド・ナルサープルのレース編み女性とシリコンバレーの電子産業に従事する女性）を考察し、彼女たちをそれぞれの搾取的な文脈に位置づけるジェンダー、人種、民族、労働イデオロギーの相互関係を明らかにしてみたい。この二つの例の女性たちは、階級も人種や民族も、いわば正反対である。だが、地理的にも社会文化的にも明白に異なっているにもかかわらず、現在の資本によるグローバル経済体制は、それぞれの地域のヒエラルヒーを再生産したり変更したりしながら、女性労働者を非常に似通ったやり方で位置づけている。さらにいずれの事例でも内職と工場労働には重要な連続性があり、それはその仕事固有のイデオロギーという点でも、また労働者としての社会的アイデンティティと経験という点でも見てとれる。こうした傾向は、イギリスの黒人女性労働者（アフリカ系カリブ人、アジア人、アフリカ人）、とくに内職や工場労働や家族経営事業で働く女性の事例研究でも示されている。

主婦と内職：ナルサープルのレース編み女性

マリア・ミースが一九八二年に行ったインド・ナルサープルのレース編み女性の研究は、圧倒的な資本蓄積のもとで貧しい小作農や部族社会が国際分業に「組み込まれた」国々で、女性が開発の衝撃をいかに被るかを赤裸々に描写している。ミースの研究は、主婦と定義される女性労働者のうえに、資本主義的生産関係がいかにつくられるかを明らかにした。ジェンダーと仕事のイデオロギーやその歴史的変遷が、レース編み女性を搾取する根拠となったのである。女性を主婦と定義するとは、女性の仕事を異性愛的セクシュアリティの視点から見ることでもある。つまり、女性はつねに男性との関わりや婚姻関係でしか定義されない。ミースは、レース産業とそれにともなう生産関係を説明し、それがジェンダー、カースト、民族関係の根底的変化をもたらしたことを示す。従来のカースト制では、封建的な軍人カースト（地主）の女性と、ナルサープル地区（貧しいキリスト教徒）やセレパーラム地区（貧しいカプ族、ヒンズー教徒の農民）の女性は区別されていたが、レース産業が発展すると変化し、新たなヒエラルヒーが生じた。

ミースが調査した当時、六〇のレース製造工場があり、ナルサープルとセレパーラムに暮らす約二〇万人の女性が働いていた。レース製造の女性は一日六〜八時間働き、その年齢も六歳から八〇歳と幅広かった。ミースによると、一九七〇年〜七八年にレース産業は拡大して世界市場に統合されたが、それによって、各共同体の階級／カースト格差の拡大、非製造部門（商業）の男性化と製造部門の完全な女性化が起こった。こうして、男たちは女性がつくった製品を売り、女性の労働から得られる利益で暮らした。男性労働と女性労働は二極化し、男性が女性の労働に投資する輸出業者やビジネスマンと自己定義する一方で、女性は主婦でありその仕事は「余暇の活動」であるとする社会的イデオロギーが強まった。言い換えれば、この文脈での仕事は、性的アイデンティティにもとづき、女性性と男性性、異性愛的セクシュアリティの具体的な定義をふまえている。

「女性の仕事」の規範的定義がつくられるにあたっては、この地域固有のカーストとジェンダーのヒエラルヒーの相互作用があった。レース産業が始まったころ、カプ族では男も女も農業労働者であり、レース編みにはより低位のカーストのハリジャン〔ガンジーが提唱した不可触民の呼び方〕の女性が携わっていた。資本主義的生産関係が発達してカースト／階級の流動性が生じると、今度はハリジャン女性が農業に携わり、カプ族の女性がレース編みという「余暇」活動に従事するようになった。カーストにもとづく隔離とパルダ〔女性を男性の目から隠すインドの慣習〕のイデオロギーは、剰余価値を生みだすために不可欠だった。女性の隔離は高位カーストの証であり、カプ族女性労働者の（レース編み）活動の内職化は、「女性は家のなかにいるもの」という概念と結びつくことで、資本蓄積や利益の論理と完全に一致したのである。いまやカプ族の女性は、ただ封建地主階級のカーストに属しているだけでなく、主婦として隔離されて、世界市場のために生産しているのだ。

女性を隔離し家内化するイデオロギーが、性別を理由とし、保護と所有に関わる男らしさ・女らしさの概念にもとづいていることは明らかだ。それはまた異性愛のイデオロギーでもあって、女性はつねに婚姻や「家族」関係のなかで、妻、姉妹、母として定義される。このように、カーストが変化し、女性が家内化するか否かで分断されること（主婦のカプ族女性対労働者のハリジャン女性）によって、女性がする仕事とその性的・カースト的アイデンティティとは見事に一致することになる。この場合に家内化が成功したのは、女性のあるべき居場所は家庭や婚姻関係や異性愛のなかだと定義する主婦イデオロギーが根強くあり、正しいとされているからである。「労働者」と「主婦」が対立的に定義されるせいで、労働（とカースト身分）は見えなくなる。結果、女性は労働者ではないと定義されるのだ。主婦は、その定義からして、働き手でも労働者でもありえない。主婦と両立しうるのは、男性の稼ぎ手であり、消費者である。そのような空間では、さまざまな要素がジェンダーとカーストのヒエラルヒーを構築し支えており、「女にふさわしい場所や仕事」というイデオロギーがはっきりと物質的な力をもっている。こうして、ミースの研究は、社会が女性を主婦と定義することの具体的な影響を明らかにする。レース生産者が統計上不可視化される（なにしろ、その仕事は余暇なのだ）だけでなく、彼女たちは主婦と定義されるため、「稼ぎ手」は男性だということになる。つまり、階級とジェンダーを根拠とするプロレタリア化が、資本主義的生産関係の発展と世界市場への女性の統合と、地域におけるカーストと性のイデオロギーの歴史やその変容をふまえて起こったのだ。

資本主義のプロセスを、世界市場向けの生産にたずさわる主婦／労働者の位置から読みとくと、労働者と非労働者（主婦）の、ジェンダー化されたカースト／階級対立が見えてくる。さらに、女性労働の目に見えない代価を認識し、算出できるようにもなる。最終的には、ミースが言うように、男性が生産者である女性に寄生して生きている状況下で、労働者の定義がまったく男性中心的であることが明らかになる。こうした男性中心的な労働の定義こそ資本主義の家父長制文化の要であり、それを分析し変えていくことは、わたしたちが直面する最重要の課題である。そうした労働の定義は、女性労働とその代価を見えなくするだけでなく、女性を自ら選択できる主体ではなく、貧困や「伝統」や「家父長制」の犠牲者と決めつけて、女性の行為主体を矮小化してしまう。

実際、レース編み女性が自分たちの仕事を「余暇活動」ととらえていることにも女性の選択をめぐる矛盾が表われている。女性たちは、自分が「仕事」をした事実はちゃんとわかっているし、貧しい（物価は上がるのに賃金は上がらない）と感じてもいるのだが、どうして今のような状況になってしまったのか説明できない。仕事と主婦や母親の役割に矛盾を感じてはいるが、その矛盾を分析するすべを持たないのだ。それができさえすれば、自分たちの搾取の全体像や、現実を変える戦略と運動も見えてくるし、カーストや階級を超えた女性労働者としての共通の利害も認識できる。実際、セレパーラムの女性は、レース編みを賃労働ではなく「家事」と定義し、なんとか小商品生産者という地位を確立できた者も自分は商人だと考えた。つまり、労働ではなく製品を売っていると考えたのである。このように女性たちは、いずれの場合も、自分を労働者ではないと定義するイデオロギーを内面化していた。隔離された仕事環境（仕事が公的な場ではなく家庭で行われている）や、カーストと家父長制のイデオロギーの内面化も、労働者や女性としての組織化を妨げたのである。だが、ミースが指摘するように、このイデオロギーにも亀裂が生じている。レース編み女性たちは農業労働者を、畑で楽しそうに共同作業をしているという理由で、うらやましがった。フェミニズム運動の観点から、このような文脈で必要なのは、主婦アイデンティティを「女性労働者または働く女性」に転換することである。主婦として共通利害を認識することと、女性や労働者として共通利害を認識することとは、まったく違うからだ。

移民の妻・母と工場労働：シリコンバレーの電子産業労働者

以下では、アメリカ合衆国においてグローバルな組立ラインの末端がどうなっているかを論じるが、その基になったのは、ナオミ・カッツとデイビッド・ケムニッツァーやカレン・ホスフェルトがカリフォルニア州シリコンバレーの電子産業労働者について行った研究である（Katz and Kemnitzer 1983, 1986;

Hossfeld 1990)。生産方針や製造工程の分析から、主要労働力は第三世界の移民女性であり、工場労働の進め方の標準的概念もその点でイデオロギー的に再定義されているのがわかる。ナルサープルのレース編み女性が、非常に複雑な世界市場において、主婦として位置づけられ仕事も余暇活動と定義されたのに対して、シリコンバレーの電子産業に従事する第三世界女性は、母、妻、補助労働者として位置づけられている。カッツとケムニッツァーの統計によれば、第三世界の組立てラインでは「独身」女性が求められるのに対して、シリコンバレーで仕事の要素を決めるのは「既婚女性」のイデオロギーである。

ホスフェルトも、既存の女性性のイデオロギーがシリコンバレーの女性労働者の搾取を支え、彼女たちも経営側に対抗する際、この家父長的な論理をよく使うことを明らかにしている。電子産業のグローバルな組立ラインの末端の二つの地域(一方は韓国、香港、中国、台湾、タイ、マレーシア、日本、インド、パキスタン、フィリピンなど、もう一方はアメリカ合衆国、スコットランド、イタリアなど)で、「独身」と「既婚」の女性が理想の労働者と想定されていることは、女性性、女性であること、性的アイデンティティの規範的理解と固く結びついている(Women Working Worldwide 1993)。こうしたレッテルは、性差や異性愛の婚姻制度にもとづいており、「管理しやすい(従順な?)」労働力という意味も含んでいる。*13

カッツとケムニッツァーの資料は、アメリカ合衆国では、ジェンダーや人種や民族の既存のヒエラルヒーにもとづいて女性の仕事が定義され、変化してきたことを示している。また、第三世界の女性の仕事に貼られたレッテルが、性的・人種的なアイデンティティと密接に関連することも明らかにする。ホスフェルトは、最近の研究で、カッツらの結論のいくつかを補足し、いかに「性、人種、階級、国籍についての相矛盾するイデオロギーが、今日の資本主義的な職場で、労働者の管理においても労働者の抵抗に際しても使われている」かに焦点をあてる(Hossfeld 1990, p.140)[*14]。産業の組織化にあたってのジェンダー・イデオロギーの作用を明らかにし、彼女が「再女性化戦略」と名づけたものを分析した点で、ホスフェルトの功績は大きいといえる。

シリコンバレーの主要な労働力は第三世界の女性や新たな移民女性だが、かなりの数の第三世界や移民の男性も電子産業に雇用されている。一九八〇年代初頭には、七万人の女性が生産工程の八〇〜九〇%を担っていた。そのうち四五〜五〇%が、第三世界とくにアジアからの移民だった。一方男性は、主に技術職や管理職に就いていた(Katz and Kemnitzer 1983, p.333)。一九八三年〜八六年に行われたホスフェルトの研究では、生産工程の八〇%までを有色人が担い、組立工の九〇%は女性だったとしている(Hossfeld 1990, p.154)。カッツとケムニッツァーは、電子産業は躍起になって安い労働力源を求め、それに合わせて生産工程を単純化したり、単調でやりがいのない低賃金の作業に「最適な」労働者の集団を「誘致する」ためと称して人種やジェンダーや民族のステレオタイプを利用している、と主張している。経営幹部はインタビューに答えて、仕事は技術を必要とせず(レシピ通りに料理をつくるようなもの)、単純作業を辛抱強くこなし(だからアジア系女性に向いている)、母親業や家事を主にしたい女性の補助的活動だと説明した(Katz and Kemnitzer 1983, p.335)。

移民や第三世界の(既婚)女性の仕事に貼られたこのようなレッテルを検討することは有益だろう。カッツとケムニッツァーが記録した仕事のレッテルは、女性、とくに第三世界女性や移民女性の仕事がどう定義されているか、という点から分析する必要がある。第一に、「技術を必要としない」(レシピ通りに料理を作るようなもの）とか、単純作業を辛抱強くこなすといった考えは、いずれも人種やジェンダーと関連している。第三世界の女性を子ども扱いしたり、「単純」とか「辛抱強さ」を非西洋の、農業主体で前近代的な（アジア的）文化に特有とするステレオタイプにもとづいているのだ。第二に、仕事を母親や主婦の補助的活動と定義することで加わる側面がある。それは性によるアイデンティティであり、結婚すれば家庭を第一にする異性愛的な女性性こそ望ましいという考えである。電子産業での仕事はパートタイムではないのに、補助的な仕事と定義される。こうして、（第三世界）女性は一時的な仕事しか求めない、と定義されてしまうのだ。

経営側の論理を分析したホスフェルトも同じような傾向を指摘している。さらに彼女は、より広い社会に流布しているジェンダーや人種のステレオタイプが、労働者の意識や抵抗にどのような影響を与えるか詳細に説明する。たとえば、労働者たちが工場の仕事を「女らしくない」「しとやかでない」と見なしていることに注目する。経営側はこうしたイデオロギーを利用し、強化している。女性たちに工場労働と女らしさは相容れないと思わせ、女性の仕事を補助的で一時的なものと位置づけ、女性か労働者かのどちらか一方を選ぶよう女性に求める（Hossfeld 1990, p.168）。こうして、女性であることや女らしさは家族モデルをもとに定義され、このアイデンティティこそ第一で、仕事は補助的なものと見なされる。興味深いことに、ホスフェルトの研究では、移民女性の八〇％が世帯内で最高の収入を得ていたが、それでも大黒柱は男性だと考えていたのである（Hossfeld 1993）。

インドのレース編み女性が「主婦」として搾取されたのと同じように、シリコンバレーの第三世界や移民の女性たちは「母親であり家事担当」だから労働者としては補助的、と位置づけられる。いずれの場合も、真の稼ぎ手と見なされるのは男性である。（女性の）仕事とはふつう「公」の場や生産の場で行われるものと定義されるのに、前記のようなイデオロギーは、女性の居場所は家であるというステレオタイプに依拠している。さらに、インドで労働が不可視化されているのと、シリコンバレーで仕事が一時的で補助的なものとされていることには類似性がある。ホスフェルトやカッツらが収集した統計は、一九八二年のミースの研究と同様、地域固有のジェンダーや人種のイデオロギーおよびヒエラルヒーが、電子産業労働者の搾取の基盤となっていることを示す。ここで疑問が生じる。女性たちは自分の位置をどのように理解し、搾取的な仕事の状況にどんな意味を見いだそうとしているのだろうか。

電子産業労働者への聞き取り調査では、経営側の見方とは逆に、女性たちは自分の仕事を一時的なものとは見なしておらず、今後の人生でよりよい地位を築くための戦略の一部と考えている。人種や階級やジェンダーによる自らの位置を意識し、転職や残業、副業などで収入を増やし、労働者の地位の格下げと必死で闘っているのだ（Katz and Kemnitzer 1983, p.337）。注目してほしいのは、シリコンバレーの労働者の「内職」が、ナルサープルのレース編み女性と非常によく似た状況下で行われていることである。いずれの仕事も、家の中で、他者と隔離されて行われ、諸経費（電気や清掃など）は働き手自身の負担であり、最低限の法的保護（最低賃金、有給休暇、医療保険給付金など）もない。だが、二つの文脈で、仕事の意味は明らかに異なっている。

カッツとケムニッツァーによれば、電子産業労働者が地位向上をめざす意欲は重要な自己主張である（ibid., pp.335–36）。ナルサープルとは違い、シリコンバレーでは、内職は女性自身の起業という側面をもつ。ナルサープルでは、女性の仕事のおかげで起業したのは男性だった。シリコンバレーの女性たちは、労働者として困難に直面しながら、そうした状況の矛盾を逆手にとっているのだ。ナルサープルでは、パルダやカースト/階級的上昇志向が、女性の仕事を余暇活動として家庭内に位置づけるための自己定義の根拠となった。一方、シリコンバレーで第三世界の女性を支えるイデオロギーは、北米特有の個人的野心や起業家精神である。

カッツとケムニッツァーは、こうした地下経済が仕事のイデオロギーを再定義すると主張する。仕事の定義が、白人都市労働者階級を歴史的に支えてきたような、安定した「快適な」ものではなくなる、というのだ(ibid., p.342)。言い換えるなら、低賃金で補助的な仕事という定義と、有色人種の生活様式は異質で安価なものだという定義は、明らかにつながっている。カッツらによれば、女性と有色人は、昔も今も古い産業システムの「定義の外に」置かれ、社会のイデオロギーが階級から国籍・民族やジェンダーへ移行するなかで、格好の標的や道具にされている(ibid., p.341)。[*15] この文脈では、イデオロギーや大衆文化によって、個人的成功のためには個人の選択肢を最大にすべきだと強調される。ゆえに、個人的成功は、組合活動や政治運動とも、集団的関係とも無縁ということになるのだ。ホスフェルトも同様に、人種差別的で性差別的な「移民」のニーズという経営側の論理が、搾取的な労働過程を可能にしていると指摘している(Hossfeld 1990, pp.157–58)。[*16] しかし、カッツとケムニッツァーは、シリコンバレーの労働者をめぐって、生産様式や生産の社会関係、文化やイデオロギーの関係を複雑に分析しているにもかかわらず、なぜ第三世界の女性が主要な労働力となっているのか説明していない。同様にホスフェルトも、資本蓄積を強化するために、職場がジェンダー化され、人種やジェンダーの論理が使われていることを詳細に分析しているが、ときとして「女性」と「マイノリティ労働者」を別個に扱い、シリコンバレーの組立ラインの主要な労働力が有色人女性である理由を明確にしていない（ibid., p.176)。カッツらには、女性と有色人を区別し、女性は主にジェンダーによって、有色人は人種によって定義されるとする、ジェンダーと人種の古くさい概念的区別の傾向が見られる。ここで欠けているのは、ジェンダーと人種を相互に関連したものととらえる考え方である。つまり、女性のジェンダー化したアイデンティティは人種に根ざし、有色人の人種的アイデンティティもジェンダー化されているのだ。

カッツとケムニッツァーやホスフェルトが集めた統計資料は、実際、第三世界女性が電子産業工場の労働力とされる理由を説明している。その理由とは、彼女たちの仕事を一時的で補助的で単純なものと再定義し、女性を母親や主婦として構築し、女らしさと工場労働とは矛盾すると位置づけていることだ。また、第三世界や移民の女性は従順で辛抱強く、標準以下の賃金で満足する、と決めつけているのだ。こうした現象を十分に理解するには、女性の仕事というイデオロギーを定義しなおさなくてはならない。ホスフェルトは、労働者が経営側と闘うために使う論理には、経営側が労働者に対して使うのと同じジェンダーや人種による差別があると、指摘している。人種やジェンダーのステレオタイプにもとづくこうした戦術は、仕事を確保するための一時的な気休めにはなっても、長い目で見れば、第三世界女性に不利益をもたらしかねない。

娘、妻、母：イギリスの移民女性労働者

家族経営はマイノリティ女性の労働力をあてにしてきたが、それは強い血縁関係と、妻や母、家族の名誉を守る者という女性役割の強調に

よってだった。

Westwood and Bhachu (1988)

サリー・ウェストウッドとパルミンダル・バーチューは、黒人やマイノリティの女性が家庭の内外で営む労働生活を考察した論文で、移民女性の労働の人種的、ジェンダー的側面を利用してイギリス資本主義体制が享受してきた利益に焦点をあてている (Westwood and Bhachu 1988)。[*17] 移民が、敵対的で人種差別的な環境と経済的苦境が一体となった抑圧的状況下で生き延びる方策を「エスニック・エコノミー」と呼ぶが、これは基本的にジェンダー化された経済でもあると、ウェストウッドらは指摘する。統計によれば、イギリスでは、アフリカ系カリブ人や非イスラム教徒のアジア人女性は、フルタイム労働参加率が、白人女性よりも高い。つまり、黒人女性(ここではアフリカ系カリブ人、アジア人、アフリカ人を指す)の労働はほとんどパートタイムだという認識はまちがっており、彼女たちの労働生活は、家族全員が家庭の内外で生計のために働く、内職や家族経営の会社・商店という文脈にあることが報告されている。イギリス人フェミニストの研究では、家庭第一主義と異性愛婚の家族イデオロギーが、家族経営内で黒人女性の労働が経済的・社会的に搾取されるのを促している (Phizacklea 1983; Westwood 1984, 1988; Josephides 1988 ほか)。女性の役割を家族内につなぎとめる抑圧的な家父長制イデオロギーは、黒人女性の出身地の文化が伝統的に受け継いできた不平等で抑圧的なシステムにもとづく。そしてこのイデオロギーが、人種化されたイギリス資本主義体制という文脈において、利益追求のために再生産され強化されているのだ。

たとえば、イギリス中西部の繊維産業にたずさわるバングラデシュ人の内職従事者を調査したアニー・フィザクレアは、安売り競争のための下請け内職が、低賃金・長時間労働で女性労働者を犠牲にしながら成立しているのは、家族や共同体の絆の強さ（それを支えているのは当の女性たちである）ゆえであると明らかにした（Phizacklea 1983）。またウェストウッドは中東部の靴下産業に従事するグジャラート系インド人女工を調査し、工場現場の文化がもつ力と創造性に注目する。そしてそれが、女らしさ・男らしさや家庭第一主義といった文化規範にもとづく一方で、インド人女工と白人女工の抵抗や連帯を生みだすのは、グジャラート文化の伝統ゆえであると指摘する（Westwood 1984）。グジャラート女性が家庭生活のなかで抱える矛盾や、男性たちが彼女らの仕事を経済的自立ではなく家庭役割の延長と見なしていることを論じながら、ウェストウッドは、（ときに抑圧的な）伝統文化の価値観や実践の結果である家庭第一主義のイデオロギーと、工場現場の文化の連続性について詳しく論じている。お互いを娘や妻や母と讃えあうことで作業現場での連帯が生まれる一方、それはホスフェルトの表現を使えば、強力な再女性化の戦略でもある。

結論的に言えば、家族経営は、家族内の文化やイデオロギーや忠誠心に依拠しながら、民族的「マイノリティ」女性を家族の共通目的のために働く労働者に変えるが、その基盤となっているのは、娘、妻、家族の名誉を守る者といった女性役割である（Josephides 1988, Bhachu 1988）。家族経営での女性の労働は無報酬で、内職従事者と同じような従属を生む。内職をする女性の労働は有償ではあるが、目に見えない。どちらも、家庭第一主義と女性であることが前提になっていて、生産と再生産の領域はあいまいだ。サーシャ・ジョセフィデスは家族経営で働くキプロス人女性について考察し、彼女たちが自分のためではなく家族のために働く労働者であると自任するのは、公的領域外の「安全な」場を構築し「名誉」を守るべきであるという家族イデオロギーが利用され、それにもとづいて女らしさと女性性の定義（父権的な保護者という男性性の定義から帰結する）がつくられるからだとする（Josephides 1988）。このように、仕事をめぐる矛盾はすべて、家族の文脈でとらえられる。これは、仕事が私的なものと化した重要な例であり、家族経営で働く女性労働者が自らのアイデンティティを、家族内の義務の「当然の延長」と捉えていることを示す（レース編み女性と大きな違いはない）。母、妻、家族の一員というアイデンティティが、労働者というアイデンティティの代役を果たすのだ。パルミンダル・バーチューによるパンジャーブ人シーク教徒の研究も、この事実を明らかにしている（Bhachu 1988）。バーチューは、イギリス経済の比較的最近の傾向として、南アジア人の小規模起業が増えている例をあげ、家族経営で働く女性労働者が自律性を失い、男性が家族内の経済的資源のすべてまたは大半を管理するような伝統的な家父長制支配の形態に再び入る例が増加していると述べる。「女性たちが仕事を失えば、独立した収入源や女性の同僚との幅広いネットワークを失うだけでなく、父系に重きをおく血縁関係に再び呑み込まれてしまうのだ」（ibid., p.85）。こうして女性は「生産工程との直接的な関係」をなくし、そのことで労働者としてのアイデンティティが（自分にも）見えなくなってしまうのである。

イギリスでの移民女性労働の分析からは、アメリカ合衆国以外の大都市でも、移民が労働者として似たような搾取を受けてきたことが明らかになる。要約するなら、今までにあげた事例はどれも、現代の経済のなかで、第三世界女性にとっての「女性の仕事」の概念が、家庭第一主義、女性性、人種のイデオロギーを基につくられるようすを示している。レース編み女性の場合は、内職が余暇の活動とされ、労働者である女性が主婦として定義されて、概念がつくられる。すでに述べたように、ジェンダーやカースト／階級といった既存のヒエラルヒーが、そうした定義を可能にするのだ。シリコンバレーの電子産業労働者の場合は、女性の仕事は母親や家事専業者向けの、技術のいらない単調で補助的な活動と定義されるが、この定義をつくりだすのは、個人的成功というきわめてアメリカ的なイデオロギーと、人種や民族に関する地域的な歴史である。この二つの場合には、レース編み女性の労働者としての不可視性と、シリコンバレーで働く第三世界女性の仕事が一時的とされることが、比較対照できる。また、イギリスの家族経営で働く移民女性労働者の場合には、仕事は家庭役割や家族義務の延長で、家父長制的従属を強めるような女性性や家庭第一主義にもとづくとともに、起業家精神などの文化的・民族的なイデオロギーに依拠している。どの事例でも、第三世界女性を便利で安価な労働力として構築するにあたり、その仕事が不安定で一時的で不可視なことや、家庭第一主義が重要な役割を果たす。そうした考えはジェンダーや人種や貧困のステレオタイプにもとづいており、それが翻って、現代のグローバル化した世界の労働者である第三世界女性の特徴とされてしまうのだ。

アイリーン・ボリスとシンシア・ダニエルズは、「国際的な生産・消費・資本蓄積の再編に対処する主要戦略として、生産の脱中心化を進めている企業や職種もあり、内職はその一部である」と主張している（Boris and Daniels 1989）。[*18] 内職は、現代のグローバル資本主義経済で非常に重要な役割を担っているのだ。このように、第三世界女性が、インド、アメリカ合衆国、イギリスという三つの地域で行う内職に関する議論からは、現時点における資本主義の再植民地化戦略の一端がうかがえる。アメリカ合衆国では、内職は一九世紀初頭に工場労働と同時に出現し、以来、ひとつの制度として資本主義と家父長制を強く結びつけてきた。内職を、労働や市場を自分で管理できる起業ではなく、雇用主に従属し「家庭」やそれに準じる場所で行われる賃労働であると分析すれば、こうした労働形態の制度的な不可視性が理解できる。内職が、不可視なだけでなく根本的に搾取的なのは、家庭第一主義、従属性、(異性愛) セクシュアリティのイデオロギーのせいで、そうしたイデオロギーは女性、この場合は第三世界女性を、第一義的に主婦・母と決めつけ、男性は経済的な扶養者・稼ぎ手だとする。つまり内職は、家父長的で人種的・文化的な女性性・男性性のイデオロギーのもとで、家庭と仕事の両立の願望を逆手にとるものだ。それは、家事や育児、その他果てしなく続く「家政」の合間に、家でできる仕事なのだ。内職従事者は、「主婦」「母親」「家事担当者」と特徴づけられ、諸権利を有する正規の労働者とは見なされない。こうして、内職従事者の生産のみならず、労働者として搾取されている状況も見えなくなり、家族内の家父長的な関係のなかに封じ込められる。賃労働の外に置かれ、世帯動態にも入らない労働形態なのである (Allen 1989)。

イギリスの家族経営も、異なった階級制度の下ではあるが、似たようなイデオロギーの型を示している。黒人女性は、自分は (賃労働者というより) 起業家であり、人種差別社会のなかで、家族を豊かにするために働いていると思っている。彼女たちの仕事は家庭役割の延長と見なされ、経済的にも社会的にも従属関係が発生することが多い。だが、家族経営の女性が自立心をもっていないわけではない。家族経営は、(人種差別的な) イギリス資本主義経済における社会的地位の上昇をめざしながら、既存のヒエラルヒーを利用するとともに強化し、第三世界女性の労働を搾取するひとつのシステムである。現代のグローバル資本主義のこうした労働形態はきわめて搾取的だが、それは、労働の不可視性 (市場にとっても、ときには労働者自身にとっても）が、異性愛主義の家族制度の内外で根づよい性差別的・人種差別的諸関係にもとづいているからだ。ここから、内職を支えるジェンダー関係を変え、内職従事者を組織化することが、フェミニストにとって困難だがやりがいのある課題である理由も明らかになるだろう。

イギリスの工場労働と家族経営の事例、三つの地域での内職の事例を分析すると、もしそこで働くのが独身女性だったら、工場労働や内職は同じように定義されるのだろうかという疑問が浮かぶ。その場合でも、労働者を構築する基礎となるのはジェンダー・イデオロギーである。実際、女性労働者の心理的、物質的、精神的な生存と成長にとって労働は不可欠であるという発想はここにはない。そのかわり、女性の生存と成長は、（仕事という要素を排除して定義される）主婦、妻、母というアイデンティティにもとづくと想定されているのだ。こうして第三世界女性は、労働や資本のプロセスの外部に位置づけられる。彼女たちにとって、仕事は経済的、社会的、心理的な自律や独立にも自己決定にも必要ないと見なされる。このような状況では、疎外されない労働関係は、概念的にも実質的にも不可能なのである。

共通の利害と異なるニーズ——貧しい女性労働者の集団的な闘い

本章ではこれまで、グローバル資本主義経済がさまざまな地域で（大半が）貧しい第三世界女性を搾取するプロセスに、イデオロギー的な共通点があることを見てきた。第三世界の女性労働者を客体化し家庭内化するという点で工場労働と内職には連続性があること、そうした客体化や家庭内化は、労働者としてのアイデンティティよりも家庭役割や家族アイデンティティを重視し、既存の地域的な搾取、さらには国境を越えた搾取のプロセスを支える家父長的で人種的・民族的ヒエラルヒーを前提にしていることを分析してきた。こうした分析からは、女性労働者を共通の利益にもとづいて組織化するむずかしさも浮かびあがってきた。明らかに、彼女たちは植民地化や搾取のプロセスの単なる犠牲者ではない。搾取に対する認識や、抵抗のしかた、直面する矛盾や労働者としての主体性の理解にさまざまな違いがあることも、事例分析から明らかだ。これまでは、共通の立ち位置やニーズの理解をふまえて、女性労働者の共通の利害を概念化する基礎作業を行い、抵抗よりも抑圧のプロセスに焦点をあててきた。では貧しい第三世界女性は、労働者として、どのような運動を組織化してきたのか。女性が、労働者としての自覚や日常生活の変革につながる選択や決定の行為主体になるために、「闘いの共通の文脈」にもとづく「共通の利害」という問題を、どう概念化すればいいのだろうか。

すでに述べたように、市場や多国籍資本の専横的な利害が幅をきかせる現在のグローバルな世界では、「労使」「労働者」「階級闘争」といった旧来の指標や定義は、もはや正確で有効な概念的・組織的カテゴリーではなくなっている。貧しい女性労働者が、生活費を稼ぎ暮らしをよくするために新たな組織をつくり、生きるために抵抗してきた苦闘と経験こそが、新たな運動や行動の可能性をもたらすのだ。[*19] この点で、第三世界女性の経験は、世界中の貧しい女性たちの暮らしと労働体験を理解し、変革するために深い意味をもつ。以下では、フェミニスト政治理論家アンナ・G・ジョナスドッティルの研究に依拠しながら、現代のグローバル資本主義経済における第三世界女性の共通の利害について、具体的な定義を示し、この問題を深めていきたい。

ジョナスドッティルは、女性の利害という概念を、参加型民主主義の政治理論のなかで考える。彼女は、社会的・政治的利害に関して、形式を重視する理論と内面を重視する理論の双方をとりあげ、「社会的存在の異なる側面、すなわち行為主体と、行為主体に力と意味を与えるニーズや欲求」に言及する（Jónasdóttir 1988, p.57）。ジョナスドッティルは、共通の利害を形式的な用語で理論化する政治分析（積極的な「参与」、自己存在に規定された参加の権利、選択権の獲得要求）と、そうした利害の概念を拒否して個人や集団の（主観的な）「ニーズや欲求」に重きをおくべきだとする分析を比べ、前者を強調しながらも両者の観点をあわせもつ、女性の共通の利害の概念を主張する。彼女は、利害の形式的な側面（積極的な「参与」）は非常に重要だという。「歴史的にも、人々の生きた経験からしても、社会生活の基本的なプロセスに関する利害は、制度的に集団ごとに分割され、それゆえ人々の生活環境も制度的に異なったものとなる。このように、歴史的・社会的定義として、利害は「客観的」なものと見なされる」（ibid., p.41）。これを言い換えるならば、第三世界の女性労働者には共通の利害があるという主張には、制度的に具体的・歴史的な根拠があるということだ。だがジョナスドッティルは、利害の理論化の第二の側面、すなわちニーズと願望の満足についてあえて結論を出そうとはしていない（彼女は、行為主体と行為主体の結果を区別している）。こうして、利害の観点から見たニーズと願望の内容は、主観的な解釈にまかされることになる。ジョナスドッティルによれば、フェミニストは、積極的な代表制や民主制への参加という点で、女性の（客観的な）共通の利害を認識し、それを基礎に闘うことができる。だが同時に、（主観的なニーズと願望にもとづく）女性の共通の利害を、「参与」という形式的な側面だけに還元してはならないのである。このような理論化によって、社会的位置と経験という制度的な側面にもとづく共通の利害や行為主体の可能性を認識することができるとともに、日常生活の物質的・イデオロギー的な諸条件を変えるためのニーズや願望や選択を理解し、組織化するという、より深く根本的な（変革をめざす批判精神の）問題にも取り組むことができる。そこには、形式的な側面にはないような、教育的で変革をもたらす側面がある。

この理論化が、第三世界女性労働者の共通の利害の概念とどう結びつくのだろうか。行為主体と行為主体の結果を区別するジョナスドッティルの考えは、この場合、とても有効である。ここでのフェミニストの課題とは、①第三世界の女性労働者には、労働者として共通の利害が客観的に存在すると理解すること（それゆえ、彼女たちは行為主体であり、労働者として選択する）、②女性たちの労働者としての自己認識、ニーズや願望には矛盾やずれがあり、こうした矛盾やずれが、共通の利害にもとづいた組織化に不利に働くことがあると認識すること（行為主体の結果）、である。したがって、第三世界女性労働者の社会的立ち位置と、過去や現在に経験した支配との関連を分析するとともに、彼女たちに共通する社会的アイデンティティを見きわめ、理論化しなくてはならない。共通の利害をこのように理論化し、貧しい第三世界女性労働者の集団としての闘いの形を展望するとき、わたしたちの進むべき方向が見えてくる。

多くの国々の自由貿易地域では、貧しい女性労働者がニーズや要求を声に出す、目に見える場は労働組合だった。だが、組合内の性差別のせいで、女性にはもっと別のより民主的な組織体系が必要だと認識し、女性だけの組合をつくったり（韓国、中国、イタリア、マレーシアなど）、市民運動や教会やフェミニズム運動に答えを求めたりした（Women Working Worldwide 1993）。アメリカ合衆国では、電子産業の工場で働く第三世界出身の移民女性は、明らかに労働者階級の白人男性を念頭においている労働組合を敵視することも多い。そのため移民女性労働者の集団的な闘いでは、闘争への教会の関与が重要な要素となってきた（ibid., p.38）。

女性労働者は、女性の労働組合で、新たな闘いの戦略を発展させてきた。たとえば韓国女性労働者会は一九八九年、馬山にある工場を占拠した。彼女たちは工場内に移り住み、そこで料理をし、敷地や機械を監視し、効果的に生産をストップさせた（ibid., p.31）。このような職場の占拠では、日常生活そのものが抵抗となり（こうした状況は、アメリカ合衆国の福祉権をめぐる運動でも見られた）、反対行動は貧しい女性の生活の制度的な現実に支えられている。それは労働者としての共通の利害の表明であるだけでなく、彼女たちが、女性として、仕事と家庭という人為的な分離がほとんど意味をもたないような社会的状況にあることを示してもいるのだ。この「占拠」という集団的抵抗の戦略は、貧しい女性労働者の生存をかけた共同体づくりとして注目に値する。

クムディニ・ローサも、スリランカ、マレーシア、フィリピンの自由貿易地域（FTZ）での女性労働者の「抵抗の習性」を分析し、似たような主張をしている（Rosa 1994, esp. p.86）。こうしたFTZで、女性が共に生き働いている事実こそ、彼女たちがいかに地域の暮らしを築き、資源や夢を共有し、工場の組立ラインや町中で助け合っているかや、個人や集団の抵抗の習性をどう発展させているかを分析する際に、決定的に重要なものだ。こうした抵抗と助け合いの形態は、女性たちが、家父長的で権威主義的な家庭で従順に規律に従うよう求められるなかで「隠れた反抗」を実践してきた、「転覆の文化」に根ざしているとローサは主張する（ibid., p.86）。こうして女性労働者は、スリランカの「自発的」ストライキや、マレーシアの「ヤマネコ」ストライキ、フィリピンの「同情」ストライキに参加する。またお互いに助け合って、生産目標を組織的に下げたり、組立ラインで作業の遅い仲間が目標を達成できるよう手助けしたりする。ローサの分析は、女性労働者が、「参与」という形式的なレベルで共通の利害を認識していることを示している。だが女性たちは、女性として労働者として日常生活の矛盾を自覚し、抵抗運動を起こしはするものの、集団的ニーズを認識して生活環境を変えるために積極的な組織化を行うまでには至っていない。

前節で、ジェンダーや人種・民族のヒエラルヒーという観点から労働のイデオロギー的構築を論じた際、内職は貧しい第三世界女性のもっとも深刻な搾取の形であると述べたが、そこではもっとも創造的で変革に向けた組織化も起きている。そのめざましい成功例として、インドの「働く女性フォーラム（WWF）」と「自営業女性協会（SEWA）」がある。いずれも独立労働組合として登録され、小規模商、行商人、インフォーマル経済の働き手とならんで、内職従事者の組合参加に力を入れている（Mitter 1994, esp. p.33）。

イギリスにも、内職従事者の組織化の長い歴史がある。ジェーン・テートは、一九八〇年代後半の「ウェストヨークシャー内職者連合」の経験をとりあげ、こう述べる。「内職従事者を組織化するにはさまざまなレベルでの活動が必要だ。そこでは、個人的なことが政治的なことと結びつき、家庭の事情が仕事と、議会へのロビー活動が小さな地方集会と結びついているからだ。実際、この活動は、多くの女性運動の実践から組織化の方法を学び、地域の市民運動の理論と実践から影響を受けている。組合のような組織形態でなく、インフォーマルな小さい組織で、女性の力を発揮させせようとしているのだ」

（Tate 1994, p.116）。内職従事者はほとんどがアジアや第三世界の出身者であるため、人種や民族、階級の問題は運動の中心にすえられる。テートは、ウェストヨークシャー内職者連合が、内職従事者を組織化するために同時並行的に用いた数々の戦略をあげる。①地方の子会社だけを相手どって運動を進めるのでなく、「真の」雇用者（真の敵）を名指しし、顕在化させる、②商品の購買と内職従事者の運動を結びつける消費者教育と消費者からの圧力、③労働組合や女性運動、消費者団体と連携し、納入業者に労働基準を守らせる闘い、④活動を、（SEWAのような）新しい形の組合の設立や強化に結びつける、⑤ILO（国際労働機関）のような国際機関で問題を知らしめる、⑥地域の草の根の内職従事者運動が国境を越えて連携し、エンパワーメントに向けて資源や戦略や活動を共有する。内職従事者の共通利害は、労働者であり女性である日常生活から認識され、そこには、「労働者」なのか「内職従事者・主婦」なのか、といった人為的な分断はない。ウェストヨークシャー内職者連合は内職従事者の組織化に一定の成功を収め、識字率や意識の向上、労働者としてのエンパワーメントもみられたが、それはあくまで（労働者の自発的な意思による、労働者自身の組織化ではなく）フェミニスト団体が女性労働者を組織したものだった。その意味では、SEWAとWWFが貧しい女性労働者組織の重要なモデルとなるだろう。

スワスティー・ミッタルは、SEWAとWWFの成功について論じ、①効果的な戦略を用いれば、強力な女性労働者組織（WWFの組合員は八万五〇〇〇人、SEWAは四万六〇〇〇人）をつくることが可能だと示した、②「隠れた」労働者たちを、労働者として国や国際機関の政策決定者の目に見える存在にした、と述べている。SEWAもWWFも貧しい女性労働者の要求をとりあげるとともに、リーダーシップ訓練、保育、女性銀行、新しい取引機会を提供する生産者協同組合など、女性の能力開発のためのプランを備えている。ＳＥＷＡの事務局長レナナ・ジャブヴァーラは、ＳＥＷＡは一九七二年にインド労働運動のなかで生まれ、女性運動に刺激を受けてきたが、同時に、協同組合運動の一端を担うとも自負していると述べる(Jhabvala 1994)。このように、貧しい女性労働者の権利を求める闘いは、オルタナティブな経済システムをつくる戦略とつねに手を携えてきた。「ＳＥＷＡは協同組合の原則を受け入れ、協同組合運動の一員として、その原則をもっとも貧しい女性にまで広げていると自任している。……ＳＥＷＡは、貧しい女性を労働者の協同組合に参加させる必要性を知っている。協同組合運動が真に労働者の運動となるには組織を活性化しなければならないが、そのためには、運動の力を、貧しい女性を組織化し強化することに使わなくてはならない」とジャブヴァーラは言う(ibid., p.116)。このようにＳＥＷＡは、協同組合(または民主主義)の原則を貧しい女性にまで広げ、政治的・法的なリテラシーに力を注ぎ、批判的な集団意識を養う教育を行うとともに、集団的(ときに過激)な闘いのための戦略や経済的・社会的・精神的な発展のための戦略をつくりあげてきた。こうした活動が、ＳＥＷＡのプロジェクトを真にフェミニズム的、民主的で、変革力あふれたものにしているのだ。自営業の女性は、インド社会でもっとも権利を剥奪された集団のひとつである。経済的にもカーストという点でも、物質的、性的にも、健康面でも弱い存在であり、もちろん社会的・政治的に不可視化されている。したがって、組織化するのがもっともむずかしい人々でもある。ＳＥＷＡが、貧しい女性内職従事者の組織化に成功したのは、平等の権利と正義を求める闘い(抵抗の闘争)と同時に、分かち合いや教育、自律と自治といった協同組合の民主的原則にもとづく経済的な発展のための闘い(発展の闘争)にも焦点をあてたからだ。ジャブヴァーラは以上をまとめて、「労働組合と協同組合の力が一体となったことで、会員を守るだけでなく、新たなイデオロギーが生みだされた。貧しい女性の協同組合は、これまでにない新しい現象なのだ。SEWAには、社会の一形態としての協同組合が、より平等な関係をもたらし、新しい型の社会へ導くというヴィジョンがある」と述べている（ibid., p. 135）。

SEWAは、ジョナスドッティルが述べたような意味での第三世界女性労働者の共通の利害やニーズを、もっとも明確にしている存在といえるだろう。貧しい女性労働者の客観的な利害にもとづき、労働組合と協同組合の両面を発展させた組織化の戦略も、それを示している。最重要視されているのは、貧しい女性労働者が労働者や市民としての権利や正義を手にすべきだということである。だがSEWAは、主観的な集団的利害の認識にもとづいた、より深いレベルのニーズや願望を明確化しようともしている。すでに述べたように、共通の利害に関するこのレベルでの認識や表明こそ、世界中の女性労働者にとっての課題である。女性労働者の、労働者としての共通の利害については、前述した闘争や組織のなかでさまざまに表明されているが、今後の課題は、第三世界の女性労働者の共通のニーズや願望（利害の中身）を見きわめ、彼女たちがアイデンティティを構築できるよう導くことである。SEWAが、おそらくもっともよく認識し、熱心に取り組もうとしているのも、そうした課題なのだ。

これまで述べてきたように、ますますグローバル化する資本主義のもとで、第三世界女性労働者の立ち位置は、次のようなことを行うのに最適である。①支配と再植民地化のさまざまな実践をすみずみまで可視化し、資本主義が女性労働者を再植民地化するプロセスを、グローバルにも細部にわたっても焦点化すること、②第三世界女性労働者の国境を越えた連帯や組織化の基礎となる、共通の経験、歴史、アイデンティティを理解すること。女性の労働者としての社会的アイデンティティは階級だけを基礎に定義されるのでなく、たとえばこの場合は、人種やジェンダーやカーストの歴史、仕事の経験の理解にもとづいて定義される。事実、内職は、現代のグローバル資本主義におけるもっとも重要で抑圧的な「女性の仕事」の形態のひとつだろう。わたしは、国際分業の文脈でつくられる「第三世界女性労働者」というイデオロギーに注意を喚起するとともに、それぞれの不平等の歴史には差異が存在することを明らかにした。その例として、ナルサープルにおけるジェンダーとカースト／階級の歴史と、シリコンバレーやイギリスでのジェンダーと人種とリベラルな個人主義の歴史をとりあげたのである。

だがわたしは、それらが個々ばらばらな歴史だと言っているわけではない。現代経済のなかで第三世界女性を搾取する形態である女性労働に焦点をあてながら、第三世界の女性と第一世界の女性が共有する歴史にも注目したいのだ。それは、現代のグローバルな世界における資本の論理や動向である。多国籍資本の利害や戦略が、地域の既存の社会的ヒエラルヒーを利用して、男性性と女性性、技術的優位、適切な開発、熟練労働と未熟練労働などのイデオロギーの構築や再生産、維持を可能にしている。本章では、そうしたことを「女性の仕事」という観点から論じるとともに、「女性の仕事」のカテゴリーが第三世界女性労働者というイデオロギーにもとづいていることを示した。このような新国際分業における第三世界女性の立ち位置を分析するには、植民地主義と人種、階級と資本主義、ジェンダーと家父長制、性と家族形態に関する歴史をふまえなくてはならない。それゆえ、女性の仕事のイデオロギー的な定義と再定義を分析すれば、共通の闘いのための政治的基盤が見えてくる。そうしてつくられる第三世界女性労働者の政治的連帯を、わたしは強く支持したい。この考えは、第三世界女性には、あるいは女性なら第三世界でも第一世界でも、共通の経験や搾取や力があるとする歴史を無視した概念とは対極に立つ。そうした概念は、自己と他者という西洋フェミニズムの分類規範を当然視するものだからだ。第三世界の女性を理論や闘いの主体ととらえるなら、彼女たち／わたしたちには、共通したり異なったりするそれぞれの歴史があることに注意を払わなくてはならない。

本章では、グローバルな世界の第三世界女性労働者について、次のような分析的・政治的課題に光をあてた。①特定の女性労働者の集団を、歴史および現代資本主義のヘゲモニーの影響のなかに位置づける。②男性化した労働者のイデオロギーを脱神話化し、国境を越えた女性労働者の連携と連帯の可能性を探る。③第三世界の女性労働の定義が家庭内化されていることを明らかにし、実際にはそれがグローバル資本主義の再植民地化戦略であることを示す。④女性は労働者として、労働生活や労働環境を変革するために共通の利害をもつだけでなく、内職が余暇や補助的活動でなく生計のための労働と認識されるよう家庭を再定義するという点でも、共通の利害をもっていることを示唆する。⑤経済的・政治的な正義を求めるフェミニズム運動や集団的な闘いにとって、フェミニズムの解放的な知が必要だと強調する。⑥第三世界女性が、女性として労働者として共有する社会的アイデンティティを理論化し、それにもとづいて第三世界女性労働者の共通利害を具体的に定義する。⑦貧しい第三世界女性労働者の、抵抗の習性や集団的闘いの形態、組織化の戦略について考える。「自分の生活を少しでも自分のものにする力を得るには、同じニーズをもつ人々と団結するしかない」と言うイルマは正しいのだ（Hossfeld 1993, p.51より引用）。第三世界女性労働者のアイデンティティが、資本主義の再植民地化との闘いやフェミニズム的な自己決定と自治のための革命的な基礎となるように、共通の利害やニーズを定義するという問題は複雑である。だが、マキラドーラの労働者ヴェロニカ・バスケスやSEWAが示すように、女性たちはすでにそうした闘いを始めている。二一世紀初頭は、グローバル資本主義の支配と搾取によって性の政治学が悪化したとされるかもしれないが、希望と連帯の新たな政治学の夜明けでもあるのだ。

注

＊1　本章の題辞は、Hossfeld（1993, pp. 50–51）から引用した。

＊2　Dribble（1994）を参照。マキラドーラ労働者支援委員会は、会社が免罪されることに反対して国境を越えた運動を起こした。この組織はサンディエゴに本拠を置き、組合運動家や市民活動家などの自発的参加にもとづいて、労働者の自律的な運動づくりを手助けし、メキシコの労働者とアメリカ合衆国の労働者の結びつきを強めた。事務局長はメアリー・タンで、委員会は、マキラドーラ労働者の暮らしぶりや仕事、変革に向けた努力といった現実の姿をアメリカ市民に知らせることも目的としていた。より詳しい情報については、Support Committee at 3909 Centre Street, Suite 210, San Diego, CA 92103 に文書で問い合わせのこと。

＊3　第2章一二〇頁を参照。第2章「闘いの地図を描く」では、第三世界フェミニズムの政治学を理解するための歴史的、政治的、言説的な五つの領域を提起しておいた。それは「第三世界の脱植民地化と解放運動、欧米における白人の自由資本主義的な家父長制の強化、グローバル経済のなかでの多国籍資本の動き……支配と自己省察の例としての人類学、対抗的な意識と行為主体の言説である物語や自伝（書くことの実践）」である。本章はこのなかの一部、多国籍資本の作用と貧しい第三世界女性労働者の位置を扱っている。

＊4　Amott and Matthaei（1991, esp. pp. 22–23）のすぐれた分析を参照。

＊5　Bagguley（1990）参照。

＊6　ジョアン・スミスは、同じような観点から、世界システム理論（世界中のさまざまな経済的・社会的ヒエラルヒーや国家による分断を、複数の独立した国家のシステムではなく、複数の部分をもつ単一の分業システムの一部と

見なす理論）アプローチの有効性を主張し、深くジェンダー化されたこの分業システムを理解するには、「家庭」の概念を絶対不可欠なものとして組み入れるべきだとする（Smith 1994）。彼女の分析は、年齢、ジェンダー、階級、国家の境界を越えて富の移動が可能となる、男女関係としての家庭の概念を歴史化し分析するのに役立つが、異なる文化における家庭の概念に内在する男性性や女性性、異性愛的セクシュアリティのイデオロギーにはなぜかふれておらず、また家庭についての理解に違いがあることにも言及していない。さらには、「女性の仕事」が構築される際の生産の分野での家庭内化の影響にもふれていない。スミスの主張するような世界システム論アプローチは有用だと思うが、わたしの分析はそれとは異なる形で、関係性や理論化を試みるものである。

＊7　わたしがとりあげる事例研究は、Mies（1982）, Katz and Kemnitzer（1983, 1984）, Hossfeld（1990）である。また、Westwood and Bhachu（1988）に収録されたイギリスにおける黒人女性労働者に関する議論も参照した。

＊8　第2章の「支配関係」についての議論を参照。ここ一〇年ほど、女性と仕事、女性と多国籍企業に関するすぐれたフェミニストの研究が多数現れた。このような研究があったからこそ、わたしの議論も可能となった。アイワ・オング、マリア・パトリシア・フェルナンデス＝ケリー、ルールデス・ベネリア、マーサ・ロルダン、マリア・ミース、スワスティー・ミッタル、サリー・ウェストウッドといった研究者の分析的・政治的な洞察や分析がなかったら、異なる地理的空間の女性労働者の生活や闘いを理解し、結びつけようとするわたしの試みは非常に限られたものになっただろう。本章は、こうした研究者の議論をふまえてはいるが、個々の事例から出発して、世界システムモデルとは異なる総合的分析をめざしている。とくに Nash and Fernandez-Kelly（1983）, Ward（1990）, *Review of Radical Political Economics*（1991）, Bradley（1989）, Brydon and Chant（1989）参照。

＊9　Shohat and Stam（1994, esp. pp. 25–27）参照。「第三世界」といった用語を使う際の分析的・政治的な問題を論じるにあたって、ショハットとスタムは、一九五五年にアフリカ・アジア「非同盟」諸国が開催したバンドン会議での「第三世界」の使われ方に注目している。そこでは「第三世界」は、参加国の、ベトナムとアルジェリアの反植民地闘争への連帯を前提に使われた。わたしがここで想起したいのは、「第三世界」についてのそのような系譜である。

＊10　わたしは、サティヤー・モーハンティーとのたび重なる議論を通じて、政治的、学問的な観点から位置と経験と

社会的アイデンティティの関係を理解し認識した。とくにMohanty（1995, pp.108–17）参照。この問題についてさらに深い議論は、Alexander and Mohanty（1997）所収のMoyaの論文を参照。

＊11　Sacks and Remy（1984, esp. pp.10–11）.

＊12　この問題をめぐる国境を越えたフェミニズム運動の例は、以下を参照。Sahgal and Davis（1992）, Moghadam（1994）, Institute for Women, Law and Development（1993）, Rowbotham and Mitter（1994）, Peters and Wolper（1995）.

＊13　アイワ・オングは若いマレーシア人女工をさまざまな面から調査し、女性的なセクシュアリティの概念がどのように言説的につくり出され構築されるかを論じており、彼女の議論もこの文脈にあてはまる。その際、「独身」か「既婚」かは、性を管理するにあたって強い意味をもつ。

＊14　ホスフェルトは、第三世界の少なくとも三〇カ国から来た労働者と話したと述べている。そのなかには、メキシコ、ベトナム、フィリピン、韓国、中国、カンボジア、ラオス、タイ、マレーシア、インドネシア、インド、パキスタン、イラン、エチオピア、ハイチ、キューバ、エルサルバドル、ニカラグア、グアテマラ、ベネズエラ、南欧とりわけポルトガルとギリシャの出身者がいる（Hossfeld 1990, p.149）。シリコンバレーの工場現場にこれほどの人種や国籍の多様性がある意味を、あらためて考えてみることは有益だろう。これらの労働者はすべて「移民」と定義され、その多くは近年の移民だが、このかん、資本の再植民地化戦略が人種や民族やジェンダーの論理によって進むなかで、あらゆる労働者が経営陣や国家と、似たような関係に置かれている。

＊15　シリコンバレーの組立ラインは往々にして人種や民族やジェンダーで区分され、労働者はより高い生産性めざして互いに競争させられる。個々の労働者は、空想するだけにしろ実行するにしろ、システムは変えずに、選択するだけである。だが労働者の選択は、ただ大都市の労働者階級がこれまで手にしてきた給付の水準を引き下げる結果に終わることも多い。このように、副業や残業、転職は個人的抵抗のしるしであり、全体としては階級的上昇志向を示すのだが、まさにそうした労働者の選択が、直接賃金に上乗せされるヤミ手当を生む。そしてそれが、法や制度や契約による協定の網の目をかいくぐる国内の地下経済を支えているのだ。

＊16　Hossfeld（1990, p.149）.「女と男は違うから、女性の給料は低い」「移民は安上がりだ」。

＊17　この項の題辞はWestwood and Bhachu（1988, p.5）より。Phizacklea（1988）, Bhachu（1988）, Josephides（1988）

も参照されたい。

＊18 アメリカ合衆国における内職の歴史と現状の詳細な議論についてはBoris and Daniels（1989, esp. pp. 1–12）, Fernandez-Kelly and Garcia（1989）, Allen（1989）を参照。

＊19 Rowbotham and Mitter（1994）の序章参照。

第7章　民営化する市民権《シティズンシップ》、企業化する大学とフェミニズムの課題

大学は自分を磨くところで、人生でより高い教育を受けるための場所だった。だれもが、だれもに教えている。だれもが教師で、だれもが生徒だった。賢人はしゃべる以上に耳を傾けた。そして口を開くときは、質問が飛びだしてくる。その質問は、無限に続く世代を、深遠な永遠の発見に導くような質問だった。

大学でも学府でも、人々は座り、瞑想し、静寂から知識を吸収した。研究は終わることがなく、すべての人が研究者であり、研究の成果を実用に生かすことを考えている。目的は、すべてを統べる隠された法則を発見することであり、精神を深めることであり、個々の感性を宇宙的なものにまで深めることであり、さらに創造的になることだった。

Okri（1995）．邦訳書八五頁

ベン・オクリは叙情的に大学のヴィジョンを語る。生涯にわたる集団的な学び、学ぶ姿勢としての傾聴や静寂や瞑想の大切さ、創造へ導く知的・精神的活動の結合を強調し、研究と知の獲得過程が、より

広い物質的、宇宙的な環境のなかでの人間存在の法則や価値の発見であると述べる。だが、二〇世紀後半から二一世紀初頭のアメリカ合衆国の大学を見るとき、大学生活の目的や教育に関するオクリの描写はあまりに理想主義的に映る。にもかかわらず、本章をこの大学コミュニティの美しい解釈から始めるのは、まさにそれが理想だからであり、世界中で学問の場にいる多くの教員や研究者の仕事には理想を追う面があることに注意を促したいからだ。道徳的な教育観や真の知の探究というこうした理念を、全面的にではないが支持するがゆえに、本章では、企業化を深めるアメリカの大学とそれがフェミニズムに与える深刻な影響について書いてみたい。

大学はつねにフェミニストの闘いの場だった。知識が植民地化されると同時に切磋琢磨される矛盾した場であり、学生運動やさまざまな進歩的活動が生みだされる場でもある。対話や活動、民主主義と正義の理念のための公共の広場のようなものとして、急速に民営化する世界に残された数少ない空間の一つなのだ。こうした空間は急速に減っているが、大学では対話や意見の相違や論争がまだ可能だし、認められている。大学は、アメリカ合衆国のフェミニズムの闘いにとって非常に重要な、数少ない議論の場だと思う。最近では学生たちの反グローバリゼーション運動の大切な場であり、9・11以後は主要な反戦活動の場でもある。アメリカの高等教育機関で進行する民営化は、大学でのフェミニズムの研究や活動に重大な影響を及ぼしており、反人種主義フェミニストは自分たちの活動を、こうした大学の再編との関わりで理論化する必要がある。

そこでわたしは、大学での進歩的な研究や活動の限界と可能性を明らかにするために、この分析を行いたいと思う。本章では、スタンリー・アロノヴィッツが「知の工場」(Aronowitz 2000)と呼び、他にも「企業大学」(Giroux and Myrsiades 2001)、「デジタル学位工場」(Noble 2001)、「大学資本主義《アカデミック・キャピタリズム》」(Slaugher and Leslie 1997)、「北米大学の学問のグローバリゼーション」(Currie 1998) などと呼ばれる大学のあり方を、反人種主義フェミニズムの立場から批判したい。分析する理由は二つある。ひとつは、ヨーロッパ中心主義で男性優位の知的基盤に対する言説的、教育学的な批判は、フェミニズム研究を含むより広い制度的文脈でとらえられなくてはならないからであり、もうひとつは、民営化し企業化した大学が機能を弱めていると指摘する左派研究者は増えているものの、そのほとんどが、人種化されたジェンダーの問題を無視するかまたは抹消しているからだ。ここ数十年、マルクス主義フェミニズムや反人種主義の立場からの理論化が進んできたにもかかわらず、理論の前提として人種化されたジェンダーの問題を抹消してきた左派の批判の弱点を、わたしたちはいまなお引きずっている。一方、フェミニスト研究者は、言説やカリキュラムや教育という点で、それぞれの専門分野でも学際的にも大きな前進をとげてきたが、その成果と企業化した大学への反資本主義的な批判を結びつけることはほとんどなかった。実際には、企業化した大学は、アメリカ合衆国で、教員や研究者としてのわたしたちの日々の活動の具体的、イデオロギー的な状況を規定しているのである。

第8章では、知の政治学に焦点をあて、カリキュラムや教育実践とそれが大学内の周縁コミュニティの位置づけや経験に及ぼす影響をとりあげる。本章では、アメリカ合衆国の大学(または高等教育機関全般)の政治経済を分析し、権力がグローバルに再構築され経済的・政治的に再編されるなかでの知の商品化について、考察する。この二〇年間のわたしの仕事と闘いの場を分析するにあたって、またも分析の中心となるのは、権力、差異、知、民主化運動である。そこでの問題は、連帯の可能性や、境界とその根っこにある権力関係である。大学内で、見えない境界がどこにあり、どうしたら可視化できるか。境界を越えられるのは誰で、越えられないのは誰か。境界を越えるのに必要なパスポートや資格とは何か。そして、境界を民主化、脱植民地化して、対話や異論が可能なコミュニティを構築し、自律と自己決定のために必要な知にすべての構成員がアクセスし利用できるようにするにはどうしたらいいのか。

グローバリゼーションとは一種のスローガンで、濫用されてはいるがよく理解されていない概念であり、世界中で現実に起こっている権力の変動と統合を表している。権力をもつ機関や人間は、ある程度、権力の作用を隠したり神話化することで不平等を支配し維持する。二一世紀初頭の高等教育の政治経済を理解することとは、グローバル資本主義が君臨する時代にあって、権力の変動や神話化を見抜き、可視化することなのだ。ここでは、市場イデオロギーと具体的なビジネス行為を結合するプロセスとしてのグローバリゼーションに焦点をあてる。この文脈において、大学でのグローバリゼーションの影響を明らかにする手がかりとなるのは差異の政治学である。すなわち、差異（の統制と植民地化）についての知の創造や、自らの知識をいかに知るのか、そして世界中の人々のさまざまな現実やコミュニティを「知る」重要性、である。フェミニストであれば、グローバル資本主義や北アメリカの高等教育の「通常業務」を当然視するような知の政治学を見きわめ異議を申し立てるために、違った見方や理論の立て方を学ばなくてはならない。とりわけ、人種化されたジェンダーを可視化し、それが企業化した「新しい」大学の管理プロセスの中心にあることを認識すべきである。アメリカ合衆国の高等教育のカリキュラムや教育に関して、フェミニズムや反人種主義、多文化主義に立った研究は豊富にあるが、[*1] そうした問題を管理や教務、教育政策と結びつけた研究はほとんどないに等しい。本章ではその関連を考察したい。

グローバリゼーション、大学資本主義と民主主義教育

グローバリゼーションのわかりやすい説明として、「国境がない《ボーダーレス》」時代の到来というのがある。テクノロジー（インターネットなど）や金融資本、廃棄物、管理機構（WTOなど）の流動化とボーダーレス化は、（世界銀行やIMFに対する抗議行動のような）国境を越えた政治運動とともに、二一世紀初頭のグローバリゼーションの特徴である。一九八九年に、ジョナサン・フェルドマンはアメリカ合衆国の大学が「介入と軍国主義の複雑な構造の一部である」と説得力をもって主張し、大学がいかに「国家の戦争体制と多国籍経済に参加しているか」を明らかにした（Feldman 1989, p.5; Soley 1995）。一九六〇年代から七〇年代、八〇年代に「軍産複合体」と呼ばれたものは、いまでは「軍・監獄・サイバー・企業複合体」という化け物になった。この「軍・監獄・サイバー・企業複合体」というわたしの分析概念は、サイバーとメディアと企業権力を結びつけたジーラー・アイゼンステインの議論と、アンジェラ・デイヴィスによる新たな「監獄・産業複合体」の分析にもとづいている（Eisenstein 1998; James 1998）。ここでは、アメリカの大学が、この複合体のどこに（実際にも、比喩的にも）位置づけられるかを問題にしたい。多くの研究者と同じく、わたしも、アメリカの大学はこの複合体とつながった「スケイプ（scapes）」（テクノロジー、機械、組織、テクスト、アクターのネットワークを指すジョン・アーリの言葉）のひとつだと考える。ボーダーレスなことは、権力、アクセス、正義、説明責任に関する重大な問

題をひき起こす。こうした世界では、不平等もまた移動するのだ。

ジョン・アーリは、新しい機器やテクノロジーが時空間を狭め、時として社会的な規制や管理を超越するスケイプをつくりだすという。そうしたテクノロジーには、「光ファイバーケーブル、ジェット機、AV機器、デジタルテレビ、インターネット等のコンピュータネットワーク、衛星、クレジットカード、ファックス、売り場専用POS端末、携帯電話、電子証券取引、高速鉄道、バーチャルリアリティなどがある。また、核兵器や化学兵器、通常兵器とそのテクノロジーの大々的な発展、さらには新種の廃棄物や健康被害の大規模な増大も含まれる」(Urry 1998, p.6)。

北アメリカの大学も、同じようにグローバルなスケイプとして、経済的・政治的な資本主義支配に組み込まれているのだろうか。この命題の答えは、ヘンリー・エッコウィッツらが言う科学政策と経済成長政策のあいだの緊密な関係に見いだせる(Etzkowitz, Webster, and Healey 1998, p.21)。かれらは、一九八〇年代以降、大学は「第二の革命」を経験していると主張する(第一の革命は一九世紀末から二〇世紀初め、人文科学をもとに起こり、研究が大学の使命となった)。第二の大学革命の中心は科学であり、「研究の成果を知的財産、市場性の高い商品、経済成長に転換する」(ibid.)。注意してほしいのは、ここで使われている財産、商品取引、経済成長といった言葉が、どれもグローバル資本主義の基礎をなしていることだ。大学での研究が経済成長と結びつき、その研究が基本的に市場圧力によって推進されるとき、大学は資本主義支配の重要な担い手と位置づけられる。エッコウィッツらは、科学分野での知の「資本化」を「三重らせん」モデルと呼び、産学官がらせん構造となって互いに依存しているとする。ここでいう知の資本化とは、「人々の知的(科学的)財産を文字通り資本化し、知識を商業財に転換することであり、より一般的には、広い意味での社会が、将来の技術革新力を確立するために、大学や公立の研究機関などを利用・搾取する方法を指す」(ibid., p.9)。知の資本化は、大学が触媒となってグローバル資本主義を促進する深遠な方法のひとつなのだ。グローバル資本主義は、今世紀初頭の数年間に、知と情報テクノロジーによって効果的に促進されたのである。

いまでは広範な産学連携があり、軍・監獄・サイバー・企業複合体を支え、維持している。こうした巨大な権力と抑圧が、経済のグローバリゼーションのなかで新たに再編されたアメリカの大学の通常業務を通して、拡散されては集められ、再利用され、強化され、そして何より正当化されているのだ。大学とグローバル資本主義の他のスケイプが結びつくことで、ジェンダーと人種と階級と性のヒエラルヒーは再利用され悪化している。わたしが関心を抱くのもその点だ。

大学へのグローバリゼーションの影響について研究者や批評家が論じてきたように、ここ数十年間にわたしたちが目撃したのは、一九世紀的な公共大学の理念や使命が大きく転換し、資本主義的で民営化された市民のあり方を当然視する事業的・企業的な大学モデルへ移行したことだった。再編されたアメリカ合衆国の大学では、グローバルな北アメリカ市民を至高の存在とする市場と消費者のイデオロギーがますます強まっている。これは、社会的・経済的正義に関心をもつ教育者や市民にとって悪い兆候である。さらに、企業化した大学や消費者市民の日々の営みを支え強化しているのが、人種や性によって差別する搾取システムなのだ。これには、不平等な労使関係、選別的なアクセス・システム、ヨーロッパ中心主義の規範やカリキュラム構成、性差別的・人種差別的な大学文化、さらにはフェミニズムや人種・エスニック研究、ゲイ・レズビアン・クィア研究の周縁化と取り込みも含まれる。

企業や事業としての大学を支える価値観とイデオロギーは、高等教育を通して民主的な市民を育成するという民主的な公共大学の理念や価値観とはまったく相反する。エイミー・ガットマンは、民主的な教育に関するいまや古典となった著書で、大学とは、若者が政治問題を注意深く批判的に考え、自分の意見を明確に表現し、反対者に反論する方法を学ぶといった教育にもっとも適した場であると述べている（Gutmann 1987）。歴史的にみても、大学が比較的自治を保てたのは、独裁の脅威に抵抗するという、主として民主的な目的があったからだ。ガットマンは、「大学の自由」と「学問の自由」について、次のように述べている。

思想創造に対する統制——多数派によってであれ、少数派によってであれ——は、民主教育と民主政治の核心である意識的な社会の再生産の理想を侵害する。大学は、自由な学問研究の制度的聖域として、そのような侵害を防止する役に立つ。大学は、斬新ではあるが必ずしも正統的でない思想も、知的な価値があれば評価される場である。そこでは、そうした思想を支持する者がその正当性を擁護できれば、異端者ではなく共同体の一員となる。かくして大学は、抑圧のない聖域として民主主義に貢献する（ibid., p.174. 邦訳書一九七頁、一部改訳）。

大学は「自由な学問研究」の聖域であるという考えは、大学が国家や市場との関係で自治を保つ必要を示唆している。大学は、こうした自治と民主的実践のおかげで「抑圧のない聖域」でいられる。そして、この役割ゆえに、大学は民主的な市民の育成にあたって固有の位置を占めるのである。大学が育む民主的市民の理念と、エッコウィッツらが分析する科学知識の資本化やいまでは常態化した産学提携を対比してみると、新しい大学は、市民の形成に果たす役割という点で大きな矛盾を抱えていることに気づくだろう。産学複合体という文脈では、大学はもはや抑圧のない聖域を謳歌することはできず、国家や産業や企業の利益追求の圧力をまぬがれる「自由な学問研究」の場でもありえない。

しかし大学は知の生産と普及に関わっており、いまでも闘いと論争の場である。それゆえ、企業化した大学は、フェミニズムが関与すべき重要な場なのだ。近年、大学にいる女性、とくにフェミニストの研究者や教員に対するバックラッシュが起きている。フェミニスト研究者は、やっていることが「政治的」だとか異質だという理由で終身雇用の地位を得られない。大学の経営陣は、終身雇用できるような「能力ある」女性やマイノリティの候補がなかなか見つからないせいだと主張するが、女性、とりわけ有色人女性に関しては、短期間に次々と入れ替わる、いわば「回転ドア政策」がしっかり根づいている(**Sidhu 2001**)。このバックラッシュについては、大学での保守的・新自由主義的な言説や実践の覇権という文脈だけでなく、大学の企業化という面からも分析する必要がある。

ガットマンの民主教育についての見方は、民主的で公正な社会における大学の使命として、正義と平等の価値を加えるとき、より複雑になるだろう。ここで役立つのはアイリス・マリオン・ヤングの論考である。彼女は、利権集団の政治には問題があると主張し、その理由として「それが推進する代表制と意思決定の民営化は正義に無関心なだけでなく、資源や組織や権力の不平等を助長して支配層だけに利益をもたらし、他の人たちはまったくといっていいほど無視される」からだと述べる。そして、「民主的参加は、能力の開発や訓練のための重要な機会を提供するため、利権の保護よりも本質的な価値がある」と雄弁に主張するのである（Young 1990, p.92）。これは、抑圧のない聖域（利権集団の政治に与しない）と自己規定することで大学は民主的な能力の開発や実践のための場を提供している、というガットマンの主張に似ている。だがヤングは、ガットマンと違って、正義と平等という観点を導入し、とくに歴史的に抑圧され周縁化されてきた人々との関連で、正義と平等は民主主義に欠かせないとする。民主的なシティズンシップと社会正義との結びつきについて、ヤングは次のように定義している。「社会正義の到達点は社会的平等だと、わたしは思う。平等とは、社会的財の分配を第一義とするものではない。もちろん、社会的平等にともなって分配は行われるが、何よりもまず、社会の主要な制度に皆が参加し包摂されること、だれもが能力を発展させ、行使し、自らの選択を実現できる実質的な機会を社会が保証することなのだ」（ibid., p.173）。

このようにヤングにとって、高等教育での民主的なシティズンシップは、抑圧的でない環境で自由な学問研究や議論の場をつくるためだけでなく、あらゆる社会集団が自分たちの生活を左右する制度に公正・平等に参加するためにも必要なのだ。だれもが能力を高め、選択を実行するには、公正で平等な参加が不可欠である。ヤングは、民主的なシティズンシップを理論化する際に、ジェンダー、人種、階級、性の差異や不平等に注意を払うよう主張する。この高等教育での民主的なシティズンシップという理念も、ベン・オクリのヴィジョンと同じく、再編され企業化した大学の理念や価値観とは相容れない。こうして大学の理念と使命という点から矛盾を明らかにすると、反人種主義のフェミニズムには新たな闘いの場が開けてくる。

大学での反人種主義フェミニズムの課題が、異なる人種や性や階級のコミュニティにおけるアクセスや機会、権力や声の問題に留意しながら、民主的な場を創造し強化することだと考えるなら、民営化された再編された大学は重要な闘いの場である。大学の再編はいくつかのレベルで起こる。①教員の仕事の内容が再編され、他学部の教員も含める形で労働の分担が大きく変化する、②事務職や管理職の仕事の内容も変化し、ときには新しい仕事が増えたり、役割が狭められる、③知の体系や分配の変化、つまりカリキュラムの優先順位や教育計画も再編される、④企業の利害や優先事項に関連した大学の位置づけも、国家や州の利害と優先事項に関連した大学の位置づけも、再編される。これらすべてを接着剤のように結びつけているのが、ますます増大する大学の民営化だ。その結果、大学において、公共空間は浸食され、説明責任、責務、自治は減少している。

民営化、すなわち政府が所管し実行すべき公共財やサービスを民間の企業や個人に移行することは、アメリカ合衆国における、経済的・政治的なグローバリゼーションのもっとも露骨な表れのひとつである。アメリカ国内の民営化は、ＩＭＦや世界銀行が第三世界や発展途上国を標的に行っている構造調整プログラムのコインの裏側なのだ。そして、高等教育の民営化は、監獄・病院・メディア等の民営化と結びついている。それゆえ、大学とグローバリゼーションをめぐる議論は、軍・監獄・サイバー・企業複合体という、より大きな枠組みでなされるべきだ。大学の企業化（それは、アファーマティブ・アクションを後退させ、周縁化された人々とその知を再植民地化した）と闘う唯一の方法は、その闘いを他の企業化反対運動（たとえばＷＴＯ反対運動）と結びつけることだろう。

民営化、労働、大学の企業化

アメリカ合衆国で進む民営化とは、福祉や社会保障制度の解体、公園・レクリエーション施設・病院・刑務所の売却やリース、造園・スクールバスの運転やデータ処理サービスの外注化などである。[*2] 大学では、食堂・守衛・清掃業務の外注化に加えて、授業やカリキュラム編成も外注されている。それは、デービッド・ノーブルが言うように、利益追求のために教育課程を商品に変えてしまうたくらみであり、高等教育を、あたかも通信教育用パッケージのように、モノ化することなのだ（Noble 2001）。

イデオロギー的には、民営化の根拠となっているのはミルトン・フリードマンとシカゴ学派の経済学理論で、一九八〇年代以降、効率化とコスト削減、介入的・非効率で腐敗した大きな政府の解体、といった保守的な論理を展開してきた。このイデオロギーは保守系右派のシンクタンクであるヘリテージ財団、ジョン・ロック財団、リーズン財団、ケイトー研究所、アメリカン・エンタープライズ研究所などの影響を受け、公共政策に適用されている。民営化イデオロギーによって、公的な参画と制度的な責任や説明責任が利益追求に置き換えられる、という倫理的な大転換が起こる。民営化は、民主的統治の原則を資本主義的な市場原理につくり換え、市民を消費者に変える。それは責任の放棄である。はっきりさせるべきなのは、いったい誰が得をするのか（企業や新保守主義的運動だ）、いったい誰が不利益を強いられるのか、である。不利益を被るのは、すべての労働者や有色人、貧困層の女性、そして民主主義とシティズンシップに関心をもつすべての人なのだ。

シーラ・スローターとラリー・レスリーによれば、アメリカ合衆国の大学は経済と同様のリストラを体験し、効率化と経費節減の名のもとに、政府による規制緩和と民営化の標的となっている（Slaugher and Leslie 1997）。一九九〇年代前半には、アメリカの公立研究機関の三分の二が大幅な経費削減に直面し、私立大学の多くがさまざまな形で節約を余儀なくされた。このように、経済と同じく、高等教育も経費節減のための合理化を行わなくてはならなかったのである。通常、合理化は「大学資本主義」の形をとり、大学はイデオロギーや財政面で市場に近づいた。政策や実務の面では、産業界との結びつきを強め、営業部門をつくり、外国の学生に教育を販売し、キャンパスの再編を行った。大学資本主義は民営化のイデオロギーや政治そのものであり、市場を重視する資本主義的な市民を生みだす基盤をつくる。

ジャン・カリーは、大学とグローバリゼーションについての著書でこう述べる。「大学に大きな影響を与えているのは、市場と民営化を最優先し、公共分野の役割を縮小するよう求める、グローバリゼーションにおいて有力な経済イデオロギーである。それは経済の規制緩和と労働の合理化を進め、残る「基幹」労働者の仕事を増大させる」（Currie 1998, p.15）。焦点は、性的・人種的・階級的平等の実現から、グローバル市場へと置き換えられる。そして、人種・ジェンダー・性・階級の、いまだに問題の多い構造と闘う（つまり社会正義を求める）かわりに、そうした対立の「管理」がなされるようになるのだ。その結果、近年大学では、多文化主義の言説は大きな力をもっているのに、現実には、階級化・人種化したジェンダーによって周縁化されたコミュニティの再植民地化が進んでいる。同化の教育や実践は、差異と変革の教育や実践とは似て非なるものだ。そして管理も、社会正義をめざすこととはまったく違う。社会正義とは、歴史の重みを深刻に受けとめ、人種・ジェンダー・性・階級の平等をしっかり重視するものだからである。

わたしたちがよく知っているように、大学の再編（民営化）は教授職の削減をもたらしている。教育課程の商品化のせいで、教育者よりも、単位として切り売りされる教育成果のほうが注目をあびるからだ。高給で安定した職と福利にめぐまれたごく少数の基幹集団と、薄給で不安定で福利や保険もない、大半は女性の契約労働者の大集団との格差も広がっている。いまでは全国の授業の約三〇％を非常勤講師が教え、学部教員の四五％は非常勤である。[*3] 翻って一九七〇年代には、非常勤の教員はわずか二二％だった。こうした雇用形態の変化は、高等教育の専門職のなかにも下層階級が生まれたことを示している。現代のグローバル資本主義のおなじみの物語はここにもあり、アメリカ合衆国の高等教育でもっとも打撃を受けているのは、有色人女性労働者である（National Center for Educational Statistics 2001）。これらは、高等教育の教員の役割や研究課題やアイデンティティが、徐々にではあるがはっきりと転換したことを示しており、この変化を可視化することは、大学における権力作用や支配の関係性を読みとくうえで重要である。ここでも境界が引き直され、経費削減や財政支援、効率化の言説が、砂上に描かれた線でしかない境界をあいまいに覆い隠す。このように、大学での労働再編を通して大学教員のシティズンシップは定義しなおされ、企業化した大学は、フェミニズムや反人種主義の知識人・教育者にとって重要な闘いの場となっている。『二〇〇一年度高等教育年鑑』にまとめられた教育省の統計によると、終身雇用を保証された女性教授の割合は一九七七年以降変わっておらず、全校全教科の専任教授の七九％が男性、約九〇％が白人である。また大学教員の給与の男女格差は、実のところ、一九九五年以降拡大している（Sidhu 2001, p.38）。有色人教員についてみると、黒人教員の割合はここ三〇年間変わらず、五

%未満で、その半数は伝統的に黒人主体である教育機関に在籍している。アジア系大学教員は五・五%、ラテン系は二・六%である。一方で学生は、二〇〇一年に、女性は全学生の五六%、アフリカ系アメリカ人が一一%、ラテン系が八%、アジア系が六%であった（Chait and Trower 2001）。

教育とグローバリゼーションに関する研究者の多くが、大学での労働再編に加えて、もう一つの警戒すべき変化を予測している。それはカリーによれば、「労働の強化、自治の喪失、監視と査定の徹底、政策決定への参加の減少、仕事による達成感や成長の欠如」である（Currie 1998, p.15)。ウィスコンシン大学やカリフォルニア大学（バークレー校）のような大きな州立大学での、近年の遠隔教育の人気の高まりやカリキュラムのテクノロジー化・商品化は、知的労働に深刻な変化が起きている一例である。遠隔教育は、すでに一九世紀末に商品化された教育の具体例となった通信教育と比較できると、ノーブルは述べる。

いまや、コンピュータを利用した遠隔教育で労働者に職業訓練を提供する営利目的の会社も現れた。そこで大学も、こうした営利企業の挑戦を受けてたとうと、新たな収入源づくりや、売り物の種類や販路の拡大に躍起になっている。ライバルとの差別化を図ろうとしながらも、他方ではいよいよ緊密に連携して、お互いにまたもや似通い、いまやデジタル学位工場になりつつある（Nobel 2001, p.5)。

ノーブルは、この新たなデジタル学位工場の創設に、ウィスコンシン大学、カリフォルニア大学、コロンビア大学、シカゴ大学がいかに関わったかを検証している。最近では、コーネル大学が遠隔教育の営利会社e－コーネルを創り、この栄えあるリストに加わった。遠隔教育は、教育課程の人的要素に注目するのでなく、教育労働の産物（シラバスや講義など）に焦点を移したが、そうした産物は次には等級をつけられ分類されて営利目的で販売される。教育はこうして「配達可能な商品に姿を変え、その目的も自己認識の高まりでなく金もうけになった」のである（ibid., p.3）。言い換えるなら、わたしたちが知っているような教育はもう廃れてしまったのだ。

二〇〇一年に行われたデービッド・ノーブルのラジオ・インタビューによれば、クリントン＝ゴア政権は、国防総省を通じて現役兵士に遠隔教育を積極的に提供した。いまや国防総省は遠隔教育プログラムの最大の顧客である。これは税金を使った（軍事）市場であり、ここでも国家の統治機能と教育における優先順位の変更が関連している事実が明らかである。[*4] この過程で教師の役割は劇的に変化し、自分の労働とその成果を管理できる教育者から、商品の生産者兼配達人となった。それに応じて、学生も教育という新たな商品の消費者となった。こうして次には、大学教員の「脱専門職化」または「プロレタリア化」というお決まりの手順となるのだ。

ウィリアム・レディングズは「大学教員のプロレタリア化」について論じ、教員が熟練した専門家ではなくなり、カリキュラムの作成も教員でなく事務局が行うようになったと指摘している（Readings 1996）。レディングズの刺激的な理論は注目に値する。経済のグローバル化によって、大学は国境を越えた官僚的法人企業となりつつあり、欧州連合のような国境を越えた統治機関と結びつくか、国家の権限外で機能する多国籍企業のようなものになると、レディングズは述べる。このように、二一世紀の大学はもはや、アメリカ合衆国臣民としての市民を育成するよう求められてはいない（それは一九世紀の大学の使命だった）。冷戦の集結によって、国民文化を正当化する必要がなくなったのだ。

これは、市民に関わる重要な論点である。レディングズは、民主主義国家の市民の創出と結びついた大学の理念が消滅するのにともなって、法人企業としての大学構想が現れたと言う。では、法人企業という文脈での市民とはどのようなものか。企業の文化や価値観の文脈では、市民は、シティズンシップや民主的参加や共通の理念などではなく、金銭的な利害関係や財・サービスの消費力といった点から定義される。レディングズやノーブルによれば、法人企業大学の学生は、消費者としての市民である。このように、消費者としての市民とプロレタリア化した教員、そして新たに力を得た法人企業経営者が、大学再編の帰結なのだ。エドワード・バーマンも、ルイヴィル大学が模範的な企業大学へ変貌する様を詳細に分析し、次のように指摘する。「今日の高等教育システムは、激しい競争を特色とする市場経済のなかで機能している。そこでは、似たような製品（単体では講義、集合すると教育）を提供する多数の商店（大学）が、ますます気分屋になり人口動態的にも変化する消費者（学生）をめぐって互いに火花を散らしている」（Berman 1998, p. 213）。

バーマンは、一流大学と巨大企業が手を結んだ大学・企業提携の例を三つあげ、「軍・監獄・サイバー・企業複合体」における大学の役割について根本的な倫理問題を提起する。彼はまず、カーネギーメロン大学とウェスティングハウス社のロボット工学研究での提携、ハーバード大学とデュポン社、モンサント社の化学・遺伝子研究での提携、スタンフォード大学とＩＢＭ、テキサス・インスツルメンツ社、ゼネラルエレクトリック社等々との多角的な提携を分析している。またマサチューセッツ工科大学は最近、今後二年間に大学が新たな製品を開発するため一定の金額を企業側が支払う「新製品プログラム」を開設した。企業と提携して資金提供を受けるという仕組みは、大学側にも収入をもたらす。こうして、企業の管理職を迎えたり自由企業体制を讃えるために、新たな教授ポストがつくられ、たとえばペンシルバニア大学の「民間企業出身の信任教授」は、「自由企業体制の代弁者」たるべきと契約に明記されている。バーマンはまた、スポーツのプログラムがいかに大学に収入をもたらすかの例もあげる。ウィスコンシン大学はリーボック社と契約し、同社のウェアや靴を使うかわりに二三〇万ドルの資金提供を受け、奨学金やコーチの報酬、スポーツ・プログラムや地域支援事業の運営費にあてている。こんなふうに企業がスポンサーになったフェミニズム研究の「教授ポスト」があるなどという話は、まだ聞いたことがない。

エツコウィッツらは科学分野に注目し、産学提携の実態をより明白にする。そこでは「大学は、知の市場化、研究開発を担う会社の設立、知の共有など、企業がやるべき役割を引き受けている」(Etzkowitz, Webster, and Healy 1998, p.6)。このますます強まる知の創造と富(利益)の創出の結びつきが、企業化した大学の重大な倫理問題となっている。エツコウィッツらはさらに、「大学と企業は、一方は教育と研究、他方は生産と研究と、それぞれまだ使命は違うものの、知の市場商品化に関わっているという点でよく似てきた」と述べている(ibid., p.8)。

こうしたなかで強まっているのが、科学研究をめぐる公的機関と民間企業との利権争いである。大学の期待や基準と、民間企業のそれとは対立している。もっとも顕著なのがバイオテクノロジーの分野、とりわけヒトゲノム計画で、その結果、計画に必要な研究知識を求めて大学が会社を設立するケースが大幅に増加した。

このような連携が問題になるのはなぜなのか。なぜ大学の「企業化」を憂慮するのか。産学提携は、大学の知の創造に関する利潤追求や企業の影響といった倫理的な問題のほかにも、公的研究機関を財政支援するという政府の役割と責任をめぐって、重大な問題を投げかける。高等教育を民営化した結果、カリフォルニア州では予算の一八％を刑務所に割り当て、教育にはたった一％しか回さなくなった。カリフォルニア大学では予算が五年間で二五％も減り、それによって学費が二五％引き上げられた (Martinez 1998, chs. 14-16)。公立高等教育機関の民営化は、本質的に、運営を市場に委ねることを意味している。それは、民営化推進論者の美辞麗句とは逆に、市場の独占と選択肢の減少をもたらすのだ。

資本主義的な市民とフェミニズムの課題

資本主義的な市民の概念について語る意味とはなにか。それは民主的な市民とどう違うのか。「性差別的」とか「人種主義的」な市民をとりあげるのでなく、資本主義的な社会や価値に注目するのはなぜなのか。この質問にわたしは、資本主義こそ現在の社会体制の基本原理であると思うからだ、と答えたい (Dirlik 1997 参照)。こう言ったからといって、資本主義が「支配的言説」として機能しているとか、あらゆる形態の支配は資本主義のヒエラルヒーに還元できるとか、資本の時間的・空間的な影響は世界中どこでも同じだと主張しているわけではない。グローバル資本主義というこの特定の段階においては、前例のない脱領域化、資本の捨象と集中、テクノロジーによる生産と移動の多国籍化、地球規模の資本移動と連動した超国家的企業の合併統合などの特別な作用が起きており、資本主義のヘゲモニーや文化こそが社会生活の基本原理になっていると言わざるを得ないのである。そうとらえなければ、この世界でどう権力やヘゲモニーが作用しているかが曖昧になってしまう。それは大学でも同じだ。だから、反資本主義フェミニズム批評は論理的にここに行き着く。同じように、企業化した大学での女性学や人種研究、エスニック・スタディーズなどの講義の位置づけについても、問題を提起したい。こうした講義はどう市場化されるのか。わたしたち／彼らは、大学の再編といかに共謀しているのか。そうした変化の結果、わたしたちは何を得、何を失ったのか。たとえば多くの大学は、女性学の講座さえつくってくれれば、他の学部でフェミニスト研究者を雇う必要はないと考えている（Sidhu 2001, p.38）。フェミニスト研究者へのバックラッシュや雇用の際の回転ドア政策とあいまって、大学に所属するわたしたちの多くが困難な時期を迎えている。企業化した大学で、教育の規模縮小、商品化、テクノロジー化が同時進行するのにともない、学際的プログラムや人文・芸術分野のカリキュラムは、「市場でお飾りの役割しか果たさない」という理由で、徐々に廃止される傾向にある（Giroux 2001, p.40）。資本主義的で企業化した市民の創出にあたって、経済システムおよび消費文化としての資本主義は、人種差別や性差別や異性愛主義、国家主義にもとづく支配関係の中枢をなすと、反資本主義フェミニズムは考える。

資本主義的な市民はどのように理論化されるだろうか。そして大学は、そうした市民の創出にどう関わっているのか。大学の民営化と企業化に関するこれまでの議論から、エッコウィッツらのいわゆる「第二の大学革命」の結果、もっとも重要な変化として、公的生活への参加（民主的シティズンシップ）が、金・消費力・私有財産の有無とますます深く関連するようになってきたことがわかる。大学生活に倫理的・道徳的な枠組みを与えるのが市場だとすれば、教育者と学生は、民主主義国家の市民としてではなく、市場の消費者として、選択することになる（Starr 1987; Emspak 1997）。これでは、経済力のある人しか市場で「自由選択」できず、民主主義政策のひからびた残骸のようなものだ。民間セクターの政策決定はあくまで私的なのだから、市民には議論をしたり政策を策定する権利がない。こうして、富がシティズンシップを決定する。人々に代わって市場が統治する。決定権をもつのは、市民ではなく消費者なのだ。ゆえに、経済力のない者は市民ではない。この結果は、歴史的に周縁化されてきた、貧しい女性や有色人のコミュニティの深刻な再植民地化である。

資本主義的な企業文化は、市民の価値や権利、責任を私的財と定義し、社会的責任や公的サービスへの関与を、個人の責任や民間の自発性といった言葉に置き換えてしまう。こうしてシティズンシップまで民営化するのだ。ヘンリー・ジルーもこう述べている。

わたしのいう企業文化とは、上層部が組織活動を管理統制するために、また従順な労働者や非政治的な消費者、受け身の市民をつくるために、政治的・教育的に機能するイデオロギー的、制度的な力の総称である。企業文化という言葉やイメージにおいては、シティズンシップとはまったく個人的な行為であり、その目的も自らの物質的、イデオロギー的な利益のために争う競争的で利己的な個人をつくりだすことにある（Giroux 2001, p.30）。

つまり、資本主義的で企業的な市民モデルは、民主主義と自由の概念を市場論理に組み込み、資本主義市場に関連したイメージをもって国家に忠誠心を抱く。公共財、集団的なサービスと責任、民主的諸権利、自由、正義といった概念は民営化され、市場で交換可能な商品となる。こうして、企業化した大学での資本主義的市民の制度化は、民主的な公的空間、抑圧のない聖域という大学の理念を大きく歪めてしまう（Gutmann 1987, p. 174）。このように、大学における公共圏や民主的な市民が定義し直される状況で、言説として登場している。企業文化と結びついた新自由主義は、アメリカ合衆国の大学の支配的反人種主義フェミニストやラディカルな教育者にとっての危機とは何なのか。

リベラルで民主的な市民の育成から企業の顧客・消費者としての市民の創出へ、大学のイデオロギー的、制度的な実践が転換するなかで、学生は顧客・消費者となり、教員はサービスの提供者となる。そして経営陣は、紛争処理係兼かけ出しの資本家として、大学のためのマーケティングや利益増収に精を出すのだ。こうした大学の理念の再編は、より大きな「軍・監獄・サイバー・企業複合体」に組み込まれる。というのも、企業化した大学はいまや、この複合体を支えるのに必要な知識をつくりだすからだ。大学理念の再構築は、カリキュラム編成や知の分配、大学の自己イメージにも、ましてや労使関係や周縁化されたコミュニティの教育機会の提供にも変化をもたらしている。反資本主義・反人種主義フェミニストやラディカルな教育者にとって、大学理念の再編をめぐる闘いは火急の課題だ。

この論考でわたしは、アメリカ合衆国の大学における反資本主義フェミニズムの闘いがどうあるべきかを述べているが、闘いにとって根本的に必要なのは、資本主義の言説と価値観を批判し、企業文化と新自由主義言説による資本主義の当然視を批判することである。それはフェミニズムの反帝国主義的な理解、すなわちグローバル資本主義が大学で企業化したシティズンシップやヨーロッパ中心主義、排外主義を促進してきたことへの批判を意味する。反資本主義フェミニズムは、大量消費主義・民営化・私的所有の言説、公共財の私有化、消費社会への転換に異議を唱え、脱植民地化するとともに、差異や多元主義を、ヨーロッパ中心主義の観点から定めた基準をもとにして、その商品化した変種と見なすのでなく、本質的に複雑で矛盾したものとして理論化しなければならない。

わたしはここで、大学とは純粋であるべきだと言っているのではない。あらゆる産学提携に反対というわけではないが、確固たる民主的市民社会が不在ななかで、大学において企業文化が覇権を握ることには、十分な注視と議論が必要だと言いたいのだ。さらに、アメリカ合衆国の高等教育が経済のグローバリゼーションに対応して根底から再編されている今、政策決定の倫理や政治学にも注目したい。高等教育の再編や資本主義的プロセスの当然視を分析することは、二一世紀初頭における権力の変遷や強化を理解（し理論化）するための恰好の第一歩だ。わたしは本章で、反人種主義フェミニストの研究者や教育者のために、こうした変化を明らかにしてきた。そこから、新しい大学構想の下でのわたしたちの立ち位置と責任について省察し、異論と変革のための対話の場をどうつくっていくか考えることができるだろう。本章の冒頭で境界と越境について問いを投げかけたが、いまやそれに答えることができる。これまでの分析をふまえれば、どのようなコミュニティがどんな境界を越えられ、どのようなコミュニティが支配や再植民地化との関連で境界内にとどまるのかは明らかだ。合衆国の大学の政治経済に焦点を当てれば、教育やカリキュラムの主導権の問題を、企業化した大学の制度や経営といったもっと大きな関心に結びつけることこそ、フェミニスト研究者にとって決定的に重要なのだ。

企業の資金提供や優先順位によってカリキュラムが決まるような知の再編が進み、またしても女性と有色人が周縁労働者になる危険性が高いかたちで、アメリカ合衆国の高等教育が根底から再編されつつあるとすれば、それはまさに注目すべき危機である。だが教育政策の立案者たちは美辞麗句を並べて、グローバリゼーションで試されているのは、アメリカの教育が「グローバルな競争力」を提供しカリキュラムを「国際化」できるかどうかだと、わたしたちに信じ込ませようとしている。ただし、グローバル化推進の最大の圧力は、大学の外からの、アメリカ合衆国の高等教育の妥当性をうんぬんする実業界や政府による批判である。

実際、「グローバル化」の推進によって、アメリカ合衆国の教育はグローバル市場の輸出品となり、教育「製品」は、外国市場の消費者向けに再設計、包装、管理、配達されている。いままでは高等教育のために外国の学生がアメリカに留学していたのだから、これは伝統的な方法の逆といえる（Gagliano 1992, pp. 325–34）。企業化した大学の教育やカリキュラム、差異の問題については、次章で検討したい。

ラディカルな教育にとっての危機

まとめにあたり、ヨーロッパ中心主義の大学が新たにグローバル化するなかで、ラディカルな教育者が現在直面している「危機」について考えてみたい。[*5] とくに、ますます保守化する国内外の教育現場における異議申し立ての文化と政治学に注目したいと思う。教育機関や教育制度のなかで、学問や制度や教育方法や関係性によって境界が引かれ、それが正当化され、規制・強化される過程で、いったい何が失われようとしているのか。このように境界を区切ることにはどんな危険があるのか。それは誰にとっての危険なのか。領域と境界をめぐる闘争の結果、正当化・非正当化されるのはどのような知やアイデンティティなのだろうか。

問題なのは、教育における差異と平等をめぐる闘いである。支配に抵抗して社会正義を求める闘いは、地球規模でも地域や状況に応じても行われなければならないが、ここで、シティズンシップ、帰属性、民主主義といったまさに基本的な倫理・道徳的概念が危機に瀕しているのだ。こうした不正義の教育体制を変革するには、自己批判的な多くの作業が必要だ。だが、異議申し立ての文化は存在しており、それを育むことも可能である。もちろん、いつでも危険はある。権力に対して真実を語ることは、つねに危険なのだ。

この節では、学問領域でカリキュラムや専門分野、関連する境界を引いたり守ったりするときの政治的、学問的、制度的な危うさについて考察したい。それは、次章や本書全体に関わるより大きな政治的、認識的な問題を提起するためであると同時に、わたしの立ち位置を考えさせられた経験にもとづく。わたしは一九九三年にヨーロッパ女性学会に出席するためオランダを訪れたが、そのときの経験から、「多文化主義」、差異と正義に関する学問やカリキュラムの落とし穴や危険に気づいた。また、ジェンダーや人種、階級、セクシュアリティといった体制を強化する際の権力と知の関係を理解するうえで、境界のもつ意味も明らかになった。一九九〇年代以降の知やカリキュラムや市民の構築において、ヨーロッパという「概念」やアメリカ（の建国）という「概念」がいかに重要であるかもはっきりした。アフリカ系アメリカ人哲学者のW・E・B・デュボイスは、二〇世紀の問題とは「肌の色の境界線《カラーライン》」の問題であると言ったが、わたしたちはこの「問題」を二一世紀になっても引きずっている。受け継いだ歴史の暴力を繰り返さないためには、いったいどのような分析的・戦略的な知と概念が必要なのだろうか。

オランダへ出発する一週間前になって、入国するにはビザが必要だとわかった。当時わたしはインド市民で、アメリカ合衆国の永住権を所持していた。ビザの取得には、相応の費用（六〇ドル）のほか、わたしが合衆国で常勤職に就き、会議に出席するためにユトレヒトに行くこと、オランダ滞在中の費用は雇用主が持つことを示す雇用主の手紙が必要で（学会事務局からの招待状では不十分だった）、さらに永住権の「証拠」としてグリーンカードの証明書付きコピー一通も提出しなければならなかった。この一連の手続きによって、EUやアメリカの「多文化」民主主義という概念と権力の根底には、市民権、移民、仕事、経済的特権をめぐる矛盾が横たわっていることがよくわかった。大ヨーロッパの名のもとに経済的な境界が消失するのにともない、国家の（そしておそらく人種と帝国の）境界は再び強化されている。以前は、アメリカ合衆国でのわたしの経験やフェミニズムについての考えがもつ意味をはっきりとは決めかねていたが、雇用や市民権、住所や経済力の証明が必要な非合法のよそ者として扱われる経験をへて、あらゆる越境はどれも変わらないと見きわめることができた。それは、学界の学問においても同じである。よそ者かよそ者でないかを決めるのは、国民国家やその他の権威ある機関なのだ。

ヨーロッパと北米の文脈において、倫理的に真に文化を越えた反人種主義的・反資本主義的なフェミニズムの課題は似ており、人種化されたジェンダーの点から定義される。統治や支配のかたちは地理的・歴史的背景によって異なるかもしれないが、その影響やそれに対する抵抗のしかたにはつながりがあり似通っている。したがって、ヨーロッパの女性学カリキュラムを、各国（イギリス、フランス、オランダといった）の事例の単なる寄せ集めではない、真にラディカルで国際的なものとして構築する際の主要課題は、まさにアメリカ合衆国の女性学が直面する課題でもある。EUの経済的優位と、それを可能にした帝国主義と植民地支配の歴史が一体であると、わたしたちはいかに認識するのか。フェミニズム研究の実践が基本的に反人種主義的・反資本主義的であるためには、「英国人らしさ」「オランダ人らしさ」「白人性」といったものをどう書き変え、脱ぎ捨てるのか。EU諸国内の不平等の歴史に注目するラディカルでトランスナショナルなフェミニズム実践を創造するには、何が必要なのか。レスリー・ローマンとティモシー・スタンリーは、こうした方向性とは対照的な例として、カナダにおける「ナショナリスト」カリキュラムの構築(礼儀を重んじる仲むつまじい家族というフィクションの創造)をとりあげ、論じている(Roman and Stanley 1997)。ナショナリストのカリキュラムに、トランスナショナルなフェミニズムはどのように対抗するのか。

これは、わたしたちが北米の学界で直面している課題とまったく同じである。アメリカ合衆国の消費文化に広く浸透し、企業化した大学によって推進されている、「メルティングポット」とか文化相対主義としての多文化主義の概念を、いかに突き崩すのか。そして、いったん受容された知や歴史やアイデンティティを脱植民地化し、社会正義や具体的利害の問題に注目して、グローバル資本の覇権と闘う多文化主義をいかに実現するのか。EUの女性学会でフェミニストの教員や研究者がつきつけられる大きな問いのひとつは、「コミュニティ」の意味である。あるコミュニティにとって、いったい誰が仲間で誰がよそ者なのか。コミュニティのなかで、どのような正統の概念や、ジェンダー化され人種化された市民権の概念が構築されるのか。

こうした闘いが、根本的に、境界を再定義し、「よそ者」を包摂し、仲間とは何かを再公式化することに関わってくる。境界、とりわけ正統な知と正統でない知を分ける境界にはたいていほころびがある。第二次大戦と第三世界の植民地からの独立以来、経済的・政治的・イデオロギー的なプロセスは、周到に引かれた国民国家の地理的・文化的な境界がまるで存在しないかのように機能した。事態は大学でも同じである。境界は、高等教育機関の周囲や内部に、目には見えないが周到に引かれているにもかかわらず、大学では、経済的・文化的・イデオロギー的な要請から支配のしくみがつくられている。最高の消費者こそ新たな世界市民であるといった、グローバル化した資本主義的消費文化の価値観が強化され当然視されているのだ。

経済と文化のグローバリゼーションが、物質や経済だけでなく心理的な境界をも貫通し、国民国家の地理的な境界を越えるとするなら、民主主義や市民権の問題も、もはや国民国家の枠内だけで示せるものではない。この世界では、第一世界の市民の運命が、第一世界や北に暮らす難民や亡命者や移民の運命や、その他の地域の同様な人々の運命と密接につながっており、それゆえ教育における差異や平等の問題は火急の課題である。表象をめぐる闘いはつねに、知をめぐる闘いでもある。教育が解放の実践となるために、わたしたちにはどのような知が必要なのか。こうした文脈で、教育者が民主的な公的空間をつくる意味とはなにか。大学の民営化に抗議し、社会的・経済的正義を求めるためには、どのような知的・学問的・政治的な活動が必要なのか。そして、真実を説明できるような教育機関、日々の教育実践、さらにはわたしたち自身を、どうつくっていくのか。こうしたことが、アメリカ合衆国の大学が企業化するなかで、反資本主義フェミニズムにとっての課題である。

注

＊1　とくに Thompson and Tyagi（1993）, McCarty and Crichlow（1993）, Giroux and McLaren（1994）, Butler（2001）, Mahalingham and McCarthy（2000）, Roman and Eyre（1997）, McLaren（1997）参照。フェミニズムと多文化主義に関する鋭い批判は Volpe（2001）参照。

＊2　わたしは一九九〇年代の六年間、市民活動家グループ「ノースカロライナ草の根リーダーシップ」と行動をともにする機会を得、そこでの草の根運動の組織化や分析のために民営化に関する研究を始めた。民営化の分析や民営化との闘いの緊急性については、「草の根リーダーシップ」の活動や、Pamela Sparr や Marlene Kim などの経済学者、Frank Emspak や Laurie Clemens ら労働社会学の研究者、Si Kahn や Rinku Sen ら運動家から多くを学んだ。Emspak（1997）, Starr（1987）参照。

＊3　たとえば、カリフォルニア州立大学ドミンゲスヒルズ校の雇用統計は次のとおりである。大学教員の大多数が非常勤（正規職二八九人に対して非常勤職四〇八人）。正規職の教員・事務職では、六〇％が男性（高給、安定雇用）で女性は四〇％。逆に事務職では、六〇％は女性で男性は四〇％。教員と正規雇用の経営陣の七〇％以上が白人。他方、事務職ではほぼ七〇％が非白人（低賃金、不安定雇用）。非常勤講師に関しては、七三％が白人、二七％がマイノリティで、女性六二％に対し男性は三八％。非正規の事務職員では、男女比率、マイノリティ・非マイノリティ比率ともほぼ半々。このように、ここでは高給・高福利の「基幹」集団は圧倒的に白人の男性が占め、「周縁」労働者は有色人や白人の女性である。同大学ではここ数年、有色人教員をめぐる状況に明らかな前進が見られたのだが、全体的な労働形態をみると、スローターやカリーなどの研究者が分析した高等教育の再編を色濃く反映している。なお、以上では雇用統計報告で使われた用語をそのまま用いた（わたしは「マイノリティ」という用語は使わない）。

＊4　エイミー・グッドマンによるデービッド・ノーブルのインタビュー（ナショナル・パブリック・ラジオで二〇〇一年七月二四日放送の番組「デモクラシー・ナウ！」）。Noble（2001, ch. 6）も参照。

＊5　この節は、Roman and Eyre（1997）の序文を改訂した。

第8章　人種、多文化主義と差異の教育

はじめに

生まれ育ったインドで、わたしはインド人だった。ナイジェリアの高校で教えていたときは、（やはりインド人ではあったが）身近な外国人だった。イリノイの大学院生だったときには、初の「第三世界」の留学生で、有色人だった。ロンドンで研究をしているときは、黒人だった。アメリカの大学で教授になると、アジア系女性（とはいえ、南アジア人は「アジア人」の人種カテゴリーには収まりきらない）になり、自分では反人種主義の有色人フェミニストと規定した。北アメリカで、わたしはインドのパスポートをもった「在留外国人」でもあった（今ではアメリカ市民権をもっている）。だが、その人種的な意味合いは、二〇〇一年九月一一日の世界貿易センターとペンタゴンへのテロ攻撃以降、急激に（悪いほうへ）変化した。

言うまでもなく、わたしがフェミニストになったのは、こうしたさまざまな旅や越境、教育制度や社会運動を通してだった。だが、変化しつづけるレッテルや自己規定とともに、理解すべき新たな疑問や矛盾も生まれた。たとえば、自分の人種化のプロセスに着目すると、フェミニストの意味は違ってくる。インドでフェミニストであることとアメリカ合衆国でフェミニストであることは同じなのだろうか。個人的な倫理観、日々の政治的・個人的実践、女性のための正義と平等と自律の主張という点では、答えはイエスだ。だが、(インド人であるというだけでなく、インド人を祖先にもつ) 有色人女性であると自覚し、人からもそう見なされるという点で、わたしのフェミニズム実践への関わりは大きく違ってくる。つまり、アメリカの人種差別や帝国主義の現状を意識しそれと闘う移民として生きることは、「人種に無自覚な」外国人として生きることとまったく異なる。

差異、多様性、多文化主義、グローバリゼーションと、それらをどう考えるかによって、アメリカ合衆国におけるわたしの学問的、政治的な見解は複雑になる。だからわたしは理論や政治教育の重要性に立ち返るのだ。自分の「私的な」物語と大きな物語を結びつけるために。そして、差異だけでなく、権力や特権、差別、周縁化、排除、植民地主義、抑圧といった不平等を経験したわたし自身の物語や旅が意味する、集団的で歴史的な文脈を理解するためにも。これから、アメリカ合衆国の性差別、人種差別、異性愛主義、外国人嫌悪、エリート主義にどうやって気づき、理解し、考え、反対するようになったかを話そう。

わたしは、アメリカ合衆国の学界に身を置く学者、教師、活動家として、フェミニズム理論と反人種主義理論を実践している。ではどのように、理論と分析の重要性を理解しているのだろうか。わたしの考えでは、(自分の物語のなかの)「個人的なこと」の意味は固定しておらず、経験により知識とともに変わる。「個人的なこと」を、「その場その場の感情的表現」ではなく、集団や共同体との関わりや政治的な関与が規定する歴史的で集団的なものとして、語ろうと思うのだ。実際、経験や個人的なことを理解してはじめて、理論はつくられる。わたしにとって、理論は政治的なことの深化であり、政治から離れることではない。同時に、経験の凝縮であり、個人的なことの強調である。すぐれた理論は、個人的な経験や個々の物語を伝えることができる。このような理論的・分析的な思考こそが、それぞれの歴史と個人的なことの理解とを結びつける。そもそも「多様性」の主張とは、歴史的な主体性や責任という点で、わたしたちが集団的に異なっていることを認識し、他者を理解し分断の境界を越えて連帯を築くための、異議申し立てなのだ。

わたしたちは、人種差別主義者でも性差別主義者でもないと自分では思っていても、歴史や立ち位置にもとづく責任や特権によって、はっきりと区別されている。では、差異や権力の問題を考え、理論化し、関わるとはどういうことか。わたしたちは、人種、階級、ジェンダー、国家、セクシュアリティ、植民地主義を、固定したカテゴリーと見なすのでなく、お互いを結びつけ、それぞれの人生に深く織りこまれている歴史や経験として、理解しなければならない。つまり、わたしが「人種」や「アジア性」や「褐色の肌」を体現するのではなく、植民地主義や人種主義や性差別や(階級や地位の)特権の歴史が、アメリカ合衆国でのわたしと白人、わたしと有色人の関係に影響するのだ。

このことは、わたしの人種化の物語を理解するにあたって、アメリカ合衆国の白人性やアメリカ人性とは何か、黒人性とは何かを解明することを意味する。だから、アメリカ合衆国のラディカルな多文化主義による（異なった形ではあるが二一世紀初頭のインドでも提起された）異議申し立てのなかで、次の視点は理論的に有効であろう。すなわち、①力と平等と正義を関連したものととらえる必要性、②包括的に考えると同時に、歴史や経験の問題に深く根ざし文脈的に考えて組織化する必要性、である。肌の色の境界線は、かつてそう思われたようにアメリカ合衆国内だけにあるのでなく、地球規模で存在すると理解することが、いまや人種と多文化主義の異議申し立ての鍵である。以下、まずわたしの学問的、政治的な足跡を示し、反人種主義のフェミニズム教育におけるカリキュラム、教授法、政策、制度的実践の問題について述べたい。

フェミニズムと差異の言語

「結局重要なのは、声をもつことではないのか」。これはマルニア・ラズレグが、女性としてアルジェリアの女性たちについて書いた論考の最後の一節である（Lazreg 1988, pp. 81-107）。ラズレグは、第一世界女性と第三世界女性の差異を、彼女が言うところの「西洋人女性中心主義」で扱った、中東や北アフリカの女性に関するフェミニズム研究を分析している。文化や歴史を比較する基盤として「間主観性」を理解することに賛同し、ラズレグは自民族中心主義や関連する声の問題について、こう指摘する。

アルジェリア人女性など第三世界女性を研究する際に間主観性を考慮するとは、彼女たちの人生を、「わたしたちが」宿命的で悲しいなどと見なすのでなく、有意義で一貫した理解可能なものとしてとらえることを意味する。つまり彼女たちの人生も、「わたしたちの」人生と同じように、経済的、政治的、文化的な要因からなっているのだ。「わたしたち」同様、彼女たちも自分の環境に適応し、ときには発展させ、抵抗し、変革するプロセスに関与している。一人ひとり個性をもち、「わたしたちのため」でなく「自分たちのため」に存在している。「わたしたち」の分析の一般的カテゴリーに合わせるために単一の特性をあてがうのは、彼女たちのありようやアイデンティティに対する暴力なのだ（ibid., p.98)。

同じようにわたしも著書のなかで、フェミニズム研究の分析カテゴリーや政治的位置づけに反対した。それらの研究が第三世界女性について、悲惨な人生を送り、伝統や文化や信条や「わたしたち」（ヨーロッパ中心主義）の歴史が一体となってのしかかっている被害者、同質で差異のない集団と表現していることを批判したのだ。*1 わたしは、西洋の人文主義や「偏向なき学問」に無批判に根ざしたフェミニズムの問題点を分析しながら、そうしたフェミニズム研究が軽率にも闘いの唯一正当な主体として西洋人女性をつくりだし、第三世界女性を暗闇のなかから聞こえるとぎれとぎれで不明瞭な声として扱っていることを明らかにしてきた。そして、人種や国境を越えるジェンダー経験の共通性を前提とした「普遍的シスターフッド」の概念に反対し、わたしたちの歴史的（位置的）差異の複雑性や、「歴史上の」さまざまな闘争の「主体」として第三世界女性を理解するための分析的空間をつくりだす必要性を主張してきたのである。異なった女性の共同体がお互いに理解し合い公平な関係をつくる基礎になるのは、シスターフッドより連帯だと、わたしは考えてきた。他にも同様の主張をする学者がおり、わたしたちが仮に「第三世界女性の声」と呼ぶ課題は、フェミニズム研究のなかでようやく真剣にとりあげられるようになった。

この二、三〇年で、「人種的な差異」や「多元主義」を論じるフェミニズム言説は盛んになった。おかげで、初期に見られた（白人）中産階級的な性差の認識は是正されたが、差異の分析や人種に関する異議申し立ては、民族《エスニシティ》を別個の異文化と見なすような多元主義の言説を広めるためではない。人種に関する異議申し立ては、基本的にわたしたちの分析カテゴリーの再概念化を必要としているのであって、差異もまた大きな政治プロセスと制度の一環として歴史的に規定され理解されなくてはならない。[*2] 単に差異を「認識」することが中心課題なのではない。もっともむずかしい問題は、どのような差異が認識されとりあげられるのか、ということだ。たとえば、対立や争いや分裂の危機ではなく穏やかな変化（多様性）を想起させる差異は、耳ざわりのよい空疎な多元主義として、権力や歴史の問題を避けておる。[*3] 他方、支配と抵抗のヒエラルヒーのなかで、不穏で不安定な文化と見なされる差異は、「多様性の調和」なる言説にはそぐわない。このように、差異、多様性、権力といった昨今流行の言葉を戦略的に批判するのは、社会の革命的な変革に関わるフェミニズム研究にとって重要だろう。

文化的、地理的な他者についての知の創造は、フェミニズムが伝統的に内省的問いかけを重視してきたこともあり、いまや、どうでもよい非政治的なものとは見なされなくなった。だがフェミニストの活動家や進歩的な学者が、七〇年代から八〇年代の植民地主義的なフェミニズムを批判し大きな影響を与えたとはいえ、ラズレグの言う「間主観性」の問題や歴史と第三世界の人々の問題を明確にできたとは言えない。[*4]

どんな場合でも、学問（フェミニズム、マルクス主義、ポストコロニアルや第三世界研究など）は、第三世界の女性や人々に関する知を生みだす唯一の場ではない。[*5] 同様のことは学問に関してだけでなく、教室での教育と学習の実践に関しても、またアメリカ合衆国の大学での言説や経営の実践についても、言えるだろう。人種や人種差別を論じたフェミニズムの著作は、学問については多くを語ってきたが、教育的・制度的な実践やそれと学問との関係については、同じように熱心には分析してこなかった。ラディカルな教育者は、学界や教室は単に知識の伝達の場ではないと言いつづけてきた。そこは、異なった立場で高い社会的意識を持った人々が、知をめぐる論争や合意を表明する政治的、文化的な場である。[*6] このように、教師や学生は教室で、人種やジェンダーや差異についての思想を生みだし、補強し、再形成し、抵抗し、つくり変える。わたしたちのいる大学という研究機関も、同じようなパラダイムや規範、人種やジェンダーを具体化し表す声をつくりだしているのだ。

わたしが本章で分析するのは、この制度的・教育的な実践の枠組みである。とくに、女性学の教室と、（ほとんどが白人の）上級幹部向けの「多様性」ワークショップという二つの教育の場をとりあげ、人種と差異の言説がいかに作用し取り扱われるかを分析したい。この二つの教育の場は関連しており、「差異」の言説を（ときに活発に）つくりだす。だが教育実践は、すでに体系化された差異の概念を単に伝達するものとされ、こうした現場で形成・再形成されるものとしては分析されていない。そのような教育実践はしばしば、差異の名のもとに人種と植民地主義の歴史をつくり、体系化し、書き換える。第7章では、大学の企業化や民営化されたシティズンシップについて論じた。本章では、それとは異なった視点から分析を試みるとともに、政治闘争やラディカルな変革の場である学界《アカデミー》について簡単にふれたい。

アメリカ合衆国の学界での知と位置

パウロ・フレイレをはじめ多くの教育者が、教育とは意味を探究する闘いであるとともに、権力関係をめぐる闘いであると述べている。このように、教育は、不均衡な社会的・政治的空間に置かれた個人や集団の生きた文化の外で、権力と政治が機能する中心領域なのだ。学界をそう理解するなら、教育とは上昇志向のために世界市場で交換できる学問知識の蓄積であるとする考えを批判しなければならない。今日、学界で議論すべき大問題はたくさんあるが、周縁の人々の個人的・集団的な知、支配と抵抗の対抗的な歴史の回復といった問題もその重要な一部である。だが既存の学問は、権力や歴史、自己アイデンティティの問題をまったく重視しない。知に関して言えば、知るという行為は自己定義と関わりがある。こうした知の定義は、女性学、ブラック・スタディーズ、エスニック・スタディーズなどの分野では教育の中心にすえられている。女性学のような分野は、学界におけるそもそもの位置づけからして、差異の定義を踏まえている。すなわち差異とは、組み込まれたり領有されたりすることに抵抗を試み、歴史的に沈黙を強いられた人々に知を構築する場を提供するものなのだ。このような知は基本的につねに対抗的だが、学界のなかで、順応し、同化し、非政治的なものとなる危険をはらんできた。二〇世紀後半、国内でも世界中でも反体制運動が盛んになってはじめて、知を伝統的な学問に押し込んでいた境界が崩れ、既存の知と権力の構造を変化させて、新しい、ときとして異端の知が現出したのである。言い換えれば、学界に新しい分析空間ができ、実践としての知や、変化の実現としての知を考えられるようになったのだ。こうした空間を手に入れ、ラディカルな教育実践に挑戦することは、批判的な知（女性学やブラック・スタディーズ、エスニック・スタディーズなどの試み）の発展であり、同時に、知そのものへの批判なのである。

批判精神を養う教育、すなわち批判教育学と呼ばれるものは、資本蓄積としての知という教育モデルの再編を必要とし、社会体制がどう歴史的に成立し機能してきたかを主体的に考えることに主眼をおく。そうした主体性とは、既存の覇権的歴史を知ることに始まる認識論的な枠組みにあっても、わたしたちが誰であり、いかに行動し、何を考え、どんな物語を語るかがより明瞭にわかってくることを意味する。主体性や声の問題は、教育のプロセスや制度のなかで自分がどこに位置するかの理解と関係しているのだ。抵抗は、支配的・規範的な言説や表象を自覚的にとりあげ、対抗的な分析空間や文化空間を積極的につくりだすことで実現される。思いつき的で個々ばらばらな抵抗は、上位下達式の政治化した教育や学習と同様、効果がない。葬り去られた知を回復し再生するのは、新しい歴史を主張する一つの方法である。だが、教育制度を根本的に変革するためには、こうした知を、学問の問題であると同時に戦略や実践の問題として、「教育学的に」理解し定義しなければならない。そこからはまた、経験の問題を真剣に考える必要が浮かびあがってくる。

そこでわたしは、高等教育に携わる第三世界出身の教育者とその著作に関する研究をとりあげてみたい。また、自分の教育実践の結果を分析し、数年前まで勤めていた大学の理事会が発表した「アファーマティブ・アクション」や「カリキュラムの多様性」の資料、ここ何年かでわたしが行った観察や対話にふれようと思う。[*7] それは、一九六〇年代、七〇年代と九〇年代に多元主義イデオロギーが盛んになり、高等教育機関でアファーマティブ・アクションが（限定的に）導入され、それにともなって学界も変化したことに対応して、アメリカの大学が、人種の管理や商品化、教化を目的とする、いわば人種産業とでもいうべきものをつくりだしたと主張したいからである。この人種の商品化は、第三世界の人々にとっての声の政治学を規定し、彼ら／わたしたちのだれが教師や学生、理事、職員になれるのかを決定し、ひいては、学界における非白人のアイデンティティや行為主体の定義に長期間影響するのである。人種産業はもちろん、学界の企業化の好例でもある。資本主義的な商品文化やシティズンシップが学界でのカリキュラムや研究や教育の優先順位に与える影響についての、いささかうんざりするような検証の場なのである。

こうした分析が火急に必要とされる理由はいくつもある。多元主義や社会変革を唱えるリベラル派（A・ブルームやE・D・ハーシュといった保守派ではなく）の言説や組織におけるアファーマティブ・アクションの具体的、イデオロギー的な効果を検証しなければならないし、リベラルな学界でどう人種がとり扱われているかを、新保守主義による人種や差別の言説の拡大というより大きな状況との関連で、理解しなければならない。そして、第三世界フェミニストは、（往々にして）白人女性運動や学問内での人種差別のみを問題にする状態から踏みだして、闘いを学界全体に拡げなければならないのだ。

公的な領域で、ジェンダー、人種、階級、セクシュアリティの問題は密接に関連している。一九七〇年代半ば以降のニューライトの政策がそれを示している。強制的バス通学〔人種の均衡を図るため居住区域外の学校へ子どもを通学させること〕や銃所持の権利や福祉は、明らかに、リプロダクティブ・ライツやセクシュアル・ライツの問題と結びついている。[*8] そして、一九九〇年代から二〇〇〇年初めには、中絶の権利（ジェンダーにもとづく闘い）とアファーマティブ・アクション（人種差別との闘い）との関連がより明らかになった。一九七〇年代後半から八〇年代にかけては覇権的なフェミニズムへの批判と異議申し立てが行われたが、現在とりあげなくてはならないのは、差異と多元主義の言説を活発に構築しつづける制度的言論界である。求められているのは、声の政治学に責任をとることだ。というのも、それこそ、フェミニズムなどの対抗的言説が提起してきた問いに対する学界の「リベラルな」回答にはまれていなくてはならないものだからである。[*9]

ブラック・スタディーズ、エスニック・スタディーズと女性学——交差と合流

わたしたちにとって、「ブラックの経験」だとか「ブラック・スタディーズ」は選択肢などではない。わたしたちは自分自身を知らなくてはならないのだ。

Jordan（1981）

ブラック・スタディーズやエスニック・スタディーズ、女性学は、多くの学問と異なり、その起源は反体制社会運動にある。とくに、公民権運動、女性運動、第三世界の解放闘争は、「自分たち」の知や歴史を求める気持ちに火をつけた。「わたしたちは自分自身を知らなくてはならない」というジュー

ン・ジョーダンの言葉は、一九六〇年代後半のブラック・スタディーズの形成がやむにやまれぬものであったことを示している。一九六六年から七〇年にかけて、多くのアメリカの大学で、アフリカ系アメリカ人の経験や歴史がカリキュラムに加えられた。これは幾多の社会的・歴史的要素の直接的な結果だが、そのなかには、高等教育を受ける黒人学生の増加や、人種差別的でヨーロッパ中心のカリキュラムの根本的な変革を求める声の高まりなどもあった。サンフランシスコ州立大学やコーネル大学のブラック・スタディーズやアフリカン・アメリカン・スタディーズはその先駆けで、一九六八年、学生や教師が組織した戦闘的な政治運動の高まりによって実現された。[*10] 一九六八年初めにイェール大学で開催されたブラック・スタディーズのシンポジウムは、同校でのアフリカン・アメリカン・スタディーズの開講だけでなく、ブラック・スタディーズの全国的な普及をもたらした。[*11] 一九六九年の春、カリフォルニア大学バークレー校にはエスニック・スタディーズ学科ができ、アフリカン・アメリカン、チカーノ、アジア系アメリカン、ネイティブ・アメリカンの専攻が設けられた。

女性学の課程が数多くできたのもこの時期である。初めて女性学プログラムを設けたのはサンディエゴ大学で、一九六九年だった。現在では全米で九〇〇以上の女性学プログラムがある（Sheftall 1995）。女性学のプログラムは、すでにあったブラック・スタディーズやエスニック・スタディーズのような学際的科目の枠組みや構造を参考にすることが多かった。さらに、女性学もブラック・スタディーズ、エスニック・スタディーズも政治運動から生まれ、学際的で、社会的・政治的不平等への知的疑問にもとづいているため、同じような教授法や研究手法をもつ。こうした学科は、大学内での反覇権的言説や対抗的分析の空間になる可能性をもっている。ただし、これらのプログラムがある大学の多くは、当然ながら保守的またはリベラルな白人男性に支配されており、同化され取り込まれる危険にも直面している。ロサウラ・サンチェスはエスニシティ、イデオロギーと学界の関係を分析する論文で、新しい科目は知の体系のなかの特定の関心から生まれると言う。だが彼女は、エスニック・スタディーズや女性学ができたのは、公民権運動に対応して、国が変革の言説を制度化しようとした防衛的な政治的措置だとする。

エスニック・スタディーズが開講されたのは、学生の抗議を抑えるために大学が何らかのメッセージを出し、学内の研究や業務が通常通り安全に行えるようにする必要に迫られたときだった。大学は、こうした学科を創設すると同時に管理下への統合を企てた。学科普及の推進力となる一方で、将来も学科が存続するなら既存の学部に統合し同化する準備を進めたのである（Sanchez 1987, p. 86）。

サンチェスは、エスニック・スタディーズが一九九〇年代に受けた圧力（一方では同化・吸収、他方では孤立・周縁化）について述べている。実際、同化の圧力に直面したときこそ、政治戦略や教育的・制度的な実践の問題が非常に重要になる。

エスニック・スタディーズのようなプログラムにとって、進歩（組織的な力、有色人が教師や経営陣に占める数、カリキュラム全体への影響など）は遅々としたものだ。また、一九七〇年代以来、エスニック・スタディーズ、ブラック・スタディーズ、女性学のあいだには確執が数多くあった。その一例を、ニアラ・スダカサが紹介している。彼女は、高等教育でアファーマティブ・アクションが黒人の教師や経営陣にどんな影響を与えたかについて、こう述べる。「記録をみると、アファーマティブ・アクションの結果、企業でも高等教育でも、白人女性の躍進ぶりは黒人や他のマイノリティをはるかに上回った」(Sudarkasa 1987, pp.3-4)。高等教育機関において、白人女性と有色人では入り口や昇進が異なっており、根強い人種差別があると、スダカサは指摘している。また、アファーマティブ・アクションは白人への「逆差別」だとの主張は、特権的な白人女性が男性や有色人女性よりも恩恵を被っている以上、根拠がないと言う。スダカサは、逆差別という非難について、「白人の集団的な特権を守ることで歴史的に生じた不平等を、今度は個人の正義を楯に恒久化し、差別を永続化しようとするもの」としている(ibid., p.6)。支配の歴史を個人に帰すのは、教育機関や教育手法の一般的特徴でもある。そこでは、個々人の経験も文化的多元主義の論理で定義される。

事実、リベラルと新保守主義とを問わず、学界でのジェンダーや人種に関する考え方に共通するのは、権力ヒエラルヒーや差別構造を個人の問題にしてしまうことだ。学界におけるこうした個人化は、基本的には階級にもとづいた専門職化というかたちをとる。いずれにせよ、(教育予算の削減、ニューライトと中絶反対派の連携したロビー活動、アファーマティブ・アクションに対する法的異議申し立ての増加などに象徴される)ポスト・レーガン時代には、女性学とブラック・スタディーズとエスニック・スタディーズはお互いの存続のために連帯していた。そうした連帯感はもはや存在しないというのではない。そうではなくて、「逆差別」の名のもとに、連邦政府が集団に対するアファーマティブ・アクションを劇的に後退させるなかで、わたしたちの大学内での個々の検証結果を具体的な連帯行動に結びつけることが緊要だと思うのだ。こうした学科で教えているわたしたちにとっては、声をあげたい、聞いてほしい、といった声の問題は、明白にいっそう複雑になっている。

初心に戻って考えを進めるために、以下では二つのナラティブが展開される。ナラティブ1は、白人が多数を占める大学で第三世界の人々について講義をしたときの学生への影響の分析、ナラティブ2は脱植民地化の物語で、ハミルトン大学の学生プロジェクトの話である。わたしの教育の部分的(で問題のある)影響やカリキュラムにおけるわたしの授業の位置づけ、大学のリベラルな学風などは、総じてポーズだけの多様性にすぎない。それは、空疎な文化多元論を助長して、第三世界の人々の歴史的主体性を同化しようとする。こうしたポーズだけの多様性、いやむしろ多様性の破壊は、ナラティブ2でとりあげる学生プロジェクトの核心である。

同化の教育か差異の教育か

ジェンダーや人種といった対抗的教育をどのように構築すればよいのか。性差別、人種差別、帝国主義、同性愛嫌悪の歴史を教えることは、学界とそれが伝統的に生みだしてきた知に対する根本的な異議申し立てである。というのも、第三世界の人々の歴史や経験は異質で周縁的であり、知の習得にとって取るに足りないものと位置づけられてきたからだ。こうしたことは、学問だけでなく、わたしたちの教育においても体系的に起こってきた。それゆえ学問や教育の実践を脱植民地化することが緊要なのだ。重要なのは教育が解放の実践となるよう、いかに「西洋と他者」について教えるかである。教育が、第三世界や旧植民地の人々の解放と発展の手段であり、彼ら/わたしたちの心と精神の植民地化に抵抗する不可欠な要素であるなかで、教育実践の脱植民地化はますます大切になっている。

だが、多くの教育者が言うように、教育実践を脱植民地化するには、さまざまな変革が学界の内外で必要である。カリキュラムや教育方法の改革とともに学界文化の広範な変革が求められるし、国や市民組織と学界の関係を根本的に変えなくてはならない。さらに、教育実践を脱植民地化するには、知と学び方の関係や、学生と教師の経験を真剣に考えなくてはならない。教育実践が単なる学問知識の管理や体系化、消費以上のものだとするなら、経験の理論化や政治化は絶対に必要である。

ナラティブ1

わたしは、「女性学入門」や四年生のゼミなど女性学の中心科目だけでなく、「ジェンダー、人種と教育」「国際開発」「フェミニズム理論」「第三世界フェミニズム」を教えている。どれも基本的には学際的で比較文化的な授業である。学生たちには、授業で得た知識と関連させて自分の立ち位置を批判的に考え、知の政治学を真剣に受けとめて世界観を根底から変えてほしいと切に願っている。めざすのは、知と社会的責任と集団的闘いを結びつけるような教育だ。そのためには、教育がはらむ危険性を強調するとともに、制度改革を求める闘いや支配構造に挑む戦略を重視し、教育機関の内外に平等で公正な公的空間をつくる必要がある。

このように、ラディカルな教師の教授法とは、受け取った知識をそのまま（たとえ批判的にであっても）伝えるだけでなく、知を積極的に変えてゆくことを意味する。また、そうした教育が学生に与える具体的影響に責任をもたなくてはならない。ゆえに、権力と関連させて「差異」を教えることは非常に複雑で，学ぶとは何か，権威とは何かを考え直すだけでなく，中心と周縁の問題についても再考しなければならない。エルサ・バークレー・ブラウンは，アフリカ系アメリカ人女性の歴史を教えた経験についての論文で，その目的と方法を次のように述べている。

「標準とは何か」という長年しみついた考えを，わたしの学生たちはどう克服するのか。授業にあたってこの問題を考えたとき，わたしは，これは単なる知的プロセスではないと思うようになった。それは特定の分析方法を学んだかどうかや，多様な経験について頭で考えられるかどうかの問題ではない。経験の可能性や世界を理解する方法や行動の枠組みにはさまざまあることを，意識的であれ無意識的であれ，標準の概念をもたずに信じられるかどうかなのだ。わたしは，教材を使って意識のレベルに，科目の構成によって無意識のレベルに働きかけようと試みている。これによって学生たちは，ベティーナ・アプテカーの言葉を借りれば，「中心を回転させ」，他の経験を中心に置くことになる（Barkley Brown, 1989, p.921）。

このような教え方は，教材に焦点を置きながら，聞き手，声，権力，評価の問題に注目しなければならないため，非常に複雑である。しかも教育実践は，専門化，標準化，規格化の圧力と闘わなければならないだけでなく，暗に教育を管理・統制し，教師の行動を全面的に把握（そして管理）しようとする圧力とも闘わなければならない。

バークレー・ブラウンは，教室で経験が重視されることに注目をうながす。この問題は，本章では深くとりあげられないのだが、非常に重要で、わたしの主張とも関連する側面がある。フェミニズム教育学では、教室のなかの経験の重要性をつねに認識してきた。女性学やエスニック・スタディーズの基礎は権力や不平等といった政治的・集団的問題であるため、教室で培われる知も、個々人を人種やジェンダーや階級やセクシュアリティにそって政治化することが中心になる。すると教室では、周縁の経験を「正当と認め」たり、さまざまに異なる声のための空間がつくられる。経験の正当化は、学生をエンパワーするきわめて重要な方法である。学生たちは、話す主体として授業に参加することになる。だが、経験の重視は排除にもつながる。自分の「経験」が支配階級的だと思われそうな人は黙ってしまうからだ。経験の過大視は、教師にも無縁ではない。たとえば、第三世界の人々について話をするとき、わたしは、第三世界の人々の「ために」語らないように、つねに注意しなければならない。というのも、学生たちにとって、わたしは「本物の」権威と経験を体現する人になってしまうからだ。つまり学生たちは、左派リベラルの白人学生があらゆる有色人を本物の声にまつりあげてしまうのと同じように、わたしを第三世界を代弁するネイティブ・インフォーマントにしてしまうのだ。教室でこういうことが起こると、一人の有色人女性の特定の「差異」（性格、姿かたち、行動など）が集団を代表したり、一個人の声がある集団の声と見なされたりする。その結果、第三世界の人々が、個々人として、ひとくくりにされたり平均化されたりするのだ。複雑な倫理的・政治的問題は覆い隠され、「個人」とか「個人どうし」の問題だといった曖昧で単純な風潮が幅をきかすことになる。

このように、差異を強調する教育でもっとも問題なのは、結果的に、人種やジェンダーを個人的な経験として概念化してしまうことである。学生は往々にして、第三世界の人々に「もっと気を使わ」なくてはならないと考えるようになる。こうした個人的態度にもとづく知や政治学の形成は、差異についての教育や学習に潜む知の政治学を消し去ってしまう。また、歴史的観点から差異を理解する際の、構造的・制度的な要素も抹消する。教室内のあらゆる対立が個人的なものと見なされるなら、そこから生じるのは現実の穏やかな反転である。有色人が教室のすべての知の権威、当事者となり、白人は知に関与する責任もなければ価値もない「傍観者」となる。言い換えれば、リベラルで左翼的な教室で、白人学生は周縁的傍観者にされ、有色人学生は本物の「知る人」にされるのだ。有色人は教室で承認された声や行為主体のように見えるかもしれないが、考えなくてはならないのは、彼ら／わたしたちに許されたのはどんな種類の声なのかということだ。それは、白人学生という行為主体とは異なった空間に位置する声なのだ。[*12] だからこうした授業では、周縁化された人々の歴史や文化は研究や議論の「正当な」対象となったかに見えるものの、それは覇権的な知や歴史への異議申し立てではなく、単に個人のレベルで正当化されたにすぎない。そのような授業の文化は、極度の緊張と、調和や「差異」の受容や思いやりある関係をつくりだそうとする熱望とのあいだを揺れ動く。この暗黙の二項対立（第三世界の学生対白人の学生）は、「差異」を歴史や関係として理解するために真剣に取り組まなければならないという学生の共通認識を妨げかねない。この共通認識は、わたしたちは皆（第一世界も第三世界も）ある種の責任と歴史を共有していることを意味する。ジェンダー・イデオロギーが女性も男性も定義するのと同様、人種イデオロギーは白人も黒人も定義するのである。こうして、授業で「経験」に焦点をあてることはできても、経験が歴史的なものであり偶然や解釈の結果であると理解されなければ、経験とは心理的なもの、二項対立的なものとされてしまうだろう。[*13]

政治的であることを特徴とする女性学の教室で、このように白人学生と第三世界の学生が分断されてしまうのは問題である。すべてが個人の態度の問題とされ、複雑な知の政治学を回避して個人的なレベルでの人種の体系化や商品化にゆきついてしまうからだ。そうなれば、暗黙のうちに、文化多元論やヘンリー・ジルーが「規範的多元主義教育」と呼ぶものを支えることになる (Giroux 1988, p.95)。そうした教育では、誰もが、ばらばらで異なるものの平等な価値をもつ場所を占め、経験は個人としての個人のものではなく、ある文化的集団を代表する個人のものと定義される。こうして、文化は政治的でも歴史的でもないと考えられ、協力や強調の名のもとに人種を管理できるようになるのだ。

学界も社会と同様、覇権的な知と権力関係によってつくられており、文化的多元主義は不十分な回答にすぎない。この文脈ではつねに、対抗的な知の創造は、根本的な異議申し立てであると同時に、取り込まれる危険性をともなう。反覇権的な教育を創造し、人種や差異を多元論的に個人に帰すことと闘うには、生きた文化としての経験と文献や歴史で描かれる経験を、どちらかに偏らず詳細に分析しなくてはならない。だが何より求められるのは、社会的利益の矛盾や不均衡を、個人が経験し、理解し変革する際に、批判的に分析することである。教育実践を脱植民地化するには、異なる文化の論理を真剣に考える必要がある。文化は不均衡な権力関係のなかに位置づけられているからだ。そのためには、文化、とりわけ学術文化が闘いの場である（単なる個別の消耗品の集合ではない）ことを理解しなければならない。そして最終的に、教室で教師と学生に求められるのは、学問の世界において経験がどのように名づけられ、構築され、正当化されるかを批判的に分析することだ。授業でこのような文化と経験の分析を行わないなら、対抗的実践を育み発展させることはできない。批判的教育とは、知や権力の言説と関連づけながら、主体性の創出をめざすものなのである。

ナラティブ2

物語は大事だ。物語のおかげでわたしたちは生きられる。船、収容所、宿舎、畑、刑務所で、道路、逃走、地下運動で、包囲され、苦しみ、限界の状況にあっても、語り手がいれば、わたしたちは崖っぷちから救いだされ話の続きに耳を傾ける。物語ではわたしたちが主人公だ。わたしたちはヒーローで、必ず生きのびる。昔の話や今の話。物語はリレーのように受け継がれる。わたしがやりたいのはこれだ。わたしたちの人生を救う物語をつくることだ。

Bambara（1984）

これまで述べてきたような学問や政治や歴史的文脈において、教育や学習の方法としての脱植民地化は、民主的教育を構想するために非常に重要である。わたしは、社会正義の問題や、民主主義を「自由市場」と同じだとは考えない市民の創造と、教育の言説を結びつけようと政治的に努力してきた。こうした教育は、教育機関のなかではつねに経営側と激しく闘うことになる。この多文化主義の時代にあっては、もっとも異なる声でさえ、商品化の政治学によって取り込まれてしまうからだ。差異の文化を創造するのは困難である。革命的な教育は、不正義への気づきをうながすとともに、「教養ある市民」をつくるというお決まりの慣習化した教育を反省し、社会空間を集団的に変革する行動をめざさなくてはならない。それこそが、前述したような反植民地化の実践なのだ。

ここでトニ・ケイド・バンバーラが言う「そのおかげで生きられる」物語、わたしたちの人生を救う物語に話を戻そう。ハミルトン大学の学生パフォーマンスの話だ。アフリカ系アメリカ人のスタジオアート科の学生で、フェミニスト活動家であるヤンセ・フォードは、大学三年生のときに「不可視の世界」というパフォーマンスを行った。[*14] 鉄の檻をつくって自分を閉じ込め、社会科学部のロビーの地上一〇フィートに吊るしたのだ。彼女は頭を剃り、裸足で、切り裂いたシーツを身にまとい、檻のなかで無言のまま五時間じっとしていた。このパフォーマンスは想像を絶する肉体的・精神的な忍耐を必要とするもので、普段は事務室と教室のあいだの廊下でしかなかった空間を劇的に変えてしまった。通りかかった人はみな大きな衝撃を受けた。いつもどおり振る舞うことはできなかった。通常の事務も不可能になった。講義の予定も変更され、(わたしを含めた)多くの教師が授業で学生にそのパフォーマンスを見せ、後で活発な議論を行った。

これはハミルトン大学で初めての経験だった。学生も教師も職員も、「普通の」教育の一部として「消費」も同化もされないパフォーマンスに出会ったのである。つきつけられたのは、そのようなパフォーマンスの理由を「知る」ことなどできないという知であり、黒人女性の客体化や奴隷制や不可視性の歴史に関するわたしたちの知識など、ヤンセが「不可視の世界」を演じた意志や勇気やリスクに比べたらまったく取るに足りないという知だった。

ヤンセや他の学生や同僚の教師とじっくり話をし、このパフォーマンスが大学全体に与えた影響を考えるうち、わたしは、これはとても重要な物語だと気づいた。以下は、ヤンセが、一九九三年一〇月に自分のパフォーマンスについて書いたものである。

それは何？　思うに、いや知っているといったほうがいいかもしれないけど、それは生き残ることについてだ。トラウマや喪失、苦しみや痛みや、そうしたもろもろのもののなかで自分を見失うことについて。自分を回復する道を見つけることについて。正気を取り戻し、何も考えたくないという思いと決別すること。自分自身や自分の過去を、そして将来も現在と変わらないという可能性を、認めない、認めたくないという気持ちを越えること。それが、わたしのパフォーマンスの意味だ。わたしは避難所と呼ぶけど、本当は救助、もっと言えば生き残り、解放、救済なのだ。わたしの行動は、わたしたちを瀬戸際に追い込むありとあらゆることについての問いかけだ。何にも属してない、自分が嫌いで愛せないって、どういうものか。愛され、安全で、受け入れられ、許容され、尊敬され、価値があると見なされ、役に立ち、重要だと思われ、心地よく感じ、大きなコミュニティの一部であると、思えないってどういうものか。そういういろんなことから自己嫌悪になり、自分を八方塞がりの隅っこに追いやって、中毒や罠や傷つく関係に、檻のなかに追いやるってどういうものか。人々にはあなたが見えるのに、あなたを無視できる。たいていは、あなたがいることに気づかないってどういうものか。だからそれは、人生をかけた闘い、人生のための闘いについてなのだ。そして、わたしが避難所と呼ぶこの場所は、わたしが尊ばれる唯一の場所。わたしの力や元気や不屈の精神、他の誰でもないわたし自身になる能力の源なのだ。

これは三年間、大学の一般教養課程に学んだヤンセが、その教育から出した答えであり黙想である。彼女とじっくり話してみて、このパフォーマンスの二つの面が明らかになった。一つは大学で植民地化されているという自覚で、「実験動物」のように檻に閉じ込められることで表現した。もう一つは、解放、積極的な自己の脱植民地化、可視化とエンパワーメントとしてのパフォーマンスである。ヤンセは、物語を語るもうひとつの方法、沈黙を通して関わりを訴えるやり方を見つけたのである。そして、そうすることで、周縁の人々、とくに他の有色人女性の集団的な物語のための公的空間をもつくりだしたのだ。教育実践は、一般教養教育という覇権的な物語でしかないと批判の対象となり、教育の成功なるものにも疑問が投げかけられた。それは、大学を大きく揺るがし、教育を根本から脱植民地化するパフォーマンスとなったのである。

この物語は、人種やジェンダーや階級やセクシュアリティと関連した分析の枠組みや理解のなかで社会正義や根本的変革を考えることと、普通の教育のいわゆる「民主的」枠組みのなかで多文化主義的な消費や同化を行うこととの違いを明白にする。それは、差異のための集団的な空間をつくる必要性と、学界における白人・異性愛・男性優位主義への異議申し立てを示している。

人種産業と偏見をなくすワークショップ

コーネル・ウェストは、マイノリティの規範をつくろうとする動きを厳しく批判し、現在という歴史的瞬間を画す次のような文化的危機をあげる(West 1987)。それは、ヨーロッパの時代の終焉を告げた第三世界の脱植民地化、一九六〇年代における文学研究の再政治化、新たな対抗的サバルタンの歴史の出現、映像文化の浸透による日常生活の変化である。ウェストは、アメリカの学界で多元主義の言説が隆盛を極めるなか、アフリカ系アメリカ人の規範形成と闘いながら、「大きな規範または部分的な規範に関する権威となった」アフリカ系アメリカ人批評家の階級的利害に対する批判を展開している（ibid., p. 197）。階級的利害や「専門職化」を根拠とする同様の批判は、第三世界女性の生き方や経験の「解釈」を専門とする（第一世界や第三世界の）フェミニスト学者にもあてはまる。だがここでとりあげたいのは、ほとんどが白人であるわたしたちの大学上層部の理事たちが、人種的多様性や多元主義の問題をどう「解釈」しているのかということだ。わたしは、ウェストの黒人支配層への内部批判に同意するが、実際にわたしたちの声や生活、ときには政治的連合さえも枠にはめ、決定してしまう白人支配層（男性も女性も）の権力を見過ごさないことも大切だと考える。このような人種産業の形成と制度化の一端を考えようとするとき、かつての勤務校にもあったが、多くの高等教育機関で理事やカウンセラー、学生を対象に行われる偏見をなくすワークショップは、この産業の特別な側面を明らかにしている。興味深いことに、教師はこのようなワークショップに出席しない。あくまで学生やカウンセラーや理事向けなのだ。

議論を進めるために、わたしがかつて教えており、伝統的に、進歩的でリベラルなすぐれた校風をもつオーバーリン大学を例にとろう。ただ、わたしの批判は、リベラルで人道的な高等教育機関一般にあてはまると思う。以下は、オーバーリン大学のある実践に対する批判だが、それは大学関係者としての責任からである。差異や多様性の問題に取り組む同大学の努力は過少評価されるべきではない。だが同時に、こうした取り組みは大学における多文化主義の制度化に多大な影響を与えるので、きちんと検証されるべきである。多文化主義それ自体が問題というわけでは必ずしもないが、政治や歴史と無関係な文化多元論として定義されることには異議を唱えなければならない。

このような取り組みはここ二、三〇年、全米の大学のとくに名門校において、学生の反人種差別運動やその要求への回答として、また「非西洋的」な科目の必修化を望む声に応えて、盛んになった。だがより正確に言えば、こうした多文化主義の問題が起こったのは、アメリカ合衆国の人口統計に関する認識が変化したためである。二〇〇〇年までに、公立校の生徒の四二%はマイノリティや貧困層の子どもが占めるとか、労働力の七五%は女性や有色人になるといった予測は、「多様性」が制度的に緊急な課題であることを理解するうえで非常に重要だ。[15] ロサウラ・サンチェスが言うように、「通常通りの研究や経営」を行いたい大学は、それ自体が重要な異議申し立てである有色人の存在をまえに、変革よりも同化を意図した政策やプログラムを実施しなくてはならなくなったのである (Sanchez 1987)。

一九八八年春に人種差別と同性愛嫌悪に根ざした事件が起きると、オーバーリン大学は、学生や中上級経営陣を対象にした「偏見をなくす」ワークショップを数度にわたって開いた。大学のカウンセラーや心理学者が寮で開催することもあり、「人種差別を脱ぎ捨てる《アンラーニング》」ワークショップと呼ばれた。こうしたワークショップは、学生たちが人種的な対立や行動や態度に「敏感になる」という点では価値があるものの、歴史的・イデオロギー的な分析という点からは限界がある。

端的に言うと、偏見をなくすワークショップは心理学にもとづく「人種関係」の分析をよりどころにし、制度的・歴史的な支配よりも「偏見」に焦点を当てる。カウンセリングや再評価カウンセリングの技術や理論に依拠し、政治活動より感情の解放を目的にするのである。ワークショップの名称にも問題がある。主たるテーマは（支配や搾取や構造的不平等ではなく）「偏見」であり、わたしたちはそれを「なく」さなければならない。言葉は、イデオロギー的・政治的な内容をかなり規定し、形づくる。このワークショップは「過去の傷を癒す」ことに焦点をあて、支配集団と非支配集団の位置を同等と見なして、権力の不平等やヒエラルヒーを消し去る。そして結局、「抑圧」にしろ「変革」にしろその原因は個人にあるとされ、権力や支配をイデオロギー的・構造的に理解するのか、個人や心理の問題として理解するのかは曖昧にされてしまうのだ。

ここでも、暗黙のうちに経験の定義がなされていることは重要である。経験は基本的に個人的で個々ばらばらなものと定義され、行動や態度の変化に従属する。経験というカテゴリーを構成する歴史や集団的記憶、社会的・構造的不平等の問題は、この枠組みにはあてはまらない。個人は少数派か多数派の集団の代表として話をし、その経験は抑圧者・被抑圧者のパラダイムのなかであらかじめ決まっているのだ。A・シヴァナンダンはこの問題をとりあげ、アメリカ合衆国の人種差別自覚トレーニングの基礎にあるもの（ジュディ・カッツらの研究と歩を一にしている）を鋭く批判し、イギリスの多文化主義はそれを踏襲していると指摘している（Sivanandan 1990）。

シヴァナンダンは、心理学的な態度に焦点をあてた人種差別自覚トレーニングの結果、人種差別に反対する黒人の政治活動が衰退し、見直される危険性に注意を喚起する。つまり偏見をなくすワークショップは、根づよい心理を問題にし変化を促すことには役立つが、個人的支援や評価のレベルにとどまり、その結果、広範な政治的組織化や政治活動の必要性をむしばむ危険性をはらんでいる。*16

偏見をなくすワークショップは、大学の経営上層部でも実施されるようになった。だが、このレベルのワークショップの形式はまったくちがう。学長や男性理事たちはワークショップに参加するのでなく、多様性の問題に関する「相談」を行う。「偏見をなくす」はここでは「多様性を管理する」(「多様性」[有色人の婉曲表現]は管理しなければ手に負えなくなるという意味合いの別の言い方)に取って代わる。相談用パンフレットの一節を見てみよう。

対立管理の新たなプログラム：専門研究者チームが、社会的対立の平和的解決のための理論的・実践的なアプローチを提案します。社会正義を最大化し、多くの社会的対立の根底にある主な不平等をなくすことが、このプログラムの中心課題です。また話し合いによる和解を促進し、組織やコミュニティの関係に長期的な変化を促すことも目的としています。研究理論の深化、組織とコミュニティの変革、ネットワーク、相談、カリキュラム、ワークショップ、トレーニングはすべてこのプログラムに含まれます。*17

この文章では、対立の解決、話し合いによる和解、組織的関係が強調され、それを背景に、研究、相談、トレーニングといった言葉がならぶ。対立の解決、話し合いによる和解、長期的な組織的関係、という三つの戦略は、個人や集団のあいだで実施される。中心となるのは、軋轢の原因を理解し、「平和裡に」対立を解決することである。言い換えれば、問題を狭い個人的なものに矮小化し、歴史的文脈を扱いやすい心理的な文脈に置き換えて、人種や差異を管理しやすくしようというのだ。

先述した授業の例と同じく、ここでも、個人という個々ばらばらな単位が集合して社会全体をつくっているのだから、個人や集団は差異を体現していると前提される。それゆえ、最善の対立解決策は、不満をもつ個人どうしの話し合いだ。その重要なイデオロギー的結論は、いかなる状況でも予測可能（したがって管理可能）にするために行動や対応を標準化することだ。支配と抵抗の複雑な構造が、個人の行動や態度としてイデオロギー的に公式化し直されれば、経営はいつもどおり行いながら、管理できるようになる。

この種のプログラムにはコンサルタント会社が作成したものまである。たとえば、その名も「多様性コンサルタント」という会社の報告書には、「弊社は、多文化や人種の問題を管理するもっとも効果的な方法は、個人的環境の評価、教育プログラム、管理戦略セミナーであると確信しております。そうした評価やプログラムやセミナーは、専門職の方々が、自分自身ならびに多様性や職場での選択肢を理解するよう支援します」とある（Prindle 1988, p.8）。

この引用文の核心は、人種問題への気づき（他文化についての誤解や情報の欠落こそが問題）と、あなた自身やあなたとは異なる人々への理解である。多様性とは互いを尊敬し、学びあうこととされ、経済的搾取には目をつぶって、お互いに礼儀正しくするよう教える。話し合いによる対立の解決、組織的な性差別や人種差別を変えること、多様性の異議申し立てを受けとめ対処する戦略の考案も大切である。さらに、「多様な」人々を雇ったり、教育方法は改めずただ「差異」のカリキュラムを導入するといった追加措置もとるが、正統文化対サブカルチャーのパラダイムは変更しない。これはつまり、偏見をなくす「専門家」の養成なのだ。そこでは文化は最高の商品である。文化は、矛盾したものではなく、歴史とは別個に存在し、永久不変の事実や行動や実践の宝庫と見なされる。文化や文化的差異のこうした定義は、文化多元論の特徴である個人の調和や礼儀に重きを置く言説を支えている。

偏見をなくすワークショップは結局、礼儀の言説をつくることを目的としている。繰り返しになるが、この実践にプラスの効果がないと言うわけではない。たとえば、新しい文化モデルの紹介は既存の構造の見直しにつながり、こうしたコンサルタントが社会変革の雰囲気づくりに役立つこともある。だが、根本にあるのは現状維持であり、多様性はつねにただの付け足しにすぎない。

では、これはいったい何を意味するのだろうか。多様性コンサルタント会社は目新しいものではない。民間企業では、公民権運動以来、こういった会社に高い報酬を支払ってきた。だが、高等教育機関の経営陣が、人種の管理という言説で教育や「学問の自由」の言説をねじ曲げているとき、その影響は重大であり、厳しく検証されなくてはならない。アメリカ合衆国の教育は昔から管理と支配の言説を制度化してきたが、現在、人種の管理は少し異なる展開を見せている。この二〇年ほど学生や教師の人種構成が歴史的、人口統計的、教育的に変化した結果、わたしたちのなかには公的な発言力をもつ者も現れ、全体の調和のために「管理」が必要とされるようになった。「多様性の問題について教育者に敏感になってもらう」コンサルタントの採用は、一九六〇年代以降の多元論の拡大のなかで起こった。だがそれは、アメリカ合衆国の政策をめぐる社会情勢に対応し、第三世界研究や女性学が提示した異議申し立てを封じ込めるための対策でもある。企業用語や、認知心理学、感情心理学の用語を使い（それによって性差別や人種差別、階級対立の問題を専門化することで）、新たな連携が強められているのだ。支配的経営陣である教育者は今では対立を管理する側にいるわけだが、彼／彼女らもまた人種を構築している行為主体である。そして人種という言葉も、いまや専門用語として新たに定義づけられているのである。[*18]

人種、声、学界の文化

比較的新しい言説の影響は、高等教育の一般教養大学で顕著である。いまやアファーマティブ・アクションによる雇用は、目に見える形で行われてはいるが、選択的でもある。たとえばあらゆる英文科が、トニ・モリソンの作品を教えられる黒人の女性研究者を探している。だが、そうした研究者が雇用され、その後終身雇用や雇用延長のための再審査を受ける段になると、事情はまったく変わってしまう。その分野で最高の業績をあげている第三世界の学者しか雇わないアファーマティブ・アクションの雇用政策はほとんど効果がないと、多くの研究者が述べている。つまり、選ばれた一部の有色人が高額で雇われる椅子取りゲームなのだ。わたしたちの声は慎重に吟味され、配置される。史学科に一人、英文科に一人、社会学科に一人、という具合に。このような雇用は、第三世界の教員の雇用延長や終身雇用を保証しない。高等教育機関がようやくフェミニズムや第三世界の問題に応えはじめたこれ見よがしの証として、第三世界の「スター」教員がひっぱりだこになる一方で、進行する人種の商品化や個人化は、一九七〇年代以来、白人の教育機関において、第三世界の教員の数や待遇がほとんど変わっていないことの現れなのだ。

マリア・デラルス・レイエスとジョン・J・アルコンは、一九八八年の論文で、高等教育機関のチカーノ教師が直面する人種差別について書いている。彼らは、一九七〇年代のアファーマティブ・アクションの効果を、次のように述べる。

一九七〇年代半ばにマイノリティのクォータ制度が一般社会で実施されたとき、チカーノやマイノリティは個人の資質や実績によるのではなくアファーマティブ・アクションのおかげで専門職や研究職に就くという印象を、多くの人々はもった。だが、その印象は正しくない。[高等教育機関は]通常、アファーマティブ・アクションの指針への対応として、ごくわずかなマイノリティ研究者を非研究職や奨励金プログラムにアリバイ的に雇うだけだ。たとえば、多数の黒人やヒスパニックが、地位向上や人材育成や機会均等などのプログラムの責任者に採用された。また、バイリンガル教育やエスニック・スタディーズに採用されたマイノリティの教員もいたが、アファーマティブ・アクション政策が終身雇用の地位にまで拡大されることはほとんどなかった。アファーマティブ・アクションがもっとも注目されたときに登場した大学内のマイノリティという目新しい存在は、すべての専門職や研究職のマイノリティに、名ばかりの差別撤廃という遺産を残した。それは今も消えない疵となっているのだ(Reyes and Halcon 1988, p.303)。

デラルス・レイエスとアルコンは、わたしたちが今でもアファーマティブ・アクションの影響下にいると言う。二人は、マイノリティ研究者が直面している複雑な人種差別の様相を詳しく説明し、学界における第三世界の人々の名ばかりの差別是正とゲットー化の問題を考察している。こうした指摘に、わたしは、レーガン＝ブッシュ政権時代に起こったことをつけ加えたい。人種の管理の結果として差異や多様性が個人に帰されたため、ブラック・スタディーズや女性学、エスニック・スタディーズははるか周縁に追いやられ、集団的で対抗的な知にもとづいて営々と築かれたプログラムも「政治的」「偏っている」「ヒステリック」「不正確」などというレッテルを貼られたのだ。[*19] 七〇年代にこうしたプログラムや学科がなしとげた成果は、個人こそ「人種」その他の政治的構成要素を代表すると見なす論理にもとづいて個人や行動に重きを置く八〇年代と九〇年代の人種の管理によって、徐々に掘り崩された。人種やジェンダーは個人の特性や態度として公式化し直され、差異についての言説も、個人化されてうわべは「色のついていない」ものに取ってかわった。このように、ジェンダーや人種に関する学界での言説が変化したことで、女性学やブラック・スタディーズのプログラムや学科といった、せっかく進んだ制度的空間づくりは後退してしまったのである。

かつてわたしたちの集団的な声を決したのはこうした制度的空間だった。わたしたちのプログラムや学科は、定義からして新しく対抗的だった。今では多くが新鮮さを失い、数あるプログラムのなかのひとつにすぎなくなった。古きよき時代を懐かしもうと言いたいのではなく(それに、昔は昔で問題があった)、人種や差異が個人に帰属すると公式化し直された結果、集団の政治学が衰退したと指摘したいのだ。しかも、こうなったのはだれかの陰謀でも何でもない。先にナラティブ1としてわたしの授業実践の結果について論じたが、ジェンダーや人種の定義が言説や表象によってもたらされるのか、個人に帰されるのかという争いには、わたしも関与している。一九六〇年代や七〇年代の「個人的なことは政治的である」というスローガンは、一九八〇年代には「政治的なことは個人的である」に変わった。言い換えるなら、あらゆる政治は個人的なことに矮小化され、個人の行動や態度やライフスタイルの問題が社会の政治分析の代役を務める。そこでは個人の政治的な闘いのみが、政治運動の正当でふさわしい唯一のあり方と見なされる。

一般教養大学での人種の管理に関して考慮すべき（そして異議を唱えるべき）重要な理由は他にもある。人種の個人化とその結果は、レーガン＝ブッシュ政権やブッシュ＝チェイニー政権など新保守主義の政治や政策課題、すなわち一九六〇年代以前のアメリカ式生活を取り戻そうという方針とぴったり一致するのだ。一九八〇年代に最高裁が下した「逆差別」判決も、「偏見」「差別」「人種」の同様の定義にもとづいている。逆差別判決が生殖の自由の後退と結びついていることを指摘したジーラー・アイゼンステインは、こうした決定の基礎には個人化の枠組みがあると述べる。

> 最高裁が最近下したアファーマティブ・アクションに関する判決は、既存の公民権法が見直されていることを示している。人種や性（ジェンダー）は集団的カテゴリーではないとされ、構造的・歴史的現実として定義される人種差別や性差別は抹消された。人種差別や性差別の統計は、もはや「集団や階級としての黒人女性」が不当に扱われている証拠にはならない。差別と認められるのは、個人の特殊なケースだけだ。なんと露骨な攻撃だろうか。平等の原則は破壊されたのだ（Eisenstein 1990, p.5）。

アイゼンステインは、平等を求める闘いが、政府に人種差別や性差別を是正するよう求めてきたことを分析している。そして、差別の意味を消し去り、統計的な問題は無視して個人的な事例だけをとりあげるようになった結果、差別的な行為はつねに「だれか他人がやったこと」となり、差別の認定はほとんど不可能になったとする。このように、最高裁の逆差別判決は、人種やジェンダーを管理しやすいものにしてしまう個人主義の政治にもとづいている。これは、人種とジェンダーの不平等に関して新保守主義とリベラルの方針が一致した例である。

わたしたち学界にいる者も、純粋で無垢な多様性というイメージづくりや管理の言説の構築に一役買うような位置に身を置き、こうした人種の管理に共謀している。人種のカテゴリーは固定的でなく、社会的・歴史的で変わりやすいため、第三世界の人々がお互いに対立的な関係に位置づけられることがよくある。たとえば、わたしたち第三世界からの移民とここで生まれた第三世界の人々は、どちらがアメリカにとって脅威か比べられる。アメリカに移民したインド人女性であるわたしは、多くの場合、アフリカ系アメリカ人女性ほど脅威的な存在ではない。どちらも非白人で他者であり、陰に陽に人種差別の対象だが、わたしには奴隷制の歴史はなく、アメリカ合衆国の人種差別の過去と現在を直接かつ不断に記憶している存在ではない。もちろん、イギリスの学界でのわたしの位置づけは、イギリスの植民地化の歴史や、その時々の移民・労働力参加の形態、労働者階級や労働組合、反人種差別政策の存在によって、まったく異なるだろう。どれも、在英インド人の地位を規定するからだ。また興味深いことに、イギリスでは、言うべきことを言う「本物の」ラディカルなブラック・フェミニストとして、アフリカ系アメリカ人女性が注目をあび賞賛される。一方で、イギリスのブラック・フェミニストは、出版業界や学界によって周縁化され、声を奪われている（イギリスで「ブラック」とは、イギリス国籍のアフリカ、アジア、カリブ海諸島出身者を指すが、近年、この連携は崩れてきている）。こうした立ち位置や相互関係は、わたしたちの声や行為主体の構築に影響を与えている。

批判的教育と差異の文化

これまでのわたしの議論に納得してもらえるなら、アメリカ合衆国の大学で人種やジェンダーが管理され商品化されている現状を問題にする理由がわかってもらえるだろう。対抗策のひとつとして、教育実践や制度的実践の視点からこの問題を議論できるような、差異の公共文化を積極的につくることが考えられる。[*20] リベラルな大学にそうした文化をつくりだすのは、リベラリズムが「複数の」「新しい」視点を歓迎するポーズをとっているため、それ自体が挑戦である。だが、差異の公共文化は、人々の利益を基礎とし対立や特権や支配を具体的に認識する、認識論的な視点のための空間を生みだす。そのような文化ができれば、基本的に、学科や制度の構造だけでなく大学での人間関係（個々人の関わりではなく）においても、権力問題を透明化することになる。それはまた、教師や学生や経営陣、覇権的な大学文化の構成員として、日常生活の政治学を真剣に考えることでもある。こうして文化はそれ自体、日々の生活の政治実践が決定し変化させた、個人や集団の記憶や夢や歴史を組み込んだものへと再定義されるのだ。

差異の文化は、大学を、自由資本主義的な民主主義の名において第三世界の人々を操作し管理する大きな社会政治構造の一部として見ることを意味する。また、企業化の嵐に直面しながら、コミュニティとシティズンシップを再生し展望し直すことでもある。制度的実践を変えようとするなら、歴史や理論の搾取と抑圧を分析しなければならない。さらに、自らを大学での活動家と見なし、教育や学問上の努力と社会正義を結びつけ、自分や同僚や学生の行動を期待し求めることも大切だ。そのためには、大学での知、権力、経験の問題を理解し理論化し、教育のエンパワーメントと変革をもたらせるよう、熱心に取り組まなくてはならない。性差別や人種差別や同性愛嫌悪は現実そのものであり、わたしたち皆が関わる日常的な出来事である。単にカリキュラムや政策決定といった管理の実践でなくせるようなものではない。わたしたちは、リベラルな教育の目的とは何かを、反人種主義的でフェミニズム的なやり方で再考しなくてはならないのだ。

すでに述べたように、重要なのは単なる差異の認識ではない。差異をそれとして認め、関わりをもつことが、教育実践の脱植民地化にとって非常に大切なのだ。同じように、単に声をもつことが重要なのではなく、個人や集団の一員としての立ち位置から発せられる声をもつことが緊要なのだ。学界における第三世界の人々の商品化や管理化について真剣に考えるような、活動的で対抗的で集団的な声であることが重要である。差異の文化は、同化の教育ではなく差異の教育をつくるために、作用しなければならない。これは、有色人だけでなく進歩的な白人を含む、学界のすべての人に求められる課題である。

注

＊1　とくに第1章と第4章を参照されたい。本章は第4章で議論した「位置の政治学」の続編である。

＊2　ここで、一九七〇年代、八〇年代のフェミニズムの軌跡にふれたい。一九七〇年代のフェミニズムは、ジェンダーを分析の基本カテゴリーとし、性差を基本的に序列や不平等と認識して、学問や規範の境界を大きく変えた。一九八〇年代になると、フェミニズム内部からの異議申し立てという形で、人種やセクシュアリティのカテゴリーが

導入されたが、こうした政治的、方法論的な異議申し立ては、一九七〇年代のフェミニズムに権利を奪われたと考えるフェミニストたち、たとえば、レズビアンや異性愛の有色人女性、旧植民地や第三世界の女性、貧困層の女性などが唱えたものだった。フェミニズムのポストモダニズムへの傾斜は、ジェンダーの単一性の想定を崩壊させ、不平等の分析をより細分化したが、こうした主張を、第三世界フェミニストはすでに政治分析のなかで行っていた。フェミニズム分析の政治的、概念的カテゴリーの変遷は、***Signs***や***Feminist Studies***などのフェミニズム誌やフェミニズム出版社の発展、一九七〇年代、八〇年代、九〇年代の教育カリキュラムの「統合」を分析してたどることができる。

＊3　たとえば、Bernard (1987) は、男性が女性を排除する関係での差異と、女性が女性を排除する関係での差異を分析し、女性間ではさまざまな差異が、男女間では対立する差異があると分類している。

＊4　ラズレグは間主観性の概念に依拠しており、わたしが本章で述べているような問題についての彼女の理解はとても複雑である (Lazreg 1988)。わたしにとっても彼女にとっても、声をあげることは声どうしの関係を理解しなければならない複雑な歴史的・政治的行為である。現象学的人文主義にもとづいて使われる「間主観性」という用語は、困難な政治的プログラムをともなっているのだ。「歴史的行為主体」やその「重なり合い」の問題の人文主義にもとづかない新たな解釈については、S. P. Mohanty (1997) のとくに序章と第6章を参照されたい。サティヤー・モーハンティーは、文化を越えた比較の理論的基礎として、(「間主観性」よりも) 行為主体やその歴史的重層性の問題を論じている。

＊5　定義に問題はあるが、わたしは「第三世界」という用語を使い、この (アメリカ合衆国の学界という) 文脈で、自分を「第三世界」研究者と規定する。ここでは、「第三世界」という用語は、旧植民地諸国出身の人もアメリカ合衆国の有色人も指している。外国だけでなく国内の被植民者を表すために「第三世界」を使うことは、還元主義とうつるかもしれない。さまざまに異なる文化や歴史をもつ人々の共通性や均一性を示唆し、「第一」世界と「第三」世界に現存する経済的・文化的ヒエラルヒーをも強化しかねないからだ。それはわたしの意図するところではない。それでもこの用語を使うのは、こうした問題点を重々承知した上で、これ以外に現在使える用語がないからだ。さらにこの用語は、西洋のフェミニズムやアメリカ合衆国の学界という文脈において、今後も問題にする必要

はあるが、エンパワーもしてくれる対抗的な用語なのだ。定義の問題について、詳しくは第2章と第9章を参照されたい。

*6 とりわけパウロ・フレイレ、マイケル・アップル、バジル・バーンステイン、ピエール・ブルデュー、ヘンリー・ジルーの著作を参照されたい。これらの教育理論家の多くが階級のヒエラルヒーにもとづいた教育を厳しく批判するが、ジェンダーや人種にはほとんど注目していない。だが、これらの文献の理論的示唆は重要であり、フェミニズム分析にとって役立つ。*Harvard Educational Review*（1988）の特集号も優れた資料である。Freire（1973）, Freire and Macedo（1985）, Apple（1979）, Bernstein（1975）, Giroux（1983, 1988）, Bourdieu and Passeron（1977）を参照。教育と学界についてのフェミニズム分析は、Bunch and Pollack（1983）, Minnich et al.（1988）, Schuster and Van Dyne（1985）, Cohee et al.（1998）, Minnich（1990）を参照。*Women's Studies Quarterly, Women's Studies International Forum, Radical teacher, Frontiers: A Journal of Women's Studies* などの学界誌も参照。

*7 この分析のために使った事例がごく限られている（典型例とはいえないものも含まれている）ことは十分に承知している。多くのアメリカの大学では、多元主義や差異の問題の採用は、それ自体がラディカルで対抗的な意思表示である。なかでもリベラルな高等教育機関においては、多元主義の問題にその学校特有の歴史がある。ここでは、かつて教えていた大学を例に、多元主義の制度化について考察した。わたしの関心は、大学での人種や人種差別の言説と密接に関わる政治的・学問的な問題にあり、アメリカ合衆国の高等教育機関の統計的データを提供しようというわけでも、問題提起のための例に出した大学を「代表」していると言いたいわけでもない。

*8 人種や性に関するニューライトの方針の分析については *Radical America*（1981）の特集号を参照。この問題については、Eisenstein（1990）および彼女との討論に多くを負っている。

*9 人種と差異に関する学界内の言説をもっとも鋭く的確に批判したものとしては、女性学以外の分野の第三世界研究者による以下の著作を参照。West（1987）, Sivanandan（1985）, Mohanty（1989b）.

*10 ブラック・スタディーズの起源については Huggins（1985）を参考にした。一九六〇年代、七〇年代のブラック・スタディーズのすぐれた分析と歴史論文としては Blassingame（1973）を参照。

*11 このシンポジウムの記録は Robinson, Foster, and Ogilvie（1969）を参照。

＊12　逆に、多文化主義的な女性学を教える白人女性にも同じような問題があると分析したPascoe（1990）を参照。

＊13　フェミニズム教育理論におけるこうした二項対立を刺激的かつ生産的に批判したSanchez-Casal and Macdonald（2002）の序章を参照。またフェミニズム教育学をめぐる議論については第9章を参照。

＊14　ヤンセは、彼女の発言を掲載し、パフォーマンスを分析する許可をくれた。ハミルトン大学の三年生だった彼女は、黒人のレズビアン・フェミニスト、パフォーマンス・アーティストとして、大きな存在感をもっていた。だから彼女の行動は、もっと目立たない学生なら起きなかったかもしれない反響を引き起こした。物語や語りの重要性の理論化については、Stone-Mediatoreを参照。

＊15　American Council on Education（1988）を参照。*Time Magazine*（一九九〇年四月号）の「アメリカの変化する肌の色」の記事も参照。なかでもアメリカ合衆国の経済分野・教育分野における人口統計的変化を論じたHenry（1990）を参照。

＊16　「偏見をなくす」に潜むイデオロギーについての議論は、DeRosa（1987）にもとづく。

＊17　オーバーリン大学の人事課長補佐とアファーマティブ・アクション事務局が用意した資料から抜粋した（Prindle 1988, p.1）。

＊18　ハミルトン大学は全米連帯組織（NCBI）の「偏見をなくす」ワークショップと同じようなワークショップを構内で開き、大学の教職員のトレーニングを行った。

＊19　周縁化は、こうしたプログラムが近年予算を削減されていることに如実に示されている。政治色も、たとえば「女性」学から「ジェンダー」研究への名称変更に明らかなように、弱められている。あらゆる方法で進むフェミニズムの政策課題の再編にはさまざまな異論がある。

＊20　グロリア・ワトキンス（ベル・フックス）とわたしは、オーバーリン大学で開催された「ジェンダー、人種、帝国の教育」という教員の討論会でそれをやろうとした。討論会では、第三世界の人々について大学でいかに教え学ぶかの実践に焦点をあてた。この討論会の成果はまだ十分検証されていないものの、少なくとも対話や差異の公共文化をつくりだした。人種やジェンダーやアイデンティティの問題を、「政治的」で学問にふさわしくないと退けたり、機械的に女性学やブラック・スタディーズに押し込めるようなことはなくなった。かなりの教員が、こうし

た問題を重要で本質的な問題と見なし、ヨーロッパ中心主義的な一般教養カリキュラムを見直すようになったのである。

第 III 部

新たなフェミニズムへ

第9章　「西洋の視線の下で」再考
反資本主義の闘いとフェミニストの連帯

多くの友人たち[*1]の熱心な勧めもあって、わたしはいささかの動揺を感じながらも、一六年ほど前に書いた論文のテーマと議論を再考するために、この章を書いている。書くのはたやすいことではないが[*2]、躊躇しながらも謙虚に筆を執ろうと思う。自らの思想に全面的に責任をとり、わたしの論文がフェミニズム理論をめぐる議論に及ぼした影響について明らかにするためである。

「西洋の視線の下で」〔本書第1章〕は、わたしが初めて発表した「フェミニズム研究」だったと同時に、国際的なフェミニズムの世界に今もわたしの存在を記すものとなっている。論文を書いたのは博士課程を終えたばかりのころだったが、わたしは現在女性学の教授となった。アメリカ合衆国の学界における自分の位置からすると、今では、西洋の視線の「下」にいるというより、その「内部」にいると言ったほうがいいかもしれない[*3]。当時のわたしは、活動的でトランスナショナルな女性運動の場から書いたが、現在の場所はそれとはかなり違う。公的な分野がますます民営化し企業化するなか、そのような女性運動を合衆国内で認識することはむずかしくなり（女性運動は世界中でさかんになっているにもかかわらず）、関わったり闘ったりする場もアメリカの学界であることが増えてきた。アメリカ合衆国では女性運動はますます保守化し、反人種差別のラディカルなフェミニズム活動は女性運動の名の外で行われている。だから、ここで述べることの多くは、主として、わたしが教育者、研究者として身を置く場から受けた影響によるものだ。一九八六年には明確な言葉では表現されないままになっていた考えを明らかにし、当時アウトラインだけ示した理論の枠組みを発展させ、歴史化するために、「西洋の視線の下で」を再考しよう。また、この論文がどのように読まれたり、誤まって解釈されたかを考察し、批判や賛辞に返答したい。そして、今こそ批判から再構築へと歩を進め、二一世紀初頭にフェミニズムが直面する差し迫った課題をはっきり認識して、次のような問いに答えなくてはならないだろう。約二〇年を経た今、「西洋の視線の下」――西洋の内部と外部にある第三世界――を、どのように探究、分析すべきか？　歴史のこの瞬間にあって、文化を越えたフェミニズムの政治学が直面する理論上、方法論上の最重要課題は何だと、わたしは考えるのか？

このかん、わたしは表向き「西洋の視線の下で」暮らしながら、トランスナショナルなフェミニズムの学問とネットワークに関わりながら歩みを進めてきた。それをふまえて、「西洋の視線の下で」の論点を要約し、学問的、政治的、制度的な言葉で文脈化してみたい。そしてその論点にもとづいて、論文がいかに読まれたか、また、実にさまざまな、ときには重なり合う学問言説のなかにどう位置づけられたかを述べたい。さらに、論文に対する有意義な反応のいくつかをとりあげ、西洋や第三世界の多様な意味をより明確にするとともに、フェミニズム理論における普遍性と個別性の関係を再吟味し、論文では曖昧だったり両義的にとれる論点をはっきりさせたいと思う。

最初に、この一六年余りのあいだに、わたしの思想がどう変化したかを見ていこう。二一世紀初頭のトランスナショナルなフェミニズム運動が直面する課題とは何か？ 文化を越えたフェミニズムの可能性はいかに発展し、変化したか？ これを書いている時点のわたしの変化や新たな活動を特徴づける学問的、政治的、制度的な文脈とは何なのか？ 一九八六年以降、学問的、政治的な帰属意識はどのように変化したか？ 変わっていないものは何か？ そうしたことの出発点として、一九八〇年代半ばに「西洋の視線の下で」を書いたときの意図や影響や政治的選択と、現在のわたしのそれとの対話から始めたいと思う。この作業が他の人たちにも刺激を与え、フェミニズム研究における個人や集団の課題についても同様の問いを投げかけるきっかけになるよう願っている。

「西洋の視線の下で」再考

フェミニズム理論の脱植民地化：一九八六年

わたしが「西洋の視線の下で」を書いたのは、第三世界女性に関する「西洋人フェミニスト」の学問思想が、第三世界の女性たちの生活と闘いを言論的に植民地化することで成立している点を批判し、その文脈を明らかにするためだった。また、西洋フェミニズムの狭い利益に奉仕するヨーロッパ中心主義のエセ普遍的方法論を使った、フェミニズムの比較文化研究の権力・知識関係を暴きたいとも思った。同時に、わたしたちは「自らの分析戦略や原則がもつ政治的意味」を考える必要があると主張し、フェミニズムの学問と政治運動の関係性を明確にすることが緊要だと考えた。さらに、フェミニズムの学問思想が、「第一世界」[*4]に支配されているグローバルな政治的・経済的枠組みのどこに位置するかを、示したかったのである。

わかりやすく言えば、文化を越えたフェミニズムは、グローバルな政治的・経済的システムやプロセスというマクロな政治学に注目しつつも、文脈や主体性や闘いといったミクロな政治学に十分配慮すべきだと明らかにしたかったのだ。このような重層的で文脈的な分析の好例として、わたしは、マリア・ミースのナルサープルのレース編み女性についての研究をとりあげ、個別事例の研究がときに普遍的な意義をもつことを示した。個別性を否定するために普遍性をもちだしたり、個別と普遍という言葉のあいだには断絶しかないと考えるべきではないと示唆したのである。言うまでもなく、ミースの分析は基本的な枠組みとして史的唯物論を採用し、グローバルで全体的な次元とローカルでミクロな次元の双方で具体的現実をきちんと定義している。当時わたしが主張したのは、第三世界をただ抑圧されたものととらえるのでなく、その歴史的な複雑さや抑圧状況を変えようとする闘いという点でも定義し、認識することだった。より大きいグローバルな政治的・経済的枠組みと関連させながら、現実をふまえた個別分析をする重要性を論じたのである。わたしがこう考えたのは、国境を越えたフェミニストの連帯という理念があったからなのだが、この考えは多くの読者にはわかりづらかったようだ。わたしが主張した位置の政治学の議論を鋭く分析したシルヴィア・ウォルビーは、差異と平等の関係を認識し、正確にとらえている。ウォルビーは、何を差異と見なすかを決めるために、西洋人フェミニストとポストコロニアル・フェミニスト、第三世界フェミニストのあいだで、視点を共有する必要に注意を喚起した。ウォルビーは、深い洞察力をもってこう述べている。

モーハンティーたちポストコロニアル・フェミニストは、その著作が広く知られるにつれ、状況におかれた知のみを求めているかのように引用されることが多い。実際には、モーハンティーは、複雑で繊細な議論を通して、自分が正しく、(多くの)西洋人フェミニストは単に違うだけでなく、まちがっていると主張しているのである。そうすることで彼女は、共通の問いや共通の概念、そして最終的には白人フェミニズムとの共通の政治課題の可能性を想定している。自分に賛同せよと白人フェミニズムに求めているのだ。彼女は、西洋白人フェミニズムが、ローカルで部分的な見方に満足するような、状況的知であってよいとはこれっぽっちも考えていない。これはより普遍的な真実を求める主張であり、彼女は、議論の力でそれをなし遂げようとしているのである(Walby 2000, p. 199)。

論文を読んだウォルビーは、フェミニズムには共通の政治課題があり、西洋フェミニズムの第三世界女性に関する研究を批判するのは連帯と共通の価値ゆえだ、とするわたしの考えに真正面から応えるよう人々に求めている。わたしが差異を強調したのは、多様な女性共同体の内部や相互間にある権力格差に配慮した平等を追求すべきだという理念にもとづいている。わたしは、普遍化がすべて悪いと主張したのでもなければ、全体より地域を、共通性より差異を、そして物質よりも言論を重視すべきだと言ったわけでもない。

「西洋の視線の下で」を書いたのは、平等主義で非植民地主義的な比較文化研究などありえないと主張するためではないし、「西洋」フェミニズムと「第三世界」フェミニズムを、互いに対立する連帯不可能なものとして定義したかったからでもない。[*5] だが、そのように論文を読まれたり使われたりすることがよくあった。[*6] なぜそうした極端に対立的なとらえ方をされたのか、わたしにはずっと不思議だった。ただ当時のわたしの反論によって学問的・制度的な文脈がはっきりしたことや、あれ以降論文の解釈に影響を与えるような変化が世の中に起こったため、論文の意図や主張は明確になったと思う。

思想的には、論文は、ヨーロッパ中心主義の人文科学とエセ普遍主義や男性中心主義の前提を批判する人々に共鳴しながら書かれた。普遍的なものと関連した個別的なものの重要性を確信し、地域性が具体的に普遍性を明らかにすると深く信じていたのである。わたしの関心は、このような普遍主義の枠組みと表裏一体でとりあげられる二元論に警鐘を鳴らすこと、そして脱植民地化のパラダイムのなかで行われている有色人女性による「白人フェミニズム」批判や第三世界フェミニストによる「西洋フェミニズム」批判に注目を促すことだった。政治的にも個人的にも、非植民地主義的なフェミニストの連帯を実現しようとしたのである。わたしは、影響力のあるフェミニズムの学問や主流の女性運動によく見られるような、植民地主義的で利己的なフェミニズムではなく、もっと大きなフェミニズム思想や運動を信じていたのだ。

当時わたしは、白人がほとんどを占めるアメリカ合衆国の学界で教職に就いたばかりだったが、そのこともあの論文に深い影響を与えた。欧米人のフェミニストが支配的ななかで、無視されたり誤解されたりしているわたしと同じような第三世界や移民など周縁化された研究者の居場所を創るために、その場に介入しようと決意したのだ。第三世界や移民の女性研究者の知的空間をつくることは、わたしにとって大きな喜びだった。イリノイ州アーバナで一九八三年に開かれた国際会議「違いを共有する：第三世界女性とフェミニズム」の準備に関わったときも、同じ喜びを味わった。この会議は、植民地主義を脱却し国境を越えるフェミニズム運動の可能性を開き、わたしは、「違いを共有する」ことこそ深い連帯の土台となりうるのだという思いをあらためて強くした。それを実現するためには、フェミニスト間にある力関係の不平等をみすえ、闘ってゆかなくてはならないのだ。

あの論文を書いたことは、こうしたこと以外にも、個人的にも仕事上も、多くの結果をもたらした。たとえば、白人フェミニストの「忠実ならざる娘」役から第三世界や移民の女性研究者の先駆けまで、幅広い役割をわり当てられた。さまざまな研究者の集まりでフェミニストを相手に講演するよう頼まれたこともあれば、専門分野の幼児教育問題に専念して「フェミニズム理論」なんかに首を突っ込むなと言われもした。反旗を翻したことは代償もともなったが、報酬もあった。だがここでは、「西洋の視線の下で」を書いたことに何の後悔もないし、ただ深い満足を感じていると述べるにとどめたい。

論文の解釈や誤解のいくつかは、アメリカ合衆国の学界でここ三〇年ほどポストモダニズムが大流行しているせいである。わたしは「ポストモダニスト」を自称したことは一度もないのだが、なぜこうしたレッテルが貼られたかは重要だ。[*7] 実際、いま「西洋の視線の下で」を再考するのは、ポストモダニストとされたことについてひとこと言いたいからでもある。[*8] わたしがあらゆる普遍化に反対し、共通性ではなく差異を主張したと解釈されるとしたら、それは誤解である。こうした誤解は、制度的関係性の主張にはすべて「全体主義」のレッテルを貼り、アイデンティティや社会構造の可変性と構築性だけを強調する主流派ポストモダニズムの文脈で生じる。

たしかに、わたしは知と権力の関係を概説するためにフーコーを用いたが、同時に、アンワール・アブデルマレクを引用して、帝国主義的権力構造の指向性やその具体的影響を示した。またマリア・ミースを引用して、日常生活や地域のジェンダー化された状況と、国境を越えたより大きな政治経済構造のイデオロギーや資本主義のイデオロギーとを結びつける、唯物論的な分析の必要性も主張した。わたしは、「差異」がどのように「共通性」に組み込まれるのか、またそれはなぜなのかを解明することに関心があり、あの論文はその可能性を開くものだと自負している。一九八六年当時は、ヨーロッパ中心主義の言説におけるエセ普遍主義に異議を申し立てることに主眼があり、共通性より差異を強調するポストモダズム言説への批判は不十分だっただろう。[*9] 今回強調したいのは、地域的なものと普遍的なものとの関連である。一九八六年にはわたしの重点は差異にあったが、今回はその全体像をとらえなおし、普遍的なものとの関連を主張したいと思っている。そうした議論では、差異とはけっしてただの「違い」ではないことをあらためて強調できるだろう。差異や独自性を知れば、関連や共通性がわかる。それは境界や限界というものが、けっして完全でもなければ確固としてもいないからである。差異を知れば関連や越境がよりよく正確に説明でき、特定の差異を見れば普遍的な関係を十全に理論化できると、敢えて明らかにしたいのだ。こう考えるからこそわたしは、異なる社会に暮らし異なるアイデンティティをもつ女性たちが国境を越えて共通の闘いや連帯を築くことに関心をもつのだ。

では、わたしにとって何が変わり、何が変わらないままなのだろうか？　いまこの瞬間、フェミニズムの学問と運動にとって緊急の学問的、政治的な問題とは何なのか？　まず言いたいのは、商品化と消費を通して多文化主義や「差異」を専有し同化する世界では、「西洋」と「第三世界」という用語には、今も政治的、説明的な価値があるということである。だが、今わたしが使いたいのはそれらの言葉だけではない。アメリカ合衆国やECや日本は二一世紀初頭における資本主義権力の中枢だが、そうした国々の国内でも第三・第四世界が急速に拡大し、また、世界中で自治を求める先住民の存在と闘いが可視化するなかで、「西洋」や「第三世界」は「北／南」や「三分の一世界／三分の二世界」といった分類よりも説得力を失っている。

「北／南」という言葉は、「西洋／非西洋」と同じく、物質的に豊かで特権をもった国や共同体と、経済的政治的に周縁化された国や共同体を区別する語として使われている。この言葉は、北半球と南半球というおおざっぱな区分を意味しているが、物質的に豊かな国や地域とそうでない国や地域がこうした地理的な枠組みできっちりと分けられないことは明らかだろう。しかし、「持てるもの」と「持たざるもの」を区別する政治的な呼称としては、今も一定の政治的価値を有している。一例をあげれば、アーリフ・ディルリクは、「北／南」を地理的というよりは比喩的な区別として定義し、地理的な区別とは関係なく「北」を多国籍資本の網の目、「南」を世界中の周縁化された貧困、としている。[*10]

グスタボ・エステヴァとマドゥ・スリ・プラカシュが提唱する「三分の一世界」対「三分の二世界」という用語は、とりわけ「第三世界／南」と「第一世界／北」という表現と共に使うと、非常に役に立つ(Esteva and Suri Prakash 1998)。これは、エステヴァとプラカシュが社会的少数派と社会的多数派を指す言葉で、北であれ南であれ、人々や共同体が営む生活の質にもとづく分類である。[*11]「西洋／第三世界」や「北／南」と比べて、「三分の一世界／三分の二世界」は、誤解されやすい地理的、イデオロギー的な二分化でない点ですぐれている。

「三分の一世界／三分の二世界」という表現は、社会的少数者と多数者を区別する基準として生活の質に着目し、国の内部や、国家と先住民共同体のあいだで、持てる者と持たざる者がつながったり断絶したりしているようすに注意を向けさせる。この呼び方はまた、人々を社会的少数者と多数者に分けて位置づけるグローバルな力の流動性と権力とを浮かび上がらせる。「三分の一／三分の二」は本質主義的な分類ではないが、権力と行為主体のきわめて重要な分析を内包している。ただし、西洋／第三世界という言葉が示唆するような植民地化の歴史は欠落している。

用語についてのこうした議論からは、わたしたちがいまだに大変不正確で不十分な分析用語を用いていることがわかる。現在使える言葉はどれも、わたしたちが理解する世界のありようを大まかに説明するだけの分析用語である。本章では、三分の一世界／三分の二世界や、ときには第一世界／北と第三世界／南という用語を使う。というのも、わたしたちの用語は不正確であり、どんな言葉にしろそれだけを使いたくはないからだ。一九八六年に使った表現も、絶対ではなく開かれたものとして、改善され問い直されなくてはならないのである。

最後に、「西洋の視線の下で」では扱わなかった重要な問題にふれたい。それは先住民の闘いである。ラディカ・モハンラムはわたしの論文を批判し、この問題をとりあげている。モハンラムは、国家についての（アメリカ合衆国でよくみられるような）「多文化主義的」な理解と、アオテロア（マオリ語でニュージーランドの意）先住民が求める「二文化併存的」な理解は異なると指摘する。彼女は、わたしが考える共通の闘いは、理論上、マオリ、アジア人、ポリネシア人など多様な黒人女性の連合を意味すると言う。だが、マオリ女性にとって多文化主義――アジア女性との共闘――は、先住民の権利と二文化併存主義を損なうため、むしろパケハ（アイルランド系白人）との共闘を望むと述べているのである(Mogamram 1999, pp. 92–96)。

二文化併存主義と多文化主義の区別は組織化や共闘といった実践的な問題を提起すること、またわたしの分析が、マオリのフェミニストに固有の歴史や状況を包摂できていないことの二点で、わたしは彼女の主張に同意する。ポストコロニアルの歴史は、資本主義的で人種差別的、異性愛主義的、愛国主義的な支配過程への包摂と排除にもとづいているが、先住民女性の闘いはそれとは異なり、「西洋」や「第三世界」といった枠内でたやすく検討できるものではない。*12 だがそれらの闘いは、「三分の一世界／三分の二世界」という定義のもとでは可視化され、中心的な位置さえ占める。というのも、主権や独自の生活様式や自然と一体化した宗教的慣習を求める先住民の主張は、自らを「社会的多数者」（三分の二世界）という定義の中心に置くことを要求しているからである。ただ言葉を変えただけではモハンラムの批判に十分答えたとは言えないものの、このことは論文でわたしが使った「西洋」や「第三世界」という言葉の限界を明らかにするとともに、問題を提起している。興味深いことに、「西洋の視線の下で」を書いたときには自分自身を西洋と第三世界の両方にまたがる――複雑きわまりない――存在と感じていたのだが、この新しい枠組みでは、わたしははっきりと三分の一世界に位置づけられる。ところがそこでまた、以前と同じように両方のカテゴリーに引き裂かれるのだ。わたしは、三分の一世界のなかにいる三分の二世界の人間である。現在は、明らかに社会的少数者の一員として特権をもってはいるが、政治的選択、闘い、変革への願いゆえに、三分の二世界と共にある。つまり、三分の二世界の方を向きながらも、三分の一世界の特権者としているのだ。わたしは、三分の一世界にいながら、三分の二世界の闘いと連帯し、その場や理念から、語るのである。

西洋の視線の下(と内部)で：世紀の変わり目に

この二〇年間で、国や共同体の政治的・経済的状況にはさまざまな変化が起こった。アメリカ合衆国の学界の地図も変わった。一例をあげれば、ポストコロニアル・スタディーズが出現し、制度化されて、注目を浴びるようになったことも比較的最近の現象である——もっとも、同時期には、人種・エスニック研究が勝ち取った成果への反動も起こったが。女性学はいまや、合衆国の大学や研究機関で八〇〇を超える学位取得プログラムと学科を有する、確固たる分野になった。[*13] 一九八〇年代前半以降、国境を越えたフェミニズムの理論と運動は着実に発展し、トランスナショナルな女性の闘いや運動も、今ではより大きな存在感をもつようになったが、それはこの二〇年間に国連が開催した世界女性会議のおかげでもある。

貧しい国々の自立が経済的にも政治的にも困難になるなかで、それに呼応するかのように、利益追求型の企業はもちろん、WTOのような国家の枠組みを越えた機関やEUのような統治機関が重要性を増している。世界の大規模経済の上位五一位までは国でなく企業が占め、アムネスティ・インターナショナルは現在、国についてと同様、企業についても報告書を出している(Eisenstein 1998b, p.1)。また、資本主義的価値観が当然視されるのと軌を一にして新自由主義が力をもち、世界中で、経済的特権のある人や共同体だけでなく、経済的に周縁化された人や共同体の日常生活においても、人々が自ら選択する能力に影響を与えている。

宗教原理主義は、根っから男性中心主義的でときとして人種差別的な論理をもって、世界中のフェミニズムの闘いの前に立ちはだかっている。さらに、著しく不平等な「情報ハイウェイ」、世界的な軍事化（と男性原理化）の進行、アメリカ合衆国における刑務所産業複合体の成長は、世界の各地で人々の生活に深刻な矛盾を引き起こしている。こうした政治の右傾化は、グローバルな資本主義の覇権と民営化の進行、宗教的・民族的・人種的な憎悪の横行とあいまって、フェミニズムに具体的な挑戦を突きつけているのである。このような文脈にあって、わたしが問いたいのは、世界中で人々の文化やアイデンティティを再植民地化している大きなプロセスだけでなく、日々の生活というミクロの政治学に注意を払うことの意義だ。今日のような知的、政治的な状況のもとで、グローバルのなかのローカルやグローバルの一部であるローカルについて、あるいはその逆について、植民地主義や文化相対主義が差異を語る際の決まり文句に陥らずに、どう考えればよいのか。そうした思想とは、人種とジェンダーに配慮した新しい史的唯物論と関連があると、わたしは考えている。

第三世界／南のフェミニズム運動の視点からする文化を越えたフェミニズムの政治学は、今なお、わたしにとってもっとも重要な分析の立場である。[*14] ヨーロッパ中心主義の分析パラダイムがいまも優勢ななか、わたしは、周縁化された女性たちの生活と闘いを植民地化するような著作を公然と批判する闘いに加わりつづけている。わたしの中心課題は、フェミニズムの学問と政治運動をつなぐことだ。分析の理論的枠組みは、現在も、かつて試みたヨーロッパ中心主義批判とそれほど変わっていない。だが今では、資本主義の政治と経済がより重要な闘いの現場となった。わたしの分析の枠組みは今も、グローバルな政治的・経済的プロセスというマクロな政治学と同様、日常生活というミクロな政治学に注目するというものだ。政治経済と文化の関連はどんなフェミニズム理論にとっても非常に重要な問題だが、それはわたしの場合にもあてはまる。変わったのは理論的枠組みではない。グローバルな政治的・経済的プロセスがより過酷になり、経済的、人種的、性的な不平等を拡大したのだ。だから、こうしたプロセスを脱神話化し、再検証し、理論化することが必要なのである。

前の論文では「西洋」フェミニズムと「第三世界」フェミニズムの違いに焦点をあて、両者の共通性についてはあまり重視しなかったが、今回は、本書の第2章で反資本主義トランスナショナル・フェミニズムと呼んだ実践と、資本主義に抗し国境を越えたフェミニストの連帯と運動をつくる可能性(というより、その切実な必要性)に注目したい。「西洋の視線の下で」は、西洋人文科学やヨーロッパ中心主義、西洋白人フェミニズムへの批判と位置づけられたが、現在なら、グローバル資本主義への批判(反グローバリゼーション)や、資本主義的価値観を当然視する考え方への批判、文化を越えたフェミニズムや教育理論にひそむ文化相対主義の影響力に対する批判として、位置づけられる必要があるだろう。

「西洋の視線の下で」は、言説が持つ権力を可視化しようとした試みであり、フェミニズムの理論化から排除された、第三世界の女性たちの身体と生活の具体的現実や複雑性、主体性に注目を喚起した論文だった。わたしは今、この分析戦略を使って、グローバリゼーションに関する知の創出において見落とされ、理論化されていないものに注意を促したい。グローバル化はつねに資本主義の一部であったし、資本主義も新しい現象というわけではないが、現在わたしは、グローバリゼーションに反対する理論や批評や運動こそフェミニズムの中心課題となるべきだと思っている。こう言ったからといって、資本主義にともなう家父長的で人種差別的な関係や構造はもはや問題でないとか、反グローバリゼーションが唯一の課題だと主張したいわけではない。多くの研究者や活動家と同じように、わたしも、今日の資本主義は人種差別的で家父長的で異性愛主義的な支配関係に依存し、それを激化させていると思う。

フェミニズムの方法論：その新たな方向性

どのようなフェミニズムの方法論や分析戦略を使えば、性差別的でも人種差別的でもなく、権力（や女性の生活）を可視化するのに役立つ言説を生み出せるだろうか？　ここでは、反資本主義トランスナショナル・フェミニズムの思想こそが、資本主義とそのさまざまな支配関係を分析できることを示そう。このフェミニズムは、唯物論を基礎とし人種とジェンダーの視点を中心にすえる。出発点や、土台となるのは、もっとも周縁化された女性たちの共同体、つまり、豊かな国々と新植民地主義諸国の貧しい有色人女性や第三世界／南または三分の二世界の女性である。[*15] このように周縁化された女性の集団を分析の土台にすえれば、社会正義について考えるもっとも包括的なパラダイムが提供されるとわたしは考える。特定の場の考察が、普遍的正義の具体的で広範な構想を生みだすのである。

これは「特定の利害」を考えることとは正反対だ。世界中でもっとも権利を奪われた女性たちの共同体に注目し、その場から考えてこそ、すべての市民が公平に扱われる正しい民主的社会を展望できる。逆に、特権的な共同体を分析の出発点とし、そこしか見なければ、わたしたちの正義の理念は特定の人以外を排除するものになってしまうだろう。特権は、同じような権利をもたない人たちを見えなくするからである。周縁化された女性共同体の生活や利害を出発点にすえることで、権力の機能を分析し可視化でき、特権の階層構造を理解できる。必要なのは、下から上を見ることである。植民地化された人々は、自分たち自身と植民者とを知らなくてはならないからだ。こうした周縁化された立場に立てば、知の政治学やそれにともなう権力配置が見えてくるので、権力の行使や濫用を変える作業に携わることができる。この分析の基にあるのは知の特権性という概念だが、立ち位置を重視する（そしてマルクスやルカーチの史的唯物論にもとづく）フェミニズム理論家やポスト実証主義リアリズムの理論家はそうした概念を発展させ、経験やアイデンティティ、社会的位置が知に与える影響を分析してきた。[*16] だから、わたしの物の見方は唯物論的であり「リアリズム」的であって、ポストモダニストの相対主義とは正反対である。周縁化された社会的位置と人間の経験や能力との因果関係から、資本主義社会の特性を説明し分析できると、考えているのだ。こうした分析は、方法論的には史的唯物論に基礎を置いている。ただし、周縁化された位置に立てば、すべてが権力と不平等に関する重要な知を生みだすと主張しているのではない。そうではなく、緊密に絡み合った資本主義システムでは、貧しい先住民や第三世界／南の女性の位置から見ることで、権力の組織的なありようをもっとも包括的にとらえられると言いたいのだ。たとえば、刑務所や有害廃棄物処理場を新設する際、貧しい有色人の地域が標的にされる環境レイシズムの多くの事例で、貧しい黒人やアメリカ先住民やヒスパニックの女性たちが反公害運動の先頭に立っているのは偶然ではない。アフリカ系アメリカ人やヒスパニックの五人に三人が汚染地域の近隣に暮らしており、最大の有害廃棄物処理場五つのうち三つが、人口の八〇％を有色人が占める地域にある（Pardo 2001, pp. 504–11）。このように、貧しい有色人女性の日常生活の批判的な考察から権力分析が可能となり、その結果、環境レイシズムとの闘いで勝利が勝ち取られたのだ。[*17] ここには、フェミニズム分析にとっての教訓がある。

反グローバリゼーション運動の著名なリーダーの一人であるフェミニスト科学者ヴァンダナ・シヴァは、一九九五年にWTOが発効させた特許権と知的財産権に関する協定の問題点を指摘して、同様の批判を行っている。[*18] 環境運動や先住民の権利運動に携わる他の専門家たちと同じように、シヴァが主張するのは、WTOが、西洋の農業や医療の知識体系にもとづいてバイオ資源の収奪を認めるだけでなく、先住民の伝統的知恵からの産物や発明を企業が商業利益に利用するのを最優先して、知的著作権を侵害していることだ。このように、西洋の科学認識を唯一正統な科学的体系と定義することにより、WTOは、(インドセンダンなど)土着の知識に対する企業の特許権を、知的財産権協定で守るべき知的財産として承認している。その結果、土着の医学から生まれた薬の特許はいまや巨大な財産となっているのだ。以下はシヴァの引用である。

特許によって知識を守り著作権侵害を防ぐ、という名目のもとに、土着の知識は略奪される。先祖の知識や種に関する農民の知恵が、アメリカ企業やアメリカ人科学者の発明だと宣言され、特許権で守られるのだ。そんなことが可能なのはただ、第三世界の知識や有色人の知恵は知識ではないという人種差別的な理論的枠組みが根底にあるからである。そうした知識がひとたび資本を持った白人男性の手に握られると、まるでふってわいたように、そこに創造性なるものが生じる。……特許権とは植民地主義の別名であり、それが今ではグローバリゼーションや自由貿易と呼ばれるのである（Shiva 2000, p.32）。

ここでの問題は、西洋の科学システムと土着の医学の認識やシステムとの対比だけではない。西洋科学を唯一の規範システムと定義する植民地主義的な企業の権力や、私有財産や利益という資本主義的な価値の信奉も、巨大な権力行使を生む。共同体が生みだし、部族や農民の女性たちが共有し、家族や地域社会や皆のために使用されることの多い土着の知識が、知的財産権を所有物や私的なものとのみ解釈する企業の西洋科学を規範としたイデオロギーの支配下に置かれてしまう。集団が、森や農場で長い歳月をかけて培ってきたさまざまな進歩は、盗用され専有される。知識は私的に所有するのでなく集団的に蓄え、全員の利益のために伝えるものだという、共有知の考えは、WTOの財産権協定の土台である私有財産や私的所有の概念とは正反対なのだ。こうして、部族女性や小農女性が抱く共有知という考えが、現実には、彼女たちから所有権を奪い、企業によるバイオ資源の収奪を促してしまう。

シヴァが、知的財産権やバイオ資源の収奪、グローバリゼーションについて分析できたのは、インドの小農女性や部族女性の経験と認識の立場に立ったからである。彼女は、土着の女性たちの実践と知識を出発点とし、権力構造を「研究」して、WTOが承認する政策と実践行動の問題点を暴くことができた。これは、反資本主義トランスナショナル・フェミニズムの具体例である。

シヴァは、ジェンダーについては敢えて多くを語っていない。彼女は、世界でももっとも周縁化された集団である、インドの貧困層や部族や小農の女性たちの認識と経験をふまえた、女性の仕事と知識について詳しく語るのだ。それは、国内的ないし国際的な経済統計では無視され省かれる女性集団である。

部族女性の日々の体験や反資本主義的な闘いというミクロな政治学に注目した分析が、グローバルな構造再編というマクロな政治学を明らかにする。それによって、ローカルで個別的なものを、グローバルで普遍的なものとともに徹底して見据えることの意義や、正義と公平の問題を越境して概念化する必要性がわかる。こうした解釈こそ、知的財産の私有化というWTOの定めた境界を越える分析と連帯の理念を前提とし、境界なきフェミニズムの展望をひらくのである。

これまで述べた例からは、WTOが形づくるようなグローバリゼーションの動機と結果を見抜くための包括的なパラダイムが浮かびあがる。言うまでもないが、もし同様の分析を、西洋の企業利益を認める立場から試みたなら、利益のヒエラルヒーではなく共同体関係にもとづく、土着の知識に価値を置くような分析はできなかっただろう。そうした分析の枠組みからは、貧しい部族女性や小農女性も、彼女たちの知恵や利益も見えてはこない。知の共有という考えは、企業利益の基礎である私有財産や私的利益の範囲外にあるからだ。このように対抗的な分析視点から見えてくる利益や正義に寄りそうことこそ、トランスナショナル・フェミニズムの課題なのである。先述の社会的立場と包括的分析方法についても、焦点を利益に置くか正義に置くかが問題なのだ。シヴァが明らかにしたような部族女性の社会的立場に立てば、正義に焦点を置く包括的な分析ができる。逆に、企業の社会的立場と狭い自己利益に焦点をあてれば、エリートの利益のための知的財産権の私有化につながるのである。

シヴァは、土着の知識のグローバルな私的占有に対して、本質的な批判を投げかける。WTOや世界銀行や国際通貨基金といった国家を越えた機関が台頭し、銀行や金融機関、MAI（多国間投資協定）のような複数の国にまたがる運営組織が勢力を伸ばしている現状を語るのだ。こうした組織が世界中の貧しい人々に及ぼす影響は破壊的である。基本的にグローバリゼーションの矢おもてに立たされているのは、全世界の、とりわけ第三世界／南の女性である。環境破壊、戦争、飢餓、公共サービスの民営化や規制緩和、福祉国家の衰退、有償労働と無償労働の再編、監視や投獄の増加などの影響をいちばん被るのは、貧しい女性や少女たちなのだ。だからこそ、国境を越えた、境界なきフェミニズムは、グローバル資本主義の不正義を問題にしなければならないのである。

今なお、女性は全世界の貧困者の七〇％を占め、難民の大半は女性である。アフリカやアジアや中南米の第三世界諸国で、故郷を追われた人のほぼ八割が女性なのだ。女性は世界の富の一〇〇分の一以下しか所有していない一方で、戦争やドメスティック・バイオレンスや宗教的迫害の最大の犠牲者である。フェミニスト政治思想家のジーラー・アイゼンステインによれば、女性は全世界の労働の三分の二を担っているのに、報酬は一〇分の一以下しか得ていない。人種主義と性差別を身にまとったグローバル資本主義は、民主主義の公的空間を破壊し、国民国家がかつては社会的・公的に果たしていたものをごっそりと骨抜きにしている。企業資本主義は市民を消費者に変え、グローバル市場が経済的、性的、人種的な平等を求める運動に取ってかわるのだ（Eisestein 1998b, esp. ch.5）。

グローバル資本主義のシナリオは、とりわけ第三世界／南や三分の二世界の女性や少女の身体と生活のうえに書かれる。だから、資本主義を性差別や人種差別を弱めるシステムとみる神話から脱却し、資本主義に抵抗する闘いのヴィジョンを描くためには、こうした女性や少女たちの経験に留意して理論化する必要がある。グローバリゼーションの影響についての分析では、そこに生きる女性の集団的体験と闘いを中心にすえなくてはならないのである。

グレース・リー・ボッグスは、アーリフ・ディルリクの「グローバル資本主義の根本的な他者としての場所の意識」(Dirlik 1999)という概念をふまえ、場所に根ざした市民活動のための重要な議論を展開し、いかに周縁化された集団の闘いを中心にすえ、大きな反グローバリゼーション運動と結びつけるかを明らかにしている。ボッグスは言う。「場所の意識は……わたしたちを、共通の地域的な経験に結集させ、共同体や街の未来に希望をもたせる。いつでも他の人々や他の場所へ移ってしまえるグローバル資本主義が、特定の場にいる人々や自然環境を一顧だにしないのに対して、場所に根ざした市民活動は人々と場所の健康と安全を考えているのだ」(Boggs 2000, p.19)。女性は近隣や共同体の生活の中心にいるので、当然のようにこうした闘いのリーダーになる。このことは、アメリカ合衆国における環境レイシズム反対運動の有色人女性たちの例や、シヴァがあげた、森林伐採に反対したり共有知を守って闘う部族女性の例を見れば明らかである。そして、資本主義を人種差別や性差別という点で脱神話化するのも、三分の二世界の女性の生活や経験や闘いなのである。それこそが、資本主義に抵抗する闘いの理論や運動をつくる、生産的で不可欠な道すじを示すのだ。

わたしは、資本主義に関するこうした議論を、資本主義のもとでのさまざまな生活の意味を文脈化せずに一般化するつもりはない。すべての搾取された人々に関心をもっているが、とくに少女や女性の生活に注目している。彼女たちの経験をそれぞれの文脈でみることで、他の人々の問題も見えてくる。ジェンダーや階級や人種によって差別されたグローバリゼーションの現実に注目せず、理論化もしなければ、もっともラディカルなグローバリゼーション批判でさえ、結果的に、第三世界/南の女性や少女の存在を無視したものになってしまう。それはもはや西洋の視線の問題というだけでなく、いかに西洋が内在化され、グローバルに、また人種的、ジェンダー的に再構築されているかの問題であろう。こうした認識なしに、フェミニズムの学問や分析理論と運動や活動を結びつけることはできない。不十分でまちがった分析の枠組みは、社会変革に役立たない政治活動と戦略を生むだけなのだ。

以上の分析から、何が導きだされるだろうか？　それは、わたしたちフェミニスト研究者や教師が、人々、なかでも三分の二世界の人々を再植民地化するグローバリゼーションという現象に返答しなければならないことだ。グローバリゼーションは世界中の女性や男性の生活を植民地化している。だから、女性の生活が重層的に抑圧されている現状を暴く、反帝国主義や反資本主義の、そして文脈に応じたフェミニズムが必要なのである。フェミニストの活動家や研究者はまた、とくに女性がそれぞれの共同体の日常生活で行う集団的な抵抗に注目し、繰り返し考察しなければならない。女性たちが現に被っている搾取、潜在的にもつ知の特別な重要性、そして連帯の姿こそが、今世紀の初頭に、解放の政治学を新たに構想する土台となりうるのである。

反グローバリゼーション運動

一九八〇年代半ばに「西洋の視線の下で」を書いたとき、眼前には女性運動の現実と活気があったが、あのようなラディカルな女性運動はもう存在していない。今回わたしが触発されたのは、女性運動とは違うが重要な、アメリカ合衆国や世界中での反グローバリゼーション運動である。反グローバリゼーション運動は、活動家には女性が多いものの、ジェンダーには焦点をあてていない。だからわたしは、この脱植民地主義の動きを、拒否ではなく再定義したいと思うのだ。グローバル資本主義の新たな展開のもとで、今日、事態はより複雑化しているように見える。文化が複雑に入り組んでいるなか、第三世界の人々や第三世界出身の人々の生活は、西洋の視線の下のみならず、その内部で営まれている。わたしの焦点も「西洋の視線の下」から、三分の一世界の覇権的空間の「下や内」に移り、脱植民地主義の思想や運動をつくり直す必要に迫られている。

それゆえわたしが問題とすべきことは、西洋フェミニズムの学問思想がもたらす植民地主義的な影響だけに止まらない。もちろん、「西洋の視線の下で」で述べたような問題が今はないというわけではない。だが、当時わたしが注目したような現象は、他のフェミニスト研究者も十分にとりあげてきた。フェミニストは当初から反グローバリゼーション運動に関わってはきたが、西洋／北においては、ここが国内での女性運動の主たる組織化の場ではない。他方、第三世界／南の女性たちにとっては、その位置ゆえに、反グローバリゼーションはつねに闘いの場となってきた。こうした文脈的な特殊性こそ、より大きなヴィジョンの基礎となるべきなのだ。三分の二世界の女性たちは、これまで反植民地主義や反人種主義の運動を組織したように、グローバル資本による荒廃に抗議する運動を組織している。つまり、人権のために声を上げつづけてきたのである。

わたしのねらいは、フェミニストのグローバリゼーションとの関わりを整理することであり、この分野でのフェミニズムの仕事を包括的に論じようとは思わない。ただ、整理することで、わたし自身の政治的選択や決断が明確になり、読者がフェミニズムのために考え行動を起こすような、豊かで刺激的な場を提供できればと願う。現在のわたしの問いは、一九八六年と比べると、共通点も多いが、やや違ってもいて、企業のグローバル化のプロセスと、それが女性の身体と労働をいかにそしてなにゆえに再植民地化しているのかを、もっとよく見たいと思っている。学問の世界で、職場で、街頭で、家庭で、コンピュータ上で、近隣で、刑務所で、社会運動で、さまざまな人種や階級や国籍や性をもった女性たちの身体のグローバルな再編成の現実と具体的結果を、わたしたちは知らなくてはならない。

反グローバリゼーションをフェミニズムの理論と闘争の主要課題にする意味とは何だろうか？　反グローバリゼーションに関するわたしの考えを明らかにするために、グローバリゼーションの知識を生みだす二つの場をとりあげてみたい。その第一は教育の場であり、アメリカ合衆国の大学で女性学のカリキュラムを国際化（あるいはグローバル化）[*19]しようとするさまざまな分析戦略をとりあげる。女性学カリキュラムの国際化やそこから派生した参加教育学の動きをみれば、アメリカ合衆国でのグローバルなフェミニズム言説の道筋をたどることができるだろう。その他、国連の北京女性会議の文書や議論の分析もある。また、テレビや活字メディアが報じる世界の女性についての言説も当然含まれる。第二の場は、このかんの反グローバリゼーション運動の、あきらかにジェンダーや人種の視点に欠けた言説である。

反グローバリゼーション教育

ここでは、女性学カリキュラムを「国際化する」教育戦略の下での、文化を越えたフェミニズムの基礎知識を広める闘いについて考えてみたい。「(ジェンダー化された) 肌の色の境界線」というテーマは今もあるものの、現在では、国境を越えるグローバル資本の展開の問題がより目立つ。焦点をあてるのは女性学のカリキュラムだが、以下の議論は、カリキュラムを国際化したりグローバル化しようとする学科や研究分野のすべてにあてはまる。強調しておきたいのは、女性学を「国際化する」試みが、女性学を「人種化」しようとした一九八〇年代の試みとまったく違わないことだ。そこには、大変よく似た知の政治学が働いているのである。[*20]

問題にしたいのは、女性学において「ローカル」と「グローバル」を結びつける知の政治学である。アメリカ合衆国の学界で、女性学の「新しい」知識をどう教えるかは、少なくとも、知識そのものと同じくらい重要だ。結局のところ、カリキュラムの作り方や教え方こそが、ときに多様な物語を、雄弁に語るのだ。文化や経験の境界を越えるとき、いかに学ぶか、何を学ぶかを決めるのは、歴史的な経験の物語を個々人との関連でどう語るかであり、関係性を、歴史的であるとともに、個人的でも集団的でもあるものとして、理論化することなのである。

アメリカ合衆国におけるフェミニズム研究の分野でのわたし自身の仕事をふまえ、[*21]女性学カリキュラムを「国際化する」ための三つの教育モデルを紹介し、その知の政治学を分析してみよう。いずれのモデルも、ローカルとグローバル、女性の行為主体、ナショナル・アイデンティティという概念を基本に、国境を越えた連帯のしかたを語っている。わたしの考えでは、文化を越えたフェミニズムの形成にもっとも役立つ生産的な教育戦略は、「比較フェミニズム」あるいは「連帯するフェミニスト」モデルである。このモデルは、経験と位置と歴史を複雑に関連づけて理論化する方法を示し、文化を越えたフェミニズムの研究や著作が、植民地主義ではなく真の普遍主義と民主主義に向かうよう手助けする。このモデルによってこそ、違いや不平等な力関係を超えて連帯を深める基礎としての「共通にある差異」という考えを、実践に移すことができるのである。

◆旅行者フェミニスト・モデル

「国際的消費者としてのフェミニスト」モデルとか、より辛辣に、「白人女性の責務／植民地主義言説」モデルと呼ぶこともできるだろう。[*22] 非西洋文化を収奪しながら、全体としてはヨーロッパ中心主義的な女性学の視線で、性差別的な文化を実践する教育戦略である。つまりは、女性を「グローバルな犠牲者またはパワフルな女性として、つけ足してかき混ぜる」教え方である。この教え方では、シラバスの主たる語りは欧米的なまま、非西洋や第三世界／南の文化の例を補足や「つけ足し」に使う。かなり使い古された方法である。このやり方では、学生も教師も、ローカル（自分自身、国、西洋）とグローバル（他者、非西洋、トランスナショナル）のあいだに明確な差異や隔たりがある、と思うようになる。ローカルなものはつねにナショナリズムに彩られた想定のうえに築かれ、アメリカ合衆国や西欧諸国が基準となる。この戦略では、中心と周縁についての考え方がヨーロッパ中心主義にのっとって再生産されるため、権力関係やヒエラルヒーは手つかずのままだ。

たとえば、フェミニズム入門のコースで、自分たちは解放途上にあるとする欧米人フェミニストの基本認識には手をつけないまま、インドの持参金殺人、インドネシアのナイキ工場での女性労働、植民地化以前の西アフリカの母系制社会について、一日とか一週間の履修を課すようなカリキュラムがそれだ。ナイキ工場のインドネシア人労働者やインドの持参金殺人は、これらの文化の全女性を代表することになる。彼女たちの日常生活は（欧米人女性のようには）顧みられず、ただステレオタイプな言葉で切って捨てられる。このように、非欧米人女性の差異は固定化され、複雑で矛盾を抱えた存在として文脈化されることはない。文化的地理的な境界を越えるためのこの教育戦略の基礎には近代主義パラダイムがあり、ローカルとグローバルは関連づけられずに、実際は狭い自己利益で分断されてしまう。この教育では、「進歩的な欧米人フェミニスト」という認識が確認される。現在では、人種やアメリカ合衆国の有色人女性について教える際に「つけ足してかき混ぜる」式のやり方はしない、という自覚が以前よりもあるはずだが、女性学の「国際化」の場合にはあてはまらない。経験は固定化され、欧米を基準とする範疇につなぎとめられる。フェミニズムはつねに欧米人のもので、彼女たちが初めに声を上げ発展させてきたとされ、その他の地域での女性たちの生活や闘いは、このもともとのフェミニスト（ご主人様）の物語を後追いして、補足したり矛盾したりするものにすぎない。このモデルは、教育というかたちで、過去数十年間にわたる西洋フェミニズムをオリエント化し、植民地化している。実際には、これは今なお支配的なモデルである。この教育戦略は、暗黙のうちに、第三世界／南の女性の均一なイメージをつくり、「第三世界的差異」を創出する。そのイメージは、欧米人女性の、活動的で変化する複雑な中心的主体というイメージと、カリキュラム全体を通して好対照をなすのである。

◆探検家フェミニスト・モデル

この教育法は地域研究に由来する。地域研究では「外国の」女性は知識の主体でも客体でもあり、もっぱらアメリカ合衆国以外の国々が対象となる。だから、ローカルもグローバルも、どちらも非欧米的と定義される。国際的な視点とは、対象がアメリカ合衆国の外部に存在するという意味である。女性、ジェンダー、フェミニズムの問題は、どこかよその空間的・地理的ないし時間的・歴史的なカテゴリーのなかに置かれる。この枠組みでは、国際的であるとは「ホーム」から離れていることと定義される。この教育手法をとると、学生や教師は「われわれはわれわれ、彼らは彼ら」と感じ、違いや隔絶感だけを抱くようになる。ただし、探検家モデルは旅行者モデルとは違い、個別に定義される地理的・文化的空間でのフェミニズムの問題については、より深くより文脈的な理解をもたらす。だが、地理的・文化的な場を個別に定義し、相互に関連づけて教えないため、語られる物語はたいてい文化相対主義的である。つまり、文化間の差異は個別的であり相対的であって、比較検討しようにも何の関係も共通の基盤もない。地域研究ではローカルもグローバルもいっしょくたに国際的とされるが、それはあくまでもアメリカ合衆国を除いての話だ。文化相対主義の言説が支配的であるとき、権力や行為主体や正義の問題、また批判と評価の共通基準について、語られることはないのである。[*23]

この教育戦略は、もっとも文化に配慮したカリキュラムの「国際化」とされ、女性学カリキュラムではよく見られる。たとえば、「中南米の女性たち」「第三世界女性文学」「ポストコロニアル・フェミニズム」といったコースが、フェミニズムの基礎知識を「グローバル化する」ひとつの方法として、総じて圧倒的にアメリカ合衆国中心のカリキュラムにつけ足される。こうしたコースで教えられる学問は、どんなに精緻で複雑であっても、アメリカ合衆国の人種・民族研究の知見とはまったく隔絶したものと見なされる。[*24] ちょうど有色人について語るときに白人はその一種でないのと同じように、アメリカ合衆国は「地域研究」の一部とは見なされない。このことはおそらく、合衆国の大学や研究機関で地域研究が制度化される際に、アメリカ帝国主義と結びついてきた歴史と関係があるのだろう。このように、研究・征服されるべき地域とは「外部」であって、けっしてアメリカ合衆国内部ではない。地域研究が連邦政府の資金援助を受け、合衆国の地政学的利害に奉仕する政治的プロジェクトと認識されている事実は、現在この研究で何が関心事とされているかを、とりわけグローバル資本主義の論理と関連づけながら検証する必要を示唆している。エラ・ショハットが言うように、「冷戦時代の世界地図における概念的国境線を越えるようなやり方で、地域研究や文化研究を新たにつくる」ときなのだ（Shohat 2001a, p.1271）。アメリカ研究は、とくに近年、アメリカの帝国主義に焦点をあてているため、検証するには興味深い分野である。だが、アメリカ研究が「地域研究」の一部と見なされることはほとんどない。

探検家フェミニスト・モデルの問題点は、経済的・政治的・イデオロギー的な現象としてのグローバリゼーションが、世界とその中のさまざまな共同体を、言論の世界でも物質的にも、アクティブに結びつけ相互依存させていることである。地理的にどこで暮らしていようが、女性の生活は、同じではなくても、互いに結びつき依存しあっているのだ。

こうして人種・民族研究と切り離された地域研究は、グローバルな支配や搾取と抵抗のプロセスの中心にある国内の人種差別、資本主義の覇権、植民地主義、異性愛主義にふれずに、グローバルなものについて理解したり教育したりする。グローバル化や国際化は、人種差別とは何の関係もないと理解されてしまう——まるで、人種主義が現在のグローバリゼーションや支配関係の中心的プロセスではないかのように。もう少し広くカリキュラムを見渡すと、たとえば「ワールド・カルチャー」コースは通常、人種研究やエスニック・スタディーズのコースと分離されている。その結果、（非欧米人）女性の表象はどのようなものとなり、そうした表象と第一世界／北の女性の暗黙のイメージはいかに関連するのか。

この戦略にはいかなる権力が行使されているか？　行為主体や闘いについての考えはどんなふうに固定化されているか？　世界の女性の共同体間にある差異と共通性を理解するにあたって、文化相対主義はどのような潜在的影響を及ぼしているのか？　これらは分析の重要な焦点である。このように、探検家フェミニスト・モデルは問題を抱えており、文化を越えたフェミニズムの知識を培うには不適当な方法であろう。世界が明確に権力と支配の指向性を示しつつ相互に関連しているなかで、文化相対主義は権力行使の免罪符として使われるからである。

◆連帯するフェミニスト・モデル／比較フェミニズム・モデル

この教育戦略は、ローカルとグローバルとは具体的な地理や領域で決まるのではなく、同時に存在し相互に関連して形成される、という前提にもとづいている。根底にあるのは、ローカルとグローバルの概念的、物質的、時間的、文脈的等々の関連や関係である。その女性学講座のテーマが何であれ、この枠組みでは、権力の指向性を比較分析することが不可欠で、分析戦略としては、相違点と類似点（独自性と普遍性）を想定することになる。

それゆえ、差異と共通性は、相互に関係し緊張関係を保ちながら、すべての文脈で存在する。強調されるのは、フェミニストの連帯という考えにもとづく相互性や共同責任の関係であり、共通の利害である。たとえば、このモデルではアメリカ合衆国の有色人女性について、第三世界／南の女性や白人女性のことを教えるついでにふれるのではなく、有色人女性、白人女性、第三世界／南の女性の相互に関連した歴史や体験や闘いを明らかにするような比較研究として教える。権力の問題に配慮し、比較して教えるこの教育方法では、それぞれの歴史的経験が他者の経験を明らかにする。その結果、異なる女性共同体の内部で人種や階級やジェンダー、国家やセクシュアリティが交差している様子だけでなく、互いに関わり合い連携していることにも焦点が当てられる。それぞれの共同体の歴史は相互に織り合わされていることが明らかになるのだ。さらに、個人および集団の搾取や抑圧、闘いや抵抗の経験にも注目する。

学生たちは、「つけ足してかき混ぜる」式や「別個だが平等」（違っている）式の相対主義的な見方から離れ、相互関係や連帯の観点をもつようになる。こうした観点に立てば、国家や人種や文化が異なる共同体に生きる女性の歴史的・経験的な独自性や差異だけでなく、歴史的・経験的な関連を理解することが求められる。それゆえシラバスは、さまざまな場で生きる女性、とりわけ性労働、軍国主義、環境的正義、刑務所複合体や産業複合体、人権といった重要な領域と関わる女性の社会的・経済的状況や歴史をとりあげ、差異だけでなく接点や結びつきをさぐるものでなくてはならない。その際、支配関係だけでなく、闘いや抵抗の連携についても必ずふまえることが大切である。

連帯するフェミニスト・モデルでは、三分の一世界／三分の二世界というパラダイムが役に立つ。西洋／第三世界、北／南、ローカル／グローバルといった対立的で不十分なカテゴリーに比べて、三分の一／三分の二という区分を使えば、ローカルやグローバルのさまざまな局面で周縁化されたり特権化された女性が、共同体の内部や相互間でどんな関連や隔たりをもっているかについて、教えたり学んだりできる。ローカル／グローバルを隔てる際の内部／外部という概念も、三分の一／三分の二パラダイムを使えば変えられる。三分の一／三分の二という分類はどちらも、差異／類似、内部／外部、隔絶／近接の両要素を含むと理解されなくてはならないからだ。だから、三分の一／三分の二、社会的少数者／社会的多数者というパラダイムを使えば、性労働、軍国主義、人権などが、ローカルとグローバルな観点で考察できる。このように、包括的な視点で女性学カリキュラムを見渡し、可能なときには比較フェミニズム・モデルを使うよう、わたしは提案したい。[*25]

連帯するフェミニスト・モデルと呼ぶのは、相互の関連性や共通利害に焦点をあてるのみならず、世界中の女性運動の連携や断絶についての問いを発しているからである。このモデルによって、活動や抵抗や行為主体を、国や文化ごとに無関係にとらえるのでなく、国や文化の境界を越えて考えられるようになる。フェミニズムの教育は、学生たちが、単に専門的な学問知識をもてるよう導くだけでなく、アカデミズムの外での活動や運動に関わる可能性を開くべきだと、わたしは思う。フェミニズムを通じた政治的教育で教えなくてはならないのは、正義を求める闘いにおける活動的な市民としてのあり方なのである。

教育が、グローバリゼーションの支配的論理をいかに補完し、強固にし、あるいはそれに抵抗するのかを、ここで再び問いたい。学生はどんなふうに、世界中の女性や男性の間にある不平等について学ぶのだろう？　たとえば、伝統的なリベラル教育やリベラル・フェミニズム教育は歴史や比較にもとづく考察をしないし、ラディカル・フェミニストはジェンダーだけに焦点をしぼって教えがちだ。また、マルクス主義者は、資本主義について教えるときに人種やジェンダーについては沈黙する。わたしが望むのは、学生が、女性たちの間にある複雑性、独自性、関係性を見てとり、そこから権力、特権、行為主体や異なる見解を理解し、考えることのできる創造的な教育なのである。

アーリフ・ディルリクは、ポストコロニアル・スタディーズとその制度的な立ち位置を的確に批判している。システムやグローバルに対抗して歴史やローカルを概念的に強調する点以外にも、その制度的な歴史からして、ポストコロニアル・スタディーズはグローバリズムの論理に同化されてしまう、と主張するのだ。[*26] ディルリクの議論にはやや誇張もあるものの、ラディカルさを失い同化されてしまうという批判には、フェミニズムの運動や研究に関わるわたしたちも耳を傾けるべきだろう。フェミニズムの立場からカリキュラムを国際化する教育に必要なのは、グローバリゼーションへの十全な対応である。だが、ヨーロッパ中心主義や（ポストモダニズムによる）文化相対主義の学問や教育のモデルでは、後期資本主義が表面的ではあれ脱中心化と差異の集積を基本的論理としているため、グローバリゼションにたやすく同化されてしまう。他方、わたしが、連帯するフェミニスト・モデル／比較フェミニズム・モデルと呼ぶものは、分析と連帯の基礎として、それぞれの歴史や文化に特有の「共通にある差異」のパラダイムを設定するので、この論理に対抗できる可能性がある。グローバリゼーションに反対するフェミニズム教育は、差異、文化、権力、行為主体について別の物語を語ることができる。それゆえ、経験や行為主体や正義を、文化を越えた視点から理論化できるのである。[*27]

アメリカ合衆国の大学で約二〇年間フェミニズムを教えて、歴史や制度的実践や集団的闘いと関連させながら経験や文化や主体についてどう理論化するかで、教室で語る内容は変わってくると実感している。学生が、時間的にも空間的にもさまざまな共同体の女性たちの経験を、植民地化するのでなく民主化するために学ぶように、こうしたさまざまな物語を教えれば、ヨーロッパ中心主義や文化相対主義のカリキュラムには出番がなくなる。実際、歴史的経験の物語は、政治的思考を決定づける。そうした物語が手つかずの「真実」を語るからではなく、一般に受け入れられている真実に揺さぶりをかけ、歴史的生の複雑さや矛盾についての議論をまき起こすからである。こうした文脈で、経験やアイデンティティや文化について、ポスト実証主義リアリズムにもとづいて理論化すれば、グローバリゼーションと向き合い闘えるようなカリキュラムや教育をつくることができる。[*28] こうした理論化は、社会的立ち位置についての史的唯物論的な理解と、知の特権や社会的アイデンティティ構築の理論とを明確に結びつけ、その結果、個々ばらばらでなく関連したものとして、周縁化された人々の物語の複雑さを提示する。このような物語こそ、連帯するフェミニスト・モデルに組み込まれなくてはならない。

反グローバリゼーションの思想と運動

> 民主主義を決するものは女性と少女の身体である。暴力や性的虐待から自由であるかどうか、栄養失調と環境破壊から自由であるかどうか、家族計画の自由や家族をもたない自由、性生活と性的選択の自由があるかどうか、である。
>
> Eisenstein（1998b）

現在、グローバリゼーションの現実とその影響に批判的なフェミニズム思想が増えている。[*29] 以下では、そうした学問思想の全体像を明らかにするのでなく、もっとも有意義な論点にしぼって注意を喚起したい。さらに、フェミニズムの視点から反グローバリゼーション運動を見て、女性運動やフェミニズム教育や文化を越えたフェミニズム理論と、進行中の反資本主義運動のより緊密な関係をつくる必要を論じたい。

ここで先の問いに戻ろう。グローバルな構造再編は、「現実に」異なった人種、階級、国籍、セクシュアリティをもつ女性たちに、大学、職場、街頭、家庭、コンピュータ上、地域社会、刑務所、社会運動の場で、どのような具体的影響を与えているのか？ そして、そのようなジェンダー化された影響は、反グローバリゼーション運動においてどう認識されているのか？ 経済のグローバリゼーションを理解するにあたって、ジェンダーを中心にすえた非常に精緻な分析のなかには、政治経済や国家の問題と主体性や行為主体やアイデンティティの問題を関連づけようとするものもある。こうした学問は、今日のグローバリゼーションやナショナリズムとの関連で家父長制や覇権的男性性を再考する必要を、説得力をもって主張する。また、グローバルな構造再編はしばしば女性に破壊的な影響を与えるが、それに反対する自然発生的で突発的な抵抗運動に注目し、国家、市場、市民社会の関係の再編をジェンダーの面からとらえなおし再理論化しようと試みてもいる。[*30] さらに、グローバルな構造再編のプロセスにおけるジェンダーの中心性を論じる多くの学問的パラダイムや政治考察を参照しつつ、ジェンダーの再組織化こそ資本主義のグローバル戦略の一環なのだと主張している。

特定の階級や人種や経済的地位の女性労働者は、資本主義のグローバル経済になくてはならないものだ。単に女性はある特定の仕事に就きやすいというだけでなく、ある種の女性たち、すなわち、貧しい第三世界や三分の二世界の、労働者階級の、移民や移住者の女性が、グローバル労働市場の「フレキシブル」な非正規雇用労働者となりやすいのである。仕事を求め国境を越えて移住する貧しい三分の一世界／三分の二世界の女性は増えており、国際的な「メイド・トレード」（Parrenas 2001）や性的人身売買、買春旅行の増加をもたらしている。[*31] いまや、多くのグローバル都市は移民女性や移住女性のサービスや家事労働を必要とし、完全に依存している。世界中で急増した構造調整政策の実施は、社会福祉の責任を国から家庭や家庭の女性に転嫁し、再び女性労働の私有化をもたらした。保守派ナショナリズムと結合した宗教原理主義の台頭は、部分的にはグローバル資本とその文化的強要への反動でもあるが、女性の身体を街頭や職場で監視する結果につながった。

またグローバル資本は、三分の一世界の刑務所にはっきり示されている新たな階級構造のなかに、再び「肌の色の境界線」をつくりだしている。グローバリゼーションと産業破壊の結果、三分の一世界の刑務所では、民営化された刑務所産業のコンクリートの建物や門の向こう側で、三分の一世界／三分の二世界の貧しい移民や移住女性の身体が管理されているのだ。アンジェラ・デイヴィスとジーナ・デントによれば、アメリカ合衆国の刑務所と西洋／北の刑罰産業の政治経済は、ジェンダー、人種、植民地主義、資本主義の交差をはっきり浮かびあがらせている（Davis and Dent 2001）。グローバル企業の工場や職場が、貧しい第三世界／南の移民や移住女性の労働を求め管理しているのと同じように、欧米の刑務所は、アフリカやアジアや中南米出身の有色人女性、移民や市民権をもたない女性を、人口比率に比べてはるかに多く収監している。

グローバルな構造再編のプロセスにおけるジェンダーや権力を可視化するには、貧しい国の出身である特定の人種や階級の女性たちに注目し、名づけ、見続けることが必要である。そうした女性たちこそ、性産業や家事やサービス産業の労働者、囚人、家政婦や養育者として形成されるからだ。パトリシア・

フェルナンデス＝ケリーとダイアン・ウルフは、こうした労働者の形成と対比させながら、グローバル経済から「余剰労働力」と見なされているアメリカ合衆国都市部の黒人の若者に焦点を当てている(Fernández-Kelly and Wolf 2001, esp. p. 1248)。この「余剰」は、彼らが刑務所に、人口比率を越える割合で収監されていることにつながっている。フェルナンデス＝ケリーとウルフの指摘によれば、潜在的労働者であるこうした若年男性が経済の回路から閉めだされ、「雇用機会との関係を切断」された結果、アフリカ系アメリカ人の若者たちは、新たな男性性の形成を求めて苦闘しながら、ゆきあたりばったりの危険な生き残り戦略へと突っ走っている。

グローバリゼーションの言説そのものがいかにジェンダー化され、グローバルな構造再編の過程でどのように覇権的な男性性が生産され強化されるかに注目するフェミニストも増えている。マリアンヌ・マーチャンドとアン・ランヤンは、グローバリゼーションの言語において比喩や象徴がジェンダー化され、そのことで特定の部門が優先されると述べる(Marchand and Runyan 2000)。国よりも市場、ローカルよりグローバル、製造業より金融資本、社会福祉省より財務省、市民より消費者といった具合にである。前者は女性化、後者は男性化され(ibid., p. 13)、こうしたジェンダー化によって、グローバリゼーションを推進するためのヒエラルヒーが当然視されると言うのだ。シャーロット・フーパーは、グローバルな構造再編のプロセスを通じて覇権的なアングロ・アメリカ的男性性が登場し、グローバル経済下の男性および女性労働者に影響を与えていると述べる(Hooper 2000)[*32]。フーパーによれば、このアングロ・アメリカ的男性性は二面性をもち、攻撃的な開拓者という男性的イメージを保持する一方で、チームワークやネットワークと結びついた管理能力をもつ(女性的で)非階層的な最高経営責任者の温和なイメージを保持しているという。

フェミニズムの学問は、グローバルな構造再編とグローバリゼーション文化への批判という点で、実りある重要な方向に進んでいるとは思うが、ここで一九八六年に発したと同じ問いを再度投げかけたい。それは、今日の議論の多くが、例外はあるものの、特定の「グローバル化された」女性表象を再生産する傾向があるのではないか、ということだ。グローバリゼーション言説において、またそれを通して、アングロ・アメリカ的男性性が生産されるとき[*33]、それに対応してどんな女性性が生産されているのかを問うのは重要である。まず明らかなのは、世界中どこでも見られる一〇代の工場労働者や家事労働者やセックス労働者。また、移民や移住者のサービス労働者、難民、戦争犯罪の犠牲者、母親で薬物常習者である有色人女性の囚人、消費者の主婦等々。伝統的な文化や倫理観を代表する国の母や宗教信者といった女性性も生産されている。

女性表象は現実の女性を反映するが、その生活や役割の矛盾や複雑さも表している。工場労働者やセックス労働者といった特定のイメージは、地理的な第三世界／南に位置づけられることが多いが、先述した表象の大半は広く世界中に存在している。ほとんどは三分の二世界の女性と結びつけられるが、ときには三分の一世界の女性のものともされる。それに、三分の二世界出身の女性も三分の一世界で生きることができる。つまり、女性はグローバル経済下の労働者であり、母親であり、消費者であるが、同時にそのすべてでもあるということなのだ。グローバリゼーションの議論で、女性を単一で均質なものと一括りにするなら、経験や行為主体や闘いに関する考えは制限されたものとなってしまう。グローバリゼーション言説には、人権活動家やNGO活動家、革命軍兵士、企業経営者といった比較的新しいイメージも登場してはいるものの、女性が、犠牲者かパワフルな存在という誇張された偽りのイメージに二分化され、両者が否定しあう傾向は相変わらず見られる。こうした相対立するイメージがどのように、社会的多数者／少数者、三分の一世界／三分の二世界の特徴とされるか、さらに探究する必要がある。そうしたことを教えたり論じたりする際には、だれの主体が植民地化され、だれが特権化されるかに、注意しなければならない。これらの問題は、二一世紀におけるわたしの新たな問いかけとなるだろう。[*34]社会運動は、知識、共同体、アイデンティティの形成にとって非常に重要な場であり、フェミニストは運動と真摯に向かい合うことが大切である。この五年間の反グローバリゼーション運動を通して、国境を越えるのは、多国籍企業や金融資本ディーラーや超国家的な統治機構だけではないとわかった。反グローバリゼーション運動は、国境を越える民主的市民の形成を確認する重要な場となったのである。だが、まず順序として、反グローバリゼーション運動の概要を述べることから始めよう。

二〇世紀初頭の反植民地主義運動がその土地固有のものだったのと異なり、反グローバリゼーション運動は多くの場所や社会から生まれた。起源には、中央インドのナルマダを救う会のような反企業環境運動やアメリカ合衆国南西部の環境レイシズム反対運動、世界中の小農によるアグリビジネス反対運動も含まれる。一九六〇年代の消費者運動、ＩＭＦや世界銀行に対して債務放棄と構造調整プログラム反対をつきつけた運動、日本や欧米の学生による搾取工場反対運動も、反グローバリゼーション運動を生み出すきっかけとなった。また、二〇世紀後半のアイデンティティにもとづく社会運動（フェミニズム、公民権運動、先住民運動など）や一九九〇年代のアメリカ合衆国の新たな労働運動も、反グローバリゼーション運動の歴史に重要な役割を演じた。[*35]

女性は反グローバリゼーション運動のほとんどに参加し、リーダーにもなっているが、フェミニズムの行動計画は、北京世界女性会議後の「女性の権利は人権」運動や一部の平和運動、環境運動において掲げられただけである。言い換えれば、グローバル資本の労働の中核は少女や女性なのに、反グローバリゼーションの闘いはフェミニズムの分析や戦略をふまえているようには見えないのである。わたしはこれまで、フェミニストは反資本主義者であるべきだと主張してきたが、今や、反グローバリゼーション運動の活動家や思想家はフェミニストであるべきだと言いたい。ほとんどの反グローバリゼーション運動で、ジェンダーは分析カテゴリーとしても組織化する際の基本としても無視されているし、フェミニズム運動も、とりわけ第一世界／北では、反グローバリゼーション（と反資本主義）を中心課題に掲げていない。「シスターフッドはグローバル」式のかつての女性運動の国際化は、今日では「人権」運動に組み入れられた。「フェミニズム」から「女性の権利」へ言葉が変わり、女性運動は主流となった。女性に対する暴力の問題を世界規模でとりあげることに成功したのである。

反グローバリゼーション運動の焦点を注意深く見れば、闘いの核心は女性や少女たちの身体と労働である。たとえば、インドのチプコ運動やアメリカ合衆国のウラン採掘場と母乳汚染に反対する先住民運動のような環境運動やエコロジー運動では、先頭に立つのが女性だというだけではない。女性のジェンダー化され人種化された身体こそが、企業の環境支配によって引き起こされている再植民地化の現実を暴き出し、それと闘う鍵になっている。こうしたことは、インドの部族女性や小農女性の伝統的な知恵から生まれたバイオ資源をＷＴＯが収奪しているという、先述したヴァンダナ・シヴァの分析でも明らかであり、グレース・ボッグスの「場に根ざした市民活動」の概念も同様のことを示している（Boggs

2000, p.19)。さらに、企業に抗議する消費者運動や小農によるアグリビジネス反対運動、搾取工場反対運動において、労働者、農民、消費者、家事従事者としてもっとも影響を受けるのも、女性の労働と身体にほかならないのである。

女性は、企業の不正義に抗議する国境を越えた運動でも先頭に立っている。ジェンダーや女性の身体と労働を可視化すること、そして可視化したものをより包括的な政治学として理論化することは、反資本主義フェミニズムにとって不可欠である。そうした分析の際に非常に重要な出発点こそ、三分の二世界の貧しい有色人女性の社会的位置なのだ。資本主義を脱神話化し、国境を越えた社会的・経済的正義をめざす場を切り開くには、そうした女性共同体が潜在的にもっている知を特別に重視することが重要なのである。

マーチャンドとランヤンやフーパーが分析したグローバリゼーション言説の男性性は、反グローバリゼーション運動の言説に内在する男性性と呼応しているように見える (Marchand and Runyan 2000, Hooper 2000)。反グローバリゼーション運動に関する議論の多くで、階級や人種、ときには国家もグローバル資本主義に対する批判や闘いの中心とされるが、人種化されたジェンダーはいまだに注目されていない。だが、人種化されたジェンダーは現時点において重要である。というのも、資本主義はグローバルな利益追求のために、人種化されジェンダー化された女性の身体を利用しているからであり、先に指摘したように、反グローバリゼーション運動におけるもっとも包括的な分析と政治学を可能にするのも、貧しい有色人女性の経験と闘いだからである。

一方、民主的な実践や過程の重視といったフェミニズムの観点を意志決定の際に取り入れている反グローバリゼーションの闘いもある。そのような運動の政治学には、権威主義を排した民主的な原則や、個人的なことは政治的であるという考えが、さまざまなかたちで見てとれる。こうした運動がジェンダーの視点をもち、フェミニズムの目標や取り組みを明確化するならば、より豊かな組織化の場が提供されるだけでなく、より正しい方向へ進めるようにもなる。反グローバリゼーション運動でフェミニズムを鮮明に押しだすことは、当然ながら、運動に内在する男性中心主義への異議申し立てでもある。グローバル資本主義に対する批判と抵抗、その男性中心主義で人種差別的な価値観を当然視する実態の暴露は、国境を越えたトランスナショナルなフェミニズム運動を構築する出発点なのである。

トランスナショナルなフェミニズム運動の基礎は、場所、アイデンティティ、階級、仕事、思想信条などの違いを超えて、フェミニストの連帯を築くことである。人々がさまざまに分断された現代にあって、こうした連帯を築くのはたいへんむずかしいが、同時に今ほどそれが重要な時もない。グローバル資本主義は連帯の可能性を破壊しながら、新たに築く機会をも提供している。

運動に関わるフェミニストの教師は、世界を、その複雑な様相もろとも学生たちに見せるために、自己と格闘し互いに切磋琢磨しなければならない。今日では多民族多人種の学生がおり、教師はそうした学生から学ぶべきだ。アイデンティティの違いや互いのあいだに引かれた境界は、わたしたちを分断するよりも結びつける。そうであるなら、知と内省にもとづく連帯を相互に築こうではないか。

わたしはもはや、西洋の視線の下でだけ生きているわけではない。その内部でも生きており、日々折り合いをつけている。自宅はニューヨーク州のイサカにあるが、インドのムンバイ出身であることを片時も忘れてはいない。人種や階級を越えたわたしの仕事は、世界中の互いに結びついた場所や共同体にわたしを導く――ときには三分の二世界に、またときには三分の一世界に位置する有色人女性や第三世界女性による闘いへ。境界は必ずしも固定していない。わたしたちの精神は、資本に負けず劣らず、いつでもどこへも行けなくてはならない。そして、道すじは同じでも、それとは別の目的地を思い描くのである。

注

＊1　本章をこのような形で書くことができたのは、長年にわたって対話と協力を惜しまなかったジーラー・アイゼンステイン、サティヤー・モーハンティー、ジャッキー・アレクサンダー、リサ・ロウ、マーゴ・オカザワ゠レイ、ビヴァリー・ガイ゠シェフタルのおかげである。「西洋の視線の下で」を丹念に読んで批評してくれたスー・キムにも感謝したい。ジーラー・アイゼンステインの友情がなければ、本章は書けなかった。最初にこれを書くよう勧めてくれたのは彼女だからである。

＊2　「西洋の視線の下で」は思いがけないほどの反響を呼び、一九八六年に左翼系雑誌 ***Boundary*** 第二号にはじめて掲載された後、ほとんど毎年のようにあちこちに再録されてきた。ドイツ、オランダ、中国、ロシア、イタリア、スウェーデン、フランス、スペインの各国語にも翻訳された。フェミニズムをはじめ、ポストコロニアル、第三世界、カルチュラル・スタディーズ関連の雑誌や論文集に掲載されただけでなく、今も、女性学、カルチュラル・スタディーズ、エスニック・スタディーズ、人類学、政治学、教育学、社会学のカリキュラムでとりあげられている。また、数多くの論文等で引用されたが、論旨の展開に深く貢献することもあれば、誤解にもとづいて使われることもあった。文化を越えたフェミニズムの可能性を示す例として紹介されることもあった。

＊3　この指摘をしてくれたのはジーラー・アイゼンステインである。

＊4　当時のわたしの「西洋人フェミニスト」の定義は、次のようなものであった。「言うまでもなく、西洋フェミニズムの言説にしろ政治実践にしろ、その目的や関心や分析において、単一でもなければ均質でもない。だが、理論

や実践に関する主たる概念としての「西洋」(もちろんその複雑性と矛盾とをふまえつつ)が、暗黙のうちに意味するものを浮き彫りにすることは可能である。「西洋フェミニズム」と言うとき、わたしはけっして、それが均一であると言おうとしているわけではない。そうではなく、他者を非西洋、自らを(暗に)西洋と分類する書き手が、さまざまな書き方をしているようでいながら、結果として同じような傾向を生じていることに注意を喚起したいのだ」。そのうえで、「第一世界」とか「第三世界」といった用語は、内部にある違いを無視して類似性を過度に単純化するという点で問題はあるものの、その時点では唯一使用可能な用語であるために採用する旨を述べた。限界性をはっきり認識したうえで、まったく疑問のない用語としてではなく、批判的な開かれた議論のために、使ったのである。この用語については本章の中でまた論じたい。

＊5 「西洋人フェミニスト」「第三世界フェミニスト」というわたしの分類は、具体的な、地理的・場所的な定義によるものではない。政治的・分析的・方法論的な分類である。だから、地理的には第三世界出身の女性が西洋人フェミニストの立場に立つことができ、ヨーロッパ人フェミニストが第三世界フェミニズムの分析や視点を採用することもできる。

＊6 「西洋の視線の下で」に対するリタ・フェルスキの分析はそれを示している(Felski 1997)。そもそも彼女は、あの論文をあらゆる大規模な社会理論への疑問(一般化に反対するもの)と見なしているのだが、その後に別の文脈で、わたしが「独自性を強調しているものの、グローバルな格差の体系的分析の価値を認めており、齟齬をきたしている」とも述べている(ibid., p.10)。そのようなフェルスキの解釈は、わたしの論文の曖昧さを示すものであろう。本章でわたしが明らかにしたいのは、まさにこの点である。他にも、「モーハンティーが「西洋の視線の下で」で述べているのとは正反対の、均一な第三世界と同一の第一世界という構造が、どういうわけか、「闘いの地図」では主張されている」といった解釈もある(Mohanram 1999, p.91)。このラディカ・モハンラムの指摘は、個別性や独自性の追求と、グローバルで体系的な不平等への抵抗を混同していると思う。他の点での彼女の批判はより説得力があり、それについては後述したい。

＊7 たとえば、私の著作に関するNicholson and Seidman(1995), Phillips(1998), Warhol and Herndal(1997)の議論を参照。

＊8　ポストモダニズムの流行がフェミニズムに与えた影響については、ジャッキー・アレクサンダーと私の共著がある。Alexander and Mohanty（1997）の序章を参照のこと。

＊9　わたしの立場をもう少しはっきりさせよう。わたしはポストモダニズムのすべての知見や分析戦略に反対なわけではない。多くのポストモダニズムのテキストは、研究に際して有益であった。わたしの疑問を明らかにしてくれるのであれば、どのような方法論、理論、洞察も採用するつもりだ――マルクス主義、ポストモダニズム、ポスト実証主義リアリズム等々。ただここでは、当時のわたしの政治的選択を明らかにしてその責任をとりたいと思うし、また、アメリカ合衆国の学界ではポストモダニズムが支配的で、それが「西洋の視線の下で」が読まれる学問思想界の状況を規定していることをはっきりさせたい。

＊10　Dirlik, "The Local in the Global," in Dirlik 1997.

＊11　エステヴァとスリ・プラカシュは分類をこう定義している。「社会的少数者」とは、北であれ南であれ、世界中で同質の近代的（西洋的）生活様式を有する集団である。通常、近代化の基本的なパラダイムを採用し、どの社会でも上流階級に分類される。また、経済社会（いわゆるフォーマル・セクター）に完全に組み込まれている。「社会的多数者」は、工業国の平均的な「生活水準」を規定する物質やサービスの大半を安定して入手できない。その地域的・伝統的な「良い生活」の定義は、「グローバル権力」が与える「援助」の外部で豊かになれる能力を表している。社会的多数者は、表面的にも潜在的にも、グローバル権力が約束する「物質」への「ニーズ」を持たず、それに依存もしていない。それゆえに、「グローバル権力」を拒否する自由をもっているのである（Esteva and Suri Prakash 1998, pp. 16–17）。

＊12　わたしは、先住民フェミニストが、自分たちの闘いは資本主義とは無関係だと考えて（モハンラムもそう主張して）いると言っているのではない。ウィノーナ・ラデューク、ハウナニ＝ケイ・トラスク、マリー・アナ・ジェイムズ・ゲレロの著作は、先住民共同体の生活に影響を及ぼした資本主義とその構造的暴力を力強く批判している。Guerrero（1997）, La Duke（1999）, Trask（1999）を参照のこと。

＊13　実際、わたしたちは今、「女性学の将来」を論じ、「女性学に何が不可能か」について議論している。二〇〇〇年に開かれたアリゾナ大学女性学プログラム「The Future of Women's Studies」関連のウェブサイトや、Brown

(1997）参照。

*14 たとえば、エラ・ショハット、リサ・ロウ、アイワ・オング、ウマ・ナーラーヤン、インダパル・グルワルとカレン・カプラン、チェラ・サンドヴァル、アヴタール・ブラー、ライラ・アブー＝ルゴド、ジャッキー・アレクサンダー、カマラ・ケンパドー、サスキア・サッセンの著作を参照。

*15 同様の方法論的アプローチについては、マリア・ミース、シンシア・エンロー、ジーラー・アイゼンステイン、サスキア・サッセン、ドロシー・スミスの著作（たとえば、参考文献一覧の著書）を参照。また、初期における先駆的な事例を一九八〇年代初めのコムビー川コレクティブによる「ブラック・フェミニスト」声明に見ることができる。

*16 知の特権性については、Moya and Hames-Garcia（2000）所収の Mohanty, Moya, Macdonald の論文を参照。

*17 環境レイシズムと闘う有色人女性の例は、Mothers of East Los Angeles といった団体（Pardo 2001）や、*Color-Lines, Voces Unidas* といった雑誌、ニューメキシコ州アルバカーキ市の Southwest Organizing Project（SWOP）のニュースレターに見ることができる。

*18 Shiva, Jafri, Bedi, and Holla-Bhar（1997）参照。土着の知恵についての刺激的な議論に関しては Dei and Sefa（2000）参照。

*19 以下、企業のグローバルな経済的・イデオロギー的・文化的な国境を越えた再編過程を表すのに、「グローバル資本主義」「グローバルな構造再編」「グローバリゼーション」という用語を使うが、意味するところは同じである。

*20 アメリカ合衆国の高等教育カリキュラムの「国際化」は、冷戦時代に連邦政府が地域研究プログラムに助成したことにさかのぼるが、冷戦終了後の資金提供者は、マッカーサー、ロックフェラー、フォードなど民間の財団だった。女性学に関していうと、そうである。

*21 ここでいう仕事とは、この一〇年間の、多数の女性学プログラムの検討、フェミニズム教育とカリキュラムに関する論文やシラバスや原稿の批評、さまざまなワークショップ、フェミニスト研究者や教師たちとの対話などを指す。

*22 エラ・ショハットはこれを、アメリカ合衆国中心のパラダイムを「他者」にまで広げ、「均質なフェミニズムの

支配的言説」をつくりだす「追加」アプローチと呼んでいる。Shohat（2001a, pp. 1269–72）を参照。

＊23　文化相対主義とその認識論的基盤に対する鋭い批判については、Mohanty（1997, ch. 5）を参照。

＊24　アメリカ合衆国における人種研究や女性学、エスニック・スタディーズ、ゲイ・レズビアン・スタディーズに内在するナショナリズムを検証し、警戒することも重要である。

＊25　新しい論文集には、連帯するフェミニスト・モデル／比較フェミニズム・モデルとわたしが呼ぶものの好例が載っている。Lay, Monk, and Rosenfelt（2002）参照。

＊26　Dirlik, "Borderlands Radicalism," in Dirlik 1994.「ポストコロニアル・スタディーズ」と「ポストコロニアル思想」の違いを参照のこと。ポストコロニアル思想は、ローカル経済とグローバルな経済の問題について多くを語るが、ポストコロニアル・スタディーズは必ずしもそうした問題をとりあげない（Loomba 1998–99）。ここではアニア・ルーンバの指摘を引用したが、気鋭のポストコロニアル・スタディーズの論者はすでにこの基本的問題を指摘している。これは重要な違いであり、フェミニズム思想とフェミニズム学（女性学）にも同じことがあてはまると考える。

＊27　このような教育戦略を概念化している他の研究は知らないのだが、わたしの考えはエラ・ショハットやジャッキー・アレクサンダー、スーザン・サンチェス＝カサル、エイミー・マクドナルドたちの考えとよく似ている。

＊28　とりわけサティヤー・モーハンティー、ポーラ・モヤ、リンダ・アルコフ、シャーリー・ストーン・メディアトーレの著作を参照。

＊29　この節の題辞は Eisenstein（1998b, p. 161）からとった。同書は、グローバリゼーションの人種、階級、ジェンダーについての、もっとも聡明で、もっとも知見に富んだ、複雑な分析である。

＊30　ジェンダーとグローバリゼーションに関する文献は厖大にあり、概説を提供できると言うつもりは毛頭ない。この分野でもっとも有益かつ刺激的と思われる文献を三つあげておくにとどめたい。Eisenstein（1998b), Marchand and Runyan（2000), Basu et al.（1995).

＊31　Kempadoo and Doezema（1998), Puar（2001）参照。

＊32　同様の議論については Bergeron（2001), Freeman（2001）も参照のこと。

＊33　グローバリゼーション言説には、新自由主義と民営化というグローバリゼーション推進派の主張も含まれる一方で、進歩派、フェミニズム、反グローバリゼーション運動の活動家による反グローバリゼーション言説もある。

＊34　このように均一に「グローバル化された」女性表象をもっと複雑なものだと主張するフェミニストの著作も現れている。エクアドル女性の運動に関するLind（2000）、タンザニア女性の社会的ネットワークに関するTripp（2002）、アジア太平洋地域のグローバルな構造再編についてのChan and Ling（2000）を参照。

＊35　この記述はBrecher, Costello, and Smith（2000）から引用した。わたしの反グローバリゼーション運動の分析は、同書に負うところが大きい。また、*ColorLines, Z Magazine, Monthly Review, SWOP Newsletter*などの雑誌も資料とした。

訳者あとがき

本書は、チャンドラー・タルパデー・モーハンティー著 ***Feminism without Borders: Decolonizing Theory, Practicing Solidarity***, Duke University Press, 2003 の全訳である。インド出身で現在はアメリカ合衆国在住の有色人フェミニスト学者モーハンティーの代表作であり、「西洋の視線の下で」（第1章）、それを今日的に再考した「「西洋の視線の下で」再考」（第9章）をはじめ、彼女の思想をもっとも体系的に表す九つの論文から成る。

モーハンティーの思想を端的に言うなら、「脱植民地主義」「反資本主義」にもとづく「国境を越えたフェミニストの連帯」をめざす理論・運動といえるが、それはそのまま本書の構成（第Ⅰ部フェミニズムの脱植民地化、第Ⅱ部資本主義の脱神話化、第Ⅲ部新たなフェミニズムへ）となっている。第1章から第9章まで、モーハンティーがフェミニズムに関わってきた経過にそってほぼ執筆年代順に並び、一九八〇年代後半から現在にいたる彼女の思想の発展をたどるうえでも格好の書といえる。

以下、そうした本書の流れをも視野に入れながら、チャンドラー・モーハンティーがフェミニズムに占める独自の重要な位置について、一九六〇年代後半以降の現代フェミニズム、とりわけ一九八〇年代からの展開を概括しながら述べるとともに、グローバリゼーションとそのゆきづまりという今日の世界状況下でのモーハンティーの思想の意義にふれたいと思う。

1 「西洋の視線の下で」と現代フェミニズム

チャンドラー・モーハンティーをフェミニズム思想にとって欠くことのできない存在に押し上げたのは、何といっても「西洋の視線の下で」だろう。一九八六年に発表されたこの論文は、本書の第1章に発表当時のまま全文が収録されている。

「西洋の視線の下で」は、アメリカ合衆国に留学して大学院の博士課程を修了した直後のモーハンティーが初めて発表したフェミニズム研究だが、西洋フェミニズム言説が第三世界の女性の生活と闘いを植民地化している点を批判し、当時の、主に西洋人フェミニストによる文化を越えたフェミニズム研究の分析や方法論の問題点を指摘して、第三世界女性の主体性を高らかに宣言する画期的な論文だった。モーハンティー自身が述べているように（序章）、「西洋の視線の下で」は「ドイツ、オランダ、中国、ロシア、イタリア、スウェーデン、フランス、スペインの各国語に翻訳され、フェミニズムをはじめポストコロニアル・スタディーズや第三世界研究、カルチュラル・スタディーズ関連の雑誌や論文集に掲載され、女性学、カルチュラル・スタディーズ、エスニック・スタディーズ、人類学、政治学、教育学、社会学のカリキュラムでとりあげられている」。

詳しい内容は本書をお読みいただきたいが、ここでは、この論文がそれほど大きな反響をよんだ背景について、フェミニズム思想の流れを概説しながら述べておきたいと思う。

性差別に反対し女性の解放をめざすフェミニズムの思想と運動は、一九六〇年代後半、さまざまな社会運動や第三世界の解放闘争と連動し、同時にそうした運動や闘いの内部にもはらまれていた性差別を批判しながら、大きなうねりとなって世界中に広がった。広範な大衆運動と活発なフェミニズム理論の登場で注目をあびたアメリカ合衆国など欧米では「第二波フェミニズム」とも呼ばれたが（一九世紀後半から二〇世紀前半の「女性参政権」要求をはじめとする女性運動の高まりを「第一波」として）、内部にはさまざまな違いをかかえており、その戦略の相違から大きく「リベラル・フェミニズム（資本主義体制内での改革をめざす）」「ラディカル・フェミニズム（男性による女性差別を問題にする）」「社会主義フェミニズム（性差別をなくすためには資本主義の打倒が必要だとする）」に分類されることもあった。

一九七〇年代～八〇年代にかけて、「国連女性の一〇年」が実施され、女性学も確立されるなどフェミニズムは発展をつづけたが、その一方で、西洋社会に暮らす白人で中産階級で異性愛の女性を暗黙の前提とするという、決定的な問題点があることも明らかとなった。それを指摘したのは、「フェミニズム」から排除されたと感じていた女性たち、すなわち有色人、非西洋や第三世界、レズビアン、労働者階級や貧困層の女性たちだった。

こうした動きと主要なフェミニズム思想家の系譜については、序章（六～七頁）にあげられているのでぜひ参照されたい。またこのとき「フェミニズム」の名の下に特定の（特権をもった）女性のフェミニズムが「正統」とされ、それにあてはまらない「他者」が排除される状況が生みだされたが、それが何を意味しているのか、そのような「差異」や「境界」を越えたフェミニストの連帯はどのように可能かを、第3章〜第5章で詳しく論じている。つまり「女はひとつ」でも「女性なら同じ差別や抑圧を受けている」わけでもないし、女性間には人種、階級（貧富の格差）、性的指向、身体的条件などによる「差異」が存在していることを認識しながら、「だから連帯など不可能」というのでなく、「差異や境界を越えた連帯」をあくまで熱く追求してゆくことこそ、モーハンティー（や多くの有色人フェミニスト）による異議申し立ての核心だった。

このように、「西洋白人フェミニズム」への異議申し立てが広範なうねりとなるなかで執筆されたのが「西洋の視線の下で」であり、一九八六年に発表されるや、鋭い批判や問題提起と精緻な分析とで大きな注目をあつめた。時期を同じくして、それまで異議申し立ての中心を担ってきた欧米社会内部の黒人をはじめとする有色人女性だけでなく、第三世界出身や在住の有色人フェミニストも次々と声をあげ、「第三世界フェミニズム」「ポストコロニアル・フェミニズム」と呼ばれるようになった。モーハンティーは、第2章で「第三世界フェミニズム」とは何かを考察し、いくつかのキーワードをあげながら、欧米のあり方を規範にして「第三世界的差異」を付け加えるのでなく、各々の歴史や文脈に則して分析を行う具体的な例を提示している。

モーハンティー自身も本書でふれているが、「西洋の視線の下で」は、積極的に評価される一方でさまざまな誤解や反対も受けた。実際、有色人女性による西洋白人フェミニズムへの異議申し立ては、以上述べたようなフェミニズムの展開のなかで「女性の団結を壊す」と白眼視されることもあった。だがそれ以外に、一九八〇年代後半以降の学界におけるポストモダニズムの大流行とポストモダン・フェミニズムの台頭という文脈もあったことは否めない。「女性」を「単一のカテゴリー」とし、「普遍的な抑圧を受けている」とした初期の（西洋白人）フェミニズムを批判し、より詳細な違いや文脈をふまえた分析を行うべきだとする有色人フェミニストの主張が、「あらゆる一般化」や「普遍主義」に反対して「細分化」「相対化」をおしすすめる（主流）ポストモダニズムの流れに、ときとしてのみこまれてしまう状況があったのも事実である。しかしそれでは、「差別や抑圧に反対し、正義や公正を求める」という目的も相対化されかねない。また、高度にアカデミックでときに抽象的な理論は、フェミニズムを運動から遠ざけ、狭い学界内に閉じ込める結果をもたらす。モーハンティーがそうした傾向に反対なことは明らかである。モーハンティーも「わたしは「ポストモダニスト」を自称したことは一度もないのだが、なぜこうしたレッテルが貼られたかは重要だ」（三二九頁）と述べ、その検証を「「西洋の視線の下で」再考」（第9章）を書いた動機のひとつとしている。

こうして、一九六〇年代後半～七〇年代に華々しく登場した現代フェミニズム運動は、一九八〇年代以降の一見めまぐるしく複雑な展開を通して「沈黙や排除なきフェミニズム」（三頁）へ向かう道を進んだ。このような流れのなかに、それを闘いとった主体としてモーハンティーをしっかり位置づけることこそ、彼女のフェミニズムを理解するもっとも重要な鍵であろう。

2　現代世界の危機とモーハンティーの思想

本書の構成がモーハンティーの思想的変遷を反映していることはすでに述べたが、前半では基本的に反人種主義、脱植民地主義や西洋中心主義批判に置かれていた力点は、後半、反資本主義に移る。そこでのキーワードは「グローバリゼーション」である。

モーハンティーは本書でくりかえし、現代がグローバル資本主義による全世界の覇権を特徴とする時代であると述べている。そのなかで、あくなき利益を追求する多国籍企業や国家の枠組みを越えた巨大機関が力をもち、富の圧倒的偏在が進む一方、貧しい第三世界の女性や少女に矛盾が転嫁されているとする。だから、今のフェミニズムに必要なことはグローバル資本主義に反対し、資本主義は人間にとって当然のあり方なのだという考えとあらゆる場で闘うことだとモーハンティーはいう。そしてそのためには、第三世界の貧しい女性の生活や闘いに注目し、そこを出発点とすべきだというのである。

こうした主張は伝統的な左翼思想にもみられるが、モーハンティーの独自性は、こう主張しながら、マクロのプロセスだけでなく日々の生活というミクロな政治学にも注目することであり、二項対立的に「グローバル対ローカル」「欧米対第三世界」「巨大資本対貧しい第三世界女性」といった構図を描かないことである。たえず歴史や文脈にそって考え、第三世界や女性内部の複雑性や矛盾を直視する。モーハンティーにとって、第三世界女性の生活と闘いに注目することは、対抗主義や倫理主義からの決断ではなく、「下から見ることで全体が見えてくる」という戦略的方法なのである。

さらに、このように主張するときの「立ち位置」も重視する。つまり歴史的・現在的にどのような位置に置かれているかが、個々の語り手や書き手の認識に深く関わってくるとするのである。こうした考えは、「知の権力関係」を重視し、文化や言説を権力構造として明らかにする試みにつながってゆく。

このように見ていくとき、モーハンティーは、思想家として、ともすれば二極化しがちな現代世界にあってあくまで二元論を拒否しながら、困難な道を進もうとしているように見える。たとえば、一方で史的唯物論やリアリズムに立脚し、政治経済構造を重視しながら、他方では、文化や言説、アイデンティティに注目する。第三世界の女性への搾取や抑圧に反対し正義や公正を追求しながら、第三世界女性内部の差異を取りあげ、人種と階級とジェンダーが重なり合い矛盾するありように注意をうながす。そうした姿勢は、冷静な理論家でありながら情熱的な活動家でもあろうとする生き方にも表れている。ただ、ここで気づくのは、そうした一見矛盾する要素の併存こそ、モーハンティーが語る「第三世界女性のありよう」そのものだということである。だとすれば、ここにこそ、理論やイデオロギーだけでなく、ときに語りや感性や身体性などをしなやかに取り込んでゆく第三世界フェミニズムの独特の意味があるように感じる。

モーハンティーは本書で、自分自身の文化や国境を越えた体験を何度も語っている。インドに生まれ、アフリカに暮らした体験をもち、一九七〇年代にアメリカ合衆国に留学してそのままとどまり、その後は合衆国内部で「外国人」としてさまざまに扱われる経験をしてきた。そこでは、人種、民族、肌の色、階級、ジェンダー、宗教などが複雑に重なり合い、ときには矛盾して表れる。そうした自らの経験を語るなかから、「越境」や「経験」を固定的にではなく歴史や文脈、関係性としてとらえることの重要性を指摘するのだ。経験をそのように認識するからこそ、本書の終わり（つまりモーハンティーの現在の関心や思想）に近づくにつれ、歴史をふまえた現在としての「今」の「自分」の「場」である大学や教育をめぐる分析が多くなる。なかでも第7章で述べられるグローバリゼーションの下での大学の企業化や民営化の分析と批判は、今日の大学や学界のありようを知る者にとって興味深いだろう。

現在のグローバリゼーションのゆきづまりと危機を見るとき、国民国家の枠内ではなくその境界を越えて物事を見、欧米中心主義を脱して第三世界女性の目線から考えることの重要性は、今や理論的必然というより現実そのものとなっている。こうした状況にあって、グローバリゼーションが資本による越境ならば、民主的市民による越境を希求し、境界を越えた連帯を実現しようとするモーハンティーのフェミニズムは、いま、もっとも輝きを発する思想といえるだろう。

最後に、本書の翻訳・出版にあたってお世話になったすべての方々にお礼の言葉を述べるとともに、翻訳の完成までに思っていた以上に長い時間がかかってしまったことを率直におわびしたい。翻訳に取り組んでくれた菊地恵子さん（第6章、第7章）、吉原令子さん（第2章、第8章）、我妻もえ子さん（第3章、第4章、第5章）に心から感謝しつつ、翻訳文は監訳にあたった堀田に全責任があることを明記しておく。また、原文・訳文を精読して助言してくれた法政大学出版局の奥田のぞみさんの並々ならぬ熱意なしには本書は完成しなかっただろう。あらためてお礼を言うと同時に、本書が、世界の変革をめざすすべての人の力になることを願いたい。

二〇一二年春

堀田　碧

訳者紹介（＊は監訳者）

＊堀田 碧（ほった　みどり）
英国ケント大学大学院修了（女性学）。大学兼任講師を経て現在は翻訳家。
主な業績：『経済のグローバリゼーションとジェンダー』（共著，明石書店，2001年），『新編日本のフェミニズム1』（共著，岩波書店，2009年），リサ・ブルーム編『視覚文化におけるジェンダーと人種』（共訳，2000年，彩樹社），ベル・フックス著『フェミニズムはみんなのもの』（単訳，2003年，新水社），ベル・フックス著『とびこえよ，その囲いを：自由の実践としてのフェミニズム教育』（共訳，新水社，2006年）ほか。

菊地恵子（きくち　けいこ）
米国ウィリアム・アンド・メアリー大学大学院修了（教育学）。現在，立教大学ほか兼任講師（英語）。
主な業績：「語学教育とフェミニズムの交差」（『大学英語教育学会(JACET) 国際理解教育研究会論集』2001年），"The Role of Shin-Eiken in Promoting Peace Education in English Classrooms"（共著，*Human Rights Education in Asian Schools*, Vol. 7, 2004），「インターネットで時事問題」（『新英語教育』No. 502，2011年）ほか。

吉原令子（よしはら　れいこ）
米国ミネソタ州立大学大学院修了（女性学）。現在，日本大学教員。
主な業績：ベル・フックス著『とびこえよ，その囲いを』（共訳，新水社，2006年），ケイト・ミレット著『マザー・ミレット』（共訳，新水社，2008年），「アメリカ合衆国における同性婚の法制化の動向：1990年代の同性婚運動の要因について」（『英米文化』第39号，2009年）ほか。

我妻もえ子（わがつま　もえこ）
英国ウォーリック大学大学院修了（エスニック・スタディーズ）。現在，マカオ大学非常勤講師。
主な業績：ゴードン・マシューズ／ブルース・ホワイト編『若者は日本を変えるか：世代間断絶の社会学』（共著，世界思想社，2010年），「中国冷凍餃子事件の異文化理解」（『化学生物総合管理』第7巻第2号，2011年）ほか。

著者紹介

チャンドラー・タルパデー・モーハンティー
(Chandra Talpade Mohanty)
インド・ムンバイ生まれ。現在，米国シラキュース大学女性学・ジェンダー学教授。専門はフェミニズム理論。本書のほか，*Third World Women and the Politics of Feminism*（Indiana University Press, 1991）, *Feminist Genealogies, Colonial Legacies, Democratic Futures*（Routledge, 1997）, *Feminism and War: Confronting U.S. Imperialism*（Zed Press, 2008）, *The Sage Handbook on Identities*（Sage Publications Ltd, 2010）などの編著がある。

サピエンティア　23
境界なきフェミニズム

2012 年 4 月 16 日　　初版第 1 刷発行

著　者　チャンドラー・タルパデー・モーハンティー
監訳者　堀田 碧
訳　者　菊地恵子・吉原令子・我妻もえ子
発行所　財団法人法政大学出版局
〒 102-0073 東京都千代田区九段北 3-2-7
電話 03（5214）5540／振替 00160-6-95814
製版・印刷　平文社／製本　誠製本
装幀　奥定泰之

ISBN 978-4-588-60323-5　　Printed in Japan

索　引

か　行

さ 行

た　行

な 行

は 行

ま　行

や　行

ら　行

参考文献

Abbot, Sidney, and Barbara Love. 1972. *Sappho Was a Right-on Woman: A Liberated View of Lesbianism*. New York: Stein and Day.

Abdel-Malek, Anouar. 1981. *Social Dialectics: Nation and Revolution*. Albany: State University of New York Press〔アンワール・アブデルマレク著，熊田亨訳『社会の弁証法』岩波書店，1977 年〕.

Abu-Lughod, Lila, ed. 1998. *Remaking Women: Feminism and Modernity in the Middle East*. Princeton: Princeton University Press〔ライラ・アブー＝ルゴド編著，後藤絵美・竹村和朗・千代崎未央・鳥山純子・宮原麻子訳『「女性をつくりかえる」という思想：中東におけるフェミニズムと近代性』明石書店，2009 年〕.

Ahmed, Leila. 1992. *Women and Gender in Islam: Historical Roots of a Modern Debate*. New Haven: Yale University Press〔ライラ・アハメド著，林正雄ほか訳『イスラームにおける女性とジェンダー：近代論争の歴史的根源』法政大学出版局，2000 年〕.

Alarcon, Norma. 1989. "The Theoretical Subject(s) of *This Bridge Called My Back* and Anglo-American Feminism." In *Chicana Criticism in a Social Context*, edited by H. Calderon and J. D. Saldivar. Durham, N. C.: Duke University Press.

Alcoff, Linda. 2000. "Who's Afraid of Identity Politics?" In *Reclaiming Identity: Realist Theory and the Predicament of Postmodernism*, edited by Paul M.L. Moya and Michael Hames-Garcia, 312–44. Berkeley: University of California Press.

Alexander, Jacqui M. 1991. "Redrafting Morality: The Postcolonial State and the Sexual Offenses Bill of Trinidad and Tobago." In *Third World Women and the Politics of Feminism*, edited by Chandra Talpade Mohanty, Ann Russo, and Lourdes Torres. Bloomington: Indiana University Press.

Alexander, Jacqui M., and Chandra Talpade Mohanty. 1997. *Feminist Genealogies, Colonial Legacies, Democratic Futures*. New York: Routledge.

Allen, Sheila. 1989. "Locating Homework in an Analysis of the Ideological and Material Constraints on Women's Paid Work." In *Homework: Historical and Contemporary Perspectives on Paid Labor at Home*, edited by Eileen Boris and Cynthia R. Daniels, 272–91. Urbana: University of Illinois Press.

American Council on Education, Education Commission of the States. 1988. *One-Third of a Nation: A Report of the Commission on Minority Participation in Education and American Life*. Washington, D. C.: American Council on Education.

Amin, Samir. 1977. *Imperialism and Unequal Development*. New York: Monthly Review

Press〔サミール・アミン著，北沢正雄訳『帝国主義と不均等発展』第三書館，1981 年〕.

Amos, Valerie, and Pratibha Parmar. 1984. "Challenging Imperial Feminism." *Feminist Review* 17: 3–19.

Amott, Teresa, and Julie A. Matthaei. 1991. *Race, Gender and Work: A Multicultural Economic History of Women in the United States*. Boston: South End Press.

Anderson, Benedict. 1983. *Imagined Communities: Reflections on the Origin and Spread of Nationalism*. New York: Verso Books〔ベネディクト・アンダーソン著，白石隆・白石さや訳『定本 想像の共同体：ナショナリズムの起源と流行』書籍工房早山，2007 年〕.

Anthias, F., and N. Yuval Davis. 1990. *Women and the State*. London: Macmillan.

Anzaldúa, Gloria. 1987. *Borderlands/La Frontera: The New Mestiza*. San Francisco: Spinsters/ Aunt Lute.

———, ed. 1990. *Making Face, Making Soul/ Haciendo Caras: Creative and Critical Perspectives by Women of Color*. San Francisco: Aunt Lute Foundation〔グローリア・アンサルドゥーア著，斎藤文子訳「メスティーサの自覚：新しい自覚に向けて」『現代思想』第 19 巻第 9 号，1991 年参照〕.

Apple, Michael. 1979. *Ideology and the Curriculum*. London: Routledge and Kegan Paul〔マイケル・W. アップル著，門倉正美ほか訳『学校幻想とカリキュラム』日本エディタースクール出版部，1986 年〕.

Aronowitz, Stanley. 2000. *The Knowledge Factory: Dismantling the Corporate University and Creating True Higher Learning*. Boston: Beacon Press.

Asian Women United of California, ed. 1989. *Making Waves: An Anthology of Writings by and about Asian American Women*. Boston: Beacon Press.

Bagguley, Paul, J. 1990. *Restructuring Place, Class and Gender*. London: Sage Publications.

Bambara, Toni Cade. 1984. "Salvation Is the Issue," In Black Women Writers（1950–1980）: *A Critical Evaluation*, edited by Mari Evans, 41–47. New York: Anchor Books.

Baran, Paul A. 1962. *The Political Economy of Growth*. New York: New York Monthly Review Press〔ポール・バラン著，浅野栄一・高須賀義博訳『成長の経済学』東洋経済新報社，1960 年〕.

Barkley Brown, Elsa. 1989. "African-American Women's Quilting: A Framework for Conceptualizing and Teaching Afiican-American Women's History." *Signs* 14, no. 4（summer）: 921–29.

Barnet, Richard J., and John Cavanagh. 1994. *Global Dreams: Imperial Corporations and the New World Order*. New York: Simon and Schuster.

Barrett, M. 1991. *Women's Oppression Today*. U.K.: Verso Books.

Barrett, M., and Mary McIntosh. 1982. *The Anti-Social Family*. London: New Left

Books.
Barroso, Carmen, and Christina Bruschini. 1991. "Building Politics from Personal Lives: Discussions on Sexuality among Poor Women in Brazil." In *Third World Women and the Politics of Feminism*, edited by Chandra Talpade Mohanty, Ann Russo, and Lourdes Torres. Bloomington: Indiana University Press,
Basu, Amrita, ed. 1995. *The Challenge of Local Feminisms: Women's Movements in Global Perspective*. Boulder: Westview Press.
Bendt, Ingela, and James Downing. 1982. *We Shall Return: Women in Palestine*. London: Zed Press.
Beneria, L., and C. Stimpson, eds. 1987. *Women, Households and the Economy*. New Brunswick: Rutgers University Press.
Benjamin, Jessica. 1986. "A Desire of One's Own: Psychoanalytic Feminism and Intersubjective Space." In *Feminist Studies/ Critical Studies*, edited by Teresa de Lauretis. Bloomington: Indiana University Press.
Berg, Elizabeth. 1982. "The Third Woman." *Diacritics*（summer）: 11–20.
Berger, Andrea. 2001. "Institutional Policies and Practices: Results from the 1999 National Study of Postsecondary Faculty, Institution Survey." Washington, D.C.: Department of Education, National Center for Educational Statistics.
Bergeron, Suzanne. 2001. "Political Economy Discourses of Globalization and Feminist Politics." *Signs* Vol. 26, no. 4（summer）: 983–1006.
Berman, Edward. 1998. "The Entrepreneurial University: Macro and Micro Perspectives from the United States." In *Universities and Globalization: Critical Perspectives*, edited by Jan Currie and Janice Newsom. London: Sage Publications.
Bernard, Jessie. 1987. *The Female World from a Global Perspective*. Bloomington: Indiana University Press.
Bernstein, Basil. 1975. *Class, Codes, and Control*. Vol. 3. London: Routledge and Kegan Paul.
Bhabha, Homi. 1983. "The Other Question – The Stereotype and Colonial Discourse." *Screen* 24, no. 6（Nov.-Dec.）: 18–26〔ホミ・K. バーバ著「他者の問題」本橋哲也ほか訳『文化の場所：ポストコロニアリズムの位相』法政大学出版局，2005 年所収〕.
Bhabha, Jacqueline, et al. 1985. *Worlds Apart: Women under Immigration and Nationality Law*. London: Pluto Press.
Bhachu, Parminder. 1988. "Apni Marzi Kardhi, Home and Work: Sikh Women in Britain." In *Enterprising Women*, edited by Sallie Westwood and Parminder Bhachu, 76–102. New York: Routledge.
Bhavnani, Kum-Kum, ed. 2001. *Feminism and "Race."* Oxford: Oxford University Press.
Bhavnani, Kum-Kum, and Margaret Coulson. 1986. "Transforming Socialist Feminism: the Challenge of Racism." *Feminist Review*, no. 81–92.

Blassingame, John W. 1979. *The Slave Community: Plantation Life the Antebellum South*. New York: Oxford University Press,

———, ed. 1973. *New Perspectives on Black Studies*. Urbana: University of Illinois Press.

Boggs, Grace Lee. 2000. "A Question of Place." *Monthly Review* 52, no. 2 (June) : 18–20.

Boris, Eileen, and Cynthia R. Daniels, eds. 1989. *Homework: Historical and Contemporary Perspectives on Paid Labor at Home*. Urbana: University of Illinois Press.

Boserup, Ester. 1970. *Women's Role in Economic Development*. New York: St. Martin's Press; London: Allen and Unwin.

Bourdieu, Pierre, and J. C. Passeron. 1977. *Reproduction in Education, Society and Culture*. Translated by Richard Nice. Beverly Hills: Sage Publications〔ピエール・ブルデュー／ジャン＝クロード・パスロン著，宮島喬訳『再生産：教育・社会・文化』藤原書店，1991 年〕.

Bourne, Jenny, 1987. "Jewish Feminism and Identity Politics." *Race and Class* 29, 1–24.

Bradley, Harriet. 1989. *Men's Work, Women's Work*. Minneapolis: University of Minnesota Press.

Brah, Avtar. 1996. *Cartographies of Diaspora: Contesting Identities*. London: Routledge.

Brecher, Jeremy. 1993. "The Hierarchy's New World Order – and Ours." In *Global Visions Beyond the New World Order*, edited by Jeremy S. Brecher et al. Boston: South End Press.

Brecher, Jeremy, Jim Costello, and Brendan Smith. 2000. *Globalization from Below: The Power of Solidarity*. Boston: South End Press.

Brodzki, Bella, and Celeste Schenk, eds. 1988. *Life/ Lines: Theorizing Women's Autobiography*. Ithaca: Cornell University Press.

Brown, Beverly. 1983. "Displacing the Difference: Review of *Nature, Culture and Gender*," *m/f* 8: 79–89.

Brown, Wendy. 1997. "The Impossibility of Women's Studies." *differences* 9, no. 3: 79–101.

Brownmiller, Susan. 1981. *Pornography and Silence*. New York: Harper and Row.

———. 1978. *Against Our Will: Men, Women and Rape*. New York: Simon and Schuster〔S. ブラウンミラー著，幾島幸子訳『レイプ・踏みにじられた意思』勁草書房，2000 年〕.

Bryan, Beverly, et al. 1985. *The Heart of the Race: Black Women's Lives in Britain*. London: Virago.

Brydon, Lynne, and Sylvia Chant. 1989. *Women in the Third World: Gender Issues in Rural and Urban Areas*. New Brunswick: Rutgers University Press.

Bulkin, Elly, Minnie Bruce Pratt, and Barbara Smith. 1988. *Yours in Struggle: Three Feminist Perspectives on Anti-Semitism and Racism*. Ithaca: Firebrand Books.

Bunch, Charlotte, and Sandra Pollack, eds. 1983. *Learning Our Way: Essays in Feminist Education*. Trumansburg, N.Y.: Crossing Press.

Burton, Clare. 1985. *Subordination: Feminism and Social Theory*. Sydney: Allen and Unwin.

Butler, Johnnella E., ed. 2001. *Color-Line to Borderlands: The Matrix of American Ethnic Studies*. Seattle: University of Washington Press.

Callaway, Helen. 1987. *Gender, Culture, and Empire: European Women in Colonial Nigeria*. Urbana: University of Illinois Press.

Chait, Richard, and Cathy Trower. 2001. "Professors at the Color Line." *New York Times*, 11 September.

Chang, Kimberly, and L.H.M. Ling. 2000. "Globalization and Its Intimate Other: Filipina Domestic Workers in Hong Kong." In *Gender and Global Restructuring: Sightings, Sites, and Resistances*, edited by Marianne Runyan and Anne Runyan. New York: Routledge,

Charlton, Sue Ellen M., J. Everett, and Kathleen Staudt, eds. 1989. *Women, the State, and Development*. Albany: State University of New York Press.

Chodorow, Nancy. 1978. *The Reproduction of Mothering: Psychoanalysis and the Sociology of Gender*. Berkeley: University of California Press〔ナンシー・チョドロウ著，大塚光子・大内菅子共訳『母親業の再生産：性差別の心理・社会的基盤』新曜社，1981年〕.

Chow, Rey. 1991. "Violence in the Other Country: China as Crisis, Spectacle, and Women." In *Third World Women and the Politics of Feminism*, edited by Chandra Talpade Mohanty, Ann Russo, and Lourdes Torres. Bloomington: Indiana University Press.

Chowdhry, Prem. 1989. "Customs in a Peasant Economy: Women in Colonial Haryana." In *Recasting Women: Essays in Colonial History*, edited by Kum-Kum Sangari and Sudesh Vaid, 302–36. New Delhi: Kali Press.

The Chronicle of Higher Education Almanac, The Nation. 2001–2002.

Cixous, Helene. 1981. "The Laugh of the Medusa" in *New French Feminisms*, edited by E. Marks and I. De Courtivron. Amherst: University of Massachusetts Press〔エレーヌ・シクスー著，松本伊瑳子ほか訳『メデューサの笑い』紀伊國屋書店，1993年〕.

Clifford, James, and George Marcus, eds. 1986. *Writing Culture: The Poetics and Politics of Ethnography*. Berkeley: University of California Press〔ジェイムズ・クリフォード／ジョージ・マーカス著，春日直樹ほか訳『文化を書く』紀伊國屋書店，1996年〕.

Code, Lorraine. 2000. *Encyclopedia of Feminist Theories*. New York: Routledge.

Cohee, Gail E., et al., eds. 1998. *The Feminist Teacher Anthology: Pedagogies and Classroom Strategies*. New York: Teacher's College Press.

Collins, Patricia Hill. 1991. *Black Feminist Thought: Knowledge, Consciousness, and the*

Politics of Empowerment. New York: Routledge.

ColorLines. 2000. "Global Brahmanism: The Meaning of the WTO Protests-An Interview with Vandana Shiva." *ColorLines* 3, no. 2 (summer) : 30–32. *Gender and Global Restructuring: Sightings, Sites, and Resistances*.

Combahee River Collective. 1983. "A Black Feminist Statement." Reprinted in *All the Women are White, All the Blacks are Men, But Some of Us are Brave*, edited by Gloria Hull, Patricia Bell Scott, and Barbara Smith, Old Westbury, NY: Feminist Press.

Connell, R. W. 1989. "The State, Gender, and Sexual Politics: Theory and Appraisal." *Theory and Society* 19: 507–44.

———. 1987. *Gender and Power: Society, the Person, and Sexual Politics*. Stanford: Stanford University Press〔ロバート・W. コンネル著，森重雄ほか訳『ジェンダーと権力：セクシュアリティの社会学』三交社，1993 年〕.

Cowie, Elizabeth. 1978. "Woman as Sign." *m/f* 1: 49–63.

Currie, Jan. 1998. "Globalization Practices and the Professoriate in Anglo-Pacific and North American Universities." *Comparative Education Review* 42, no. 1 (Feb.) : 15–30.

Currie, Jan, and Janice Newsom, eds. 1998. *Universities and Globalization: Critical Perspectives*. London: Sage Publications.

Cutrufelli, Maria Rosa. 1983. *Women of Africa: Roots of Oppression*. London: Zed Press.

Daly, Mary. 1978. *Gyn/ecology: The Metaethics of Radical Feminism*. Boston: Beacon Press.

Davis, Angela. 1983. *Women, Race and Class*. Boston: Doubleday.

Davis, Angela, and Elizabeth Martinez. 1998. "Coalition Building Among People of Color: A Discussion with Angela Davis and Elizabeth Martinez." In *The Angela Davis Reader*, edited by Joy James. Boston: Blackwell.

Davis, Angela, and Gina Dent. 2001. "Prison as a Border: A Conversation on Gender, Globalization, and Punishment." *Signs* 26, no. 4 (summer) : 1235–42.

Davis, Elizabeth. 1998. "Profile of CSUDH Employees as of October 30, 1998." California State University at Dominguez Hills.

Davis, Miranda. 1987. *Third World/ Second Sex*, Vol. 2. London: Zed Press.

———. 1983. *Third World/ Second Sex*, Vol. 1. London: Zed Press.

Dean, Jodi. 1996. *Solidarity of Strangers: Feminism after Identity Politics*. Berkeley: University of California Press.

Deardon, Ann, ed. 1975. *Arab Women*. Report no. 27. London: Minority Rights Group.

Dei, George, and J. Sefa. 2000. "'Rethinking the Role of Indigenous Knowledges in the Academy." *International Journal of Inclusive Education* 4, no. 2: 111–32.

De Lauretis, Teresa. 1987. "Comparative Literature among the Disciplines: Politics." Unpublished manuscript. Madison: University of Wisconsin.

———. 1986. *Feminist Studies/ Critical Studies*. Bloomington: Indiana University Press.

———. 1984. *Alice Doesn't: Feminism, Semiotics, Cinema*. Bloomington: Indiana University Press.

Deleuze, Gilles, and Felix Guattari. 1977. *Anti-Oedipus: Capitalism and Schizophrenia*. New York: Viking〔ジル・ドゥルーズ／フェリックス・ガタリ著，宇野邦一訳『アンチ・オイディプス：資本主義と分裂症　上下』河出文庫，2006 年〕.

DeRosa, Patti. 1987. Paper presented at annual conference of Society for International Education, Training, and Research, May 8–10.

Derrida, Jacques. 1974. *Of Grammatology*. Baltimore: Johns Hopkins University Press〔ジャック・デリダ著，足立和浩訳『根源の彼方に：グラマトロジーについて　上下』現代思潮社，1972／1976 年〕.

Dirlik, Arif. 1999. "Place-Based Imagination: Globalism and the Politics of Place." In *Review, A Journal of the Ferdinand Braudel Center for the Study of Economics, Historical Systems, and Civilizations* 22, no. 2（spring）: 151–87.

———. 1997. *The Postcolonial Aura: Third World Criticism in the Age of Global Capitalism*. Boulder: Westview Press.

———. 1994. *After the Revolution: Walking to Global Capitalism*. Hanover, NH: Wesleyan University Press.

Dribble, Sandra. 1994. "Tijuanans Sue in L.A. after Their Maquiladora Is Closed." *San Diego Union-Tribune*, 16 December.

Eisenstein, Hester. 1983. *Contemporary Feminist Thought*. Boston: G. K. Hall.

Eisenstein, Zillah R. 2001. *Manmade Breast Cancers*. Ithaca: Cornell University Press.

———. 1998a. *The Female Body and the Law*. Berkeley: University of California Press.

———. 1998b. *Global Obscenities: Patriarchy, Capitalism, and the Lure of Cyberfantasy*. New York: New York University Press.

———. 1996. *Hatreds: Racialized and Sexualized Conflicts in the 21st Century*. New York Routledge.

———. 1994. *The Color of Gender: Reimaging Democracy*. Berkeley: University of California Press.

———. 1990. "Feminism v. Neoconservative Jurisprudence: The Spring '89 Supreme Court." Unpublished manuscript. Ithaca, NY: Ithaca College.

———. 1984. *Feminism and Sexual Equality*. New York: Monthly Review Press.

———. 1981. *The Radical Future of Liberal Feminism*. New York: Longman.

———. 1978, editor. *Capitalist Patriarchy and the Case for Socialist Feminism*. New York: Monthly Review Press.

Eldhom, Felicity, Olivia Harris, and Kate Young. 1977. "Conceptualising Women." *Critique of Anthropology Women's Issue*, no. 3: 101–103.

El Saadawi, Nawal, Fatima Mernissi, and Mallica Vajarathon. 1978. "A Critical Look at the Wellesley Conference." *Quest* 4, no. 2 (winter) : 101–7.

Emspak, Frank. 1997. "Should Markets Govern." Unpublished manuscript. Madison, WI: School for Workers.

Enloe, Cynthia. 1993. *The Morning After: Sexual Politics at the End of the Cold War*. Berkeley: University of California Press〔シンシア・エンロー著，池田悦子訳『戦争の翌朝：ポスト冷戦時代をジェンダーで読む』緑風出版，1999 年〕.

———. 1990. *Bananas, Beaches, and Bases: Making Feminist Sense of International Politics*. Berkeley: University of California Press.

Esteva, Gustavo, and Madhu Suri Prakash. 1998. *Grassroots Post-Modernism: Remaking the Soil of Cultures*. London: Zed Press.

Etienne, Mona, and Eleanor Leacock, eds. 1980. *Women and Colonization*. New York: Praeger.

Etzkowitz, Henry, Andrew Webster, and Peter Healey. 1998. *Capitalizing Knowledge: New Intersections of Industry and Academia*. Albany: State University of New York Press.

Fanon, Franz. 1970. *Black Skin White Masks*. London: Paladin〔フランツ・ファノン著，海老坂武・加藤晴久訳『黒い皮膚・白い仮面』みすず書房，1998 年〕.

———. 1963. *The Wretched of the Earth*. Harmondsworth: Penguin Books〔フランツ・ファノン著，鈴木道彦・浦野衣子訳『地に呪われたる者』みすず書房，1996 年〕.

Feldman, Jonathan. 1989. *Universities in the Business of Repression: The Academic-Military-Industrial Complex in Central America*. Boston: South End Press.

Felski, Rita. 1997. "The Doxa of Difference." *Signs* 23, no. 1 (autumn) : 1–21.

Feminist Review. Special issue: *Many Voices, One Chant: Black Feminist Perspectives*. Vol. 17 (autumn 1984).

Ferguson, Kathy E. 1984. *The Feminist Case against Bureaucracy*. Philadelphia: Temple University Press.

Fernandez-Kelly, Maria Patricia. 1983. *For We Are Sold, and My People: Women and Industry in Mexico's Frontier*. Albany: State University of New York Press.

Fernandez-Kelly, Maria Patricia, and Anna Garcia. 1989. "Hispanic Women and Homework: Women in the Informal Economy of Miami Los Angeles." In *Homework: Historical and Contemporary Perspectives on Paid Labor at Home*, edited by Eileen Boris and Cynthia R. Daniels, 165–82. Urbana: University of Illinois Press.

Fernandez-Kelly, Patricia, and Diane Wolf. 2001. "A Dialogue on Globalization." *Signs* 26, no. 4 (summer) : 1007–39.

Fine, Michelle, Lois White, Linda C. Powe11, and L. Mun Wong, eds. 1997. *Off White: Readings on Race, Power, and Society*. New York: Routledge.

Foucault, Michel. 1980. *Power/ Knowledge: Selected Interviews and Other Writings, 1972–*

1977. Edited and translated by Colin Gordon. New York: Pantheon.
———. 1978. *The History of Sexuality*. Vol. 1: *An Introduction*. Translated by Robert Hurley. New York: Random House〔ミシェル・フーコー著，渡辺守章訳『性の歴史 1　知への意志』新潮社，1986 年〕.

Fox-Genovese, Elizabeth. 1988. *Within the Plantation Household: Black and White Women of the Old South*. Chapel Hill: University of North Carolina Press.

Frankenberg, Ruth., ed. 1997. *Displacing Whiteness: Essays in Social and Cultural Criticism*. Durham, N. C.: Duke University Press.

———. 1993. *White Women, Race Matters: The Social Construction of Whiteness*. London: Routledge.

Freeman, Carla. 2001. "Is Local: Global as Feminine: Masculine? Rethinking the Gender of Globalization." *Signs* 26, no. 4 (summer) : 1007–38.

Freeman, Estelle. 2002. *No Turning Back: The History of Feminism and the Future of Women*. New York: Ballantine Books.

Freire, Paulo. 1973. *Pedagogy of the Oppressed*. Translated by Myra Bergman Ramos. New York: Seabury〔パウロ・フレイレ著，小沢有作ほか訳『被抑圧者の教育学』亜紀書房，1979 年〕.

Freire, Paulo, and Donaldo Macedo. 1985. *Literacy: Reading the Word and the World*. South Hadley, Mass.: Bergin and Garvey.

The Future of Women's Studies. 2000. Conference Procedings. Tuscon: University of Arizona Women's Studies Department. <http://info-center.ccit.Arizona.edu/~ws/conference/conference.html>.

Gagliano, Felix V. 1992. "Globalization of the University." *NCA Quarterly* 67, no. 2 (fall) : 325–34.

Genovese, Eugene. 1979. *From Rebellion to Revolution: Afro-American Slave Revolts in the Making of the Modern World*. Boston: Beacon Press.

Giddings, Paula. 1984. *When and Where I Enter: The Impact of Black Women on Race and Sex in America*. New York: William Morrow〔ポーラ・ギディングズ著，河地和子訳『アメリカ黒人女性解放史』時事通信社，1989 年〕.

Gilliam, Angela. 1991. "Women's Equality and National Liberation." In *Third World Women and the Politics of Feminism*, edited by Chandra Talpade Mohanty, Ann Russo, and Lourdes Torres. Bloomington: Indiana University Press.

Gilligan, Carol. 1983. *In a Different Voice*. Cambridge, Mass.: Harvard University Press〔キャロル・ギリガン著，生田久美子・並木美智子共訳『もうひとつの声：男女の道徳観の違いと女性のアイデンティティ』川島書店，1986 年〕.

Gilroy, Paul. 1987. *There Ain't No Black in the Union Jack*. Cambridge: Polity Press.

Giroux, Henry. 1988. *Teachers as Intellectuals: Toward a Critical Pedagogy of Learning*. South Hadley, Mass.: Bergin and Garvey.

———. 1983. *Theory and Resistance in Education: A Pedagogy for the Opposition*. South Hadley, Mass.: Bergin and Garvey.

Giroux, Henry, and Peter McLaren, eds. 1994. *Between Borders: Pedagogy and the Politics of Cultural Studies*. New York: Routledge.

Giroux, Henry, and Kostas Myrsiades, eds. 2001. *Beyond the Corporate University: Culture and Pedagogy in the New Millennium*. New York: Rowan and Littlefield.

Gordon, Linda. 1986. "What's New in Women's History." In *Feminist Studies/ Critical Studies*, edited by Teresa de Lauretis, 20–31. Bloomington: Indiana University Press.

Gramsci, Antonio. 1971. *Selections From Prison Notebooks*. London: Lawrence and Wisehart.

Grewal, Inderpal, and Caren Kaplan, eds. 1994. *Scattered Hegemonies, Postmodernity and Transnational Feminist Practices*. Minneapolis: University of Minnesota Press.

Grewal, S., Jackie Kay, Liliane Landor, Gail Lewis, and Pratibha Parmar, eds. 1988. *Charting the Journey: Writings by Black and Third World Women*. London: Sheba Feminist Publishers.

Griffin, Susan. 1981. *Pornography and Silence*. New York: Harper and Row.

———. 1978. *Woman and Nature: The Roaring inside Her*. New York: Harper and Row.

Guerrero, Marie Anna Jaimes. 1997. "Civil Rights versus Sovereignty: Native American Women in Life and Land Struggles." In *Feminist Genealogies, Colonial Legacies, Democratic Futures*, edited by M. Jacqui Alexander and Chandra Talpade Mohanty. New York: Routledge.

Gunder-Frank, Andre. 1967. *Capitalism and Underdevelopment in Latin America*. New York: Monthly Review Press.

Gutmann, Amy. 1987. *Democratic Education*. Princeton: Princeton University Press〔エイミー・ガットマン著，神山正弘訳『民主教育論：民主主義社会における教育と政治』同時代社，2004年〕.

Hall, Jacquelyn Dowd. 1984. "The Mind That Burns in Each Body: Women, Rape, and Violence." *Southern Exposure* 12, no. 6 (Nov.-Dec.) : 328–49.

Halliday, Fred. 1991. "Hidden from International Relations: Women and the International Arena." In *Gender and International Relations*, edited by Rebecca Grant and Kathleen Newland. Bloomington: Indiana University Press.

Haraway, Donna. 1985. "A Manifesto for Cyborgs: Science, Technology and Socialist Feminism in the 1980s." *Socialist Review* 80 (March-April) : 65–108〔ダナ・ハラウェイ著，小谷真理訳「サイボーグ宣言：1980年代の科学とテクノロジー，そして社会主義フェミニズムについて」『増補版 サイボーグ・フェミニズム』水声社，2001年〕.

Harding, Sandra. 1986. *The Science Question in Feminism*. Ithaca: Cornell University

Press.
Harding, Sandra, and Merrill B. Hintikka, eds. 1983. *Discovering Reality: Feminist Perspectives on Epistemology, Metaphysics, Methodology, and Philosophy of Science*. Boston: D. Reidel.
Harlow, Barbara. 1989. "Narrative in Prison: Stories from the Palestinian Intifada." *Modern Fiction Studies* 35, no.1: 29–46.
Harris, Olivia, 1983. *Latin American Women*. Report no. 57. London: Minority Rights Group.
Hartsock, Nancy. 1983. *Money, Sex, and Power: Toward a Feminist Historical Materialism*. Boston: Northeastern University Press.
Harvard Educational Review. 1988. Special issue: On Racism and American Education. Vol. 58, no. 3.
Heng, Geraldine, and Janadas Devan. 1992. "State Fatherhood: The Politics of Nationalism, Sexuality, and Race in Singapore." In *Nationalisms and Sexualities*, edited by Andrew Parker, Mary Russo, Doris Sommer, and Patricia Yaeger. New York: Routledge.
Henry, William H., III. 1990. "Beyond the Melting Pot." Time Magazine, 9 April.
Heyzer, Noeleen. 1986. *Working Women in South-East Asia: Development, Subordination and Emancipation*. Philadelphia: Open University Press.
Higginbotham, Elizabeth. 1983. "Laid Bare by the System: Work and Survival for Black and Hispanic Women." In *Class, Race and Sex: The Dynamics of Control*, edited by A. Swerdlow and H. Lessinger. Boston: G. K. Hall.
hooks, bell. 1988. *Talking Back: Thinking Feminist, Thinking Black*. Boston: South End Press.
———. 1984. *Feminist Theory: From Margin to Center*. Boston: South End Press〔ベル・フックス著，清水久美訳『ブラック・フェミニストの主張：周縁から中心へ』勁草書房，1997 年〕.
———. 1981. *Ain't I a Woman: Black Women and Feminism*. Boston: South End Press〔ベル・フックス著，大類久恵監訳，柳沢圭子訳『アメリカ黒人女性とフェミニズム：ベル・フックスの「私は女ではないの？」』明石書店，2010 年〕.
Hooper, Charlotte. 2000. "Masculinities in Transition: The Case of Globalization." In *Gender and Global Restructuring: Sightings, Sites and Resistances*, eds. Marianne Marchand and Anne Runyan, 44–58. New York: Routledge.
———. 1998. "Masculinist Practices and Gender Politics: The Operation of Multiple Masculinities in International Relations." In *The "Man" Question in International Relations*, edited by M. Zalewski and J. Parpart. Boulder, CO: Westview Press.
Hosken, Fran. 1981. "Female Genital Mutilation and Human Rights." *Feminist Issues* 1, no. 3: 3–24.

Hossfeld, Karen. 1993. “United States: Why Aren't High-Tech Workers Organised?” in *Common Interests: Women Organising in Global Electronics*, edited by Women Working Worldwide, 33–52. London: Tavistock.

———. 1990. “Their Logic against Them: Contradictions in Sex, Race, and Class in the Silicon Valley.” In *Women Workers and Global Restructuring*, edited by Kathryn Ward, 149–78. Ithaca: Cornell University Press.

Huggins, Nathan I. 1985. *American Studies*. Report to the Ford Foundation. July. New York: Ford Foundation.

Hurtado, Aida. 1989. “Relating to Privilege: Seduction and Rejection in the Subordination of White Women and Women of Color.” *Signs* 14, no. 4 (summer) 833–55.

Huston, Perdita. 1979. *Third World Women Speak Out*. New York: Praeger.

Institute for Women, Law and Development. 1993. *Claiming Our Place: Working the Human Rights System to Women's Advantage*. Washington, D. C.: Institute for Women, Law and Development.

Irigaray, Luce. 1981. “This Sex which is Not One,” and “When the Goods Get Together.” In *New French Feminisms*, edited by Elaine Marks and Isable de Courtivron. New York: Schoken Books〔リュース・イリガライ著，棚沢直子ほか訳『ひとつではない女の性』勁草書房，1987 年参照〕.

ISIS. 1984. *Women in Development: A Resource Guide for Organization and Action*. Philadelphia: New Society Publishers.

Ismail, Rose. 1990. “Man, Woman, and Erroneous Thoughts.” *New Sunday Times* (Kualalumpur), 20 May.

Jahan, Rounaq, and Hyoung Cho, eds. 1980. *Women in Asia*. Report #45. London: Minority Rights Group.

James, Joy, ed. 1998. *The Angela Davis Reader*. Boston: Blackwell.

Jardine, Alice. 1985. *Gynesis: Configurations of Woman and Modernity*. Ithaca: Cornell University Press.

Jayawardena, Kumari. 1995. *The White Woman's Other Burden: Western Women and South Asia during British Colonial Rule*. New York: Routledge.

———. 1986. *Feminism and Nationalism in the Third World*. London: Zed Press〔クマーリ・ジャヤワルダネ著，中村平治監修『近代アジアのフェミニズムとナショナリズム』新水社，2006 年〕.

Jayawardena, Kumari, and Malathi de Alwis, eds. 1996. *Embodied Violence: Communalising Women's Sexuality in South Asia*. New Delhi: Kali for Women.

Jeffery, Patricia. 1979. *Frogs in a Well: Indian Women in Purdah*. London: Zed Press.

Jhabvala, Renana. 1994. “Self-Employed Women's Association: Organising Women by Struggle and Development.” In *Dignity and Daily Bread: New Forms of Economic Organizing among Poor Women in the Third World and the First*, edited by Sheila

Rowbotham and Swasti Mitter, 114–38. New York: Routledge.
Jónasdóttir, Anna G. 1988. "On the Concept of Interest, Women's Interests, and the Limitations of Interest Theory." In *The Political Interests of Gender*, edited by K. Jones and A.G. Jónasdóttir. London: Sage Publications.
Jones, Jacqueline. 1985. *Labor of Love, Labor of Sorrow: Black Women, Work, and the Family from Slavery to the Present*. New York: Random House〔ジャクリーン・ジョーンズ著，風呂本惇子・高見恭子・寺山佳代子訳『愛と哀：アメリカ黒人女性労働史』學藝書林，1997 年〕.
Jones, Kathleen, and Anna G. Jónasdóttir, eds. 1988. *The Political Interests of Gender*. London: Sage Publications.
Jordan, June. 1981. *Civil Wars*. Boston: Beacon Press.
Joseph, Gloria, and Jill Lewis. 1981. *Common Differences: Conflicts in Black and White Feminist Perspectives*. Boston: Beacon Press.
Josephides, Sasha. 1988. "Honor, Family and Work: Greek Cypriot Women before and after Migration." In *Enterprising Women*, edited by Sallie Westwood and Parminder Bhachu, 34–57. New York: Routledge.
Kamuf, Peggy. 1982. "Replacing Feminist Criticism." *Diacritics* 12, no. 2: 42–47.
Kandityoti, Dentz. 1994. "Identity and Its Discontents Women and the Nation." In *Colonial Discourse and Post-Colonial Theory: A Reader*, edited by Patrick Williams and Laura Chrisman. New York: Columbia University Press.
————, ed. 1991. *Women, Islam and the State*. London: Macmillan.
Kannabiran, Vasantha, ed. 1989. *We Were Making History: Life Stories of Women in the Telangana Armed Struggle*. London: Zed Press.
Kaplan, Caren. 1986–87. "The Poetics of Displacement in Buenos Aires." *Discourse* 8: 94–102.
Karim, Wazir-jahan. 1983. "Malay Women's Movements: Leadership and Processes of Change." *International Social Science Journal* 35 no. 4: 791–831.
Katrak, Ketu. 1992. "Indian Nationalism, Gandhian 'Satyagraha' and Representations of Female Sexuality." In *Nationalisms and Sexualities*, edited by Andrew Parker, Mary Russo, Doris Sommer, and Patricia Yaeger. New York: Routledge.
Katz, Naomi, and David Kemnitzer. 1984. "Women and Work in the Silicon Valley." In *My Troubles Are Going to Have Trouble with Me: Everyday Trials and Triumphs of Women Workers*, edited by Karen Brodkin Sacks and D. Remy, 193–208. New Brunswick: Rutgers University Press.
————. 1983. "Fast Forward: The Internationalization of the Silicon Valley," In *Women, Men, and the International Division of Labor*, edited by June Nash and M. P. Femandez-Kelly, 273–331. Albany: State University of New York Press.
Kempadoo, Kamala, and Jo Doezema, eds. 1999. *Global Sex Workers, Rights, Resistance,*

and Redefinition. London: Routledge.

Kim, Elaine H., and Lisa Lowe. 1997. *New Formations, New Questions: Asian American Studies*. Durham, N.C.: Duke University Press.

King, Katie. 1990. "Producing Sex, Theory and Culture: Gay/ Straight ReMappings in Contemporary Feminism." In *Conflicts in Feminism*, edited by M. Hirsch and E. Fox-Keller. New York: Methuen.

———. 1986. "The Situation of Lesbianism as Feminism's Magical Sign: Contests for Meaning and the U.S. Women's Movement, 1968–1972." *Communication* 9: 65–91.

Kishwar, Madhu, and Ruth Vanita, eds. 1984. *In Search of Answers: Indian Women's Voices from Manushi*. London: Zed Press〔マドゥー・キシュワール／ルース・バニタ編，鳥居千代香訳『インドの女たち：「マヌシ」からの報告』明石書店，1990 年〕.

Kristeva, Julia. 1980. *Desire in Language*. New York: Columbia University Press〔ジュリア・クリステヴァ著，赤羽研三ほか訳『ポリローグ』白水社，1986 年〕.

La Duke, Winona. 1999. *All Our Relations: Native Struggles for Land and Life*. Boston: South End Press.

Latin American and Caribbean Women's Collective. 1980. *Slaves of Slaves*. London: Zed Press.

Lay, Mary M., Janice Monk, and Deborah Silverton Rosenfelt, eds. 2002. *Encompassing Gender: Integrating International Studies and Women's Studies*. New York: Feminist Press of City University of New York.

Lazreg, Marnia. 1988. "Feminism and Difference: The Perils of Writing as a Woman on Women in Algeria." *Feminist Issues* 14, no. 1 (spring) : 81–107.

Leacock, E., and H. Safa, eds. 1986. *Women's Work: Development and the Division of Labor by Gender*. South Hadley, Mass.: Bergin and Garvey.

Letelier, Isabel. 1985. *Human Rights and U.S. Foreign Policy Implications for Democracy in the Southern Cone*. Washington, D.C.: Institute for Policy Studies.

Liddle, Joanna, and Rami Joshi. 1986. *Daughters of Independence: Gender, Caste and Class in India*. London: Zed Press〔ジョアンナ・リドル／ラーマ・ジョーシ著，重松伸司監訳『インドのジェンダー・カースト・階級』明石書店，1996 年〕.

Lind, Amy. 2000. "Negotiating Boundaries: Women's Organizations and the Politics of Restructuring in Ecuador." In *Gender and Global Restructuring: Sightings, Sites, and Resistances*, edited by Marianne Marchand and Anne Runyan. New York: Routledge.

Lindsay, Beverley, ed. 1983. *Comparative Perspectives of Third World Women: The Impact of Race, Sex, and Class*. New York: Praeger.

Loomba, Ania. 1998–99. "Postcolonialism — or Postcolonial Studies." *Interventions: International Journal of Postcolonial Studies* 1, no. 1: 39–42〔アーニャ・ルーンバ著，吉原ゆかり訳『ポストコロニアル理論入門』松柏社，2001 年参照〕.

Lorde, Audre. 1984. *Sister Outsider*. Freedom, Calif.: Crossing Press.

———. 1981. "An Open Letter to Mary Daly." In *This Bridge Called My Back: Writings by Radical Women of Color*, edited by Cherrie Moraga and Gloria Anzaldúa. New York: Kitchen Table Press.

Lowe, Lisa. 1996. *Immigrant Acts: on Asian American Cultural Politics*. Durham, N.C.: Duke University Press.

———. 1994. *Globalization, Space, Difference*. Honolulu: East-West Center.

Lowe, Lisa, and David Lloyd. 1997. *The Politics of Culture in the Shadow of Capital*. Durham, N.C.: Duke University Press.

Lubiano, Wahneema, ed. 1998. *The House that Race Built*. New York: Vintage Books.

Lugones, Maria, and Elizabeth Spelman. 1983. "Have We Got a Theory for You! Feminist Theory, Cultural Imperialism, and the Demand for 'the Women's Voice,' "*Women's Studies International Forum* 6 (fall) : 573–81.

MacKinnon, Catharine. 1989. *Towards a Feminist Theory of the State*. Cambridge, Mass.: Harvard University Press.

Mahalingham, Ram, and Cameron McCarthy, eds. 2000. *Multicultural Curriculum: New Directories for Social Theory, Practice, and Policy*. New York: Routledge.

Mani, Lab. 1987. "Contentious Traditions: The Debate on SATI in Colonial India." *Cultural Critique* (fall) : 119–56.

Marchand, Marianne, and Anne Runyan, eds. 2000. *Gender and Global Restructuring: Sightings, Sites and Resistances*. New York: Routledge.

Marcus, G., and M. Fischer. 1986. *Anthropology as Cultural Critique*. Chicago: University of Chicago Press〔ジョージ・E. マーカス／マイケル・M. J. フィッシャー著，永渕康之訳『文化批判としての人類学：人間科学における実験的試み』紀伊國屋書店，1989 年〕.

Marks, Elaine, and Isabel De Courtivron. 1981. *New French Feminisms: An Anthology*. New York: Schocken.

Martin, Biddy. 1988. "Lesbian Identity and Autobiographical Difference(s)." In *Life/Lines: Theorizing Women's Autobiography*, edited by B. Brodzki and C. Schenck. Ithaca: Cornell University Press.

———. 1982. "Feminism, Criticism, and Foucault." *New German Critique*, no.27(1982) : 3–30〔ビディ・マーティン著，照屋由佳訳「フェミニズム，批評，フーコー」『現代思想』第 20 巻第 10 号，1992 年〕.

Martinez, Elizabeth. 1988. *De Colores Means All of Us*. Boston: South End Press.

Mascia-Lees, F. E., et al. 1989. "The Postmodernist Turn in Anthropology: Cautions from a Feminist Perspective." *Signs* 15, no.1 (autumn) : 7–33.

McClintock, Anne, and Aamir Mufti. 1997. *Dangerous Liaisons: Gender, Nation, and Postcolonial Perspectives*. Minneapolis: University of Minnesota Press.

McLaren, Peter. 1997. *Revolutionary Multiculturalism: Pedagogies of Dissent for the New*

Millennium. Boulder: Westview Press.

Memmi, Albert. 1965. *The Colonizer and the Colonized*. Boston: Beacon Press〔アルベール・メンミ著，渡辺淳訳『植民地：その心理的風土』三一書房，1959 年〕.

Menchu, Rigoberta. 1984. *I, Rigoberta Menchu: An Indian Woman in Guatemala*. London: Verso Books〔リゴベルタ・メンチュウ／エリザベス・ブルゴス著，高橋早代訳『私の名はリゴベルタ・メンチュウ：マヤ＝キチェ族インディオ女性の記録』新潮社，1987 年〕.

Mernissi, Fatima. 1992. *Islam and Democracy: Fear of the Modern World*. Reading, Mass.: Perseus Books〔ファーティマ・メルニーシー著，私市正年・ラトクリフ川政祥子訳『イスラームと民主主義：近代性への怖れ』平凡社選書，2000 年〕.

Mies, Maria. 1986. *Patriarchy and Accumulation on a World Scale: Women in the International Division of Labor*. London: Zed Press〔マリア・ミース著，奥田暁子訳『国際分業と女性：進行する主婦化』日本経済評論社，1997 年〕.

———. 1982. *The Lacemakers of Narsapur: Indian Housewives Produce for the World Market*. London: Zed Press.

Mies, Maria, and Vandana Shiva. 1993. *Ecofeminism*. London: Zed Press.

Minces, Juliette. 1980. *The House of Obedience: Women in Arab Society*. London: Zed Press.

Minh-ha, Trinh T. 1989. *Women, Native, Other*. Bloomington: Indiana University Press〔トリン・T. ミンハ著，竹村和子訳『女性・ネイティヴ・他者：ポストコロニアリズムとフェミニズム』岩波書店，1995 年〕.

Minnich, Elizabeth. 1990. *Transforming Knowledge*. Philadelphia: Temple University Press.

Minnich, Elizabeth, et al., eds. 1988. *Reconstructing the Academy: Women's Education and Women's Studies*. Chicago: University of Chicago Press.

Mitter, Swasti. 1994. "On Organising Women in Casualized Work: A Global Overview." In *Dignity and Daily Bread: New Forms of Economic Organizing among Poor Women in the Third World and the First*, edited by Sheila Rowbotham and Swasti Mitter, 14–52. New York: Routledge.

Modares, Mina. 1981. "Women and Shiism in Iran." *m/f* 5–6: 61–82.

Moghadam, Valentine M. 1994. *Identity Politics and Women: Cultural Reassertions and Feminisms in International Perspective*. Boulder: Westview Press.

Mohanram, Radhika. 1999. *Black Body: Women, Colonialism, and Space*. Minneapolis: University of Minnesota Press.

Mohanty, Chandra Talpade. 1991. "Cartographies of Struggle: Third World Women and the Politics of Feminism." In *Third World Women and the Politics of Feminism*, edited by Chandra Talpade Mohanty, Ann Russo, and Lourdes Torres. Bloomington: Indiana University Press.

———. 1989–90. "On Race and Voice: Challenges for Liberal Education in the 1990s." *Cultural Critique* 14 (winter) : 179–208.

———. 1987. "Feminist Encounters: Locating the Politics of Experience." *Copyright* 1 (fall) : 30–44.

———. 1984. "Under Western Eyes: Feminist Scholarship and Colonial Discourses." *Boundary* 2 12, no.3 / 13, no.1 (spring/fall) : 338–358.

Mohanty, Chandra Talpade, and Satya P. Mohanty. 1990. "Contradictions of Colonialism." Review of Kum-Kum Sangari and Sudesh Vaid, eds., *Recasting Women: Essays in Colonial History*, *Women's Review of Books* (March) : 19–21.

Mohanty, Chandra Talpade, Ann Russo, and Lourdes Torres, eds., 1991. *Third World Women and the Politics of Feminism*. Bloomington: Indiana University Press.

Mohanty, Satya P. 2001. "Can Our Values Be Objective? On Ethics, Aesthetics, and Progressive Politics." *New Literacy History* 34, no.4: 803–33.

———. 1997. *Literacy Theory and the Claims of History*. Ithaca: Cornell University Press.

———. 1995. "Colonial Legacies, Multicultural Futures: Relativism, Objectivity, and the Challenge of Otherness." *PMLA* 110 (Jan.) : 108–17.

———. 1989a. "Kipling's Children and the Color Line." *Race and Class* 31, no.1: 21–40.

———. 1989b. "Us and Them: On the Philosophical Bases of Political Criticism." *Yale Journal of Criticism* 2 (March) : 1–31.

Momsen, Janet Henshall, and Janet G. Townsend. 1987. *Geography of Gender in the Third World*. Albany: State University of New York Press.

Moore, Henrietta. 1988. *Feminism and Anthropology*. Oxford: Basil Blackwell.

Moraga, Cherrie. 1984. *Loving in the War Years*. Boston: South End Press.

Moraga, Cherrie, and Gloria Anzaldúa, eds. 1981. *This Bridge Called My Back: Writings by Radical Women of Color*. Albany: Kitchen Table Press.

Morgan, Robin, ed. 1984. *Sisterhood Is Global: The International Women's Movement Anthology*. New York: Anchor Press/ Doubleday; Harmondsworth: Penguin.

Moya, Paula. 1998. *Learning from Experience: Politics, Epistemology, and Chicana/o Identity*. Ithaca: Cornell University Press.

Moya, Paula, and Michael R. Hames-Garcia, eds. 2000. *Reclaiming Identity: Realist Theory and the Predicament of Postmodernism*. Berkeley: University of California Press.

Narayan , Uma. 1997. *Dislocating Cultures: Identities, Traditions, and Third-World Feminism*. New York: Routledge〔ウマ・ナーラーヤン著，塩原良和監訳『文化を転位させる：アイデンティティ・伝統・第三世界フェミニズム』法政大学出版局，2010 年〕.

Nash, June, and Maria Patricia Fernandez-Kelly. 1983. *Women, Men and the International Division of Labor*. Albany: State University of New York Press.

Nash, June, and Helen I. Safa, eds. 1980. *Sex and Class in Latin America; Women's Perspectives on Politics, Economics and the Family in the Third World*. South Hadley, Mass.: Bergin and Garvey.

Nicholson, Linda, and Steven Seidman, eds. 1995. *Social Postmodernism: Beyond Identity Politics*. Cambridge: Cambridge University Press.

Noble, David. 2001. *The Digital Diploma Mills: The Automation of Higher Education*. New York: Monthly Review Press.

O'Hanlon, R. 1988, "Recovering the Subject: Subaltern Studies and Histories of Resistance in Colonial South Asia." *Modern Asian Studies* 22, no. 1: 189–224.

Okohiro, G. Y. ed. 1986. *In Resistance: Studies in African, Caribbean and AfroAmerican History*. Amherst: University of Massachusetts Press.

Okri, Ben. 1995. *Astonishing the Gods*. London: Phoenix〔ベン・オクリ著，金原瑞人訳『見えざる神々の島』青山出版社，1998 年〕.

Omi, M., and H. Winant. 1986. *Racial Formation in the United States, from the 1960s to the 1980s*. New York: Routledge and Kegan Paul.

Omvedt, Gail. 1980. *We Will Smash This Prison: Indian Women in Struggle*. London: Zed Press.

Ong, Aihwa. 1991. "The Gender and Labor Politics of Postmodernity." *Annual Review of Anthropology* 20: 279–309.

———. 1987. *Spirits of Resistance and Capitalist Discipline: Factory Women in Malaysia*. Albany: State University of New York Press.

Ortiz, Alicia Dujovne. 1986–87. "Buenos Aires（An Excerpt）." *Discourse* 8: 73–83.

Pala, Achola O. 1995. "Connecting across Cultures and Continents: Black Women Speak Out on Identity, Race, and Development." New York: United Nations Development Fund for Women（UNIFEM）.

———. 1976. "African Women in Rural Development: Research Trends and Priorities." Washington, D.C.: Overseas Liaison Committee, American Council on Education.

Pardo, Mary. 2001. "Mexican-American Women Grassroots Community Activists: Mothers of East Los Angeles." In *Women's Lives: Multicultural Perspectives*, ed. Margo Okazawa-Rey and Gwyn Kirk, 504–11. Mountain View, CA: Mayfield Publishing Company.

Parrenas, Rachel Salazar. 2001. "Transgressing the Nation-State: The Partial Citizenship and 'Imagined（Global）Community' of Migrant Filipina Domestic Workers," *Signs* 26, no. 4（summer）: 1129–54.

Pascoe, Peggy. 1990. "At the Crossroad of Culture." *Women's Review of Books* 7, no. 5

(Feb.) : 22–23.

Peters, Julie, and Andrea Wolper, eds. 1995. *Women's Rights, Human Rights International Feminist Perspectives*. New York: Routledge.

Phillips, Anne. 1998. *Feminism and Politics*. Oxford: Oxford University Press.

Phizacklea, Annie. 1988. "Entrepreneurship, Ethnicity and Gender." In *Enterprising Women*, edited by Sallie Westwood and Parminder Bhachu, 20–33. New York: Routledge.

Popkin, Richard. 1974. "The Philosophical Bases of Modern Racism." *Journal of Operational Psychiatry* 5, no. 2: 24–36.

Pratt, Minnie Bruce. 1984. "Identity: Skin Blood Heart." In *Yours in Struggle: Three Feminist Perspectives on Anti-Semitism and Racism*, by Elly Bulkin, Minnie Bruce Pratt, and Barbara Smith. Ithaca: Firebrand Books.

Prindle, Sue E. 1988. "Towards Prejudice Reduction: A Resource Document of Consultants, Audio/Visual Aids, and Providers of Workshops, Training and Seminars." Unpublished document. Oberlin College, Oberlin, Ohio.

Puar, Jasbir. 2001. "Global Circuits: Transnational Sexualities and Trinidad." *Signs* 26, no. 4 (summer) : 1039–66.

Radical America. 1981. Special double issue. Vol. 15, nos. 1 and 2.

Readings, William. 1996. *The University in Ruins*. Cambridge, Mass.: Harvard University Press〔ビル・レディングズ著，青木健・斎藤信平訳『廃墟のなかの大学』法政大学出版局，2000 年〕.

Reagon, Bernice Johnson. 1983. "Coalition Politics: Turning the Century." In *Home Girls: A Black Feminist Anthology*, edited by Barbara Smith. New York: Kitchen Table, Women of Color Press.

Reiter, Rayna, ed. 1975. *Toward an Anthropology of Women*. New York: Monthly Review Press.

Review of Radical Political Economics. 1991. Special issue: *Women in the International Economy*. Vol. 23, nos. 3–4 (fall-winter).

Reyes, Maria de la Luz, and John J. Halcon. 1988. "Racism in Academies: The Old Wolf Revisited." *Harvard Educational Review* 58, no. 3: 299–314.

Rich, Adrienne. 1986. *Blood, Bread, and Poetry: Selected Prose, 1979–1985*. New York: W. W. Norton〔アドリエンヌ・リッチ著，大島かおり訳『血，パン，詩。：アドリエンヌ・リッチ女性論 1979–1985』晶文社，1989 年〕.

———. 1976. *Of Woman Born: Motherhood as Experience and Institution*. New York: W. W. Norton〔アドリエンヌ・リッチ著，高橋芽香子訳『女から生まれる：アドリエンヌ・リッチ女性論』晶文社，1990 年〕.

Robinson, Armstead, Craig C. Foster, and Donald H. Ogilvie, eds. 1969. *Black Studies in the University: A Symposium*. New York: Bantam.

Rollins, Judith. 1987. *Between Women: Domestics and Their Employers*. New Brunswick: Rutgers University Press.

Roman, Leslie, and Linda Eyre, eds. 1997. *Dangerous Territories: Struggles for Difference and Equality in Education*. New York: Routledge.

Rosa, Kumudhini. 1994. "The Conditions of Organisational Activities of Women in Free Trade Zones: Malaysia, Philippines and Sri Lanka, 1970–1990." In *Dignity and Daily Bread: New Forms of Economic Organizing among Poor Women in the Third World and the First*, edited by Sheila Rowbotham and Swasti Mitter, 73–99. New York: Routledge.

Rosaldo, M. Z. 1980. "The Use and Abuse of Anthropology: Reflections on Feminism and Cross-Cultural Understanding." *Signs* 53, no. 3: 389–417.

Rowbotham, Sheila, and Swasti Mitter, eds. 1994. *Dignity and Daily Bread: New Forms of Economic Organizing among Poor Women in the Third World and the First*. New York: Routledge.

Sacks, Karen Brodkin, and D. Remy, eds. 1984. *My Troubles Are Going to Have Trouble with Me: Everyday Triumphs of Working Women*. New Brunswick: Rutgers University Press.

Sahgal, Gita, and Nira Yuval Davis, eds. 1992. *Refusing Holy Orders: Women and Fundamentalism in Britain*. London: Virago.

Said, Edward. 1979. *Orientalism*. New York: Vintage〔エドワード・W. サイード著，今沢紀子訳『オリエンタリズム　上下』平凡社ライブラリー，1993 年〕.

Sanchez, Rosaura. 1987. "Ethnicity, Ideology and Academia." *The Americas Review* 15, no. 1（spring）: 80–88.

Sanchez-Casal, Susan, and Amie Macdonald. 2002. Introduction. *Twenty-First-Century Feminist Classrooms: Pedagogies of Difference and Identity*. New York: Palgrave.

Sandoval, Chela. 2000. *Methodology of the Oppressed*. Minneapolis: University of Minnesota Press.

———. 1991. "U.S. Third World: The Theory and Method of Oppositional Consciousness in the Postmodern World," *Genders* 10（spring）: 1–24.

———. 1983. "Women Respond to Racism: A Report on the National Women's Studies Association Conference, Storrs, Connecticut." Occasional Paper Series. Oakland, Calif.: Center for Third World Organizing.

Sangari, Kum-Kum. 2000. *Politics of the Possible*. New Delhi: Tulika.

Sangari, Kum-Kum, and Sudesh Vaid, eds. 1989. *Recasting Women: Essays in Colonial History*. New Delhi: Kali Press.

Sassen, Saskia. 1998. "New Employment Regimes in Cities: The Impact on Immigrant Workers," *Journal of Ethnic and Minority Studies* 22, no. 4: 579–94.

———. 1991. *The Global City: New York, London*, Tokyo. Princeton: Princeton University Press.

———. 1988. *The Mobility of Labor and Capital*. New York: Cambridge University Press〔サスキア・サッセン著，森田桐郎ほか訳『労働と資本の国際移動：世界都市と移民労働者』岩波書店，1992 年〕.

Schuster, Marilyn, and Susan van Dyne. 1985. *Women's Place in the Academy: Transforming the Liberal Arts Curriculum*. Totowa, N.J.: Rowman and Allanheld.

Scott, Joan W. 1986. "Gender: A Useful Category of Historical Analysis." *American Historical Review* 91, no.5: 1053–75.

Sen, Gib, and Caren Grown. 1987. *Development Crises and Alternative Visions: Third World Women's Perspectives*. New York: Monthly Review Press.

Sheftall, Beverly Guy. 1995. *Women's Studies: A Retrospective*. Report to the Ford Foundation. New York: Ford Foundation.

Shiva, Vandana. 1999. *Betting on Biodiversity: Why Genetic Engineering Will Not Feed the Hungry or Save the Planet*. New Delhi: Research Foundation for Science, Technology and Ecology.

———. 1994. *Close to Home: Women Reconnect Ecology, Health, and Development Worldwide*. London: Earthscan Publications. Originally published by Research Foundation for Science, Technology and Natural Resource Policy and distributed by New Delhi: Nataraj Publishers, 1993.

———. 1992. *Biodiversity: Social and Ecological Perspectives*. London: Zed Press; Penang: World Rainforest Movement.

———. 1989. *Staying Alive: Women, Ecology, and Development*. London: Zed Press. 1989〔ヴァンダナ・シヴァ著，熊崎実訳『生きる歓び：イデオロギーとしての近代科学批判』築地書館，1994 年〕.

Shiva, Vandana, A. H. Jafri, G. Bedi, and R. Holla-Bhar. 1997. *The Enclosure and Recovery of the Commons: Biodiversity, Indigenous Knowledge and Intellectual Property Rights*, New Delhi: Research Foundation for Science and Technology.

Shiva, Vandana, and Ingunn Moser. 1995. *Biopolitics: A Feminist and Ecological Reader on Biotechnology*. London: Zed Press; Penang: Third World Network.

Shiva, Vandana, Rebecca Gordon, and Bob Wing. 2000. "Global Brahminism: The Meaning of the WTO Protests: An Interview with Dr. Vandana Shiva, " *ColorLines*, 3(2) : 30–32.

Shohat, Ella. 2001a. "Area Studies, Transnationalism, and the Feminist Production of Knowledge." *Signs* 26, no.4 (summer) : 1269–72.

———. 2001b. *Talking Visions: Multicultural Feminism in a Transnational Age*. Cambridge, Mass.: MIT Press.

Shohat, Ella, and Robert Stam. 1994. *Unthinking Eurocentrism: Multiculturalism and the Media*. London: Routledge〔エラ・ショハット／ロバート・スタム著，蓼沼理絵子・片岡恵美訳，法政大学出版局，近刊〕.

Sidhu, Gretchen. 2001. "Academy Blues." Ms. Magazine 9, no. 5 (Aug.-Sep.) : 36–39.

Signs. 1989. Special issue: *Common Grounds and Crossroads: Race, Ethnicity and Class in Women's Lives*. Vol. 14, no. 4 (summer).

———. 1981. Special Issue: *Development and the Sexual Division of Labor*. Vol. 7, no. 2 (winter).

Sistren, with Honor Ford-Smith. 1987. *Lionhart Gal: Life Stories of Jamaican Women*. Toronto: Sister Vision Press.

Siu, Bobby. 1981. *Women of China: Imperialism and Women's Resistance, 1900–1949*, London: Zed Press.

Sivanandan, A. 1990. "All That Melts into Air Is Solid: The Hokum of the New Times." *Race and Class* 31, no. 3: 1–30.

———. 1985. "RAT and the Degradation of Black Struggle." *Race and Class* 26, no. 4 (spring) : 1–34.

———. 1981. "Race, Class and Caste in South Africa: An Open Letter to No Sizwe." *Race and Class* 22, no. 3: 293–301.

Slaughter, Sheila, and Larry Leslie. 1997. *Academic Capitalism: Politics, Policies, and the Entrepreneurial University*. Baltimore: Johns Hopkins University Press.

Smith, Barbara, ed. 1983. *Home Girls: A Black Feminist Anthology*. New York: Kitchen Table Press.

Smith, Dorothy. 1987. *The Everyday World as Problematic: A Feminist Sociology*. Boston: Northeastern University Press.

Smith, Joan. 1994. 'The Creation of the World We Know: The World Economy and the Recreation of Gendered Identities." *In Identity Politics and Women: Cultural Reassertions and Feminisms in International Perspective*, edited by Valentine M. Moghadam, 27–41. Boulder: Westview Press.

Snitow, Ann, Christine Stansell, and Sharon Thompson, eds. 1983. *Powers of Desire*. New York: Monthly Review Press.

Socialist Review. 2001. Special issue: *Anti-Capitalism*. Vol. 28, nos. 3 and 4.

Soley, Lawrence C. 1995. *Leasing the Ivory Tower: The Corporate Takeover of Academia*. Boston: South End Press.

Sommer, Doris. 1988. "Not Just a Personal Story: Women's Testimonies and the Plural Self." In *Life/ Lines: Theorizing Women's Autobiography*, edited by Bella Brodzki and Celeste Schenk, 107–30. Ithaca: Cornell University Press.

Spanos, William V. 1984. "Boundary 2 and the Polity of Interest: Humanism, the Center Elsewhere, and Power." *Boundary* 2 12, no. 3 / 13, no. 1 (spring-fall).

Spelman, Elizabeth. 1989. *Inessential Woman: Problems of Exclusion in Feminist Theory*. Boston: Beacon Press.

Spillers, Hortense. 1987. "Mama's Baby, Papa's Maybe: An American Grammar Book."

Diacritics 17, no. 2 (summer) : 65–81.

Spivak, Gayatri Chakravorty. 1987. *In Other Worlds: Essays in Cultural Politics*. New York Methuen〔ガヤトリ・C. スピヴァック著，鈴木聡ほか訳『文化としての他者』紀伊國屋書店，1990 年〕.

———. 1982. “French Feminism in an International Frame.” *Yale French Studies*, no. 62: 154–84〔スピヴァック著「国際的枠組みにおけるフランス・フェミニズム」同前所収〕.

Starr, Paul. 1987. “The Case for Skepticism.” In *Prospects for Privatization*, edited by Steven Hanke, 124–37. New York: Academy of Political Science.

Stone-Mediatore, Shari. Forthcoming. *Reading Across Borders: Storytelling as Knowledge and Politics*. New York: Palgrave.

Strathern, Marilyn, and Carol McCormack, eds. 1980. *Nature, Culture and Gender*. Cambridge: Cambridge University Press.

Sudarkasa, Niara. 1987. “Affirmative Action or Affirmation of Status Quo? Black Faculty and Administrators in Higher Education.” *American Association of Higher Education Bulletin* (Feb.) : 3–6.

Tabari, Azar. 1980. “The Enigma of the Veiled Iranian Women.” *Feminist Review* 5: 19–32.

Tate, Jane. 1994. “Homework in West Yorkshire.” In *Dignity and Daily Bread: New Forms of Economic Organizing among Poor Women in the Third World and the First*, edited by Sheila Rowbotham and Swasti Mitter, 114–38. New York: Routledge.

Thompson, Becky, and Sangeeta Tyagi, eds. 1993. *Beyond a Dream Deferred: Multicultural Education and the Politics of Excellence*. Minneapolis: University of Minnesota Press.

Tinker, Irene, and Michelle Bo Bramsen, eds. 1972. *Women and World Development*. Washington, D. C.: Overseas Development Council.

Trask, Haunani-Kay. 1999. *From a Native Daughter: Colonialism and Sovereignty in Hawaii*. Honolulu: University of Hawaii Press〔ハウナニ＝ケイ・トラスク著，松原好次訳『大地にしがみつけ：ハワイ先住民女性の訴え』春風社，2002 年〕.

Tripp, Aili Mari. 2002. “Combining Intercontinental Parenting and Research: Dilemmas and Strategies for Women.” *Signs* 27, no. 3: 793–811.

Urry, John. 1998. “Contemporary Transformations of Time and Space.” In *The Globalization of Higher Education*, edited by Peter Scott. Buckingham: Open University Press.

Vance, Carole S. 1984. *Pleasure and Danger*, ed. Boston: Routledge and Kegan Paul.

Volpe, Letti. 2001, “Feminism versus Multiculturism.” *Columbia Law Review* 101: 1181–1218.

Walby, Sylvia. 2000. “Beyond the Politics of Location: The Power of Argument.” In

Feminist Theory 1, no. 2: 109–207.

———. 1990. *Theorizing Patriarchy*. Oxford: Basil Blackwell.

———. 1985. *Patriarchy at Work*. Cambridge, Mass.: Polity Press.

Ward, Kathryn, ed. 1990. *Women Workers and Global Restructuring*. Ithaca: Cornell University Press.

Warhol, Robyn, and Diane Price Herndal, eds. 1997. *Feminisms: An Anthology of Literacy Theory and Criticism*. New York: Routledge.

Waterman, Peter. 1998. *Globalization, Social Movements and the New Internationalisms*. London: Mansell Publishing.

Wekker, Gloria. 1997. "One Finger Does Not Drink Okra Soup..." In *Feminist Genealogies, Colonial Legacies, Democratic Futures*, edited by M. Jacqui Alexander and Chandra Talpade Mohanty, New York: Routledge.

Wellesley Editorial Committee, ed. 1977. Women and National Development: The *Complexities of Change*. Chicago: University of Chicago Press.

West, Cornel. 1987. "Minority Discourse and the Pitfalls of Canon Formation." Yale *Journal of Criticism* 1, no. 1 (fall) : 193–202.

Westwood, Sallie. 1988. "Workers and Wives: Continuities and Discontinuities in the Lives of Gujarati Women." In *Enterprising Women*, edited by Sallie Westwood and Parminder Bhachu, 103–31. New York: Routledge.

Westwood, Sallie, and Parminder Bhachu, eds. 1988. *Enterprising Women*. New York: Routledge.

Winant, Howard. 1990. "Postmodern Racial Politics: Difference and Inequality." *Socialist Review* 90, no. 1: 121–47.

Wittig, Monique. 1980. "The Straight Mind." *Feminist Issues* 1: 103–10.

Women, Immigration and Nationality Group. 1985. *Worlds Apart: Women under Immigration and Nationality Law*. London: Pluto Press.

Women of South Asian Descent Collective, ed. 1993. *Our Feet Walk the Sky: Writings by Women of the South Asian Diaspora*. San Francisco: Aunt Lute Books.

Women Working Worldwide. 1993. *Common Interests*. San Francisco: Aunt Lute Books.

Young, Iris Marion. 1990. *Justice and the Politics of Difference*. Princeton: Princeton University Press.

Young, Kate, Carol Walkowitz, and Roslyn McCullagh, eds. 1981. *Of Marriage and the Market: Women's Subordination in International Perspective*. London: CASE Books.